本書出版得到國家古籍整理出版專項經費資助

新編諸子集成續編

晏子春秋校注

張純一 撰
梁運華 點校

中華書局

圖書在版編目(CIP)數據

晏子春秋校注/張純一撰;梁運華點校. —北京:中華書局,2014.5(2024.1 重印)
(新編諸子集成續編)
ISBN 978-7-101-09719-1

Ⅰ.晏… Ⅱ.①張…②梁… Ⅲ.①先秦哲學②《晏子春秋》-注釋 Ⅳ.B220.2

中國版本圖書館 CIP 數據核字(2013)第 241030 號

責任編輯:石 玉
責任印製:管 斌

新編諸子集成續編

晏子春秋校注

張純一 撰
梁運華 點校

*

中 華 書 局 出 版 發 行
(北京市豐臺區太平橋西里 38 號 100073)
http://www.zhbc.com.cn
E-mail:zhbc@zhbc.com.cn
北京新華印刷有限公司印刷

*

850×1168 毫米 1/32 · 13¾印張 · 2 插頁 · 286 千字
2014 年 5 月第 1 版 2024 年 1 月第 7 次印刷
印數:10601-11400 册 定價:66.00 元

ISBN 978-7-101-09719-1

新編諸子集成續編出版緣起

新編諸子集成叢書，自一九八二年正式啟動以來，在學術界特别是新老作者的大力支持下，已形成規模，成爲學術研究必備的基礎圖書。叢書原擬分兩輯出版，第一輯擬目三十多種，後經過調整，確定爲四十種，今年將全部出齊。第二輯原來只有一個比較籠統的規劃，受各種因素限制，在實施過程中不斷發生變化，有的項目已經列入第一輯出版，因此我們後來不再使用第一輯的提法，而是統名之爲新編諸子集成。

隨着新編諸子集成這個持續了二十多年的叢書劃上圓滿的句號，作爲其延續的新編諸子集成續編，現在正式啟動。它的立意、定位與宗旨同新編諸子集成一脈相承，力圖吸收和反映近幾十年來國學研究與古籍整理領域的新成果，爲學術界和普通讀者提供更多的子書品種和哲學史、思想史資料。

續編堅持穩步推進的原則，積少成多，不設擬目。希望本套書繼續得到海内外學者的支持。

中華書局編輯部

二〇〇九年五月

前言

晏子春秋八篇二百一十五章，是西漢末年劉向和富參共同校讎編定的。他們當時收集到的資料多達三十篇八百三十八章。流傳至今的最早印本，是明活字本（也有人認爲是元刻本。可參見商務印書館影印的四部叢刊本）。一九七二年山東臨沂銀雀山出土的西漢早期簡書中，有晏子書十六章，均散見於今本内、外十八篇中，其中比較完整的九章與今本差異不大。上博簡六競公（即景公）瘧爲戰國簡書，亦見於内篇中。可以看出，記載春秋晚期齊國大臣晏嬰言行的一則則感人至深的故事，從戰國至秦、漢已廣爲流傳，晏子春秋忠實地將它們保存了下來。二千多年過去了，讀讀晏子春秋，晏嬰的形象依舊那麽高大，古人對官吏的期許依舊在今人的期許之中，不禁感歎人的惰性有多麽頑固，人的長進有多麽困難。不知何年何月，人類方能從叢林法則中擺脱出來，讓晏嬰的形象變得平常，讓人們有一些新的期許。

晏子春秋校注是張純一先生的力作。張純一，字仲如，一八七一年十一月生於湖北省漢陽縣興隆鄉。清末秀才。曾在燕京大學、南開大學任教。解放後任中南文史館館員。一九五五年四月病逝於撫順市。他對先秦諸子及佛學均有深入研究，於晏子春秋校注所費心血尤多。該書「以元刻本爲主」，充分吸收前人的校注成果，「凡一字可疑者，必反復審校，誼求其安而後已」；對晏子一書，既有文字的疏通，又有思想的闡述。純一先生可謂晏子春秋的功臣。該書於一九三五年被世界書局收入諸子集成，中華書局曾多次校訂重印。現依新編諸子集成體例進行標點校勘，並於書後新附銀雀山竹簡本晏子及史記管晏列傳原文，以饗讀者。因學力所限，不當之處敬請批評指正。

梁運華　二〇一三年三月

目録〔一〕

〔一〕底本原有「晏子春秋校注目録」，不再重出。原目與新編目録文字不同者，出校説明。

晏子春秋校注卷二

内篇諫下第二凡二十五章

〔一〕原目有小字注文「音來」。

晏子春秋校注卷三

內篇問上第三凡三十章

晏子春秋校注卷四

內篇問下第四凡三十章

〔一〕原目有小字注文「二字疑衍」。
〔二〕原目有小字注文「舊作『儉』，從俞校」。

晏子春秋校注卷五

内篇雜上第五凡三十章

〔一〕原目有小字注文「二字從盧校增」。
〔二〕「禍」，原目作「難」。

晏子春秋校注卷六

内篇雜下第六凡三十章

〔一〕原目有小字注文「原譌『乞』」。
〔二〕原目有小字注文「原譌『鳥』」。

〔一〕「田」，原目作「陳」。

〔一〕「納」，原目作「内」。
〔二〕「景」，原目作「晏」，非。
〔三〕原目有小字注文「疑脱『輅車乘馬』四字」。

晏子春秋校注卷七

外篇重而異者第七凡二十七章

〔一〕原目有小字注文「當重『晏子』二字」。

晏子春秋校注卷八

外篇不合經術者第八凡十八章

附録

晏子春秋校注叙

周季百家之書，有自箸者，有非自箸者。晏子書，非晏子自作也。蓋晏子歿後，傳其學者采綴晏子之言行而爲之也。計孔子之偁九，見諫上二十章、諫下五章、廿一章、問上三十章、問下廿九章、雜上十六章、廿一章、三十章、外上廿七章。其最恉曰：「雖事惰君，能使垂衣裳朝諸侯。」曰：「不出尊俎之間，折衝千里之外。」曰：「救民之生而不夸，行補三君而不有，晏子果君子也。」吾今乃知晏子時，知晏子者，孔子一人而已。墨子之偁二，見問上五章、雜上五章。其最恉曰：「爲人者重，自爲者輕。」吾今乃知晏子後，知晏子者，墨子一人而已。綜核晏子之行，合儒者十三四，合墨者十六七。如曰「先民而後身」，「薄身而厚民」。是其儉也，勤也，兼愛也，固晏子之主恉也。夫儒非不尚儉，未若墨以儉爲極。儒非不尚勤，未若墨勤生之亟。儒非不兼愛，未若墨兼愛之力。此儒墨之辯也。然儒家囊括萬理，允執厥中，與墨異趣也。晏子儒而墨。如止莊公伐晉，止景公伐魯伐宋，是謂非攻；曰「男不羣樂以妨事，女不羣樂以妨功」，是謂非樂；曰不遁於哀，恐其「崇死以害生」，是謂節葬；曰「粒食之民，一意同欲」，是謂尚同；曰「稱事之大小，權利之輕重」，是謂大取；曰「舉賢以臨國，官能以敕民」，是謂尚賢；曰「獨立不慚於影，獨寢不慚於魂」，「行之難者在內」，是謂修身，皆其墨行之彰彰者。又必墾闢田疇而足蠶桑豢牧，使老弱有養，鰥寡有室，其爲人也多矣。其取財也，權有無，均貧富，不以養嗜欲，所謂「事必因於民」者矣。政尚相利，教尚相愛，罔非兼以正別。況乎博聞强記，捷給善辯，前有尹佚，後有墨翟，其揆一也。劉略、班志，列之儒家。柳子厚以爲不詳，謂宜列之墨家。郡齋讀書志、文獻通考承之，是已。法言云「墨、晏儉而廢禮」，張湛云「晏嬰，墨者也」，均可證。晏子生爲貴胄，而務刻上饒下，重民爲治，進賢退不肖，不染世禄之習，故能以其君顯，純臣也。其學蓋原於墨、儒，兼通名、法、農、道，尼父兄事之，史遷願爲之執鞭，有以夫。吾服膺晏子書久矣，竊歎其忘己濟物，不矜不伐，駸駸有大禹之風。覃思積年，録爲校注八卷，俾有志斯學者研尋云爾。中華民國十有九年歲在庚午六月，漢陽張純一叙。

墨、晏尚儉，儉在心不在物，所以不感於外也。尚勤，常行而不休，所謂道在爲人也。本儉無爲而勤無不爲，是之謂能盡其性以盡人物之性。吕氏春秋知度篇云：「治道之要，存乎知性命。」旨哉言乎！墨、晏有焉。純一又記。

晏子春秋校注凡例

晏子春秋，孫氏淵如有明沈啓南本、吴懷保本、黄之寀本，盧氏抱經有吴勉學本、李從先本，黄氏元同有凌澄初本並梁處素、孫頤谷二校本。孫、盧二氏後見元刻本，均加勘補。孫以元刻贈吴氏山尊，山尊屬顧氏澗蘋校而刻之，每卷首皆有總目，又各標題於其章，悉復劉子政之舊，誠善本也。然元刻間有譌脱不及孫校本者。今湖北局刻即元本，浙江局刻即孫本，二本並偁最善。是篇以元本爲主，輔以孫本，參考孫、盧、黄藏諸本並江南圖書館藏明活字本，料簡短長，凡一字可疑者，必反復審校，誼求其安而後已。

考訂書，如孫淵如音義、盧抱經羣書拾補、王懷祖伯申讀書雜志、洪筠軒讀書叢録、俞蔭甫諸子平議、黄元同校勘、孫仲容札迻、劉申叔補釋、蘇輿校皆有功於晏子者，是篇盡量采集。惟原文過緐，或二家重見者，則斟酌節省。至諸書詮證，於晏子恉趣間有未徹，或不切要者，概不輯録。然有誼涉兩可，未能質定，且此非彼是，理須互證而明者，仍並掇之，以資宣究。

諸家校讐，所引孟子、荀子、吕覽、淮南、羣書治要及太平御覽諸書並文選、後漢書等注，是篇校及，莫不搜檢原書，詳加尋討。確足以正譌補脱者則據以補正，義可並存及反證者均録入注，用備研覈。否則從略，庶免冗緐。至諸家引書不無簡略差異，今以不敢掠美及取文便故，字句間時有增訂，冀便閲者復案，用竟先民之志耳。

晏子書箸自二千四百年前，今讀其書，有要綱二：（一）如義爲儀本字、敚爲對叚字、而通作能、也讀爲邪之類，非詳究爾雅、説文等書及古書聲類通轉之法，則古字古義不能明辨也。（二）如齊歸田氏事見左傳，桓公、管仲事見管子，乃至墨子、列子往往文同義合，説苑、新序引用尤夥，非窮探周、秦、兩漢書無以供參稽也。

晏子向無注本，今以其文章可觀，義理可法，允宜推行於世。除甄録舊注外，間附己意。自惟學識譾陋，闚奥罕窺，雖寒暑兩更，稿經五易，恐誤解漏義，所在多有，幸世碩儒匡其不逮。

余友黄君虚齋與余論學，攻錯窮真，相視莫逆。審覽是篇一過，斧藻文字，補綴勝義，有稽商之益。既質之陳君匪石，亦加諟正。此詩所以重嚶求也。

晏子春秋總目

右晏子凡內外八篇總二百十五章

護左都水使者光禄大夫臣向言：孫星衍云：「漢書楚元王傳：『向字子政。成帝即位，召拜爲中郎，使領護三輔都水，遷光禄大夫。』蘇林注：『三輔多溉灌渠，悉主之，故言都水。』百官公卿表：『大夫掌論議，有中大夫。太初元年，更名光禄大夫，秩比二千石。』」所校中書孫云：「漢書楚元王傳：『詔向領校中五經秘書。』顔師古注：『言中者以别于外。』唐六典：『劉向、揚雄典校皆在禁中，謂之中書，猶今言內庫書也。」」晏子十一篇，臣向謹與長社尉臣參校讎，孫云：「列子別録亦有參名。」爾雅釋詁：「讎，匹也。四，合也。」俞樾云：「管子有『臣富參四十一篇』。此參疑即富參。」太史書五篇，孫云：「史記集解引如淳曰：『漢儀注：天下計書，先上太史，副上丞相，序事如古春秋。』」臣向書一篇，參書十三篇，凡中外書三十篇，爲八百三十八章。除復重二十二篇六百三十八章，孫云：「復讀複。」定著八篇二百一十五章。外孫云：「著从竹。隸書竹通艸。藝文志儒家晏子八篇。蓋内篇六：諫上、諫下、問上、問下、雜上、雜下。外篇二。俗本始刪并爲一也。」外書無有三十六章，中書無有七十一章。中外皆有以相定，中書以「夭」爲「芳」，「又」爲「備」，「先」爲「牛」，「章」爲「長」，孫云：「『夭』『芳』、『先』『牛』形相近。『又』『備』、『章』『長』聲相近。『又』讀異，或云當爲『乂』。『章』疑即問下『其竜久乎』『竜』字也，當爲長久。」如此類者多，謹頗略椾，孫云：「列子別録作『棧』。殷敬順音剪，謂蟲斷滅也。略（七略。）作『剗』，又一作『椾』，皆同『翦』字。」星衍謂：殷説非也。『椾』即『箋』異文。説文：『箋，表識書也。』玉篇：『椾，子田切。古文牋字。』」皆已定，以殺青，書可繕寫。孫云：「殷敬順列子音義殺青『謂汗簡，刮去青皮也』。」

晏子名嬰，謚平仲，萊人。萊者，今東萊地也。孫云：「史記集解引劉向別録正有此語。明人或題爲晏子序或題表者，妄也。」晏子博聞彊記，通于古今。事齊靈公、莊公、景公，以節儉力行、盡忠極諫道齊，國君得以正行，百姓得以附親。不用則退耕于野，用則必不詘義，不可脅以邪。白刃雖交胷，孫云：「『胷』當爲『𦙄』，若『匈』隸加。凡此皆唐、宋人寫書之誤。」終不受崔杼之劫。諫齊君懸而至，孫云：「『懸』當爲『縣』，俗加『心』。漢書高紀：『縣隔千里。』縣而至，言遠而切至。」順而刻。及使諸侯，莫能詘其辭。其博通如此，蓋次管仲。內能親親，外能厚賢，居相國之位，受萬鍾之祿，故親戚待其祿而衣食五百餘家，處士待而舉火者亦甚衆。晏子衣苴布之衣、孫云：「詩傳：『苴，麻子也。』高誘注呂氏春秋：『苴，草蒯也。』苴音同鮓。」麋鹿之裘，駕敝車疲馬，盡以祿給親戚朋友，齊人以此重之。晏子蓋短。孫云：「晏子長不滿六尺，故云短。明本注云疑缺，非也。」盧文弨云：「疑有缺文。李從先本無此四字。」

其書六篇，皆忠諫其君，文章可觀，義理可法，皆合六經之義。又有復重，文辭頗異，不敢遺失，復列以爲一篇。孫云：「謂外篇第七也。俗本或以此附內篇，變亂向篇弟。明人之妄如是。」又有頗不合經術，似非晏子言，疑後世辯士所爲者，故亦不敢失，復以爲一篇。孫云：「謂外篇第八也。俗本以爲第七。」凡八篇。孫云：「史記正義引七略云：晏子春秋七篇在儒家者，是時即以外篇第七、八合爲一耳。隋、唐志七卷，即以篇爲卷也。玉海引崇文總目十二卷，或以爲後人采嬰行事〔一〕爲書，故卷頗多于前志。文獻通考亦十二卷，蓋宋時分析其篇上下各爲卷，二或四字之誤，即七略之七篇也。若因卷頗多于前志，疑後人采嬰行事爲書，則宋人不精核此書之故矣。晁公武從柳宗元之言，改入墨家，亦其妄也。」其六篇可常置

〔一〕「事」，原作「書」，據上文「或以爲後人采嬰行事爲書」改。

旁御觀，孫云：「蔡邕獨斷：『御者，進也。』詩箋：『御，侍也。』」謹弟録。孫云：「説文：『弟，韋束之次弟也。』」臣向昧死上。孫云：「獨斷：『漢承秦法，上書皆言昧死。』殷敬順列子音義：『上，時掌反。』此唐人之音，以别于上下，實不足律古人也。荀子别録作『上言』。明吴懷保本改此文，如『八篇』作『四篇』，『上』改『上聞』，及增『斯書也』之類，太謬，不足駁之。」

晏子春秋校注題辭

巍巍晏子，三代之英。抗睎神禹，勤儉弗矜。追蹤尹佚，博辯靡争。行難在内，治要性存。僅以君顯，匪願所乘。恥躳不逮，弗以學鳴。纂兹經術，功莫與京。名曰春秋，迥軼虞卿。自先後知者，唯孔與墨。孔譽以敬，兄事毋忒。墨契以愛，亟偁兼德。救民不夸，補君是力。爲者輕，爲人者急。齊未殫用，時未闓澤。厥爲天民，政教垂則。等之諸子，于焉太息。秦、漢以還，學張空幟。陵夷洎今，萬象狡肆。物蔽智盲，劄心逞喙。覼言大同，種姓迫礙。侈求善羣，生靈顣頞。敬罔克躋，愛無所寄。我思孔、墨，覬得其次。茫茫六合，德音誰嗣。漢陽張子，古處夙敦。閔亂孔憮，垂老彌懃。會通儒墨，汲汲求仁。庶幾晏子，洞見本原。舊注輯校，奥義衷宣。秕穅迅埽，精一允傳。斯學不弘，斯土難安。晐懷名世，繹此戹言。

民國第一乙亥季夏既望，蘄春陳敦復敬撰。

晏子春秋校注卷一

漢陽張純一仲如

内篇諫上第一 凡二十五章

莊公矜勇力不顧行義晏子諫第一

莊公奮乎勇力，荀子子道篇：「奮於言者華，奮於行者伐。」楊倞注：「奮，振矜也。」列子説符篇：「色盛者驕，力盛者奮。」張湛注：「色、力是常人所矜也。」案：標題作「矜勇力」。矜，夸也，自伐也，是奮字塙詁。不顧于行義。盧文弨羣書拾補曰：「『於』與『于』舊多參錯，新本一例作『于』矣。」勇力之士，無忌于國，孫星衍音義曰：「『行義』一本作『仁義』，『勇力之士』，太平御覽作『尚勇力之士』，下文同。」盧云：「御覽四百三十六『義』字作『尚』，屬下句。下文亦同。」黄以周校勘曰：「『行義』一本作『仁義』，非。元刻標題亦作『行義』。盧後校本云：『不顧于行義作一句。』是盧氏不從御覽，當已。」蘇輿云：「黄説是也。下文推侈、大戲、費仲、惡來皆古勇力無忌，爲亂于國者。引此以警莊公，是『無忌于國』本屬『勇力之士』説。

御覽「義」作「尚」者，蓋緣下文「崇尚勇力」而誤。」純一案：鮑崇城刻仿宋御覽文同此，惟「勇力之士」上衍「尚」字，「不顧于行義」屬莊公言。下文「故勇力之立也，以行其禮義也」，又「古之爲勇力者，行禮義也」，皆所以對治言〔一〕。「無忌于國」屬「勇力之士」言，下文「任之以力，淩轢天下，威戮無罪」，行本淫暴，皆勇士無忌之例證。**貴戚不薦善，**同姓之卿，不進善言。**逼邇不引過，**蘇云：「逼邇，近臣也。問上篇『求君逼邇而陰爲之與』義同。」純一案：逼邇，異姓之卿。引過，如禮坊記云「過則稱己」是。**故晏子見公。公曰：「古者亦有徒以勇力立于世者乎？」**莊公之意，固知古無徒以勇力立于世者。**晏子對曰：「嬰聞之，輕死以行禮謂之勇，**晏子針對莊公之問，言唯遵禮而行、舍命不渝者，是君子之勇，勇之貴者也。**誅暴不避彊謂之力。**「暴」舊作「暴」。孫云：「『暴』當爲『暴』，隸省。」蘇云：「舊刻作『暴』，非。説文一作『暴』，訓晞。一作『暴』，疾有所趣也。顏之推家訓分之甚晰。此訓惡，下當從『本』。」純一案：家訓見書證篇。説文日部暴，本部暴，段玉裁注尤詳。誅暴不避彊謂之力，言能不畏彊禦，爲天下除非禮之暴戾，斯誠大有力者。**故勇力之立也，以行其禮義也。**御覽引作「以行理義也」。墨子經上曰：「勇，志之所以敢也。」蓋勇者貴義於其身，如文王、武王皆一怒而安天下之民，曹劌亦「一怒而劫萬乘

〔一〕「言」，原作「之」，據文義改。

之師、存千乘之國」是。（太平御覽四百三十七引胡非子。）孔子曰：「見義不爲，無勇也。」**湯、武用兵而不爲逆，**易革卦彖傳曰：「湯、武革命，順乎天而應乎人。」黄初云：「莊子大宗師篇曰：『聖人之用兵也，亡國而不失人心。』是此塙詁。」**并國而不爲貪，**弔民伐罪故。黄初云：「孟子滕文公下：『武王滅國者五十，天下大悦。』是其義。」**仁義之理也。**孫云：「韓非解老篇：『理者，成物之文也。』」**誅暴不避彊，替罪不避衆，**孫云：「爾雅釋言：『替，廢也。』」純一案：桀、紂「人民之衆兆億」，（墨子明鬼。）而湯、武必誅之。**勇力之行也。古之爲勇力者，行禮義也。**如軒轅因「諸侯相侵伐，暴虐百姓，乃修德振兵，撫萬民，度四方」是。（史記黄帝本紀。）**今上無仁義之理，**奮乎勇力，不顧于行義。**下無替罪誅暴之行，**勇力之士無忌于國。**而徒以勇力立于世，則諸侯行之以國危，**如墨子非攻中篇云：「吴夫差北攻齊，東伐越，九夷賓服。於是自恃其力，伐其功，而吴有離罷之心。句踐圍王宮而國亡。晉智伯攻中行氏而有之，又攻兹范氏而大敗之，又圍趙襄子於晉陽。及若此，韓、魏相謀，擊智伯，大敗之而亡。」皆舍禮義、徒逞勇力故爾。**匹夫行之以家殘。**本書諫下二十四章「公孫接、田開疆、古冶子以勇力搏虎聞」，無長幼之禮，晏子請景公餽二桃，使自殺之。**昔夏之衰也，有推侈、**孫云：「墨子明鬼篇作『推哆』。韓非説疑篇云：『桀有侯侈。』古今人表作『雅移』。」黄云：「音義作『推移』。」純一案：墨子所染篇、抱朴子良規篇均作「推哆」。賈子新書連語篇作「推侈」，同此。淮南主術訓作「推移」。劉師培晏子春秋補釋云：「呂覽佚文作『惟多』，（路史注引。）賈子新書連語篇作『雖侈』，亦作『隰侯』，漢書古今人表作『推侈』，與此同。蓋推、惟、雖三字字形相似，侈、哆、移、多四字亦字形相似，故多通用。惟據抱朴子崇教篇〔一〕以推侈〔二〕與崇侯虎並稱爲崇推，則『侈』字當從新書或本作『侯』。推蓋國名。新書或本作『隰』，亦係訛文。自『侯』訛爲『侈』，而其義不可考矣。」**大戲。**孫云：「墨子明鬼篇：『桀有勇力之人推哆、大戲，生捕〔三〕兕虎，指畫殺人。』」又云：「『湯呼禽推哆、大戲。』呂氏春秋簡選篇：『湯以戊子戰於郕，遂禽推移、大犧。』」**殷之衰也，有費仲、**孫云：「費仲名仲潏，蜚廉父。說紂誅西伯昌。見韓非子外儲說左。」純一案：墨子明鬼篇作費中。中、仲同。**惡來。**墨子所染篇、明鬼篇並有惡來。呂氏春秋當染篇高誘注：「惡來，嬴姓，飛廉之子，紂之諛臣。」**足走千里，手裂兕虎，任之以力，淩轢天下，**御覽引脫「下」字。唐韻正三十五馬下引此與虎爲韻。蘇云：「淩轢，謂蹈踐之也。史記灌夫傳：『淩轢宗室。』」**威戮無罪，**盧云：「御覽無此句。」純一案：御覽有「威」字，脫「戮無罪」三字。**崇尚勇力，**孫云：「太平御覽作『專行威力』。」盧校同。純一案：鮑刻御覽作「專行勇力」。**不顧義理，**黄云：「淩澄初本作『理義』。」**是以桀、紂以**

〔一〕「崇教篇」，補釋原誤作「良規篇」。
〔二〕「推侈」，補釋作「推哆」。
〔三〕「捕」，原作「裂」，據音義改。

滅，殷、夏以衰。孫云：「戲、來、里、力、罪、理、滅、衰爲韻。虎、下爲韻。周、秦之語多相協，以輕重開合緩急讀之。」王念孫讀書雜志曰：「案『戲』字古韻在歌部，『來』字在之部，『里』、『理』在止部，『力』在職部，『罪』在旨部，『滅』在月部，『衰』在脂部。此十三句，唯『虎』、『下』爲韻。『理』字或可爲合韻。其餘皆非韻也。淵如於古韻未能洞徹，但知古人之合，而不知古人之分，故往往以非韻者爲韻。又見高注呂覽、淮南有急氣、緩氣、閉口、籠口諸法，遂依放而爲之，不自知其似之而非也。故音義中凡言『某某爲韻』、『某某聲相近』及『急讀緩讀』者，大半皆謬於古音。若一一辯正，徒費筆墨，故但發凡於此，以例其餘。明於三代、兩漢之音者，自能辨之也。」**今公自奮乎勇力，不顧乎行義。勇力之士，無忌于國，身立威彊，行本淫暴，**孫云：「『本』，御覽作『流』。古『㳅』字似本。」**貴戚不薦善，逼邇不引過，反聖王之德，**聖王勇於行義，求善若渴不待薦，知過即改無勞引。今適相反。**而循滅君之行。**孫云：「『循』，御覽作『修』。」蘇云：「『循』猶依也，與『反』字對文。下篇『循靈王之迹』，文與此同。御覽作『修』，非。古『循』、『脩』字多相亂。」純一案：「滅君」指桀、紂。**用此存者，嬰未聞有也。」**孫云：「『未聞』，御覽作『未嘗聞』。」純一案：此章即墨家非攻之恉。

景公飲酒酣願諸大夫無爲禮晏子諫第二

景公飲酒酣，曰：「今日願與諸大夫爲樂飲，請無爲禮。」黄初云：「不願受禮文束縛。」晏子蹴然改容，孫云：「莊子大宗師：『仲尼蹴然。』陸德明音義：『蹴，子六反。』崔云：『變色貌。』」曰：「君之言過矣。過猶失也。羣臣固欲君之無禮也。無禮則可恣其所欲。蓋禮者，所以嚴等衰、靖暴亂也，故儒家以禮爲經世之綱維。力多足以勝其長，孫云：「讀令長之長。」勇多足以弑其君，舊脱「其」字。今據上句增，文同一例。而禮不使也。不使，猶不許也。劉云：「『使』字當作『便』。『禮不便』一語，與上『固欲君無禮』相應。『便』、『使』二字因形相近而訛。」禽獸以力爲政，「以」從元刻，孫本譌「矣」。彊者犯弱，孫云：「『彊』，本多作『强』，通。下文或作『强』，皆寫者亂之。」蘇云：「『强』，俗字。」今一例從「彊」。故日易主。孫云：「『日』，本多作『曰』，非。」盧云：「國策『寧爲雞口』，一云當爲『雞尸』，『尸』即主也。禽獸以强者爲主，更有强者則易主矣，雞尤人之所常見者也。」今君去禮，則是禽獸也。黄初云：「列子説符篇：『人而無義，唯食而已，是雞狗也。彊食靡角，勝者爲制，是禽獸也。爲雞狗禽獸矣，而欲人之尊己，不可得也。人不尊己則危辱及之矣。』」純一案：「義」，古「儀」字。羣臣以力爲政，彊者犯弱，而日易主，君將安立矣。君將何所立足。凡人之所以貴于禽獸者，以有禮也，故詩曰：『人而無禮，胡不遄死。』孫云：「國風相鼠之詩。」純一案：傳：「遄，速也。」禮不可無也。」黄初云：孟子盡心篇曰：「無禮義則上下亂。」公湎而不聽。孫云：「湎，說文：『沈于酒也。周書曰：「罔敢湎于酒。」』玉篇：『亡兖切。』俞樾諸子平議曰：「此但言公之不聽耳，非必言其沈湎也。『湎』疑『偭』字之誤。離騷『偭規矩而改錯』，王逸注曰：『偭，背也。』公聞晏子之言而不樂，故背之而不聽耳。『偭』、『湎』同聲，又因本篇言飲酒事，遂誤爲『湎』矣。」少間，公出，晏子不起。公入，不起。交舉則先飲。公怒色變，抑手疾視，孫云：「說文：『归，按也。』俗作『抑』。」曰：「曏者，夫子之教寡人無禮之不可也。「曏」，舊作「嚮」。孫云：「『嚮』當爲『曏』。說文：『不久也。』玉篇：『許兩切。』『向』乃『曰』之誤在下耳。」純一案：「嚮」同「向」，與此義不合，今從孫校改。寡人出、入不起，交舉則先飲，禮也？」責晏子無君臣之禮。俞云：「按『也』當作『邪』，乃詰問之詞。古『也』、『邪』字通用，故陸德明經典釋文曰：『「邪」、「也」弗殊。』顏氏家訓音辭篇曰：『「邪」者，未定之詞，北人即呼爲「也」。』並其證矣。荀子正名篇：『其求物也？養生也？粥壽也？』楊倞注曰：『「也」皆當爲「邪」，問之詞。』正與此同。」晏子避席再拜稽首而請曰：「嬰敢與君言忘之乎？拜，說文手部云：「首至手也。」揚雄說：「拜從兩手下。」詩詁：「稽首，謂下首至地，稽留乃起。」臣以致無禮之實也。君若欲無禮，此是已。」此指公出、入不起，交舉則先飲言。公曰：「若是，孤之罪也。晏子致無禮之實以悟公，公知咎由自取。夫子就席，寡人聞命矣。」觴三行，遂罷酒。孫云：「春秋左傳：『臣侍君宴，過三爵，非禮也。』」蓋是後也，飭法修禮，法無禮則失本，禮無法則易弛。

以治國政，而百姓肅也。孫云：「『禮』，一本作『理』，非。」純一案：此與外上一章爲一事。

景公飲酒酲三日而後發晏子諫第三

景公飲酒，酲，孫云：「詩傳：『病酒曰酲。』玉篇作『醉未覺』。」純一案：小雅節南山：「憂心如酲。」三日而後發。蘇云：「發，發起也。言醉寢三日而後起也。下文『今一日飲酒而三日寢之』，是其證。」純一案：蘇說亦通。發讀爲廢。墨子非命中篇「發而爲刑政」，上篇作「廢以爲刑政」。陳第毛詩古音考云：「發音廢，廢亦可音發。」漢郊祀歌：「含秀垂穎，續舊不廢。」顏師古曰：「廢音發。」蓋發、廢古音通也。廢，止也。三日而後廢，謂病酒三日而後止也。晏子見曰：「君病酒乎？」公曰：「然。」晏子曰：「古之飲酒也，足以通氣合好而已矣。通氣，謂助血脈之流行。合好，謂樂賓朋之歡聚。詩小雅賓之初筵：「飲酒孔嘉，維其令儀。」故男不羣樂以妨事，女不羣樂以妨功。蘇云：「事謂本業。功，女工也。古工、功通用。」男女羣樂者，周觴五獻，孫詒讓札迻曰：「『周』當爲『酬』之叚字。儀禮鄉飲酒注云：『酬之言周。』『五』疑當爲『三』。前章云：『觴三行，遂罷酒。』外上一章亦云：『用三獻。』是不得過三獻也。宣二年左傳云：『過三爵，非禮也。』」過之者誅。孫云：「鄭氏注周禮：『誅，責讓也。』」純一案：周禮太宰：「八曰誅以馭其過。」君身服之，蘇云：「服，行也。言上必身自行之，以率下也。管子權修篇：「上身服以先之。」荀子宥坐篇：「上先服之。」義並同。彼房、楊二注，服俱訓行。」劉校同。**故外無怨治，内無亂行。**王云：「晏子書以『怨』爲『蘊』，蘊、怨一聲之轉。言君勤於政，則外無蘊積之治，内無昏亂之行也。説見雜下十四章『怨利生孽』注。」劉云：「『怨』當作『蘊』。説文云：『蘊，積也。亦作蘊。』廣雅云：『蘊，聚也。』文選蜀都賦云：『雜以蘊藻。』注云：『叢也。』又詩雲漢『蘊隆蟲蟲』，韓詩作『鬱』。則『蘊』即叢脞之意矣。外無蘊治者，言外無叢脞之政也。國治蘊者，言國政叢脞。莫之或理〔一〕也。『蘊治』與『亂行』對文，『蘊』即左傳昭二十五年『蓄而不治將蘊』之『蘊』。蓋『蘊』、『宛』二字聲近義同，如荀子富國篇『夏不宛暍』，宛當訓蘊是也。『怨』、『宛』均從『夗』聲，故又借『宛』爲『怨』。若以『怨』字本義訓之，失其旨矣。」**今一日飲酒而三日寢之，國治怨乎外，**孫云：「一本『怨』作『怒』，非。」**左右亂乎内。以刑罰自防者勸乎爲非，**蘇云：「『勸』疑作『勤』，緣下『勸』字誤也。『勤』與『惰』對文，言刑罰不準，故人弛其防，而爲非之心轉勤也。」劉校同。**以賞譽自勸者惰乎爲善。**劉云：「防、勸對文。」**上離德行，無以率下。民輕賞罰，失所以爲國矣。**治國之大柄，不外刑賞兩途，所以止惡勸善也。若德行既無足觀，賞罰又失其用，尚能立國乎？**願君節之也。」**節其淫佚之行，身服禮義以先民，將無須于賞罰矣。

〔一〕「莫之或理」，原作「或之莫理」，據補釋改。

景公飲酒七日不納弦章之言晏子諫第四

景公飲酒，七日七夜不止。弦章諫曰：盧云：「呂氏春秋勿躬篇、説苑君道篇皆以弦章在桓公時。韓非外儲説左下作『弦商』，當即『弦章』。唯新序雜事四在桓公時者乃弦寗。後問上作『弦甯』，實一字。據此，則弦章正事景公者。」純一案：盧説是。問上六章侍桓公者，孫本作「弦章」，誤；元本作「弦甯」，是，羣書治要引作「弦寧」可證。説苑君道篇又載「晏子歿十七年，景公射出質，播弓矢。弦章入」，與本書外下末章同，則弦章事景公無疑。侍桓公者，當爲弦甯。弦章疑即弦甯之後。孫志祖讀書脞録四説弦章乃景公時人，據新序定桓公時爲弦甯，謂説苑君道篇侍桓公者，蓋誤弦甯爲弦章，允已。「君飲酒七日七夜，「飲」上舊誤衍「欲」字，從王校删。章願君廢酒也。不然，章賜死。」「章賜死」，文義不順，當作「賜章死」。下同。晏子入見。公曰：「章諫吾曰：「章」上當有「弦」字。『願君之廢酒也。不然，章賜死。』如是而聽之，則臣爲制也。蘇云：「臣爲制，言制于臣也。下云『則是婦人爲制也』，義同。」純一案：景公謂「臣爲制」，不知是禮爲制也。不聽，又愛其死。」又不忍賜章死。晏子曰：「幸矣，章遇君也。令章遇桀、紂者，令，設詞。「者」字衍。章死久矣。」言君非桀、紂，當納其諫而旌其忠。於是公遂廢酒。

景公飲酒不卹天災致能歌者晏子諫第五

景公之時，霖雨十有七日。孫云：「爾雅釋天：『淫謂之霖。』左傳：『凡雨自三日已往爲霖。』」**公飲酒，日夜相繼。晏子請發粟于民，三請不見許。**晏子獨憂民之憂。公，酒囊耳。**公命柏遽巡國，致能歌者。**孫云：「姓柏名遽。」陳匪石云：「孫説恐不確。下文命稟、命柏，則柏應爲名。周禮太僕：『以待達窮者與遽令。』鄭司農注：『遽，傳也。若今時驛馬。』禮玉藻士曰：『傳遽之臣。』注：『傳遽，以車馬給使者也。』左傳僖三十三年：『且使遽告于鄭。』注：『遽，傳也。』言命柏傳驛巡國，致能歌者。」純一案：説文辵部：「巡，視行也。」周禮小司寇：「以致萬民而詢焉。」鄭司農注：「致，聚也。」**晏子聞之不説，遂分家粟于氓，致任器于陌，**孫云：「任器，任用之器，可以負載。」玉篇：「南北曰阡，東西曰陌。」純一案：此晏子憂百姓之窮，有財則以分貧也。**徒行見公，**徒行，並敝車駑馬而不乘，蓋以不恤民憂非義也。**曰：「霖雨十有七日矣，**元本、孫校本俱脱「霖雨」二字，今從王校，據上文補。蘇校同。**壞室鄉有數十，**「壞室」，舊譌「懷寶」。王云：「自此句以下，皆言百姓飢寒困苦之事，『懷寶』當爲『壞室』。『壞室』與『飢氓』對文。下文云『室不能禦者予之金』，是其證也。『懷』與『壞』字相似，俗書『寶』字作『宝』，與室亦相似，故『壞室』誤爲『懷宝』。後人不達，又改『宝』爲『寶』耳。」洪頤煊讀書叢録説同。純一：今並據正。下同。**飢氓里有數家，**孫云：「『飢』，一本作『饑』。說文：『飢，餓也。穀不熟爲饑。』」**百姓老弱凍寒不得短褐，**墨子非樂篇：「萬人不得衣短褐。」孫詒讓注云：「短褐，即裋褐之借字。史記秦本紀：『夫寒者利裋褐。』徐廣云：『一作短，小襦也。』索隱云：『蓋謂褐布豎裁，爲勞役之衣，短而且狹，故謂之短褐，亦謂之豎褐。』」**飢餓不得糟糠，**孫云：「當爲『糠』。」**敝撤無走，**孫云：「『敝撤，即『敝躄』，假音字。說文：『躄，人不能行。』玉篇：『蹩躠，旋行貌。』『撤』又『徹』俗字。」蘇云：「無走，即靡有家室意，正與上『壞室』相承。」**四顧無告。而君不卹，**孫云：「說文：『卹，憂也。』一本作『恤』。」**日夜飲酒，令國致樂不已，**墨子非樂篇曰：「孰爲大人之聽治，而廢國家之從事〔一〕，曰樂也。」晏子非樂之意同。**馬食府粟，狗饜芻豢，**孫云：「『饜』當爲『厭』。」玉篇：「饜，飽也。於豔切。」純一案：孟子梁惠王上「狗彘食人食而不知檢」，義同。**三保之妾，**盧云：「三保，蓋阿保之流。」孫詒讓云：「『三保』，當作『三室』。考工記匠人：『內有九室，九嬪居之。』蓋天子六宮有九室，諸侯三宮則三室也。此篇『室』字多譌爲『寶』，『寶』又譌爲『保』，遂不可通耳。『保妾』亦『室妾』之譌。」**俱足粱肉。狗馬保妾不已厚乎，民氓百姓不亦薄乎。**厚於狗馬，玩物喪志。厚於保妾，玩人喪德。民爲邦本，宜厚其生，

〔一〕「孰爲大人之聽治，而廢國家之從事」，原作「孰爲而廢大人之聽治，賤人之從事」，據墨子改。

乃薄於狗馬，可乎？故里窮而無告，無樂有上矣；飢餓而無告，無樂有君矣。俞云：「按『里窮而無告』義不可通，據下文云『民飢餓窮約而無告』即承此文言之，則此文亦當作『窮約而無告』矣。『里』字上疑當有『鄉』字，據上文云『懷寶鄉有數十，飢氓里有數家』，以鄉里並言，是其證也。晏子原文蓋云：『故鄉里窮約而無告，無樂有上矣；飢餓而無告，無樂有君矣。』因奪『鄉』字、『約』字，遂不可通耳。上文『懷寶』乃『壞室』之誤。（說本王氏讀書雜志。）此所謂『窮約』者，即承『壞室鄉有數十』而言。所謂『飢餓』者，即承『飢氓里有數家』而言。」純一案：俞說是也，當據補。嬰奉數之筴，孫云：「左傳『策名委質』，服虔注：『古者始仕，必先書名於策。』奉數之筴，謂持策以待書事也。『筴』當爲『策』，隸書多以『朿』爲『夾』。」純一案：孫說是也。「奉數」疑當作「數奉」。「之」字疑衍。以隨百官，使民飢餓窮約而無告，「使」，舊作「之吏」，屬上句。劉云：「『吏』當作『使』，與下對文。『之』爲衍字。」純一案：劉說是也，今據刪正。使上淫湎失本而不卹，「失」從孫校本，元本譌「矢」。失本，謂失民心。嬰之罪大矣。」過則歸己，臣道然也。再拜稽首，請身而去。事君當致其身，今言不見用，祇得請罪于君，全身而去。史記趙充國乞骸骨，義與請身同。遂走而出。公從之，兼于塗而不能逮。孫云：「兼于塗，言兼程以進。『塗』當爲『涂』。爾雅釋言：『逮，及也。』」令趣駕，追晏子其家，不及。孫云：「詩傳：『趣，趨也。』」盧云：「『趣』與『促』同。」粟米盡于氓，任器存于陌，此晏子不言之諫，感公至深者也。公驅及之康內。孫云：「爾雅釋宮：『五達謂之康。』」公下車從晏子曰：「寡人有罪，夫子倍棄不援，盧云：「『倍』與『背』同。」寡人不足以有約也，夫子不顧社稷百姓乎？願夫子之幸存寡人，「之」字疑衍。寡人請奉齊國之粟米財貨委之百姓，委，謂輸也。多寡輕重惟夫子之令。」令，猶命也。遂拜于途。孫云：「一本作『塗』。涂、途古字，塗俗字。」晏子乃返，命稟巡氓，家有布縷之本而絕食者，孫云：「稟，臣名。」使有終月之委，集韻：「於僞切，音萎。」委積，牢米薪芻之總名，少曰委，多曰積。絕本之家，孫云：「言並無布縷。」使有期年之食，黃云：「『期』，元刻本並作『朞』。孫校本『期』、『朞』錯出。」蘇云：「『期』，正字。今一例從『期』。」無委積之氓，與之薪橑，使足以畢霖雨。孫云：「薪橑，禦雨之具。」令柏巡氓，家室不能禦者，予之金。蘇云：「『令』當作『命』，與上文一律。『命』、『令』形近而譌。」巡求氓寡、用財乏者，死。三日而畢，後者若不用令之罪。黃云：「『巡』，即上『命稟巡』、『命柏巡』之巡。『求氓寡』與『用財乏』對文。『死』句絕。言有隱匿其數、少與金者死。後三日之期者，如不用令之罪也。下文『三日，吏告畢上』，言無後期。『貧氓萬七千家，用粟九十七萬鍾』云云，言其求氓衆、用財多。」公出舍，損肉撤酒，孫云：「『撤』當爲『徹』。」馬不食府粟，狗不食飦肉，孫云：「飦，說文：『䰞，鬻也。或作飦。』玉篇：『飦，記言切。』」辟拂嗛齊，黄云：「辟拂，亦侍御之倖臣。此言減倖臣之禄。」劉云：「黄説是。『齊』，即『資』之叚字也。詩大雅楚茨、禮記玉藻篇鄭注引作『薺』，楚辭離騷王注又作『齎』，此『齊』、『資』古通之證。左傳僖公三十三年『惟是脯〔一〕資餼牽竭矣〔二〕』，杜注：『資，糧也。』國語晉語『資困窮』，韋注：『資，稟也。』『嗛資』者，即減省所給之禄養也，故與『減賜』並文。『齊』假爲『資』，猶『采薺』之或作『采齎』、『齊盛』之或作『資盛』也。」酒徒減賜。三日，吏告畢上：貧氓萬七千家，用粟九十七萬鍾，薪橑萬三千乘。壞室二千七百家，用金三千。孫云：「一本脱『用』字，非。」公然後就内退食，琴瑟不張，鐘鼓不陳。鐘，舊多作「鍾」。説文：「鐘，樂器也。秋分之音，萬物穜成，故謂之鐘。从金，童聲。古者垂作鐘。職茸切。鍾，酒器也。从金，重聲。職容切。」案：鐘鼓以鐘爲正，今一例從「鐘」。晏子請左右與可令歌舞足以留思虞者退之。孫云：「『虞』同『娱』。」辟拂三千，黄云：「謂歌舞者三千人皆謝去之。上云請退歌舞謂此。」謝于下陳。蘇云：「文選李斯上秦始皇書李善注：『下陳，猶後列也。』謝于下陳，猶辭去不與于後列耳。下篇『願得充數乎下陳』是其證。」人侍三，士侍四，出之關外也。「侍」從元刻。孫校本譌「待」。黄云：「『人侍』、『士侍』，記所謂『嬖御人』、『嬖御士』也。三、四，人數。出之關外，謂逐去

〔一〕「脯」，原作「晡」，據左傳改。

〔二〕「矣」，原作「焉」，據左傳改。

之。上云請退左右謂此。」

景公夜聽新樂而不朝晏子諫第六

晏子朝，杜扃望羊待于朝。孫云：「杜，姓。扃，名。望羊，猶仿佯也。」黄初云：「望羊，莊子秋水篇崔注：『仰視貌。』」晏子曰：「君奚故不朝？」對曰：「君夜發不可以朝。」「朝」字舊脱，從盧校補。蘇校同。盧云：「詩『明發不寐〔一〕』，此謂夜不寐也。」純一案：「發」讀如「廢」，詳前。夜廢，謂竟夜未眠。晏子曰：「何故？」對曰：「梁丘據舊衍「扃」字，從盧校删。孫云：「姓梁丘，名據，字子猶。」入歌人虞，玉篇：「入，進也。」文選嘯賦注引此作「虞公善歌，以新聲感景公」，與下文以新樂淫君相應。今本有脱文，語意不完。變齊音。」晏子退朝，命宗祝修禮而拘虞。孫云：「宗祝，官名。」文選注作『晏子退朝而拘之』。」純一案：拘虞以害治故，晏子可謂社稷之臣矣。公聞之而怒，曰：「何故而拘虞？」晏子曰：「以新樂淫君。」淫，惑也。晏子心存非樂，惡其樂之滋繁也。墨子三辯篇曰：「其樂逾繇者其治逾寡。」公曰：「諸侯之事，百官之政，寡人願以請子。酒醴之

〔一〕「寐」，原作「昧」，據詩小宛改。下同。

味，金石之聲，願夫子無與焉。孫云：「與讀如豫。」夫樂，何必夫故哉？」孫云：「今本作『何夫必攻哉』，據下文『君奚輕變夫故哉』訂正。言故以别于新音也。」黄云：「元刻本作『夫樂何夫必攻哉』，淩本作『夫樂何失必攻哉』。」蘇云：「元刻本及淩本非也。故、古義通。『何必夫故』，言何必定須古樂，以明新樂無害。當依孫正。」對曰：「夫樂亡而禮從之，樂足以感動人之善心，使夫邪汙之氣無由得接。率一道，治萬變。（説本荀子樂論。）故大樂與天地同和，大禮與天地同節，知樂則幾於禮矣。（説本禮樂記。）今淫於新樂而無節，是先王立樂之方亡，而禮亦從之而亡矣。禮亡而政從之，上有道揆，下有法守。禮與政一耳，禮亡，政將焉傅。北堂書鈔八十引説苑脩文篇：「晏子對景公曰：『禮者〔一〕，所以御民也。』」政亡而國從之。政者正也，以禮義廉恥爲節者也。管子牧民篇曰：「禮義廉恥，國之四維。四維不張，國乃滅亡。」國衰，「衰」當作「亡」，總結上文。劉云：「『政亡而國從之衰』爲句，『之』下『國』字衍。」臣懼句絶。君之逆政之行，有歌。孫云：「疑有脱文。文選注引此書『桀作東歌、南音』當在此。」純一案：文選注見吴都賦。「有歌」疑當作「在有歌人」，明拘虞之故在此。紂作北里，孫云：「歌名。」純一案：史記殷本紀：「紂使師涓作新淫聲、北里之舞。」淮南子泰族訓高誘注：「紂作朝歌北鄙之音。」此與東歌、南音

〔一〕「禮者」，原作「禮以治國」，據北堂書鈔改。

儷文，疑脱二字。幽、厲之聲，孫云：「幽、厲，周二王。」顧夫淫以鄙五字不成句，疑此上下脱文甚多。蓋晏子尚儉非樂，叙述甚詳，後世陋儒大感不快，妄删之。而偕亡。君奚輕變夫故哉？」言桀、紂、幽、厲繇作新樂皆亡，君奚必尤而效之。公曰：「不幸有社稷之業，不擇言而出之，請受命矣。」以上五章，皆墨家非樂之恉。

景公燕賞無功而罪有司晏子諫第七

景公燕賞于國內，萬鍾者三，千鍾者五。問下十七章：「豆、區、釜、鍾，四升爲豆，各自爲四，以登于釜，釜十則鍾。」昭三年左傳杜注：「鍾六斛四斗。」令三出，而職計莫之從。元刻注云：「一作『職計筭之』。」並下「士師」亦同。明沈啓南本注「筭」並作「算」。羣書治要作「職計筴之」、「士師筴之」。案：各本皆非。職計猶今言會計。孫云：「職計，官名。」爾雅釋詁：「職，主也。」俞云：「『職計莫之從』、『士師莫之從』文義甚明。令三出而莫之從，正見其持之堅。下文晏子曰『今君賞讒諛之民，而令吏必從』，正指兩『莫之從』者而言。」蘇云：「下文『君正臣從』、『君僻臣從』之『從』，亦是承『莫之從』說。觀於文曰『公怒』，曰『公不説』，令莫之從，斯怒而不説耳。俞説是也。」公怒，令免職計。蘇云：「治要『令』下有『之』字。」令三出，而士師莫之從。以濫賞害政故，職計、士師如此，可謂得人。公不説。晏子見，公謂晏子曰：「寡人聞君國者，愛人則能利之，惡人則能疏之。墨子尚同中篇曰：「上唯毋立而爲政乎國家，爲民正長，曰：『人可賞，吾將賞之。人可罰，吾將罰之。』」義同。今寡人愛人不能利，魯語：「莒太子僕弑紀公〔一〕，以其寶來奔。宣公使僕人以書命季文子曰：『爲我予之邑。今日必授，無逆命矣。』里革（魯太史克。）遇之而更其書，曰：『夫莒太子殺其君而竊其寶來，爲我流之於夷。今日必通，無逆命矣。』」此亦國君愛人不能利之之例。惡人不能疏，失君道矣。」晏子曰：「嬰聞之，君正臣從謂之順，君臣皆順于道，是之謂君君臣臣。荀子臣道篇曰：「事聖君者，有聽從，無諫争。」君僻臣從謂之逆。君臣皆逆於道，是之謂君不君臣不臣。荀子臣道篇曰：「偷合苟容，若曹觸龍之於紂者，可謂國賊矣。」是其例。此二句亦見諫下二十一章。今君賞讒諛之臣，「臣」，舊譌「民」。王云：「『民』本作『臣』。凡以讒諛事君者，皆臣也，非民也。下篇云：『景公信用讒佞，賞無功，罰不辜。』則此篇之萬鍾、千鍾，皆是賞讒諛之臣，而非賞民也。羣書治要正作『賞讒諛〔二〕之臣』。」純一案：「民」爲「臣」之形誤。王説是也，今據治要正。而令吏必從，所謂「唯其言而莫予違」也。則是使君失其道、臣失其

〔一〕「紀公」，原作「莒公」，據國語魯語改。

〔二〕「諛」，原脱，據羣書治要補。

守也。呂氏春秋直諫篇：「荆文王得茹黄之狗、宛路之矰，畋三月不反。（「月」疑「日」誤。）得丹之姬，淫，朞年不聽朝。（「朞年」疑「帀月」之誤。）葆申答之，（文詳彼。）自流於淵，請死罪。文王曰：『此不穀之罪也，葆申何罪？』王乃變更，召葆申，殺茹黄之狗，折宛路之矰，放丹之姬。」案：臣如葆申，可謂不失其守矣。**先王之立愛，以勸善也。**蘇云：「治要『勸』作『親』。」純一案：「勸」字是。**其立惡，**治要「立」作「去」，誤。**以禁暴也。**俞云：「此『惡』字乃愛惡之惡，非善惡之惡。禮記祭義篇：『立愛自親始，教民睦也。立敬自長始，教民順也。』此云『立愛』、『立惡』，義與彼同。」蘇云：「俞説是。此承上文『愛人』、『惡人』言。」純一案：荀子王制篇曰：「君者，善羣也。」**昔者三代之興也，**三代，夏、商、周，指禹、湯、文、武時言。**利于國者愛之，害于國者惡之，**國者，羣之所以託命也。故凡有利於國者，縱不利於己，猶利己者也，必愛之。凡有害於國者，縱不害於己，猶害己者也，必惡之。如是，羣自善而治矣。**故明所愛而賢良衆，明所惡而邪僻滅，**愛惡公則人心正，邪僻盡化爲賢良。**是以天下治平，**蘇云：「治要作『平治』。」**百姓和集。**和則親睦而不離，集則團聚而不散。**及其衰也，行安簡易，身安逸樂，**簡，簡略也，簡慢也。易，輕忽也。行安簡易，必不敬德修業，而苟且因循。逸，放逸也。樂，樂聲色也。身安逸樂，必不思患預防，而縱欲敗度。**順于己者愛之，逆于己者惡之，**順己者必諂佞，逆己者必忠貞，愛惡顛倒。**故明所愛而邪僻繁，**害國者，恃愛而類聚。孫云：「『繁』當爲『緐』。」**明所惡而賢良滅，**利國者，見惡而遠颺。諫下二十一章云：「今君不道順而行僻，從邪者邇，導善者遠，讒諛萌通，而賢良廢滅。」可互明。**離散百姓，**離則乖違而不和，散則逃亡而不集。**危覆社稷。**危，敗也。覆，滅也。**君上不度聖王之興，而下不觀惰君之衰，**聖王勤於謀國，無我之見存，故興。惰君私欲熾盛，與聖王反，故衰。**臣懼君之逆政之行，**蘇云：「治要無『臣懼君之』四字。」**有司不敢争，以覆社稷，危宗廟。」**蘇云：「治要有『矣』字。」純一案：此文語意不完，句末當據治要補「矣」字。句首以意審校，並當增足字。覆，傾覆也。危，亡也。**公曰：「寡人不知也，請從士師之策。」**策，謀也。從士師之策，謂不免職計，不濫賞也。**國内之禄，所收者三也。**九字意不明了，治要無，疑衍文。

景公信用讒佞賞罰失中晏子諫第八

景公信用讒佞，説文言部：「讒，譖也。」女部：「佞，巧讇高材也。」讇，諛也。**賞無功，罰不辜。**賞濫則不足以勸善，罰濫則不足以禁暴，治國之大權失其用矣。**晏子諫曰：「臣聞明君望聖人而信其教，**韻會：「爲人所仰曰望。」望聖人，景仰聖人也。信其教，謂信服聖人之教不相違也。**不聞聽讒佞以誅賞。今與左右相説頌也，**孫云：「『説』，今本作『悦』，非。本書多作『説』，據以訂正。『頌』即『容』本字。説頌，猶言容悦也。或言誦説。」**曰：『比死者勉爲樂乎。**孫云：「比死，言將及死。」蘇云：「即唐風『且以喜樂，宛其死矣』意。」吾安能爲仁而愈黥民耳矣。』孫云：「『黥』，一本作『黔』。」蘇云：「愈，猶安養，意爲仁乃安民之事。『黥』當爲『黔』。黔民即黎民。言吾但勉爲樂耳，不欲爲仁以爲安民之事也。下文云云，正申明此意。」故內寵之妾迫奪于國，外寵之臣矯奪于鄙，蘇云：「左傳作『內寵之妾肆奪于市，外寵之臣僭令于鄙』。」純一案：左傳昭二十年杜注：「肆，放也。僭令於鄙，詐爲教令於邊鄙。」肆奪即迫奪。僭令即矯義。執灋之吏蘇云：「灋，古法字。舊刻及浙局本皆作法。音義作灋，云：『一本作「法」，古今字。』今一例從『灋』。」並荷百姓。孫云：「荷讀如苛，經典多以『荷』爲『苛』。」洪云：「『荷』即『苛』字。禮記檀弓『下無苛政』，釋文：『本亦作「荷」。』」民愁苦約病，而姦驅尤佚，王云：「尤，過也，甚也。見左傳襄二十六年注。佚與溢同。昭三年左傳曰：『道殣相望，而女富溢尤。』此云『民愁苦約病，而姦驅尤佚』，句法正相似。尤佚即溢尤。」隱情奄惡，蔽諂其上，盧云：「奄、掩同。」王云：「蔽者，擁蔽。諂者，諂諛。二字義不相近，不當以『蔽諂』連文。『諂』當爲『謟』，字之誤也。謟讀若滔。謟者，惑也。謂隱其情，掩其惡，以蔽惑其君也。爾雅釋詁：『謟，疑也。』疑即惑也。管子五輔篇曰：『上謟君上而下惑百姓。』是以忠臣常有災傷也。」故雖有至聖大賢，豈能勝若讒哉。是以忠臣常有災傷也。「臣」下舊衍「之」字，從王校刪。臣聞古者之士可與得之，不可與失之；可共適道，不可失道。可與進之，不可與退之。可與圖治則進，否則退。臣請逃之矣。」遂鞭馬而出。公使韓子休追之，孫云：「姓韓名子休。」孫詒讓云：「韓非子外儲說左上云：『景公趨駕煩且之乘，使騶子韓樞御之。』此韓子休疑即彼騶子韓樞也。」曰：「孤不仁，醫家謂手足痿痺、不能運動曰不仁。此言心失其用。不能順教，以至此極。蘇云：「言不能順承其教以至此極。」夫子休國焉而往，孫云：「言棄國而去。」寡人將從而後。」蘇云：「而，猶汝也。」晏子遂鞭馬而返。其僕曰：「嚮之去何速？「嚮」當爲「曏」。今之返又何速？」晏子曰：「非子之所知也，公之言至矣。」

景公愛嬖妾隨其所欲晏子諫第九

翟王子羨臣于景公，以重駕。孫云：「翟王之子名羨。重駕，駕十六馬。」盧云：「『以』上似當有『干景公』三字。」蘇云：「『干』、『于』形近。此疑傳寫者誤『干』爲『于』，遂謬加『臣』字於上耳。『臣』字當衍，盧臆增，未可從。」純一案：蘇說是。公觀之而不說也。嬖人嬰子欲觀之，孫云：「嬰子，景公妾。」公曰：「及晏子寢病也。」及，逮也。因時乘便，不令晏子知之。居圃中臺上以觀之。嬰子說之，因爲之請曰：「厚禄之。」公許諾。晏子起病而見公，蘇云：「起病，病愈也。」

公曰：「翟王子羡之駕，寡人甚説之，請使之示乎？」「示」爲「眡」、「視」之本義。晏子曰：「駕御之事，臣無職焉。」拒絶不視。公曰：「寡人一樂之，是欲禄之以萬鍾，其足乎？」「一」字、「是」字俱疑衍。對曰：「昔衛士東野之駕也，孫云：「衛國之士姓東野。荀子哀公篇：『定公問于顔淵曰：「東野子之善馭乎？」』又曰：『東野畢之馬失。』未知即其人否。」黄初云：「莊子達生篇：『東野稷以御見莊公，進退中繩，左右旋中規。莊公以爲文弗過也，使之鉤百而反。』或即其説。」公説之。嬰子不説，公因不説，遂不觀。「因」從元刻。孫校本作「曰」。盧云：「『曰』譌。」黄校同。今翟王子羡之駕也，公不説。嬰子説，公因説之。爲請，公許之。則是婦人爲制也。言爲婦人所制。且不樂治人而樂治馬，不厚禄賢人而厚禄御夫。下有脱文。昔者，先君桓公之地狹于今，孫云：「『狹』當爲『陜』。説文：『隘也。』玉篇『陜』或作『狹』。」修灋治，廣政教，以霸諸侯。今君，一諸侯無能親也。歲凶年饑，道途死者相望也，君不此憂恥，而惟圖耳目之樂。不修先君之功烈，而惟飾駕御之伎，則公不顧民而忘國甚矣。「公」字疑衍。且詩曰：『載驂載駟，君子所屆。』「屆」，舊作「誡」，從王校改。孫云：「小雅采菽之詩『誡』作『屆』，箋：『極也。』按：當從此。説文：『誡，敕也。』」王云：「孫説非也。晏子引詩亦作『屆』。今作『誡』者，俗音亂之也。屆者，至也。『君子所屆』者，君子至也。『所』，語詞耳。（説見經傳釋詞。按：君子謂來朝之諸侯也。鄭箋：「屆，極也。諸侯將朝王則驂乘，乘四馬而往。此之服飾，君子法制之極也。」與詩意不合。）若改『屆』爲『誡』，而訓爲誡敕，則其不可通者有二：屆字以凷爲聲，（凷古塊字，於古音屬至部。）於古音屬至部，其上聲則爲旨部，其入聲則爲質部。詩中用『屆』字者，小雅節南山與『惠』、『戾』、『闋』爲韻，小弁與『嘒』、『淠』、『寐』爲韻，采菽與『淠』、『嘒』、『駟』爲韻，大雅瞻卬與『疾』爲韻。以上與『屆』爲韻之字，古音皆在至部。若『誡』字，則以『戒』爲聲，于古音屬志部，其上聲則爲止部，其入聲則爲職部。詩中用『戒』字者，小雅采薇與『翼』、『服』、『棘』爲韻，大田與『事』、『耜』、『畝』爲韻，大雅常武與『國』爲韻，易震象傳與『得』爲韻，楚辭天問與『代』爲韻。以上與『戒』爲韻之字，古音皆在志部。此兩部之音，今人讀之相近，而古音則絕不相通。至於老、莊諸子，無不皆然。此非精于三代、兩漢之音者，固不能辨也。今改『屆』爲『誡』，則與『淠』、『嘒』、『駟』之音不協，此其不可通者一也。下文云：『夫駕八，固非制也。今又重此，其爲非制也，不滋甚乎。』是晏子之意，謂古之諸侯所駕不過四馬，今駕八則非制矣，況又倍之乎。故引詩『載驂載駟』云云以諫也。若云『載驂載駟，君子所誡』，則三馬、四馬亦當誡矣。三馬、四馬當誡，則諸侯但可駕兩馬矣。豈其然乎。此其不可通者二也。檢王伯厚詩考所載異字，曾無『君子所誡』之文，蓋伯厚所見本尚未誤作『誡』也。乃反以子書中之誤字爲是，而以經文爲非，見異思遷而不顧其安，是惑也。」蘇云：「王說是。」馬瑞辰釋詩引此，遂據以爲叚借字，殆不然歟。」**夫駕八，固非制也。**孫云：「書正義、春秋公羊說天子駕六，毛詩說天子至大夫皆駕四。」**今又重此，其爲非制也，不滋甚乎。且君苟美樂之，國必衆爲**

之。即「上有好者，下必甚焉」意。田獵則不便，道行致遠則不可。據上句，「道」字、「致」字疑衍。然而用馬數倍，不惜物命，耗費又多。此非御下之道也。淫于耳目，不當民務，墨子非命中篇曰「昔者，三代之暴王不繆其耳目之淫」，「不顧其國家百姓之政」，義同。此聖王之所禁也。君苟美樂之，諸侯必或效我。又恐汙染諸侯。君無厚德善政以被諸侯，而易之以僻，此非所以子民、彰名、致遠、親鄰國之道也。且賢良廢滅，孤寡不振，不振濟孤寡。而聽嬖妾以祿御夫，以蓄怨「以」與「此」同，本王引之說。言因此蓄怨于民。與民爲讎之道也。詩曰：『哲夫成城，哲婦傾城。』孫云：「大雅瞻卬之詩。」純一案：鄭箋云：「哲，謂多謀慮也。城，猶國也。大夫多謀慮則成國〔二〕，婦人多謀慮乃亂國。」今君不思成城之求，盧云：「『思』，元刻作『免』，疑是『克』誤。」俞云：「『免』，疑當作『勉』。」而惟傾城之務，國之亡日至矣。君其圖之。」公曰：「善。」遂不復觀。乃罷歸翟王子羨，而疏嬖人嬰子。

〔二〕「國」，原作「城」，據詩瞻卬鄭箋改。

景公敕五子之傅而失言晏子諫第十

景公有男子五人，孫云：「公子嘉、公子駒、公子黔、公子鉏、公子陽生。時荼尚未生。」所使傅之者，釋名釋言語：「扶，傅也，傅近之也，將救護之也。」賈誼新書有傅職篇。皆有車百乘者也。孫云：「馬四百匹。」晏子爲一焉。公召其傅曰：「勉之。將以而所傅爲子。」而，汝也。意謂善教汝所傅者，將以之爲太子。及晏子，及，至也。晏子辭曰：「君命其臣，據其肩以盡其力，據其本分能肩任者，竭力以從事。臣敢不勉乎。今有車百乘之家，舊脱「車百乘」三字。俞云：「『今有之家』文義未明。上文云：『景公有男子五人，所使傅之者，皆有車百乘者也。』疑此當云『今有車百乘之家』，傳寫奪之耳。」純一案：俞説是，今據補。此一國之權臣也，人人以君命命之曰：『將以而所傅爲子。』世子一，而命之爭者五。此離樹別黨，傾國之道也。孫云：「已樹太子而離閒之，又別立黨。」嬰不敢受命，願君圖之。」

景公欲廢適子陽生而立荼晏子諫第十一

淳于人納女于景公，孫云：「括地志：『淳于國，在密州安丘縣東北二十里。』左傳：『鸒似之子荼嬖。』服虔注：『鬻似，景公妾。』淳于人所納蓋本此。史記齊世家：『景公寵妾芮姬生子荼。荼少，其母賤，立爲晏孺子。』」生孺子荼，孫云：「公羊傳作『舍』。左傳云『安孺子』，史記作『晏』。」景公愛之。諸臣謀欲廢公子陽生而立荼，公以告晏子。晏子曰：「不可。蘇云：「治要無『曰』字，疑奪。」夫以賤匹貴，國之害也。置大立少，亂之本也。治要「大」作「子」。俞云：「下文云：『廢長立少，不可以教下。』又云：『今君用讒人之謀，聽亂夫之言也〔一〕，廢長立少，臣恐後人之有因君之過以資其邪，廢少而立長以成其利者。』並以長、少對言。」純一案：晏子原文本作「置長立少，亂之本也」。下文「陽生長而國人戴之」，正承此而言。又云：「長少行其道，宗孽得其倫。」「長少無等，宗孽無別，是設賊樹姦之本也。」均可證。今本「長」譌「大」，與下文俱不協。夫陽生長而國人戴之，「長而」舊倒。孫云：「本作『夫陽生生而長』，今本脱一『生』字，以意增。陽生，悼公也。」王云：「孫加『生』字，非也。此文本作『夫陽生長而國人戴之』，言陽生長于荼，而爲國人所戴也。今本『長而』誤作『而長』，又加『生』字於其上，則贅矣。羣書治要正作『夫陽生長而國人戴之』。」純一案：王説是也，今據乙正。君其勿易。孟子告子下記葵丘之會，「初命曰毋易樹子」。夫服位有等，故賤不陵貴。立子有禮，故孽不亂宗。孽，庶

〔一〕「也」，原脱，據諸子平議及下文補。

子。宗，適長子。願君教荼以禮而勿陷于邪，導之以義而勿湛于利。蘇云：「湛，音義同沈。」純一案：湛，漸漬也。利者，害之本也。長少行其道，宗孽得其倫。夫陽生敢毋使荼饜粱肉之味，玩金石之聲，而有患乎。孫云：「言陽生雖爲君，荼亦得享聲色而無患也。」廢長立少，不可以教下。尊孽卑宗，不可以利所愛。終不利於所愛之人。長少無等，宗孽無別，是設賊樹姦之本也。設，施也。賊，害也。樹，植也。姦，亂也。君其圖之。古之明君，非不知繁樂也，以爲樂淫則哀；桀、紂樂矣，哀莫甚焉。非不知立愛也，以爲義失則憂。黄云：「元刻脱『爲』字。」蘇云：「治要『則』作『而』。」純一案：天下一切禍患從不義生。是故制樂以節，立子以道。若夫恃讒諛以事君者，蘇云：「治要『恃』作『持』，是。此因形近譌。」不足以責信。蘇云：「言皆欺罔也。」今君用讒人之謀，聽亂夫之言也，蘇云：「治要無『聽』字、『也』字，文義較適。此『也』字係羡文。」陳匪石云：「治要雖無『也』字，而『也』讀爲『邪』爲本書文例。觀上下文，作『邪』亦通。」純一案：「也」字衍。廢長立少，臣恐後人之有因君之過以資其邪，廢少而立長，以成其利者。爲田氏殺荼乃至取齊國張本。君其圖之。」公不聽。景公没，田氏殺君荼，孫云：「田氏，陳乞、陳常也。田、陳聲相近，經典通用。乞殺荼，常殺簡公者。陽生則鮑牧所弑，以爲田氏者，乞使之。」盧云：「殺讀弑，下並同。」蘇云：「治要無『君』字。」立陽生。殺陽生，立簡公。孫云：「名王，悼公子。」**殺簡公而取齊國。**

景公病久不愈欲誅祝史以謝晏子諫第十二

景公疥且瘧，左傳昭二十年：「齊侯疥遂痁。」杜預注：「痁，瘧疾。」釋文云：「疥，舊音戒。梁元帝音該，依字當作『痎』。說文云：『兩日一發之瘧也。』痎音皆，後學之徒僉以疥字爲誤。案傳例，因事曰遂，若痎已是瘧疾，何爲復言『遂痁』乎？痁，失廉反。」正義曰：「後魏之世，嘗使李繪聘梁。梁人袁狎與繪言及春秋，說此事云：『疥當爲痎。痎是小瘧，痁是大瘧。痎患積久，以小致大，非疥也。』狎之所云，梁王之說也。案說文：『疥，搔也。瘧，熱寒休作。痁，有熱瘧。痎，二日一發瘧。』今人瘧有二日一發，亦有頻日發者。俗人仍呼二日一發久不差者爲痎瘧。則梁王之言，信而有徵也。是齊侯之瘧，初二日一發，後遂頻日熱發，故曰『疥遂痁』。以此久不差，故諸侯之賓問疾者多在齊也。若其不然，疥搔小患，與瘧不類，何云『疥遂痁』乎？徐仙民音作『疥』，是。先儒舊說皆爲『疥遂痁』，初疥後瘧耳。今定本亦作『疥』。」顏氏家訓書證篇引作「齊侯痎遂痁」，謂：「世間傳本多以痎爲疥，俗儒就爲通云：『病疥，令人惡寒，變而成瘧。』此臆說也。疥癬小疾，何足可論，甯有患疥轉〔一〕作瘧乎？」純一案：釋文引傳例「因事曰遂」，非。疥，皮膚病，瘧，內臟病，

〔一〕「轉」，原作「患」，據顏氏家訓書證篇改。

實不類。故梁元帝、袁狎、顔之推均以疥當爲痎，蓋爲一「遂」字所誤耳。竊以「遂」字浮夸，當從本書作「且」。「且」猶「復」也，言病疥復病瘧，久不愈也。期年不已。外上七章全用左傳作「期而不瘳」。召會譴、梁丘據、晏子而問焉。孫云：「會譴，姓會名譴。」盧云：「即左傳之裔款。外篇所載與傳同。」曰：「寡人之病病矣，孫云：「説文：『病，疾加也。』高誘注吕氏春秋：『病，困也。』」使史固與祝佗孫云：「周禮：『史以書叙昭穆。』蓋小史也，名固。祝佗，祝官名佗。」盧云：「左傳作『祝固、史嚚』，外篇同。」俞云：「按魏祝鮀，漢書古今人表作祝佗，是祝佗衛人，未聞齊亦有祝佗也。『佗』疑『佞』字之誤。昭二十年左傳『君盍誅於祝固、史嚚』，此云史固、祝佞，即彼祝固、史嚚也。『祝』、『史』互錯，『嚚』與『佞』聲近而誤耳。」巡山川、宗廟，犧牲珪璧莫不備具，其數常多于先君桓公，舊作「數其常多先君桓公」。王云：「文不成義，當作『其數常多于先君桓公』，謂所用犧牲珪璧之數常多于桓公也，故下文曰『桓公一則寡人再』。今本『其數』誤作『數其』，又脱『于』字。」純一案：王説是，今據乙補。桓公一則寡人再。左傳作「吾事鬼神豐於先君有加矣」。病不已，滋甚。予欲殺二子者，以説于上帝，其可乎？」會譴、梁丘據曰：「可。」晏子不對。公曰：「晏子何如？」晏子曰：「君以祝爲有益乎？」公曰：「然。」晏子免冠曰：此五字舊脱。孫云：「疑脱『晏子曰』三字。」黄云：「盧校本旁注『晏子免冠曰』五字，云下『有「加冠」二字，則此當有「晏子免冠」之文』。」純一案：盧説是也，今據增。「若以爲有益，則詛亦有損也。」左傳作「祝有益也，詛亦有損」。君疏輔而遠拂，蘇云：「『拂』讀爲『弼』。弼，所以輔正弓弩者也。荀子臣道篇：『有能比知同力，率羣臣百吏而相與彊君撟君，君雖不安，不能不聽，遂以解國之大患，除國之大害，成于尊君安國，謂之輔。有能抗君之命，竊君之重，反君之事，以安國之危，除君之辱，功伐足以成國之大利，謂之拂。』是輔、拂原有分別。」純一案：「輔」當作「俌」。「俌」正字，「輔」叚字。忠臣擁塞，諫言不出。臣聞之，近臣嘿，遠臣瘖，孫云：「『嘿』當爲『默』。說文：『瘖，不能言也。』玉篇：『於深切。』」蘇云：「『瘖』同『喑』。說苑正諫篇：『下無言則謂之喑。』」衆口鑠金。蘇云：「此言見周語，韋注：『鑠，銷也。』」江有誥先秦韻讀云：「瘖、金爲韻，侵部。」姚文田古音諧二侵引此。」今自聊、攝以東，孫云：「杜預注左傳：『聊、攝，齊西界也。平原聊城縣有攝城。』」純一案：文選陸士衡樂府齊謳行注引左傳杜注作「平原聊縣東北有攝城」。姑、尤以西者，孫云：「杜預注左傳：『姑、尤，齊東界也。姑水、尤水皆在城陽郡東南入海。』」此其人民衆矣，百姓之咎怨誹謗詛君于上帝者多矣。一國詛，兩人祝，雖善祝者不能勝也。左傳作「民人苦病，夫婦皆詛，聊、攝以東，姑、尤以西，其爲人也多矣。雖其善祝，豈能勝億兆人〔一〕之詛」。且夫祝直言情，情，

〔一〕「人」，原脱，據左傳補。

實也。則誇吾君也；隱匿過，則欺上帝也。左傳作「其祝史薦信，是言罪也。其蓋失數美，是矯誣也」。上帝神則不可欺，上帝不神祝亦無益。願君察之也。不然，刑無罪，孫云：「一本『刑』作『則』，非。」夏、商所以滅也。」言罪在君心，祝史無與。若枉殺之，則夏、商所以滅亡之道也。左傳曰：「君若欲誅祝史，修德而後可。」公曰：「善解予惑，「予」本元刻，孫校本作「余」。加冠。」命會譴毋治齊國之政，梁丘據毋治賓客之事，兼屬之乎晏子。晏子辭，不得命。公不許。受，受命。相退。會譴、梁丘據不以晏子爲貪，相與俱退。把政，晏子兼秉會譴、梁丘據之政。改月而君病悛。孫云：「說文：『悛，止也。』玉篇：『且泉切。』」純一案：改，更也。言逾月而病愈。公曰：「昔吾先君桓公以管子爲有力，力，功也。邑狐與穀，孫云：「『狐』，一本作『孤』，地未詳。吾友洪亮吉曰『狐駘』，近是。左傳昭十一年：『申無宇曰：「齊桓公城穀而置管仲焉。」』杜預釋例：『濟北穀城中有管仲井。』」以共宗廟之鮮。共，供同。賜其忠臣，則是多忠臣者。多，嘉許也。子今忠臣也，寡人請賜子州款。」孫云：「地名，未詳。」辭曰：「管子有一美，嬰不如也。有一惡，嬰不忍爲也，其宗廟之養鮮也。」孫云：「言非宗廟常禮，故以爲惡。左傳：『鳥獸之肉不登于俎。』」純一案：晏子以蘋蘩蘊藻之菜可薦於鬼神，爲宗廟養鮮，是以殘害物命爲事，殊傷鬼神之仁，惡已。故不忍爲供鮮之事，所以保合太和，充兼愛之量也。終辭而不受。繩墨自矯，以正君心之非。外上七章恉同。

景公怒封人之祝不遜晏子諫第十三

景公遊于麥丘，孫云：「韓詩外傳作『桓公逐白鹿至麥丘之邦』。新序雜事篇作『桓公田至麥丘』。」純一案：桓譚新論作「齊桓公行見麥丘人」。問其封人曰：劉云：「韓詩外傳十曰：『齊桓公逐白鹿至麥丘之邦，遇人曰：「何謂者也？」對曰：「臣麥丘之邦人。」』新序雜事篇作『臣麥丘之邑人』。雖所記與此殊，然足證此文之『封』即『邦』字之叚，猶書序『邦諸侯』之叚『封』爲『邦』也。邦人即邑人，非官名之封人也。」「年幾何矣？」治要無「矣」字。對曰：「鄙人之年八十五矣。」孫云：「韓詩外傳、新序『五』作『三』。」純一案：治要引作「五」。桓子新論作「三」。公曰：「壽哉，子其祝我。」封人曰：「使君之年長于胡，俞云：「『胡』者，蓋謂齊之先君胡公静也。詩齊譜正義言：『胡公歷懿王、孝王、夷王，是其享國久矣。』謚法：『保民耆艾曰胡。』則胡公壽考令終可知，故封人以爲祝詞。」蘇云：「治要作『長于國家』，無『胡宜』二字，非。」純一案：桓子新論作「公曰：『以子壽祝寡人乎。』答曰：『使主君甚壽，金玉是賤，以人爲寶』」。宜國家。」孫云：「胡、家爲韻。」純一案：家，古音姑，曹大家是。詳唐韻正九麻。段氏音韻表胡、家同在第五部。古音譜十二魚引此。公曰：「善哉，子其復之。」封人曰：「使君之嗣，壽皆若鄙人之年。」舊「曰」上脱「封人」二字。「鄙人」誤作「鄙臣」。今從王校據羣書治要補正，與上下文同一例。公曰：「善哉，子其復之。」封人曰：「使君無得罪于民。」韓詩外傳十曰：「無使吾君得罪于羣臣百姓。」古音諧七真引此，年、民諧。公曰：「誠有民得罪于君則可，「民」上舊衍「鄙」字，從蘇校删。安有君得罪于民者乎？」周厲王出奔於彘而死，幽王被殺於驪山下，何非君得罪于民之證？晏子諫曰：「君過矣。治要「諫」作「對」。彼疏者有罪，戚者治之。賤者有罪，貴者治之。君得罪于民，誰將治之？此六句治要略。敢問：桀、紂，君誅乎？民誅乎？」韓詩外傳十曰：「子得罪于父，可因姑姊妹謝也，父乃赦之。臣得罪于君，可使左右謝也，君乃赦之。昔者，桀得罪于臣也，至今未有爲謝也。」新序離事四曰：「昔桀得罪於湯，紂得罪於武王，此則君之得罪於其臣者也，莫爲謝，至今不赦。」公曰：「寡人固也。」蘇云：「固，猶鄙也。見禮記哀公問鄭注。治要作『寡人過矣』。」純一案：固，陋也。于是賜封人麥丘以爲邑。蘇云：「韓詩外傳載此事，辭詳而略異。治要載此章在雜上。」

景公欲使楚巫致五帝以明德明活字本作「悳」，盧校同。晏子諫第十四

楚巫微道裔款以見景公，「道」，舊作「導」。孫云：「楚之巫名微。導，引之也。裔款，姓裔名款。」王云：「微，蓋楚巫之名。太平御覽作『徵』。孫以『導』爲引，非也。『導』本作『道』，此後人不曉文義

而改之也。道者，由也。裔款，齊之佞臣，故薦楚巫於景公，是楚巫由裔款以見景公也。下文曰『裔款以楚巫命寡人』，是其證。若作『導』而訓爲引，則是楚巫引裔款以見景公，與本事相反矣。太平御覽人事部九十七引此正作『道』。」純一：今據正。侍坐三日，景公説之。楚巫曰：「公，神明之主，舊作「明神主之」，孫據下文訂正。純一案：元刻作「明神之主」。御覽「主」作「王」，非。帝王之君也。公即位十有七年矣，「十」字舊脱，從王校據御覽補。事未大濟者，神明未至也。元本、孫本俱作「明神」，從御覽乙。孫云：「爾雅釋言：『濟，益也。』」請致五帝，以明君德。」孫云：「五帝，五方之帝。」蘇云：「五帝之名，見于孔子家語及大戴禮，其説有二：其一，孔子答季康子以伏羲配木，神農配火，黄帝配土，少昊配金，顓頊配水，此言數聖人革命改號，取法于五行之帝，非五帝定名也。其一，則孔子所答宰予五帝德，曰黄帝，曰顓頊，曰帝嚳，曰堯，曰舜。史公所述五帝紀是也。竊謂史公説較爲有據。」純一案：景公不知自心備具五帝之德，務大明之，而恃巫祈福於外，謬已。景公再拜稽首。楚巫曰：「請巡國郊，以觀帝位。」至于牛山而不敢登，孫云：「水經注：『淄水自山東北流，逕牛山西，又東〔一〕逕臨淄縣故城南。』元和郡縣志：『牛山在臨淄縣南二十五里。』」曰：「五帝之位在于國南，請齋而後登

〔一〕「東」，原脱，據水經注淄水補。

之。」孫云：「御覽『齋』下有『具』字。」蘇云：「請齋，謂請致齋也。言致齋而後能登，非請齋具而後登之也。御覽『具』字緣下『齋具』而衍耳。」公命百官供齋具于楚巫之所，裔款視事。晏子聞之而見于公曰：「公令楚巫齋牛山乎？」公曰：「然。致五帝以明寡人之德，神將降福于寡人，其有所濟乎？」晏子曰：「君之言過矣。古之王者，德厚足以安世，本天下之公心，兼施仁愛。行廣足以容衆。率兆民以正義，無有偏私。諸侯戴之，以爲君長。馬融忠經兆人章鄭玄注云：「一人以大善撫萬國，萬國以忠貞戴一人。」百姓歸之，以爲父母。德化潛孚，兆民相感而歸心，有如子之愛其親。是故天地四時和而不失，星辰日月順而不亂，天人一氣，本自相通。德洽太和，休徵備至。禮中庸曰：「致中和，天地位焉，萬物育焉。」德厚行廣，配天象時，晏子攝外於內，知性道矣。墨子法儀篇曰：「聖王動作有爲，必度於天。」易乾文言曰：「夫大人者，與天地合其德，與四時合其序，先天而天弗違，後天而奉天時。」然後爲帝王之君、神明之主。古者不慢行而緐祭，動於身者無以竭恭，不緐祭優於祭。不輕身而恃巫〔一〕。聖君克勤民務，自重以敦化。不自佻薄，恃巫以求福。今政亂而行僻，而求五帝之明德也？蘇云：「『也』當讀『邪』。」下同。棄賢而用

〔一〕「巫」，原誤作「誣」，據四部叢刊本晏子春秋改。

巫，而求帝王之在身也？夫民不苟德，蘇云：「言必有實德，而後民德之。不能無德而苟謂之德也。」純一案：「德」，治要作「得」。福不苟降，積德不厚，福難幸邀。君之帝王，不亦難乎。君欲即身爲帝王，甚難。惜夫，君位之高，所論之卑也。」公曰：「裔款以楚巫命寡人曰：『試嘗見而觀焉。』命，教也。劉云：「嘗即試也。小爾雅廣言篇曰：『嘗，試也。』嘗、試義同。『試』蓋後人旁注之字，嗣併入正文，今當刪。」寡人見而説之，信其道，行其言。今夫子譏之，譏，非也。請逐楚巫而拘裔款。」晏子曰：「楚巫不可出。」公曰：「何故？」對曰：「楚巫出，諸侯必或受之。公信之，以過于内，不知。孫云：「『知』讀如『智』。」蘇云：「過于内，言使公獲過于内也。」出以易諸侯于外，不仁。盧云：「言我不信，而使外諸侯信之，是之謂易。」黄云：「書般庚『無俾易種於茲新邑』，孔疏云：『易，即今俗語云「相染易」。』」請東楚巫而拘裔款。」公曰：「諾。」故曰：送楚巫于東，盧云：「『故』下『曰』字衍。東濱海，不與外諸侯鄰。」純一案：「故曰」疑本作「故即」。而拘裔款于國也。

景公欲祠靈山河伯以禱雨晏子諫第十五

齊大旱逾時，孫云：「『時』，一本作『旹』，古今字。」景公召羣臣問曰：「天不雨久矣，民

且有飢色。「飢」本元刻。孫云：「今本作『饑』，據藝文類聚訂正。」純一案：類聚卷一百作「飢」是，卷七作「饑」非。**吾使人卜，云祟在高山廣水。**王云：「『卜云』，本作『卜之』，此草書之誤也。若作『云』，則當別爲一句，破碎不成文理矣。藝文類聚災異部、太平御覽咎徵部六並引作『吾使人卜之』。説苑辯物篇同。」黄云：「『廣水』，類聚、御覽作『廣澤』。」**寡人欲少賦斂**類聚一百無「欲」字。**以祠靈山，可乎？」**孫云：「言少少賦民，以爲祭山之費。『祠』，初學記、太平御覽〔一〕作『祀』。」盧云：「御覽八百七十九作『招』。」王云：「作『招』者，誤字也。案下文『晏子曰「祠此無益也」』，『公曰「吾欲祠河伯」』，其字皆作『祠』。又此章標題云『景公欲祠靈山河伯』，其字亦作『祠』，則此文之本作『祠靈山』，明矣。初學記天部下、御覽時序部二十並引作『祀靈山』，祀、祠古字通，則仍是『祠』字。藝文類聚山部、災異部及御覽天部十一並引作『祠靈山』。説苑同。」純一案：鮑刻御覽八百七十九作「祠」，足證「招」字之誤。又三十八引亦作「祠靈山」。**羣臣莫對。晏子進曰：「不可。祠此無益也。夫靈山固以石爲身，以草木爲髪，**孫云：「『固』，初學記作『故』。『爲〔二〕髪』，藝文類聚、太平御覽作『毛髪』，非〔三〕。」純一案：初學記

〔一〕「覽」，原作「覺」，非。
〔二〕「爲」，原脱，據音義補。
〔三〕「非」，原脱，據音義補。

「草」上無「以」字。**天久不雨，**孫云：「『久』，初學記、御覽作『苟』。」純一案：御覽三十五引作「久」。**髮將焦，身將熱，**初學記無兩「將」字。**彼獨不欲雨乎？祠之何益。」**「何」，舊作「無」。孫云：「藝文類聚、御覽作『何』〔一〕。」王云：「『無益』，本作『何益』，上文已言『祠此無益矣』，故復作問詞以終之曰『祠之何益』。若云『祠之無益』，則直與上文相複矣。說苑作『無益』，亦後人依誤本晏子改之。下文論祠河伯之事，先言『無益』，而後言『何益』，正與此文相應。藝文類聚山部、災異部及御覽天部、咎徵部、地部三並引作『祠之何益』，御覽時序部作『祀之何益』，皆是『何』字。」純一：今據正。**公曰：「不然，吾欲祠河伯，可乎？」晏子曰：「不可。河伯以水爲國，以魚鼈爲民，**「鼈」本元刻。孫校本作「鱉」，云：「說苑作『鼈』，是。俗从『魚』。」純一案：類聚九十六引亦作「鼈」。蘇校同。**天久不雨，水泉將下，百川將竭，**舊脫「水」字，下「將」字，今從盧校據御覽咎徵部六補。**國將亡，民將滅矣，**竭、滅爲韻。**彼獨不欲雨乎？祠之何益。」景公曰：「今爲之奈何？」晏子曰：「君誠避宮殿暴露，**初學記無「誠」字、「宮」字。「暴」，元本、孫校本並作「暴」。孫云：「說文：『暴，晞也。从日、出、廾、米。』玉篇：『步卜切。』」今從之。蘇校同。**與靈山、河伯共憂，其幸而雨乎。」**孫云：「初學記、太平

〔一〕「何」下原衍「益」字，據音義刪。

御覽作『其當雨』。」于是景公出野暴露，「野」下舊有「居」字。王云：「『野』下本無『居』字。『出野暴露』四字連讀。後人誤以『出』字絶句，故又於『野』下加『居』字耳。初學記、太平御覽引此皆無『居』字。說苑同。」純一：今據刪。三日，天果大雨，民盡得種時。孫云：「『時』讀如『蒔』。說文：『更別穜。』說苑作『樹』。」景公曰：「善哉，晏子之言可無用乎？其維有德。」孫云：「說苑辨物篇用此文。」黄云：「說苑作『其惟有德也』。」

景公貪長有國之樂晏子諫第十六

景公觀于淄上，舊作「將觀」。王云：「『將』字後人所加，『與晏子閒立』，即謂立于淄上也，則上句本無『將』字明矣。羣書治要及太平御覽人事部六十九皆無『將』字。」純一：今據刪。孫云：「『淄』當爲『甾』。地理志：『泰山萊蕪，甾水所出，東至博昌入泲，幽州寖。』括地志：『淄州縣東北七十里原山，淄水所出。俗傳云：禹理水功畢，土石黑，數里之中波如漆，故謂之淄水也。』」與晏子閒立。公喟然歎曰：「嗚呼，使國可長保而傳于子孫，豈不樂哉！」治要無「于」字。黄云：「御覽『于』作『之』。」晏子對曰：「嬰聞明王不徒立，百姓不虚至。蘇云：「治要『聞』下有『之』字。」純一案：明王嘗以百姓之心爲心，百姓非有德者不歸心。今君以政亂國，以行棄民久矣，前八章云：「信用讒佞，賞無功，罰不辜。」是之謂「以政亂國」。又云：「内寵之妾迫奪于國，外寵之臣矯奪于鄙，執法之吏並苛百姓。」是之謂「以行棄民」。而欲保之，不亦難乎。舊「而」下衍「聲」字，義不可通，從王校據羣書治要删。嬰聞之，能長保國者，能終善者也。「能終」者，無間斷之謂。諸侯並立，能終善者爲長。政化淳故德出衆。列士並學，蘇云：「治要作『立』。」能終善者爲師。躬修密故道獨尊。昔先君桓公，方任賢而贊德之時，「方」上舊衍「其」字，從蘇校據治要删。亡國恃以存，危國仰以安，萬國咸寧，該於一德。是以民樂其政，道之以德，至公平故。而世高其德，有裨世閒故。行遠征暴，勞者不疾，本大義征不義，故雖勞不怨。驅海内使朝天子而諸侯不怨。治要無「而」字。賈子新書道術篇曰：「施行得理謂之德，反德爲怨。」諸侯不怨，足證施行得理，故能一匡天下。當是時也，「也」字舊脱，今據下文補，文同一例。盛君之行不能進焉。盧云：「言不能有加也。」及其卒而衰，怠于德而並于樂，身溺于婦侍而謀因于豎刀。舊「因」下脱「于」字，「刀」作「刁」。孫云：「内豎名刁也。左傳云：『寺人貂。』『刁』〔一〕當爲『刀』，見玉篇。」今據正。「于」字從王校據治要補，與上句對文。是以民苦其政而世非其行，故身死乎胡宮而不舉，治要無「乎」字。孫云：「史記正義引顔師

〔一〕「刁」，原脱，據音義補。

古云：『身死乎壽宮。』『胡』之言『胡壽』，蓋一宮二名。」純一案：胡宮，即齊先君胡公靜之宮。胡公壽考，故亦偁壽宮。**蟲出而不收。**孫云：「管子小稱篇：『堂巫、易牙、豎刀、公子開方四子作難，圍公，一室不得出，乃援素幭以裹首而絶。死十一日，蟲出户，乃知桓公之死也。葬以楊門之扇。』史記齊世家：『桓公尸在牀六十日，尸蟲出于户。』」**當是時也，桀、紂之卒不能惡焉。**孫云：「不能更惡于此也。」**詩曰：「靡不有初，鮮克有終。」**孫云：「大雅蕩之詩。」**不能終善者，不遂其君。**言不能終其君之位。蘇云：「『君』，治要作『國』。」**今君臨民若寇讎，**問上二十五章曰：「今民聞公令如寇讎。」問下十七章曰：「民聞公令如逃寇讎。」**見善若避熱，**孫云：「太平御覽下有『不亦難乎』。」純一案：御覽見四百二十八。**亂政而危賢，**臨民若寇讎，故政亂。見善若避熱，故賢危。**必逆于衆，**已失民心。**肆欲于民而虐誅于下，**民益不堪命，故恐禍及于身。「虐誅」舊倒。王云：「『虐誅』與『肆欲』對文，倒言之則文義不順。羣書治要正作『虐誅』。」純一：今據乙。治要「于」作「其」。**恐及于身。**蘇云：「治要有『矣』字。」**嬰之年老，不能待君使矣。**「君」上舊有「于」字。王云：「『于』字涉上四『于』字而衍。外上篇曰：『嬰老不能待君之事。』文義與此同，則本無『于』字，明矣。羣書治要無。」純一：今據删。**行不能革，**孫云：「倉頡篇：『革，戒也。』説文：『諽，更也。』『革』，省文。」**則持節以没世耳。**「耳」，治要作「矣」。言嬰老矣，不能久事君，願君改行。萬一不能，亦當有節，持之以終身。

景公登牛山悲去國而死晏子諫第十七

景公遊于牛山，孫云：「文選注作『牛首山』。括地志：『齊桓公墓在臨淄縣南二十一里牛山上，亦名鼎足山，一名牛首堈。』」純一案：文選王僧達祭顏光禄文注引此文同。**北臨其國城而流涕曰：**列子有「美哉國乎，鬱鬱芊芊」八字。**「若何滂滂去此而死乎？」**孫云：「『滂滂』，列子作『滴滴』。殷敬順云：『或作「滂滂」，並皆步郎反。流蕩貌。』」黄云：「文選劇秦美新注引作『將去此堂堂國者而死乎』。韓詩外傳十作『奈何去此堂堂之國而死乎』。」純一案：文選陸士衡樂府齊謳行注引作「景公遊牛首山，北臨其國，流涕曰：『若何去此而死乎』」。列子「此」下有「國」字。「滴滴」當爲「滂滂」之形誤。「乎」下有「使古無死者，寡人將去斯而何之」二句。韓詩外傳十景公遊牛山章，湖北局本、漢魏叢書本均無「奈何去此堂堂之國而死乎」句。句見文選秋興賦注。**艾孔、梁丘據皆從而泣，**孫云：「姓艾名孔。列子作『史孔』。」盧云：「列子『史』，釋文仍作『艾』，五蓋切。」蘇云：「艾，齊地。孔蓋以地爲氏〔一〕。」純一案：齊謳行注無「從而」二字。列子有「曰臣賴君之賜，疏食惡肉可得而食，駑馬棧車可得而乘也，且猶不欲死，而況吾君

〔一〕「氏」，原作「民」，形近而誤，據蘇校改。

乎」。晏子獨笑于旁。孫云：「『笑』當爲『芺』。漢書作『关』，可證也。或曰：『説文有「笑」字，但闕其義。』」純一案：晏子了達生死之理，見景公、艾孔、梁丘據皆泣，故獨笑之。公刷涕而顧晏子，孫云：「『刷』，列子作『雪』，文選注作『收』，爾雅釋詁：『刷，清也。』清讀瀞。説文：『㕞，拭也。刷，刮也。』」曰：「寡人今日之遊悲，「之」字舊脱，據列子補。孔與據皆從寡人而涕泣，列子無「涕」字。子之獨笑，何也？」「也」讀爲「邪」。齊謳行注祇作「晏子獨笑」。公收涕而問之」。祭顏光禄文注作「唯晏子獨笑。公收淚而問之」。晏子對曰：「使賢者常守之，則太公、桓公將常守之矣。使勇者常守之，列子「勇」上有「有」字。則靈公、莊公舊作「莊公、靈公」。孫云：「靈公名環，莊公父。史記齊世家：『二十七年，晉使中行獻子伐齊。齊師敗，靈公走入臨淄。晏嬰止靈公，靈公勿從，曰：「君亦無勇矣。」』亦好勇之證。」蘇云：「『莊公』當在『靈公』下，傳寫誤倒。」純一：今據乙。將常守之矣。孫云：「文選注祇作『莊公有之』。」純一案：文選見齊謳行注。祭顏光禄文注同。數君者將守之，列子有「吾君方將被蓑笠而立乎畎畝之中，唯事之恤，何暇念死乎」。則吾君安得此位而立焉？列子「安」上有「又」字。外上二章曰：「君亦安得此國而哀之？」以其迭處之，迭去之，至于君也，而獨爲之流涕，是不仁也。獨欲常處而悲其去，故爲不仁。文選秋興賦注引曰：「夫盛之有衰，生之有死，天之數也。物有必至，事有當然，曷爲悲老而哀死？」外上二章文微異。此大禹生寄死歸之指。不仁之君見一，諂諛之臣見二，此臣之所以獨竊笑也。」齊謳行注作「吾君安得有此，而爲流涕，是不仁也。見不仁之君一，諂諛之臣二，所以獨笑也」。列子文微異，下有「景公慙焉，舉觴自罰，罰二臣者各二觴焉」四句。外上二章恉同。孫云：「列子力命篇、韓詩外傳用此文。」

景公遊公阜一日有三過言晏子諫第十八

景公出遊于公阜，孫云：「初學記作『公皋』。地名，未詳。」純一案：羣書治要無「于公阜」三字，非。北面望，睹齊國初學記十八引作「望齊國」三字。曰：「嗚呼！使古而無死，何如？」初學記無「使」字。蘇云：「治要作『如何』。」晏子曰：「昔者上帝以人之死爲善，孫云：「『死』，一本作『没』〔二〕，非。」王云：「孫本改『没』爲『死』，非。没亦死也，不必依上下文改『没』爲『死』。元刻本及治要皆作『没』，自是舊本如此。」純一案：前十二章云：「上帝不神，祝亦無益。」是晏子於上帝懷疑之明徵。此文蓋後人以意改之，當據列子「善哉，古之有死也」訂正。仁者息焉，不仁者伏焉。列子天瑞篇張

〔二〕「没」，音義作「殁」。

湛注曰：「生死古今所同，而獨善古之死者，明古人不樂生而惡死也。修身慎行，恒懷兢懼，此仁者之所憂。貪欲縱肆，常無厭足，此不仁者之所苦。惟死而後休息寢伏之。」案：息、伏爲韻，見唐韻正一屋伏下。古音諧一哉引此。若使古而無死，初學記無「若使」二字。太公、丁公將有齊國，孫云：「丁公名伋，太公子。說文作『玎』。謚法解『述義不克曰丁』。」蘇云：「治要無『太公』二字。」純一案：初學記無「丁公」二字。「將」字作「長」，義似較勝。此文「太公」、「丁公」舊倒，今校乙。桓、襄、文、武將皆相之，孫云：「襄公名諸兒，文公名赤，武公名壽，皆齊君。」純一案：言太公、丁公不死，則桓、襄、文、武皆不得爲君，祇得久爲齊相，君並欲爲相而不可得。君將戴笠、衣褐、執銚耨孫云：「說文：『銚，田器。』耨，薅器也。」玉篇：『銚，弋昭切。』『耨』當爲『槈』。」蘇云：「治要『君』上有『吾』字。」以蹲行畎畝之中，蹲，踞也。言在畎畝中，或踞或行，以勤農事。太平御覽七百六十五引此文甚略。孰暇患死。」公忿然作色，不說。蘇云：「治要無『忿然作色』四字。下並同。」純一案：初學記亦無。無幾何，初學記無「何」字。下同。而梁丘據乘六馬而來。治要無上「而」字。初學記同。「乘」，舊作「御」。孫云：「『御』，初學記作『乘』。景公駕八，則據御六，皆僭也。」王云：「『御』，本作『乘』，此後人以意改之也。『梁丘據乘六馬而來』，言其僭也。若改『乘』爲『御』，則似爲景公御六馬矣。羣書治要及初學記人部中引此並作『乘六馬』。」純一：今據改。公曰：「是誰也？」晏子曰：「據也。」公曰：「何以知之？」四字舊作「何如」。王云：「『何如』二字與上下文義不相屬，疑當作『何以知之』，言何以知其爲據，故晏子對曰：『大暑而疾馳，非據孰敢爲之。』今本『知』誤作『如』，又脱『以之』二字。」純一案：王説是也，今據補正。曰：「大暑而疾馳，甚者馬死，薄者馬傷，此知晏子兼愛及物。非據孰敢爲之。」小人肆欲無忌憚故。公曰：「據與我和者夫！」「者夫」，初學記作「乎」。晏子曰：「此所謂同也。初學記作「此同也」。所謂和者，御覽引止作「同也和者」，蓋省其文。君甘則臣酸，君淡則臣鹹。今據也君甘亦甘，「君甘」舊倒。王云：「『今據也甘君亦甘』本作『今據也君甘亦甘』。君甘亦甘，謂據之同於君，非謂君之同於據也。若倒言之，則非其旨矣。羣書治要及太平御覽人事部六十九並作『今據也君甘亦甘』。」蘇云：「王説是。『君甘亦甘』，即左傳『君所謂可，據亦曰可。君所謂否，據亦曰否』意。」純一：今據乙。御覽「亦」作「則」。所謂同也，安得爲和。」説詳外上五章。公忿然作色，不説。無幾何，日暮。孫云：「『暮』當爲『莫』。」蘇云：「治要無此二字。」公西面望，睹彗星。蘇云：「治要『面』作『北』，『彗』作『篲』。下同。」召伯常騫，使禳去之。孫云：「伯常騫，字伯常，名騫。」蘇云：「治要『禳』作『攘』，下有『而』字。」純一案：日本天明七年刊治要作「禳」。周禮：「女祝掌以時招梗禬禳之事。」注：「卻變異曰禳。禳，攘也。」晏子曰：「不可。此天教也。天者，人心之廓都。天之爲教，莫非人心之表現。日月之氣，風雨不時，彗星之出，天爲民之亂見之，天人一氣，感無不應。故詔之妖祥，以戒不敬。人敬事，則與天合德而吉。不敬事，則與道僢馳而凶。蘇云：「治要『戒』作『誡』。」今君若設文而受諫，「設」，治要同。俞云：「『設』，疑『説』字之誤。説讀爲悦。下文云『惡文而疏聖賢人』，『惡文』與『説文』正相對成義。」謁聖賢人，言請教于聖賢之人。雖不去彗，星將自亡。「星」，疑本作「彗」，承上句末「彗」字言。後人以爲重複，依上文妄改之。此言德洽人天，彗不能禍。今君嗜酒而並于樂，不勤民事。政不飾而寬于小人，玉篇：「修，飾也。」言政不加修，而容悦小人。近讒好優，國語越語下「信讒喜優」注〔一〕：「優謂俳優。」惡文而疏聖賢人，邪與正不並立。何暇去彗，「去」舊作「在」。蘇云：「『在』，疑作『去』。」純一案：治要校勘同，今據改。茀又將見矣。」孫云：「『茀』，穀梁傳：『孛之爲言猶茀也。』」公忿然作色，不説。及晏子卒，蘇云：「治要『及』作『無幾何』。」公出屏而立，「屏」，舊作「背」。孫改「立」爲「泣」，云：「初學記作『位屏而泣』，白帖三十九亦作『泣』，今本『泣』作『立』，非。」王云：「此文本作『公出屏而立』，『立』即『泣』字也。古者天子外屏，諸侯內屏。此言晏子卒而朝無諫言，景公出屏而見羣臣，因思晏子而泣也。今本『出屏』作『出背』，則義不可通。初學記引作『出位屏而泣』，『位』字乃衍文耳。『泣』，各本皆作『立』。考集韻『泣』字又音立，云：『泣，疾皃。』是

〔一〕「注」，原脱，據國語補。

『泣』與『立』同音，故哭泣之『泣』亦通作『立』。羣書治要正作『公出屏而立』。」蘇云：「王説是。」純一：今據正。曰：「嗚呼！昔者從夫子而遊公阜，治要無「公阜」二字。夫子一日而三責我，孫云：「謂諫古而無死、據與我和及禳彗星。左傳齊景公言古而無死及據與我和事在魯昭二十年，齊有彗星事在魯昭二十六年，與景公自云一日三責者不合。然春秋經不書齊彗星，或左氏於二十六年舉齊侯與晏子論陳氏之事，並溯晏子彗星之對，亦以彗星爲陳氏之祥也。是此書足證左傳之不及。太史公十二諸侯年表誤以彗星在魯昭二十六年。」今誰責寡人哉！」外下十七章曰：「昔者，吾與夫子遊于公阜之上，一日而三不聽寡人，今其孰能然乎？」初學記作「今孰責寡人乎」。孫云：「『誰』，一本作『孰』。新序雜事篇用此文。」蘇云：「韓詩外傳十載此事，辭略而小異。」純一案：外上二章至六章大恉均同。新序雜事四用外上六章文，非用此文。孫説誤。

景公遊寒途不卹死胔晏子諫第十九

景公出遊于寒途，「途」從元刻。孫校本作「塗」，太平御覽四百八十六引同。睹死胔，孫云：「御覽作『瘠』。下同。説文骴或从『肉』。漢書注臣瓚曰：『枯骨曰骼，有肉曰胔。』師古曰：『才賜切。胔、瘠，聲之緩急。』」默然不問。孫云：「『默』，太平御覽作『嘿』，俗。」晏子諫曰：「昔吾先君桓公出遊，睹飢者與之食，「飢」從元刻。孫校本作「饑」，非。睹疾者與之財，孫云：「『疾』，太平御覽作『病』。」使令不勞力，不過勞民力。藉斂不費民。不多斂民財。「藉」，元本、孫本均與「籍」錯出，盧校並改作「藉」，蘇從之。先君將遊，百姓皆說，曰：『君當幸游吾鄉乎。』望惠施也。今君遊于寒途，據四十里之氓，殫財不足以奉斂，盡力不能以周役，財盡而斂不已，力竭而役未周。「能」下舊脱「以」字，今據上句增，文同一例。民氓飢寒凍餒，孫云：「『餒』當爲『餧』。」純一案：「氓」與「民」、「凍餒」與「飢寒」義並複。疑並注入正文，本作「民以飢寒」四字句。死胔相望，而君不問，失君道矣。無保民之仁心故。財屈力竭，下無以親上。民怨虐政如仇。「屈」與「窮」一聲之轉。驕泰奢侈，上無以親下。上且逆衆肆欲。上下交離，君臣無親，朝野相猜忌，君臣不惠忠。此三代之所以衰也。孫云：「『衰』，一本作『哀』，非。」今君行之，蹈三代之覆轍。嬰懼公族之危，以爲異姓之福也。」公無德於民，安能保其族。田氏布私惠，因以資其福。公曰：「然。爲上而忘下，厚藉斂而忘民，此與上句儷文，「藉」字疑衍。吾罪大矣。」于是斂死胔，發粟于民，「于民」，御覽作「賑貧」。據四十里之氓「氓」從元刻。黄、蘇校同。舊本及孫本俱作「民」。不服政其年，王云：「『其』讀爲『朞』。『不服政朞年』即王制所云『期不從政』也。下文『公三月不出遊』，『三月』與『朞年』正相對。」純一案：期不從政，謂一年不服政役也。公三月不出遊。稍自斂抑。此與外上八章詞異旨同。

景公衣狐白裘不知天寒晏子諫第二十

景公之時，雨雪三日而不霽。藝文類聚引作「景公時，雨雪三日」。公被狐白之裘，孫云：「『被』，藝文類聚作『披』。」純一案：太平御覽六百九十四引作「披」。又卷十二、卷三十四及文選曹子建贈丁儀詩注、謝玄暉郡内登望詩注俱作「被」。意林同。坐于堂側階。舊作「坐堂側陛」。王云：「此本作『坐於堂側階』。今本脱『於』字，『階』字又誤作『陛』。凡經傳中言坐於某處者，『於』字皆不可省。羣書治要及鈔本北堂書鈔衣冠部三並引作『坐於堂側階』。書鈔明陳禹謨本依俗本晏子改『階』爲『陛』，而『於』字尚未删。意林及文選何晏〔一〕景福殿賦注、曹植贈丁儀詩注、謝朓郡内登望詩注並引作『坐於堂側』。雖詳略不同，而皆有『於』字。又經傳皆言『側階』（顧命『立于側階』，雜記『升自側階』），無言『側陛』者。當依羣書治要、北堂書鈔作『坐于堂側階』。」純一：今從之。晏子入見，立有間，此七字，御覽卷十二引省作「見晏子」，卷三十四省作「晏子入」。類聚同。公曰：孫云：「意林作『謂晏子曰』。」「怪哉，雨雪

〔一〕「晏」，原作「宴」，據讀書雜志改。

三日而天不寒。」孫云：「意林作『天下何不寒』。」純一案：治要同此。御覽卷十二、卷三十四、卷六百九十四、文選雪賦注引均作「怪哉，雨雪三日不寒」。類聚同。曹子建贈丁儀詩注引作「天下不寒，何也」。**晏子對曰：「天不寒乎？」公笑。晏子曰：「嬰聞古之賢君飽而知人之飢，温而知人之寒，逸而知人之勞。**治要同此。意林引作「夫賢君飽則知人飢，温則知人寒」。文選雪賦注作「古之賢者飽而知飢，温而知寒」。北堂書鈔百五十二作「古之賢君温飽而能知民飢寒」。曹子建贈丁儀詩注作「賢君飽知人飢，温知人寒」。太平御覽卷十二及類聚並作「古之賢君，飽而知人飢，温而知人寒」。御覽卷三十四同，惟「温」作「暖」。卷六百九十四「飽」上、「温」上並加「居」字。均無「逸而知人之勞」句。竊以「逸而知人之勞」六字與下文「出裘發粟與飢寒」無涉，疑係後人加入，當删。**今君不知也。」公曰：「善。寡人聞命矣。」乃令出裘發粟，**書鈔作「出裘衣，發倉廩」。**以與飢寒者。**「以」字、「者」字舊脱，從王校補。孫云：「『出裘』，意林作『公乃去[一]裘』，御覽作『脱裘』。」王云：「案『與』上有『以』字，『寒』下有『者』字，而今本脱之，則語意不完。羣書治要作『以與飢寒』。鈔本北堂書鈔天部四作『以拯飢寒』。陳依俗本改爲『與飢寒』。文選雪賦注作『以與飢人』。藝文類聚天部下、太平御覽天部十二、時序部十九並作『以與飢寒者』。」今從類聚、御覽。純一案：書鈔有「民皆悦之也」五字。此章以衣被寒者爲主恉，因而發粟

[一]「去」，原作「出」，據音義改。

以周其急。出裘，大抵皮類可禦寒者。令所睹于塗者無問其鄉，所睹于里者無問其家，循國計數無言其名。士既事者兼月，疾者兼歲。蘇云：「兼月，兼一月之粟。兼歲，兼一歲之粟。事，謂已有職業可任者，故但兼月。疾，則病苦無能爲之人，故須兼歲，乃可自給也。」孔子聞之曰：「晏子能明其所欲，景公能行其所善也。」景公能如晏子之所欲以行仁政，故孔子善之，皆兼愛之心也。

景公異熒惑守虚而不去晏子諫第二十一

景公之時，熒惑守于虚，期年不去。公異之。召晏子而問曰：「吾聞之，人行善者天賞之，行不善者天殃之。人行善自獲福，似天賞之。人行不善自致禍，似天殃之。先秦韻讀引此，漏「賞」、「殃」、「當」、「當」、「當」五字。古音諧十六庚引此，漏「當」、「當」、「當」三字。熒惑，天罰也，孫云：「史記索隱引春秋文燿鉤『赤帝赤熛怒之神爲熒惑，位南方，禮失則罰出』。」今留虚，其孰當之？」晏子曰：「齊當之。」公不說，曰：「天下大國十二，皆曰諸侯，齊獨何以當之？」「之」字舊脱，從王校據上文補。晏子曰：「虚，齊野也。孫云：「御覽作『齊之分野』。」且天

之下殃，固于富彊，「彊」從元刻。孫、蘇校同。舊本及浙局本皆作「疆」。黄云：「疆字誤。」純一案：下，降也。言恃富彊而爲惡，天必殃之。左傳云：「天之假助不善，非祚〔一〕之也，厚其凶惡而降之罰也。」**爲善不用，**前十六章云：「見善若避熱。」孫云：「太平御覽節其文，作『當强爲善』，非。」**出政不行，**音杭。言政令顛倒無理。**賢人使遠，**不從善而拒諫故。**讒人反昌，**問上五〔二〕章云：「辟邪阿黨，故讒諂之徒緐。」**百姓疾怨，自爲祈祥，**如前十二章云「一國詛，兩人祝」是也。**録録彊食，**孫云：「漢書蕭曹贊『録録未有奇節』，師古曰：『録録猶鹿鹿，言在凡鹿之中也。』」純一案：別雅五云：「史記平原君傳『公等録録』，廣韻引史記作『娽娽』。大抵聲之相通，形之相類，古人隨手引用，初不以義理求也。今惟習用『碌碌』字耳。」**進死何傷。**言自趨於死地而不知自傷。**是以列舍無次，**列舍即列宿。文選郭景純遊仙詩注引淮南許注：「二十八宿，一宿爲一舍。」言天人相感應，列宿亦亂其次序。**變星有芒，**言彗星見。**熒惑回逆，**回，返也。逆，迎也。言熒惑應變，回返而預爲兆。**孽星在旁，**孽星，猶太平御覽天部七之言祅星。謂祅星常守於其分野而不去，如在旁也。以上皆借天象以示警耳。**有賢不用，安得不亡。」**言總因在

〔一〕「祚」，原作「助」，據左傳改。
〔二〕「五」，原作「三」，據本書改。

不用賢。孟子盡心下篇曰：「不信仁賢則國空虛。」墨子親士篇曰：「緩賢忘士而能以其國存者，未曾有也。」孫云：「上皆韻語。」純一案：唐韻正十一庚、行下引此文，先秦韻讀注陽部、古音諧十六庚引此。公曰：「可去乎？」對曰：「可致者可去，不可致者不可去。」公曰：「寡人爲之若何？」對曰：「盍去冤聚之獄，使反田矣。冤獄釋則民心安，耕者多則民食足。散百官之財，施之民矣。易益彖傳曰：「損上益下，民説无疆。」振孤寡而敬老人矣。振孤寡以興仁，敬老人以教孝。孫云：「田、民、人爲韻。」純一案：古音諧七真引此。夫若是者，百惡可去，何獨是孽乎。」孽指熒惑，言能行德政則太和翔洽，一切惡孽自消。楚申包胥云：「人定勝天。」公曰：「善。」行之三月，而熒惑遷。此章要旨，教主政者修德也。

景公將伐宋瞢二丈夫立而怒晏子諫第二十二

景公舉兵將伐宋，師過泰山。太平御覽三百七十八引古文瑣語曰：「齊景公伐宋至曲陵。」公瞢見二丈夫立而怒，其怒甚盛。太平御覽三百九十九引作「公夢見二大夫，意怒甚盛」。孫云：「説文：『瞢，目不明也。』古借爲『夢』字。」公恐，覺，辟門孫云：「辟，讀如闢。」召占瞢者至。公曰：「今夕吾瞢二丈夫立而怒，不知其所言，其怒甚盛。吾猶識其狀，識其聲。」占瞢者曰：「師過泰山而不用事，謂不祭泰山之神。故泰山之神怒也。請趣召祝史祠乎泰山則可。」公曰：「諾。」明日，晏子朝見，公告之如占瞢之言也。公曰：「占瞢者之言曰：『師過泰山而不用事，故泰山之神怒也。』今使人召祝史祠之。」晏子俯，俯首而思。有閒，對曰：「占瞢者不識也。此非泰山之神，是宋之先湯與伊尹也。」公疑，以爲泰山神。晏子曰：「公疑之，則嬰請言湯、伊尹之狀也。湯晳而長，頤以髯，舊「湯」下有「質」字，「頤」譌「顔」。孫云：「詩毛傳：『晳，白晳。』説文：『人色白也。』藝文類聚作『湯長頭而髯鬢』。太平御覽作『湯長頭而寡髮』，一作『長頭而髯』。『髯』當爲『䰄』。」盧云：「論衡死僞篇無『質』字，因下『晳』字誤衍。『顔』，論衡作『頤』。」純一案：論衡作「晳以長」，與「黑而短」對文。「晳」上不應有「質」字。毛詩：「顔，額角豐滿也。」與「兑上」矛盾。論衡作「頤」是。易頤鄭注：「頤者，口車輔之名。」釋名釋形體：「輔車，或曰頰車。凡繫於車，皆取在下載上物也。」「頤」與「豐下」相應，今據論衡删正。兑上豐下，孫云：「兑讀如鋭。」盧云：「論衡『兑』作『鋭』。下同。」倨身而揚聲。」倨，論衡作「据」。史記司馬相如傳：「据以驕驁。」索隱引張揖「据，直項〔一〕也」，義同。孫云：「太平御覽作『高聲』。」公曰：「然，是

〔一〕「項」，原作「頂」，據史記索隱改。

已。」「伊尹黑而短，蓬而髯，孫云：「『蓬』，太平御覽作『蓬頭』。」純一案：荀子非相篇云：「伊尹之狀，面無須麋。」注：「麋與眉同。」義與此異。豐上兑下，僂身而下聲。」僂身，曲背也。公曰：「然，是已。今若何？」論衡作「今奈何」。言今將如之何。晏子曰：「夫湯、太甲、武丁、祖乙，孫云：「太甲，湯孫。武丁，小乙子。祖乙，河〔二〕亶甲子。」天下之盛君也，盛君，有德之君。不宜無後。今惟宋耳，而公伐之，故湯、伊尹怒。請散師以平宋。」「以平宋」，論衡作「和於宋」。言請遣散其師以與宋平。和好曰平。景公不用，蘇云：「不用其言。」終伐宋。晏子曰：「公伐無罪之國，元刻如此。浙局本脱「公」字。言伐無罪之國，具有非攻之意。以怒明神，干湯、伊尹之怒。不易行以續蓄，續蓄，義不可通。「蓄」當爲「菑」，字之形誤。言既干神怒，仍不改行，適以續菑耳。菑，古災字。進師以近過，「進」上疑脱「終」字，與上句對文。非嬰所知也。師若果進，軍必有殃。」晏子言盡於此。軍進再舍，軍行三十里爲一舍。鼓毁將殪。孫云：「將讀將帥。」説文：『殪，死也。』」公乃辭乎晏子，散師，不果伐宋。孫云：「太平御覽引古文瑣語曰：『齊景公伐宋，至曲陵，夢見有短丈夫賓於前。晏子曰：「君所夢者何如哉？」（純一案：鮑刻御覽無「者」字。）公曰：「其賓者甚

〔二〕「河」，原作「何」，據音義改。

短，大上小下〔一〕，（純一案：鮑刻作「大上小下」。應作「小上大下」。）其言甚怒，好悅。」（純一案：鮑刻作「俛」，是。下同。）晏子曰：「如是則伊尹也。伊尹甚（純一案：鮑刻有「大而短」三字，是。）大上小下，赤色而髯，其言好悅而下聲。」公曰：「是矣。」晏子曰：「是怒君師，不如違之。」遂不果伐宋。』」純一案：此章要旨爲非攻，謂不可以齊之强淩宋之弱也。

景公從畋十八日不返國晏子諫第二十三

景公畋于署梁，孫云：「地名，未詳。」蘇云：「韓詩外傳作『齊景公出田』。」純一案：藝文類聚二十四作「景公畋」，六十六「畋」作「田」。御覽四百五十六作「畋」，三百七十六作「田」。**十有八日而不返。**孫云：「藝文類聚作『反』。」純一案：御覽三百七十六作「返」，四百五十六作「反」。類聚六十六無「而」字。蘇云：「韓詩外傳『八』作『七』。」**晏子自國往見公，**類聚二十四作「晏子往見公」。御覽三百七十六同，四百五十六作「晏子因往見公」。蘇云：「韓詩外傳作『晏子乘而往』。」**比至，**類聚六十六「比至」作「而」。**衣冠不正，**類聚二十四「不」上有「盡」字。**不革衣冠，望游而馳。**孫云：「說文『游』，

〔一〕「大上小下」，原作「大小上」，音義同，據御覽改。

旌旗之旒也。」蘇云：「韓詩外傳無此八字。」公望見晏子，下車逆勞，曰：舊作「下而急帶曰」。孫云：「急束其帶也。藝文類聚（純一案：六十六。）作『下車急曰』，一作『逆勞曰』。（純一案：類聚二十四。）『帶』與『勞』字相似，或當爲『逆勞』。」蘇云：「韓詩外傳作『景公見而怪之曰』。」純一案：「下而急帶」文不成義，當是「下車逆勞」之譌，今據孫校改。「夫子何爲遽？」孫云：「藝文類聚作『遽至』。」蘇云：「韓詩外傳作『夫子何遽乎』。」拾補據改。」純一案：御覽三百七十六作「夫子何遽」，四百五十六作「何其遽」。遽，疾也，卒也。國家得無有故乎？」舊無「得」字。孫云：「『無有』，藝文類聚作『得無有』，太平御覽作『得無』。」王云：「案『無』上有『得』字，而今本脱之。雜上篇：『諸侯得微有故乎？國家得微有事乎？』微，無也。文義正與此同。韓詩外傳十作『得無有急乎』。藝文類聚人部八、産業部下、太平御覽人事部十七、九十七並引作『得無有故乎』。」純一：今據補。案：「故」，當從韓詩外傳作「急」。下文「不，亦急邪」，正承此而言。今作「故」，則與急不相應矣。晏子對曰：「不，亦急也。「也」，讀爲「邪」。孫云：「藝文類聚作『無恙也』。」蘇云：「韓詩外傳作『晏子對曰：「然，有急」』，無下句。」雖然，嬰願有復也。復，白也。國人皆以君爲安于野而不安于國，兩「于」字舊脱，從黄校據御覽四百五十六補。案：類聚二十四無「爲」字及兩「于」字，六十六省作「國人皆謂君安野而好獸」，御覽三百七十六同，惟「謂」作「以」。好獸而惡民，「民」，類聚作「人」。蘇云：「韓詩外傳作『國人皆以君爲惡民好禽』。此下載『臣聞之，魚鼈厭深淵而就乾淺』云云，與此少異。」毋乃不可乎。」公曰：「何哉？吾爲夫婦獄訟之不正乎？王云：「『吾』字不當有，蓋衍文也。韓詩外傳、太平御覽皆無。」劉云：「『吾』字不可通，『吾』蓋『若』字之訛。」純一案：劉説是。則泰士子牛存矣。孫云：「泰士，官。子牛，名。孟子：『皋陶爲士。』韓詩外傳作『爲獄不中邪，則大理子幾在』。」蘇云：「泰士，即曲禮下六大中之大士。泰、大同。鄭注云：『大士以神仕。』大士正獄訟，蓋若秋官士師察獄訟之辭矣。」爲社稷宗廟之不享乎？則泰祝子游存矣。孫云：「泰祝，官。子游，名。韓詩外傳作『祝人泰宰在』。」蘇云：「泰祝，即曲禮六大中之大祝。周禮『大祝掌六祝之辭，以事鬼神示』，即此也。」爲諸侯賓客莫之應乎？則行人子羽存矣。孫云：「行人，官。子羽，名。」黄云：「『子羽』，韓詩外傳作『子牛』。」爲田野之不辟、倉庫之不實乎？「乎」字舊脱，從蘇校補，與上文一律。孫云：「『辟』讀如『闢』。『庫』，太平御覽作『廩』。」則申田存矣。此脱人名。「矣」，舊作「焉」，據御覽三百七十六改，與上下文一律。孫云：「韓詩外傳作『爲國家有餘不足邪，則巫賢在』。」俞云：「申田，官名也。『申』當爲『司』。史記留侯世家『以良爲韓申徒』，徐廣曰：『申徒即司徒耳，但語音訛轉，故字亦隨改。』莊子大宗師篇『申徒狄』，釋文曰：『崔本作司徒狄。』是『申』與『司』古通用，『申田』即『司田』也。管子小匡篇：『墾草入邑，辟土聚粟，多衆盡地之利，臣不如甯戚，請立爲大司田。』此齊有司田之證。」黄云：「俞説『申田』即『司田』，是也。但齊之司田自有申田之名，管子立政篇詳敘虞師之事、司空之事、申田之事、鄉師之事、工師之事，云：『相高下，視肥墝，觀地宜，明詔期前後，農夫以時均修焉，申田之事也。』今本管子『申』又誤『由』。王氏雜志以爲衍文，失之。」蘇云：「黄説是。」爲國家之有餘不足聘乎？盧云：「『聘』字衍。」純一案：御覽三百七十六引同。語意不明，疑有譌奪。則吾子存矣。寡人之有五子，孫云：「藝文類聚、太平御覽作『吾子』。」猶心之有四支。類聚六十六、御覽四百五十六並有「也」字。心有四支，孫云：「韓詩外傳作『肢』。」故心得佚焉。常人四支有佚時，心無佚時。此云「心有四支」而「得佚」者，妄也。今寡人有五子，故寡人得佚焉，類聚作「有四支故心有佚，寡人有吾子故寡人佚也」。豈不可哉。」晏子對曰：「嬰聞之，與君言異。孫云：「太平御覽作『言與君異』。」純一案：鮑刻御覽四百五十六同此，孫所見本不同。此文疑當作「嬰所聞與君言異」。若乃心之有四支，而心得佚焉則可。「則可」，舊作「可得」。王云：「『可得』二字與上下文義皆不貫，『可得』本作『則可』。『則可』者，承上之詞，與下文『不亦久乎』相應。今本作『可得』者，『得』字涉上文『得佚』而衍，又脱去『則』字耳。韓詩外傳作『人心有四肢而得代焉則善矣，令四肢無心，十有七日，不死乎』，文雖異而義則同。藝文類聚産業部引作『若心有四支而得佚則可』。太平御覽人事部九十七引作『乃若心之有四支而心得佚焉則可』，今據以訂正。」純一：從之。令四支無心，十有八日，不亦久乎。」公于是罷畋而歸。御覽四百五十六「畋」作「田」，無「而」字，三百七十六作「公罷田而返」。類聚六十六作「公乃罷田而歸」。孫云：「藝文類聚（二十四。）作『罷田即日歸』。韓詩外傳（十。）用此文。」

景公欲誅駭鳥野人晏子諫第二十四

景公射鳥，野人駭之。孫云：「驚鳥令去也。」公怒，令吏誅之。羣書治要、太平御覽九百十四引並脱「怒」字。晏子曰：「野人不知也。御覽四百五十六引「人」下有「實」字，臣聞賞無功謂之亂，蘇云：「治要『聞』下有『之』字。」純一案：御覽四百五十六同。罪不知謂之虐。御覽「謂」下有「人」字，非。兩者，先王之禁也。以飛鳥犯先王之禁，不可。今君不明先王之制，而無仁義之心，是以從欲而輕誅。蘇云：「從，猶縱也。曲禮『欲不可從』，從亦讀縱。治要有『也』字。」純一案：先王制禁，仁民愛物，所以充不忍之心，行不忍之政，保合太和也。景公縱欲犯禁，失本性之真矣。呂氏春秋知度篇曰：「治道之要，存乎知性命。」旨哉。夫鳥獸，固人之養也，治要同。御覽九百十四引作「鳥獸故非人所養」。野人駭之，不亦宜乎。」公曰：「善。自今已來，「來」，舊作「後」。王云：「『自今已後』本作『自今已來』，後人習聞『自古已來』之語，罕見『自今已來』之文，故改『來』爲『後』也。不知『自今已來』猶言『自今已往』也。羣書治要及太平御覽人事部九十七、羽族部一引晏子皆作『自今已來』。」純一：今據改。案：治要作「自今以來」。御覽四百五十六作「自爾以來」，九百十四作「自爾已來」。以、已同。弛鳥獸之禁，孫云：「『弛』，太平御覽作『未有』。」純一案：御覽見四百五十六。又九百十四作「一弛」。無以苛民也。」蘇云：「治要『苛』作『拘』。」純一案：此章要恉在仁民愛物，所以貴兼也。此與下章並外十三章大旨同。

景公所愛馬死欲誅圉人晏子諫第二十五

景公使圉人養所愛馬，羣書治要脱「人」字。暴病死。「病」字舊脱，從王校補。孫云：「詩傳：『暴，疾也。』説文：『暴，疾有所趣也。』玉篇：『步到切。』」王云：「此本作『景公使人養所愛馬』，無『圉』字。今本有之者，後人依説苑正諫篇加之也。案説苑曰：『景公有馬，其圉人殺之。』下文曰：『使吾君以馬之故殺圉人。』二『圉人』上下相應。此文但言使人養馬，而無『圉人』之文，故下文亦但言『殺養馬者』，而不言『殺圉人』。若此文作『圉人』，則與下文不相應矣。又此章標題本作『景公所愛馬死欲誅養馬者』，今本『養馬者』作『圉人』，亦後人所改。」羣書治要及藝文類聚獸部上、太平御覽人事部九十七、獸部八引此皆無『圉』字。又案：「暴死」二字文義不明。藝文類聚人部八作「暴死」，亦後人以俗本晏子改之。羣書治要及太平御覽人事部皆作「暴病死」。藝文類聚獸部、太平御覽獸部皆作「馬病死」。文雖不同，而皆有「病」字，于義爲長。蘇云：「韓詩外傳載一事大同，彼作『齊有得罪于景公者』。」公怒，令人操刀解養馬者。孫云：「『操』，太平御覽作『持』。」蘇云：「治要『令』作『命』。」純一案：治要脱「怒」字。類聚九十三「解」作「殺」。是時晏子侍前，左右執刀而進。晏子止之，「之」字舊脱，語意不完，從盧、王校據羣書治要及太平御覽四百五十六補。而問于公曰：「古時堯、舜支解人，從何軀始？」舊無「古時」二字。孫云：「『軀』，太平御覽作『體』。」王云：「羣書治要作『敢問古時堯、舜支解人從何軀始』，是也。今本脱『敢問古時』四字，則語意唐突。太平御覽人事部亦有『古時』二字。」盧云：「『曰』下御覽有『古者』二字。」純一案：「者」或「旹」之形譌。上文有「問」字，「敢問」二字可省，今據增「古時」二字。晏子此問，足以發景公之深省，啓迪其與堯、舜同具之仁心。韓詩外傳八作「景公大怒，縛置之殿下，召左右肢解之。敢諫者誅。晏子左手持頭，右手磨刀，仰而問曰：『古者明王聖主，其肢解人不審從何肢解始也』」。公懼然曰：「懼」舊作「矍」。孫云：「『矍』，太平御覽作『懼』。」王云：「『矍』本作『懼』，此後人不曉懼然之義而以意改之也。不知『懼然』即『瞿然』也。説文：『界，九遇切，舉目驚界然也。』經傳通作『瞿』。檀弓『公瞿然失席』，是也。又通作『懼』。大戴記用兵篇：『公懼焉曰。』『懼焉』即『瞿然』。莊子庚桑楚篇：『南榮趎懼然顧其後。』漢書惠紀贊：『聞叔孫通之諫則懼然。』皆驚貌也。羣書治要及鈔本御覽人事部並作『公懼然』，刻本改爲『懼然』。」純一案：王説是，今據正。「從寡人始。」俞云：「晏子問支解人從何軀始，而公遽云『從寡人始』，語殊不倫。據韓詩外傳作『景公離席曰：「縱之，罪在寡人」』。疑晏子本作『公矍然曰從之』，『從』即『縱』也。『寡人始』三字必有奪誤。或亦如外傳文，或文不必同，而意則必相近也。」蘇云：「『從寡人始』不誤，蓋景公悔心乍萌，率爾而對。若既縱之矣，下何以云『屬獄』乎？治要無此句及下六字。」純一案：此文當作「支解人從寡人始」，今本脱「支解人」三字，故俞云「語殊不倫」。公因晏子之問，懼然驚悟堯、舜不支解人，乃曰「支解人從寡人始」。不可爲也，遂不支解。蓋是非之心，感於堯、舜之盛德，一時頓現也。**遂不支解。**孫云：「御覽『遂』下有『止』字。」**公曰：**蘇云：「二字當衍。」純一案：「『公』字蒙上可省。『曰』字不可少。」**「以屬獄。」晏子曰：「此不知其罪而死，**王云：「羣書治要及太平御覽人事部皆無此七字。今有之者，亦後人依説苑加之。」**臣請爲君數之，**舊無「請」字。王云：「説苑作『臣請爲君數之』。羣書治要及藝文類聚人部、獸部、太平御覽人事部、獸部、白帖三十九皆作『請數之』。今本依説苑加『臣爲君』三字，而脱去『請』字。案下文『公曰可』，即可晏子之請也，則原有『請』字明矣。故説苑亦有『請』字。外上篇記諫殺顔濁鄒事，亦曰『請數之以其罪而殺之』。」純一：今據補。**使自知其罪，**舊脱「自」字，從盧、蘇校據治要補。**然後屬之獄。」**「屬」，舊作「致」，從孫校據御覽改。此句承上文「以屬獄」言，亦與下文「今以屬獄」協。若作「致」則不相應。**公曰：「可。」晏子數之曰：**孫云：「沈啓南本下有注云：『或作景公有馬，其圉人殺之。公怒，援戈將自擊之。晏子曰：「此不知其罪而死，臣請爲君數之，令知其罪而殺之。」公曰：「諾。」晏子舉戈而臨之云云。』是説苑文。」黄云：「原本『子』誤『乎』，今正。」純一案：元刻與治要正作「子」。沈注與元本同。爾罪有三：蘇云：「治要作『爾有三罪』。」純一案：類聚九十三同治要，二十四作「爾有罪三」。公使汝養馬而殺之，當死罪一也。孫云：「類聚作『一當死也』。下作『二當死也』、『三當死也』。」純一案：類聚見九十三。又殺公之所最善馬，孫云：「『善』，御覽作『愛』。」盧云：「御覽無『最』字。」當死罪二也。使公以一馬之故而殺人，百姓聞之必怨吾君，諸侯聞之必輕吾國。孫云：「藝文類聚『怨』下有『叛』字，『輕』下有『伐』字。」純一案：此十六字亦見諫下二十三章。汝一殺公馬，舊脱「一」字，從孫校據御覽補。使公怨積于百姓，兵弱于鄰國，「公」字舊脱，據御覽四百五十六補。當死罪三也。句首舊緣上文衍「汝」字，從蘇校删。今以屬獄。」蘇云：「治要『今』作『令』，疑形近而譌。」純一案：御覽「今」亦譌「令」。墨子魯問篇曰：「所謂忠臣者，上有過則微之以諫。」晏子足以當之。公喟然歎曰：「夫子釋之，夫子釋之。孫云：「『釋』，藝文類聚作『舍』，一作『赦』。太平御覽作『赦』。」勿傷吾仁也。」孫云：「説苑正諫篇用此文。」王云：「羣書治要及藝文類聚人部、獸部、太平御覽人事部、獸部皆但有『公喟然曰赦之』六字。今本『夫子釋之』三句，皆後人依説苑加之。『歎』字亦後人所加。」蘇云：「治要載此章在雜上。」

晏子春秋校注卷二

漢陽張純一仲如

内篇諫下第二凡二十五章

景公藉重而獄多欲託晏子晏子諫第一

景公藉重而獄多，盧云：「藉即藉斂。」拘者滿圄，追科爲罪。孫云：「據此及左傳『圄伯嬴于轑陽』之文，知囹圄非秦獄名。説文：『圉，囹圉，所以拘罪人。』」怨者滿朝。太平御覽四百八十三、又六百四十三引此文並同。案：怨因藉重而興，屬民言，則怨者必滿野。下文云「左右争之，甚于胡狗」，則怨者亦滿朝。此文疑本作「拘者滿囹圄，怨者滿朝野」，因傳寫脱「囹」字，校者又删「野」字耳。晏子諫，公不聽。公謂晏子曰：「夫獄，國之重官也，願託之夫子。」晏子對曰：「君將使嬰勑其功乎，孫云：「説文：『敕，戒也。勑，勞也。』經典多用『勑』爲『敕』。吕氏春秋『田事既飭』，高誘注：『飭，讀作勑。勑督田事。』是此『勑』當讀『飭』也。」盧云：「勑通敕。功謂功效也。下云『勑其意』，謂革民之心也。」則嬰有壹妾能書，足以治之矣。「妾」，舊作「妄」。俞云：「『妄』，疑『妾』字之誤。『嬰有壹妾能書，足以治之』，極言治之之易，雖婦女可也。下文曰『則君使吏比而焚之而已矣』，蓋兩語皆滑稽之詞，故景公不説也。」純一案：俞説是，今據改。下同。言能省刑恤民之苦，有如婦女之仁慈，足以收治獄之效。君將使嬰敕其意乎，夫民無欲殘其家室之生以奉暴上之僻者，則君使吏比而焚之而已矣。」言民積怨，因暴斂耳。君試使一廉吏，焚其比户之租券，可立得其懽心。孫云：「言焚其讞也。」蘇云：「孫説是。『敕意』，所謂革心也。革心上德，故讞可焚。下云『常致其苦，而嚴聽其獄，痛誅其罪，非嬰所知』，正承此反言以詰公不焚讞之非耳。」景公不説，曰：「敕其功則使壹妾，敕其意則比而焚，舊脱「而」字，據上文補。蘇校同，云：「句絶。『如是』猶云若是，屬下爲義。」如是，夫子無所謂能治國乎？」晏子曰：「嬰聞與君異。今夫胡狢戎狄之蓄狗也，孫云：「『狢』當爲『貉』。」多者十有餘，寡者五六，然不相害傷。各足其欲故。今束雞豚妄投之，其折骨決皮，孫云：「言争雞豚而相傷也。」可立見也。「見」，舊譌「得」。俞云：「『得』字義不可通，乃『見』字之誤。史記趙世家『未得一城』，趙策『得』作『見』。留侯世家『果見穀城山下黄石』，漢書『見』作『得』。蓋『得』字古作『㝵』，其上從『見』，故『見』、『得』二字往往相混。」純一案：俞説是，今據改。且夫上正其治，下審其論，蘇云：「『論』讀爲『倫』。倫，等也，言審其貴賤之等也。」

作『論』者，借字耳。易屯象傳『君子以經論』，釋文：『音倫。』荀爽曰：『論，理也。』逸周書官人篇『規小物而不知大倫』，大戴記『倫』作『論』。並論、倫通之證。」則貴賤不相踰越。今君舉千鍾爵禄，而妄投之于左右，左右争之，甚于胡狗，而公不知也。寸之管無當，孫云：「文選三都賦序『玉巵無當』，劉淵林注：『當，底也，去聲。』」天下不能足之以粟。今齊國丈夫畊，女子織，夜以接日，不足以奉上，晏子兼愛之心如揭。而君側皆彫文刻鏤之觀。「彫」從元刻。浙局本作「雕」。孫云：「『彫』，正字。」純一案：此即墨家非樂之恉。此無當之管也，而君終不知。五尺童子操寸之熛，「熛」，舊譌「煙」。王引之云：「火能燒薪，煙則不能燒薪，『煙』當爲『熛』，下『操煙』同。說文：『熛，火飛也，讀若標。』一切經音義十四引三倉曰：『熛，迸火也。』淮南說林篇曰：『一家失熛，百家皆燒。』史記淮陰侯傳曰：『熛至風起。』漢書叙傳曰：『勝、廣熛起，梁、籍扇烈。』是熛即火也。故曰：『操寸之熛，天下不能足之以薪。』『熛』、『煙』字相似，世人多見『煙』，少見『熛』，故諸書『熛』字多誤作『煙』。說見吕氏春秋『煙火』下。」純一案：王說是，今據改。下同。天下不能足之以薪。「之」字舊脱，從王、蘇校補，與上文一例。今君之左右，皆操熛之徒，而君終不知。鐘鼓成肆，蘇云：「肆猶列也。」干戚成舞，此必奪民衣食之財而爲之。雖禹不能禁民之觀。墨子非樂篇曰：「與君子聽之，廢君子之聽治。與賤人聽之，廢賤人之從事。」晏子意同。且夫飾民之欲，而嚴其聽，禁其心，飾者，加以文采之謂。民之欲難制而易縱，今引而侈之，又從而嚴禁之，猶決其隄而止水之不氾濫也，故聖人猶難之。聖人所難也，而況奪其財而飢之，勞其力而疲之，是之謂殘民之生。孫校本如此。元刻脱「之」字。常致其苦而嚴聽其獄，痛誅其罪，是之謂暴上。非嬰所知也。」

景公欲殺犯所愛之槐者晏子諫第二

景公有所愛槐，令吏謹守之，藝文類聚二十四、又八十八引並無「謹」字。植木縣之，下令曰：「之下」二字疑衍。「犯槐者刑，傷槐者死。」下「槐」字舊作「之」。孫云：「『傷之』，藝文類聚作『傷槐』。」盧云：「『之』，列女傳作『槐』字。」純一案：太平御覽四百五十六、又五百十九、又九百五十四引「之」均作「槐」，今並據改。有不聞令，醉而犯之者。孫云：「『令』，御覽作『命』，同。『醉』，藝文類聚一作『過』，御覽作『過』。」純一案：鮑刻御覽四百五十六、又五百十九並作「令」。「犯」，類聚八十八作「傷」。公聞之曰：「是先犯我令。」使吏拘之，且加罪焉。孫云：「藝文類聚作『君令收而拘之，將加罪焉』。一作『加刑』。」盧云：「『且』，御覽作『將』。」其子往晏子之家說曰：舊「往」下有「辭」字，「說」作「託」，從黃校據太平御覽刪正。孫本「子」上據御覽增「女」字。洪云：「左氏成二年傳『必以蕭同叔子爲質』，杜預注：『子，女也。』孟子告子下『踰東家牆而摟其處子』，趙岐〔一〕注：『處子，處女也。』凡言子者，男女之通稱。俗本『子』上增『女』字，非是。」黄云：「元刻本作『其子往』，無『女』字。」「負郭之民賤妾，「郭」，舊作「廓」，俗。從孫校改。與城郭相依曰負郭。請有道于相國，言晉謁于有道之相國。不勝其欲，欲，猶願也。願得充數乎下陳。」言願充侍妾後列之數。晏子聞之，笑曰：「嬰其淫于色乎？其，猶豈也。言嬰豈淫于色乎？何爲年老而見奔女？雜下三章曰：「我其嘗殺不辜、誅無罪邪？」其亦當讀豈，與此同。何爲老而見奔？孫云：「見淫奔也。」雖然，是必有故。」令內之。內、納同。言令其入。女子入門，「女子」，列女傳作「既」。晏子望見之，曰：「怪哉！有深憂。」憂形於色。進而問焉，曰：「所憂何也？」「邪」同。對曰：「君樹槐縣令，犯之者刑，傷之者死。妾父不仁，孫詒讓云：「『仁』讀爲『佞』。徐鍇本說文女部云：『佞，巧讇高材也。从女，仁聲。』不仁即不佞，言不材也。」不聞令，醉而犯之，吏將加罪焉。妾聞之，明君蒞國立政，不損禄，不輕損人之禄。不益刑，不淫刑於法外。又不以私恚害公灋，孫云：「說文：『恚，怒也。』」純一案：犯槐所觸者私恚，非公法所禁，故曰「不以私恚害公法」。不爲禽獸傷人民，人民貴於禽

〔一〕「岐」，原作「歧」，據下文及後漢書本傳改。

獸故。**不爲草木傷禽獸**，有情貴於無情故。**不爲野草傷禾苗**。人非禾苗不生活，故禾苗貴於野草。槐不過野草類耳。**吾君欲以樹木之故殺妾父**，是以私恚害公法，且視民命賤於草木。**孤妾身**，副益法外之刑，豈惟損人之禄。**此令行于民而灋于國矣**。文有脱誤，疑本作「此令〔一〕可行于民而法于國乎」。言此令豈可通行于民間，而爲一國之明法乎。今本「令」下脱「可」字，「乎」又譌「矣」，義遂不可通。**雖然，妾聞之，勇士不以衆彊凌孤獨**，以衆强凌孤獨，不義可恥，故勇士不爲。**明惠之君**惠，通慧。**不拂是以行其所欲**。是者，非之反。拂，違戾也。言不違反正理以逞邪僻之欲。孫云：「獨、欲爲韻。」純一案：古音諧六屋引此。**此譬之猶自治魚鼈者也，去其腥臊者而已**。盧云：「此與下『昧墨』、『教人危坐』兩喻俱不甚可了。或以『去其腥臊』則於魚鼈無傷也。『昧墨』猶言黑暗，黑暗之中教人危坐，人其從之乎？言人不能從也。」蘇云：「腥臊，皆害魚鼈之味者。治魚鼈，但去其害味之物，不全棄魚鼈。以喻治國者，但去其有害于國之人，不欲以小故而全去之也。」**昧墨而與人比居**，「而」字舊脱，據下句補，文同一例。**庾肆而教人危坐**。昧墨，猶言黑暗。黑暗而與人比居，動輒恐遭危害。庾肆，無屋之露肆。於此教人危坐，身心烏得安甯？皆喻法令之苛，人民手足將無所措。下有脱文。**今君**

〔一〕「令」，原作「今」，形近而誤，今據上下文意改。

出令于民，苟可灋于國而益善于後世，孫云：「『可』，一本作『有』。」則父死亦當矣，妾爲之收亦宜矣。收，謂棺斂。甚乎今之令不然，以樹木之故，罪灋妾父，「法」，疑當作「殺」，下文「刑殺不辜謂之賊」可證。言以樹木之故，加罪于妾父而殺之，不能益善於後世甚矣。今作「罪法妾父」，文義不明。妾恐其傷察吏之灋而害明君之義也。二句，太平御覽五百十九作「恐害明君之政，損明君之義」。「察吏」，列女傳作「執政」。鄰國聞之，皆謂吾君愛樹而賤人，其可乎？御覽九百五十四作「謂君愛槐而殘人，可乎」。言使吏失察，君失明，且使貴賤顛倒，濫刑之聲傳遍各國，烏〔一〕乎可。願相國察妾言以裁犯禁者。」裁者，量度體制而斷決之也。晏子曰：「甚矣。吾將爲子言之于君。」使人送之歸。明日，早朝，「早」從孫本。元刻作「蚤」。而復于公曰：復，白也。「嬰聞之，窮民財力，以供嗜欲，謂之暴。孫云：「『供』，太平御覽作『從』。」崇玩好，威嚴擬乎君，謂之逆。盧云：「言一玩好之物耳，而其威嚴乃擬乎君，犯之則有罪也。列女傳作『嚴威令』，下同，似非。」刑殺不稱，謂之賊。「稱」，舊作「辜」。王云：「『不辜』本作『不稱』，此後人以意改也。『不稱』，謂不當也。下文曰『刑殺不稱，賊民之深者』，即承此文言之。太平御覽人事部九十七引此正作『刑殺不稱

〔一〕「烏」，原作「鳥」，形近而誤，今改。

謂之賊』。列女傳辯通篇作『不正』，亦是不稱之意。故知『辜』字爲後人所改。」純一：今據正。此三者，守國之大殃也。「也」字舊脱，從黄校據御覽補。今君窮民財力，以美飲食之具，「美飲」，舊譌「羨餧」。盧云：「列女傳作『美飲食之具』。」王云：「『飲食』與『鐘鼓』、『宫室』對文。」純一：今據正。緐鐘鼓之樂，極宫室之觀，行暴之大者。崇玩好，縣愛槐之令，載過者馳，步過者趨，威嚴擬乎君，逆民之明者。舊衍「也」字，據上下文删。蘇校同。「民」字舊脱。案：列女傳作「威嚴令是逆民之明者也」，「威嚴令」三字不詞，當從此作「威嚴擬乎君」。「是逆民之明者」，謂君尊槐而賤民，違反民意，甚顯明也。今據補。犯槐者刑，傷槐者死，刑殺不稱，孫云：「藝文類聚作『刑煞』。」黄云：「元刻脱『刑』字。」賊民之深者。類聚「者」下有「也」字。賊民，即賊自心之仁。孟子曰：「賊仁者謂之賊。」君享國，孫云：「『享』，藝文類聚作『饗』。」純一案：御覽四百五十六同。德行未見于衆，孫云：「『衆』，御覽作『民』。」而三辟著于國，類聚「三」作「刑」。蘇云：「三辟，暴、逆、賊。」嬰恐其不可以莅國子民也。」「民」，御覽作「人」，非。公曰：孫云：「類聚、御覽下有『善』字。」「微大夫教寡人，幾有大罪，以累社稷。今子大夫教之，社稷之福，寡人受命矣。」晏子出，公令吏罷守槐之役，「吏」，舊作「趣」，從黄校據御覽五百十九改。拔置縣之木，廢傷槐之讅，出犯槐之囚。

孫云：「列女傳『齊傷槐女者，傷槐衍之女也，名婧』云云，事與此同。」純一案：列女傳文與此異，宜參稽。

此章與下章及外上九章、外下十一章恉同。

景公逐得斬竹者囚之晏子諫第三

景公樹竹，令吏謹守之。藝文類聚二十四、初學記二十引並無「謹」字。公出，過之，有斬竹者焉。類聚及初學記並無「焉」字。公以車逐，盧云：「初學記有『之』字。」得而拘之，將加罪焉。晏子入見，曰：「君亦聞吾先君丁公乎？」上「君」字從孫校本，蓋據藝文類聚改。元刻作「公」。類聚無「亦」字。公曰：「何如？」晏子曰：「丁公伐曲城，「城」，舊作「沃」。王云：「『曲沃』，本作『曲城』，此後人妄改之也。『曲城』，一作『曲成』，漢書地理志：『東萊郡有曲成縣，高帝六年封蟲達爲曲成侯者也。其故城在今萊州府掖縣東北。』史記齊世家云：『太公東就國，萊侯來伐，與之爭營丘。』又云：『營丘邊萊。』然則齊、萊接壤，故丁公有伐曲城之事。若春秋之曲沃，即今之絳州聞喜縣，東距營丘二千餘里，丁公安得有伐曲沃之事乎？藝文類聚人部八引此正作『伐曲城』。」純一：今據改。勝之。止其財，禁止財物出城。出其民。公日自莅之。「日」字從元刻。舊誤「曰」，黄、蘇並從盧校作「日」。有輿死人以出者，公怪之，令吏視之，類聚無「吏」字。則其中有金與玉焉。「有」字舊脱，文義不明，從王校據藝文類聚補。類聚無「與」字。吏請殺其人，收其金玉。公曰：『以兵降城，孫云：「『降』，類聚作『攻』。」以衆圖財，「圖」，元刻、孫本並譌「圍」，孫據類聚正，蘇從之。不仁。説文：「仁，親也。从人、二。」言彼此密相親愛也。今以兵逞强，以衆行劫，不仁甚矣。且吾聞之，君人者「君人」舊倒，據類聚及初學記乙。寬惠慈衆，不身傳誅。』孫云：「『傳』讀爲『專』。類聚作『身不妄誅』。」令捨之。」孫云：「類聚作『令吏舍之』。」公曰：「善。」晏子退，公令出斬竹之囚。

景公以摶治之兵未成功將殺之晏子諫第四

景公令兵摶治，王云：「治者，甎也。摶治，謂摶土爲甎。廣雅曰：『治，甎也。』」當臈冰月之間而寒，孫云：「『臈』，當爲『臘』。左傳：『虞不臘矣。』説文：『冬至後三戌〔一〕，臘祭百神。』」浙刻本改「臘」。民多凍餒而功不成。公怒，曰：「爲我殺兵二人。」晏子曰：「諾。」少爲間，「爲」字疑衍。晏子曰：「昔者先君莊公之伐于晉也，「于」字衍。其役殺兵四人。下有脱文，義不可曉。問上二章載莊公伐晉，事在左傳襄二十三年、史記齊世家莊公四年，均未見「殺兵四人」事，今亦

〔一〕「戌」，原作「戊」，據音義、説文改。

無考。揣晏子之意，或以莊公恣意殺兵四人，未幾身滅于崔氏，以好殺人者終被人殺，用示警耳。今令而殺兵二人，「而」字衍。是殺師之半也。」「殺師」從元刻。浙刻本倒。盧云：「元刻是。」黄云：「淩本同元刻。」公曰：「諾。是寡人之過也。」令止之。

景公冬起大臺之役晏子諫第五

晏子使于魯，比其返也，此四字，蓋後人妄加。下文「國人望晏子」，望其返也；晏子至，晏子返也，則此處不應有「比其返也」四字明矣，當删。景公使國人起大臺之役，歲寒不已，凍餒者鄉有焉，舊「餒」下衍「之」字，從盧校删。藝文類聚作「景公起大臺，歲寒，役之凍餒者鄉有焉」。初學記同。北堂書鈔百五十六作「役者凍餒」，餘同類聚、初學記。國人望晏子。晏子至，已復事，公延坐，「延」，從孫校本。元刻作「迺」。孫云：「藝文類聚作『公延晏子坐』。今本『延』作『迺』，非。」純一案：初學記同類聚。書鈔作「延晏子坐」。飲酒樂。晏子曰：「君若賜臣，臣請歌之。」歌曰：「庶民之言曰：『凍水洗我，若之何！書鈔無「曰」字。「水」作「冰」，是。「凍冰洗我」，謂將凍死於冰水中也。若之何，奈之何也。太上靡散我，若之何！』」孫云：「太上，尊辭。『散』，藝文類聚作『弊』，是。」江有誥云：「洗，叶音線。散音線。元文通韻。」純一案：古音諧九寒上聲引此。散、弊誼同。太上靡散我，謂太上不容我生存也。書鈔「太」作「奉」。蘇云：「此歌一作：『庶民之餒，我若之何！奉上靡敝，我若之何！』與此小異。見廣文選。「靡散」一作「糜」，見梅氏古樂苑引。歌終，喟然歎而流涕。王云：「『歎而』二字，後人所加。上言『喟然』，下言〔二〕『流涕』，則『喟然』之爲歎可知，無庸更加『歎而』二字。藝文類聚歲時部下、初學記人部中並引作『喟然流涕』，無『歎而』二字。諫上篇『公喟然』，後人加『歎』字，謬與此同。」純一案：書鈔作「喟然而流涕」，「歎」字當刪。晏子心誠愛民，故能動公。公就止之，曰：

「夫子曷爲至此？殆爲大臺之役夫？夫猶乎也。寡人將速罷之。」類聚作「公止之曰：『子殆爲大臺之役夫？寡人將罷』」。案：「罷」下脫「之」字。初學記文同，「罷」下有「之」字，「役」下脫「夫」字。晏子再拜。爲凍餒者拜也。出而不言，善則歸君故。遂如大臺，如，往也。執朴鞭其不務者，不務，不勤也。不勤，非惟從公不忠，且愈覺寒而增怨，故鞭之。蓋愛人以德之心入微矣。曰：

「吾細人也，皆有蓋廬，以避燥溼。「溼」從孫本，元刻作「濕」。盧云：「蓋音盍。『濕』，正作『溼』，下皆同。」案：此以宋子罕事傅會之耳。」俞云：「『蓋』乃『盇』字之誤。『盇』讀爲『闔』。襄十七年左傳：『吾儕小人，皆有闔廬，以避燥溼寒暑。』語意與此同。」蘇云：「左傳載子罕事大同，其下章即載晏子事。疑

〔二〕「言」，原作「見」，據讀書雜志改。

記者連上章並誤以爲晏子事，因大臺之役以成其説耳。」今君爲一臺而不速成，舊脱「今」字，「一」作「壹」，從御覽一百七十七及左傳增訂。何以爲役！」舊脱「以」字、「役」字，文義不完，從蘇校據左傳增。國人皆曰：「晏子助天爲虐。」君子之所爲，衆人固不識。晏子歸，未至，尚未到家。而君出令趣罷役，趣，催促也。車馳而人趨。各疾走也。仲尼聞之，喟然歎曰：「古之善爲人臣者，聲名歸之君，禍災歸之身。墨子魯問篇曰：「美善在上而怨讎在下，安樂在君而憂慼在臣。」晏子有焉。此儒墨所同也。入則切磋其君之不善，孫云：「『磋』，當爲『瑳』。」純一案：器非切磋不美，故以爲喻。出則高譽其君之德義。所以安民心而利國事。是以雖事惰君，能使垂衣裳朝諸侯，不敢伐其功。易繫辭下：「黄帝、堯、舜垂衣裳而天下治，蓋取諸乾坤。」垂衣裳，言無爲也。朝諸侯，致諸侯來朝也。不敢伐其功，言功成而不居也。此知晏子不獨爲墨家，兼具道家、儒家之要妙，蓋其道本同也。當此道者，其晏子是耶。」此與下章並外上十二章大旨同。

景公爲長庲音來〔一〕。欲美之晏子諫第六

景公爲長庲，元刻注云：「庲，舍也。」孫云：「太平御覽注云：『音來，舍也。』玉篇同。當爲『[illegible]』

〔一〕「音來」，原脱，據底本原有目録補。

省文。」將欲美之，有風雨作，公與晏子入坐飲酒，致堂上之樂。酒酣，晏子作歌曰：「穗兮不得穫，「兮」，舊作「乎」。王云：「『穗乎』本作『穗兮』，與下句文同一例。隸書『兮』、『乎』相似，故『兮』誤爲『乎』。太平御覽人事部九十七引此正作『穗兮』。」純一：今據改。蘇云：「虞喜志林云：『禾有穗兮不得穫。』作『兮』是。」秋風至兮殫零落。孫云：「『殫』，太平御覽作『草』，或『單』字，言盡零落也。『穫』、『落』爲韻。」純一案：古音諧五昔引此。風雨之拂殺也，「拂」從孫本。孫云：「『殺』，讀如𥿮。説文：『𥿮𥿮，散之也。』」黄云：「『拂』，元刻作『弗』，淩本同。『弗』，古『拂』字。御覽作『拂殺之』，下作『靡弊之』，無『太上之』三字。」太上之靡弊也。」晏子之心，昭昭然爲百姓憂不足，與墨子同。孫云：「殺、弊爲韻。」純一案：唐韻正十四黠：「殺，所八切。」去聲則「所介切」。引此文爲古韻之證。古音諧二月引此。江有誥云：「穫、落韻，魚部。弊音蹩。殺、散韻，祭部。」歌終，顧而流涕，張躬而舞。王云：「張躬，即張肱也。『躬』字古讀若『肱』，故與『肱』通。漢司隸校尉楊涣石門頌：『川澤股躬。』『躬』即『肱』字。故左傳鄭公孫黑肱字子張。」公就晏子而止之，曰：「今日夫子爲賜而誡于寡人，孫云：「『誡』，御覽作『譏』。」是寡人之罪。」遂廢酒罷役，不果成長庲。

景公爲鄒之長塗晏子諫第七

景公築路寢之臺，孫云：「公羊傳：『路寢者何？正寢也。』」三年未息。又爲長庲之役，蘇云：「治要『又』上有『而』字。」二年未息。又爲鄒之長塗。治要作「途」。下同。晏子諫曰：「百姓之力勤矣，勤，勞苦也。公不息乎？」言當息事以恤民力。蘇云：「治要『公』作『君』。」公曰：「塗將成矣，請成而息之。」對曰：「君屈民財者不得其利，窮民力者不得其樂。舊「君」上有「明」字，「屈」上、「窮」上俱有「不」字。王云：「此文本作『君屈民財者不得其利，窮民力者不得其樂』。屈者，竭也。見呂氏春秋慎勢篇注。言君竭民之財，將以求利也，而必不得其利；窮民之力，將以爲樂也，而必不得其樂。故下文云『嬰懼君有暴民之行，而不睹長庲之樂也』。今本『君』上涉下文『不遵明君之義』衍『明』字，『屈』、『窮』二字上又涉下文兩『不得』各衍一『不』字，則義不可通矣。羣書治要正作『君屈民財者不得其利，窮民力者不得其樂』。」純一：今據删。昔者，楚靈王作頃宫，盧云：「『頃』，元刻作『傾』。」黄云：「淩本同元刻。」蘇云：「治要『作』下有『爲』字，『頃』作『頓』。」純一案：「頓」是譌字。三年未息也。又爲章華之臺，五年又不息也。乾溪之役，八年，百姓之力不足而息也。孫云：「左傳昭七年：『楚子成章華之臺。』杜預注：『臺在今華容城内。』『溪』當從左傳爲『谿』。昭十二年傳：「楚子次于乾谿。」杜預注：「在譙國城父縣南。」」王云：「自『又爲章華之臺』以下，文有脱誤。羣書治要作『又爲章華之臺，五年未息也。而又爲乾溪之役，八年，百姓之力不足而自息也』，文義較爲順適。」純一案：王説是，當據治要訂正。「溪」，治要亦作「谿」，當從孫校改。下同。靈王死于乾溪，治要脱「于」字。而民不與歸。「歸」上舊衍「君」字，據治要删。不與歸，不許歸也。今君不遵明王之義，而循靈王之迹，比事警切。蘇云：「治要『遵』作『道』，『循』作『脩』，形近而相亂。」嬰懼君有暴民之行，蘇云：「治要『有』上有『之』字。」而不睹長庲之樂也，不若息之。」言君不息長塗之役，敢於行暴，恐聚民怨，而有靈王之辱也。公曰：「善。非夫子，舊衍「者」字，據治要删。寡人不知得罪于百姓深也。」于是令勿委壞，孫詒讓云：「『壞』當爲『壤』，形之誤也。景公爲鄒之長塗，須徵委壤土。今罷役，故令勿委壤也。」餘財勿收，收，歛也。斬板而去之。盧云：「檀弓『斬板』，鄭注：『板，廣二尺，長六尺。斬板，謂斷其縮也。』縮，謂縮板之繩。」

景公春夏游獵興役晏子諫第八

景公春夏游獵，太平御覽十九脱「春」字。又起大臺之役。晏子諫曰：「春夏起役，且游獵，御覽脱「且」字。奪民農時，國家空虛，不可。」景公曰：「吾聞相賢者國治，孫云：

『治』，太平御覽作『成』。」純一案：鮑刻御覽作「治」。臣忠者主逸。吾年無幾矣，御覽注：「言將老。」欲遂吾所樂，卒吾所好，御覽注：「卒，即律反。」子其息矣。」息，休息。言子無庸干預。晏子曰：「昔文王不敢盤遊于田，元刻如此。孫本作「盤于游田」，蓋據御覽改。案：盤，樂也。故國昌而民安。文王勤政養民，恤孤獨故。楚靈王不廢乾溪之役，孫云：「『溪』，御覽作『谿』。今本從水，俗。據此知前『溪』亦『谿』誤也。」純一案：御覽脱「王」字。起章華之臺，而民叛之。今君不革，革，改也。孫云：「『革』，御覽作『思』。」將危社稷，而爲諸侯笑。臣聞忠不避死，不畏死。諫不違罪。違猶避也。君不聽臣，臣將逝矣。」「逝」從元刻，御覽同。各本作「遊」，譌。盧、黃、蘇校同。逝，往也，去也。景公曰：「唯唯，御覽引止此，注云：「唯唯，從其諫也。」將弛罷之。」未幾，朝韋冏解役而歸。孫云：「朝韋冏，或人名。」俞云：「韋冏，人名。朝者，召也。劉向九歎遠逝篇曰：『朝四靈于九濱。』王逸注曰：『朝，召也。』上文『景公曰：「唯唯，將弛罷之」』，故未幾召韋冏解役而歸也。後人不知古書之叚『朝』爲『召』，故不得其解。若從孫氏以『朝韋冏』三字爲人名，則彼自解役而歸，與景公無與，即不足見晏子匡諫之功矣。」蘇云：「俞説是。」

景公獵休坐地晏子席而諫第九

景公獵，休，休息。坐地而食。晏子後至，滅葭而席。舊「滅」上衍「左右」二字，太平御覽三百九十三、又七百九、北堂書鈔百三十三、藝文類聚六十九引此並無，今據删。「席」，類聚作「坐」。孫云：「說文：『搣，批也。批，捽也。』『搣』與『滅』同。」蘇云：「爾雅釋草『葭華』，郭注云：『即今蘆。』」公不說，曰：「寡人不席而坐地，二三子莫席，說苑雜言篇作「寡人自以坐地，二三子皆坐地」。而子獨搴草而坐之，孫云：「『搴』，『攓』省文。說文：『攓，拔取也。』藝文類聚作『子獨席』。」純一案：御覽七百九作「子猶席」。說苑「而子」作「吾子」。何也？」晏子對曰：「臣聞介胄坐陳不席，書鈔無「坐陳」二字。獄訟不席，尸坐堂上不席，孫云：「藝文類聚、太平御覽作『獄户不席』。『户』蓋『尸』之誤。說苑作『唯喪與獄坐於地』，蓋約此文也。尸坐堂上不席，言尸在堂則坐者不席與。」純一案：書鈔亦作「獄户不席」。王云：「尸爲死人，則不得言坐堂上。御覽百卉部七引作『尸在堂』，是也。今本『在』作『坐』者，涉上下諸『坐』字而誤。『上』字疑亦後人所加。」案：王說是。三者皆憂也，故不敢以憂侍坐。」類聚「故」上有「臣」字。說苑作「今不敢以喪獄之事侍於君矣」。公曰：「善。」「善」，舊作「諸」。王云：「『諸』本作『善』。『公曰善』者，善晏子之席而後坐也。凡晏子有所請於公者，則下有『公曰諸」之文，此是晏子自言其所以設席之故，非有所請於公，公無爲諾之也。蓋「善」與「若」字相似，「善」誤爲「若」，後人因改爲「諾」耳。後第十四「善其衣服節儉」，今本「善」字亦誤作「若」。北堂書鈔服飾部二、藝文類聚服飾部上、御覽服用部十一引此並作「公曰善」。」純一：今據改。令人下席，曰：「大夫皆席，寡人亦席矣。」孫云：「說苑談叢篇用此文。」純一案：文見雜言篇，孫誤作談叢。

景公獵逢蛇虎以爲不祥晏子諫第十

景公出獵，上山見虎，下澤見蛇。歸，召晏子而問之，曰：「今日寡人出獵，上山則見虎，下澤則見蛇，殆所謂不祥也？」「也」讀爲「邪」。說苑謂下衍「之」字。書鈔百五十八引說苑無。晏子對曰：說苑無「對」字，書鈔引同。「國有三不祥，是不與焉。是，指見虎蛇言。夫有賢而不知，一不祥。今本說苑同此。書鈔引說苑有「也」字。下文同。知而不用，二不祥。用而不任，蘇云：「任，任以事也。」純一案：墨子尚賢中篇曰：「政令不斷，則民不畏也。故古聖王任之以事，斷予之令。」三不祥也。所謂不祥，乃若此者。說苑有「也」字。今上山見虎，虎之室也。下澤見蛇，蛇之穴也。孫云：「室、穴爲韻。」純一案：古音諧四卩引此。如虎之室，如蛇之穴，

而見之，蘇云：「『如』，猶『于』也。言于虎室蛇穴而見之也。莊子德充符篇：『申徒嘉謂子産曰：「先生之門，固有執政焉如此哉。」』言無執政于此者也。吕氏春秋愛士篇曰：『人之困窮，甚如饑寒。』言甚于饑寒也。史記汲黯傳曰：『丞相宏燕見，上或時不冠。至如黯見，上不冠不見也。』言至于黯見，則上必冠也。並『如』、『于』同之證。」**曷爲不祥也。」**孫云：「説苑君道篇用此文。」

景公爲臺成又欲爲鐘晏子諫第十一

景公爲臺，孫云：「意林作『作臺』。」**臺成，又欲爲鐘。**意林作「欲復作鐘」。蘇云：「舊刻『鐘』、『鍾』參錯。二字古本通用，據説文作『鐘』爲是。今一例从『鐘』。」**晏子諫曰：「君國者，不樂民之哀。**言爲一國之君者，當先民之憂而憂，後民之樂而樂，斷不可恣己之樂而遺民之哀，更不可斂民之哀而恣己之樂。説苑正諫篇無此八字。**君不勝欲，既築臺矣，今復爲鐘，**藝文類聚二十四引作「君今既已築臺矣，又斂於民而爲鐘」。説苑作「爲臺，今復欲爲鐘」。**是重斂于民，**孫云：「白帖作『又約民爲鐘』。」**民必哀矣。**類聚「民」上有「則」字。説苑「必」作「之」。夫民無欲殘其室家之生以奉暴上之僻者。今又爲鐘而重斂，是暴奪民衣食之財而殘其生，民不哀乎。**夫斂民之哀而以爲樂，**類聚作「斂民哀以爲樂，是謂拂人之性，菑必逮夫身」。**不祥，**孫云：「意林作『斂民作鐘，民必哀。斂哀以爲樂，不祥』。」

純一案：此墨家非樂之恉。非所以君國者。」類聚作「非所以君民也」。説苑無此句。公乃止。説苑「公」上有「景」字。孫云：「説苑正諫篇用此文。」

景公爲泰吕成將以燕饗晏子諫第十二舊脱「燕」字，據總目補。

景公爲泰吕成，舊本脱「爲」字，今據標題補。孫云：「吕氏春秋侈樂篇：『齊之衰也，作爲大吕。』高誘注：『大吕，陰律十二也。』」洪云：「吕氏春秋貴直篇：『無使齊之大吕陳之廷。』史記樂毅列傳『大吕陳於玄英』，索隱：『大吕，齊鐘名。』即景公所鑄。」謂晏子曰：「吾欲與夫子燕。」對曰：「未祀先君而以燕，非禮也。」公曰：「何以禮爲？」對曰：「夫禮者，民之紀，紀謂別理絲縷使不亂，喻彝倫攸叙也。紀亂則民失。紀亂則民無所託命。亂紀失民，危道也。」公曰：「善。」乃以祀焉。祀猶祭也。祭有四義：一，可以虚中致其誠敬。二，可以充不匱之孝思。三，可使境内之民莫不敬。四，當有大澤惠及於下。如此則私欲滅而德配先祖矣。此與外下九章旨有相同者。

景公爲履而〔一〕飾以金玉晏子諫第十三

景公爲履，孫詒讓云：「據下文云『魯工不知寒温之節、輕重之量，以害正生』，又云『令吏拘魯工』，則此當云『使魯工爲履』，今本蓋有挩文。」純一案：類聚八十三、八十四兩引均同此文。**黃金之綦，**孫云：「禮記内則『履著綦』，鄭氏注：『綦，履繫也。』」**飾以銀，**御覽六百九十七、書鈔百三十六引文並同。孫云：「『銀』，藝文類聚作『組』。」黃云：「『以銀』，孫頤谷云：『當依文選弔魏武帝文注作「以組」。』」蘇云：「作『組』于義較長。」**連以珠，良玉之絇，**「絇」從孫本。元刻作「朐」，非。御覽六百九十七作「絇」。孫云：「藝文類聚作『句』，通。禮記玉藻『童子不履絇』，鄭氏注：『絇，履頭飾也。』説文：『絇，纑繩約也，讀若鳩。』」**其長尺，冰月服之以聽朝。晏子朝，公迎之，履重，僅能舉足。**黃云：「御覽六百九十七作『不能舉之』。」純一案：御覽八百十作「僅能舉之」。「之」當爲「足」，艸書形近之誤。類聚八十四引作「足」。**問曰：「天寒乎？」晏子曰：「君奚問天之寒也？古聖人製衣服也，**孫云：「藝文類聚『古』作『古者』，『製』作『制』。」**冬輕而暖，**孫云：「『暖』，類聚作『煖』。」**夏輕而清。**

〔一〕「而」，原脱，據原目補。

「清」從孫本，元刻作「清」。孫云：「『清』非。説文：『清，寒也。』玉篇：『七性切。』」純一案：御覽四百九十三引作「古者聖人製衣服，冬輕而暖，夏輕而清」，「清」字誤。六百九十七引作「古之製衣服，冬輕而煖，夏重而清」，「重」字更誤。墨子辭過篇曰：「聖王爲衣服之法，冬則練帛之中，足以爲輕且煖；夏則絺綌之中，足以爲輕且清。」謹此則止，可爲此文之塙詁。今金玉之履，「金玉」，舊作「君」。王云：「『今君之履』，本作『今金玉之履』。上文云『景公爲履，黄金之綦，飾以銀，連以珠，良玉之絇，其長尺，冰月服之以聽朝』，故曰：『今金玉之履，冰月服之，是重寒也。』今本作『今君之履』，而無『金玉』二字，則與『重寒』之義了不相涉矣。藝文類聚寶部下、御覽人事部一百三十四、服章部十四引此並作『今金玉之履』。」純一案：今據改。冰月服之，是重寒也，御覽六百九十七作「是重而寒也」。履重不節，御覽四百九十三作「重不可節」。是過任也，失生之情矣。「生」，讀爲「性」。情，實也。故魯工不知寒温之節、輕重之量，以害正生，蘇云：「生，性也。『正生』猶言『常性』。」純一案：蘇説是。常性即真性，感於物而動，則害之矣。其罪一也。作服不常，以笑諸侯，蘇云：「言作不常之服，以爲笑于諸侯。」其罪二也。用財無功，蘇云：「言無功于國。」以怨百姓，厚費民財以府怨。其罪三也。請拘而使吏度之。」蘇云：「言審度其罪之輕重而置之罰。」公曰：「魯工苦，舊僅「公苦」二字。王云：「『公』下脱『曰』字。『苦』上亦有脱文，蓋謂魯工之爲此履甚苦也。下文『晏子曰：「苦身爲善者其賞厚，苦身爲非者其罪重」』，二

『苦』字正與此相應。今本『公苦』二字之間脱去數字，則文不成義。」純一案：王説是，今據補「曰魯工」三字。下文「請釋之」，「之」指魯工言。請釋之。」晏子曰：「不可。嬰聞之，苦身爲善者其賞厚，苦身爲非者其罪重。」公不對。晏子出，令吏拘魯工，令人送之境，孫云：「『境』當爲『竟』。」純一案：境，邊地。使不得入。孫云：「今本『使』作『吏』，非，以意改之。」公撤履，孫云：「『撤』，當爲『徹』。」不復服也。説文：「服，用也。」

景公欲以聖王之居服而致諸侯晏子諫第十四

景公問晏子曰：「吾欲服聖王之服，居聖王之室，孫云：「藝文類聚二『王』字皆作『人』。」純一案：類聚見卷六十四。如此則諸侯其至乎？」晏子對曰：太平御覽一百七十四引無「晏子」二字。「瀼其節儉則可，瀼其服、室，無益也。「室」上舊有「居其」二字。王云：「『居其』二字衍。上文以『居聖王之室』與『服聖王之服』對文，此文則以『法其服室』與『法其節儉』對文，不當有『居其』二字。御覽居處部二引無。」純一案：類聚亦無，今並據删。三王不同服而王，墨子公孟篇：「子墨子曰：『行不在服。』公孟子曰：『何以知其然也？』子墨子曰：『昔者，齊桓公高冠博帶，金劍木盾以治其國，其國治。昔者，晋文公大布之衣、牂羊之裘、韋以帶劍以治其國，其國治。昔者，楚莊王鮮冠組纓、絳衣博袍以治其國，其國治。昔者，越王句踐剪髮文身以治其國，其國治。此四君者，其服不同，其行猶一也。翟是以知行之不在服也。」可爲例證。**非以服致諸侯也，誠于愛民，果于行善，天下懷其德而歸其義，若其衣服節儉而衆説也。**王云：「『若』當爲『善』，字之誤也。『懷其德』、『歸其義』、『善其節儉』三者相對爲文，惟其善之，是以悦之。今本『善』誤作『若』，則義不可通。」劉云：「『若』當訓『善』。」**夫冠足以修敬，**論語堯曰篇云：「君子正其衣冠，尊其瞻視。」**不務其飾。衣足以掩形，**舊有「禦寒」二字，爲後人妄加。蓋「衣足以掩形」與「冠足以修敬」對文，不應有「禦寒」二字。意林引此正作「衣足以掩形，不務其美」。今據删。**不務其美。**論語泰伯篇曰：「禹惡衣服。」**衣無隅差之削，**舊作「衣不務于隅肶之削」。孫云：「淮南本經訓：『衣無隅差之削。』高誘注：『隅，角也。差，邪也。』古者質皆全幅，爲衣裳無有邪角。削，殺也。」盧校本從淮南作「隅差」。王云：「『肶』當爲『眦』，字之誤也。『眦』或作『眥』。淮南齊俗篇『衣不務于奇麗之容，隅眥之削〔一〕』是也。隅眦者，隅差也。隅，角也。差，邪也。幅之削者，必有隅差之形，故曰『衣不務于隅眦之削』，即淮南所云『衣無隅差之削』也。原道篇又云：『隅䁟智故，曲巧僞詐。』『隅䁟』即『隅差』，亦即『隅眦』也。凡字之從『此』、從『差』者，聲相近而字亦相通。鄘風『玼兮玼兮』，沈重云：『玼本或作瑳。』小雅『屢舞傞傞』，説文引作『姕姕』。月令『掩骼埋胔』，呂氏春秋孟春篇

〔一〕「削」，原作「制」，形近而誤，據淮南子改。

「胔」作「髊」。皆其例也。」蘇云：「王說是。淮南『隅睉智故』之『隅』字或作『偶』。衣邪謂之隅差，人邪謂之偶睉，聲義並近矣。」純一案：此文當依淮南作「衣無隅差之削」，與下句爲儷文。今涉上文作「不務」，又加「于」字，奪「無」字，句法遂不類，兹據本經訓訂正。**冠無觚贏之理，**「贏」，舊作「羸」，今從淮南本經訓武進莊氏校本改。孫云：「高誘注：『觚贏之理，謂若馬目籠相闌干也。言「無」者，冠文取平直而已也。』『贏』讀『指端贏文』之『贏』。星衍謂：觚，方文。贏，圓文也。」**身服不雜綵，首服不鏤刻。且古者嘗有紩衣攣領而王天下者，**孫云：「說文：『紩，縫也。攣，係也。』」盧云：「攣領即卷領，亦云句領。淮南子氾論訓：『古有鍪而綣領以王天下者矣。』荀子哀公篇楊注引尚書大傳『古之人，衣上有冒而句領者』，注云：『古之人，三皇時也。句領，繞頸也。』」蘇云：「易『有孚攣如』，馬注：『攣，連也。』連亦係意，與說文合。」純一案：「紩衣」上據上下文審校當有「服」字。**其政好生而惡殺，節上而羡下，**「政」，舊作「義」。蘇云：「『其義』疑當爲『其政』，今作『義』者，蓋緣下『其義』譌也。『好生惡殺，節上羡下』，言爲政之實，若云『其義』，便不可通。荀子哀公篇：『古之王者，有務而拘領者矣，其政好生而惡殺焉。』恉正同此，亦『義』爲『政』誤之證矣。」純一：今據蘇校改。**天下不朝其服而共歸其義。**淮南子氾論訓曰：「天下不非其服，同懷其德。」**古者嘗有處橧巢窟穴而王天下者，**舊脱「而王天下者」五字。孫云：「『橧』當爲『竲』，說文：『北地高樓無屋者。』太平御覽作『層』。明俗从『木』。初學記、太平御覽『窟穴』下有『王天下者』四字，疑今本脱之。」純一：今從孫校據御覽七十六補「而王天下者」五字，與上文一律。其政二字據上文增。而不惡，孫云：「此當作『好而不惡』。」純一案：「而」上疑脱「愛」字。淮南子氾論訓曰：「其德生而不辱。」高誘注：「刑措不用也。」此與彼義相近。下文「天下共歸其仁」，以其愛之利之故。予而不取，淮南子氾論訓作「予而不奪」，高注：「予，予民財也。不奪，無所徵求於民也。」天下不朝其室而共歸其仁。淮南子氾論訓曰：「法制禮義〔一〕者，治人之具也，而非所以爲治也。故仁以爲經，義以爲紀，此萬世不更者也。」及三代作服，爲益敬也。孫云：「一本作『益〔二〕益』，非。」首服足以修敬而不重也，身服足以行潔而不害于動作。孫云：「『潔』當爲『絜』。」純一案：聖王之衣冠，資莊嚴而已。服之輕重便于身，不爲物役。用財之費順于民。賦斂極薄，恐違民心。其不爲橧巢者，以避風也。其不爲窟穴者，「窟」字舊脱，據上文補。以避溼也。是故明堂之制，孫云：「高誘注淮南云：『明堂，王者布政之堂，上圓下方，堂四出，各有左右房，謂之个，凡十二所。王者月居其房，告朔朝曆，頒宣其令，謂之明堂。其中可以序昭穆，謂之太廟。其上可以望氛祥，書雲物，謂之靈臺。其外圓

〔一〕「義」，原作「儀」，據淮南子改。
〔二〕「益」，原作「蓋」，據音義改。

似璧，謂之辟雍。諸侯之制，半天子之宮。』」下之潤溼孫云：「『溼』，淮南作『濕』。」黄云：「續漢書祭祀志中注引作『下之温溼』。」純一案：文選魏都賦注引作「下之濕潤」。不能及也，上之寒暑不能入也。孫云：「及、入爲韻。」土事不文，木事不鏤，孫云：「淮南本經訓：『古者明堂之制，下之潤溼弗能及，上之霧露弗能入，四方之風弗能襲，土事不文，木工不斲，金器不鏤。』用此文而增『金器不鏤』，謬也。明堂之上尚質，安有金器？以此知晏子書之是。」黄云：「『木事』，續漢書注引作『木工』，與淮南本經訓合。」純一案：意林、御覽五百三十三、文選羽獵賦注、長楊賦注並引作「土事不文，木事不鏤」。示民知節也。「知」從孫校本。元刻作「之」。孫云：「劉昭注續漢志、文選注、白帖、太平御覽皆作『知』。今本作『之』，非。」意林作『足以示民也』。」及其衰也，衣服之侈過足以敬，蘇云：「上言『作服爲益敬』，侈過于修敬之具，極奢靡也。」宮室之美過避潤溼，言宮室所以避潤溼，若足以避潤溼而過于華美，非聖王之制也。墨子辭過篇曰：「聖王作爲宮室之法曰：『室高足以辟潤溼，邊足以圉風寒，上足以待雪霜雨露，謹此則止。凡費財勞力，不加利者，不爲也。』」用力甚多，用財甚費，與民爲讎。言勞苦民力，苛斂民財，無異與民爲讎。今君欲灋聖王之服室，「室」字舊脱，據上文補。不灋其制。「制」字譌，當作「節儉」。上文「法其節儉則可，法其服室無益」，對文可證。「節儉」二字，蓋總上文「修敬」、「行潔」、「避風溼」、「不文」、「不鏤」、「示民知節」言。「不法其節儉」，並爲下文「窮臺榭之高，極汙池之深而不止，務于刻鏤之巧、文章之觀而不厭」張本。下句「法其節儉也」，即承此反展以爲言。今本「節儉」誤作「制」，與上下文義俱不協。**灋其節儉也，則雖未成治，庶其有益也。今君窮臺榭之高、**孫云：「『榭』當爲『謝』，見荀子。古彝器銘以『宣射』爲『宣榭』。」蘇云：「孫説是。説文無『榭』字。」純一案：「榭」，正字。「謝」，叚音字。墨子七患篇：「生時治臺榭。」本書「臺榭」皆作「榭」。爾雅釋宮：「闍謂之臺，有木者謂之榭。」又：「無室曰榭。」古非無「榭」字，説文漏耳。別雅四云：「荀子王霸篇『臺謝甚高』，注：『謝與榭同。』」左傳襄三十一年「無觀臺榭」，釋文：「『榭』，本又作『謝』。」皆以「謝」音同「榭」通用也。**極汙池之深而不止，**孫云：「説文：『小池爲汙。』」**務于刻鏤之巧、文章之觀而不厭，則亦與民爲讎矣。**「爲」，舊譌「而」。王云：「『而』，本作『爲』，此草書之誤也。『亦』字正承上文『與民爲讎』而言。」純一：今據正。**若臣之慮，恐國之危而公不平也。**孫云：「體不平安。」**公乃願致諸侯，不亦難乎！公之言過矣。」**

景公自矜冠裳遊處之貴晏子諫第十五

景公爲西曲潢，孫云：「説文：『潢，積水池。』」北堂書鈔百二十九引「曲」上無「西」字，「其深」上有「使」字。**其深滅軌，**蘇云：「滅者，没也。軌，車轊頭也。言轊頭没入水中也。」**高三仞，橫木龍**

蛇，立木鳥獸。蘇云：「立木，直木也。」公衣黼黻之衣，孫云：「考工記：『白與黑謂之黼，黑與青謂之黻。』」素繡之裳，孫云：「説文：『素，白緻〔一〕繒也。』考工記：『五采備謂之繡。』」純一案：御覽六百九十六作「衣縠繡之裳」。書鈔「繡」作「綉」。一衣而五采具焉。「采」，元刻作「彩」，孫本作「綵」。孫云：「『綵』與『彩』皆當作『采』。」純一案：御覽、書鈔並作「采」，今據正。下同。帶球玉而冠且，「且」，盧校作「貝」。俞云：「『且』當作『組』。説文糸部：『組，綬屬。其小者以爲冕纓。』」純一案：俞説是。「球」疑「珠」之譌。下同。被髮亂首，南面而立，傲然。自矜皃。晏子見，公曰：「昔仲父之霸何如？」晏子抑首而不對。抑首，俯首也。公又曰：「昔仲父之霸何如？」「仲父」，舊作「管文仲」。孫云：「『文』疑『敬』字之壞也。」純一案：孫説非。據「公又曰」三字審校，此文本作「昔仲父之霸何如」，了無疑義。今本「父」譌「文」，倒置「仲」上，後人又增一「管」字，遂與「又曰」之義不合。今改。晏子對曰：「臣聞之，維翟人與龍蛇比，孫云：「言在水鄉，與龍蛇爲伍。史記吴世家：『太伯文身。』集解應劭曰：『常在水中，文其身以象龍子，故不見傷害。』」今君橫木龍蛇，立木鳥獸，亦室一就矣，五字不成文，當作「一室亦就矣」。説文：「就，高也。从京从尤。」言今以龍蛇鳥獸聚於一室，亦甚高矣，

〔一〕「緻」，原作「致」，據説文改。

何暇言霸。何暇在霸哉。且公伐宮室之美，矜衣服之麗，一衣而五采具焉。帶球玉而冠且，二字舊脱，據上文增。被髮亂首，舊作「亂首被髮」，據上文乙。亦室一容矣。五字義不可通，疑當作「一室亦容矣」。説文：「容，盛也。」增韻：「盛，大也。」言在一室之內，亦足以自大矣。萬乘之君，而壹心于邪，孫云：「『壹心』，一本作『一心』，非。」君之魂魄亡矣，言迷失正道，似乎君之魂魄亡矣。以誰與圖霸哉。」公下堂就晏子曰：「梁丘據、裔款以室之成告寡人，是以竊襲此服，竊，私也。襲，服也。與據、款爲笑，「款」字舊脱，案上言「梁丘據、裔款」，下言「夫二子營君以邪，公何不去二子」，此不應獨言「據」，今校補。笑，喜弄也。一切經音義二十五引蒼頡。又使夫子及寡人。七字文不成義，疑當作「乃使夫子責及寡人」。諫上十八章有「夫子一日而三責我」之文，今本「乃」譌「又」，又脱「責」字也。請改室易服而敬聽命，其可乎？」晏子曰：「夫二子營君以邪，孫云：「説文：『䁝，惑也。』」「營」與「䁝」聲相近。公安得知道哉？且伐木不自其根則蘖又生也，「蘖」從黄校。元刻作「孽」，非。孫本作「孽」。公何不去二子者，毋使耳目淫焉。」淫，惑亂也。言毋使耳目惑于二子而亂其心也。

景公爲〔一〕巨冠長衣以聽朝晏子諫第十六

景公爲巨冠長衣以聽朝，孫云：「『公爲』，太平御覽作『公日爲』。」純一案：鮑刻御覽四百五十六、又六百八十四引並無「日」字，與此同。疾視矜立，此四字，御覽四百五十六省。日晏不罷。晏子進曰：「聖人之服，中侻而不駔，孫云：「淮南本經訓：『其行侻而順情。』高誘注：『侻，簡易也。』」孫詒讓云：「駔者，䰉之借字。說文黹部云：『䰉，合五采鮮色。詩曰：「衣裳䰉䰉〔二〕。」』故下文云：『今君之服，駔華不可導衆。』『中侻』正與『駔華』相反。」可以導衆。其動作侻順而不逆，「侻」，疑涉上「中侻」而誤，字本作「克」。詩皇矣：「克順克比。」「克順」正與「中侻」對。可以奉生。奉，養也。是以下皆灋其服，而民爭學其容。容，威儀也。禮記雜記「容〔三〕稱其服」注。今君之服駔華，不可以導衆。舊衍「民」字，從盧校刪。疾視矜立，不可以奉生。勞形虧神，有害正生。日晏矣，君不若脱服就燕。」御覽四百五十六作「君脱服就晏」。公曰：御覽有「諾」字。「寡人受

〔一〕「爲」，原脱，據原目及正文補。
〔二〕「䰉䰉」，原作「楚楚」，據說文及上下文意改。
〔三〕「容」，原作「戚」，據禮記改。

命。」「命」，御覽作「令」。退朝，遂去衣冠，不復服。御覽有「也」字。

景公朝居嚴下不言晏子諫第十七

晏子朝，說苑正諫篇無「朝」字。御覽四百五十五引說苑同。復于景公曰：「朝居嚴乎？」孫云：「詩傳：『嚴，威嚴也。』」公曰：「朝居嚴，舊作「嚴居朝」。王云：「此本作『朝居嚴』，寫者誤倒之耳。上下文皆作『朝居嚴』，此文不當獨異。說苑正諫篇正作『朝居嚴』。」純一：今據正。則曷害于治國家哉？」御覽無「家」字。晏子對曰：「朝居嚴則下無言，下無言則上無聞矣。下無言則吾謂之瘖，孫云：「『瘖』，說苑作『喑』。」盧云：「說苑正諫篇無『吾』字。下並同。」上無聞則吾謂之聾。子華子：「晏子問黨篇云：『下無言謂之喑，上無聞謂之聾。聾喑之朝，上有放志而下多忌諱，齊之謂也。』」聾瘖，非害治國家如何也。舊作「非害國家而如何也」。俞云：「『害』下奪『治』字，『家』下衍『而』字。晏子原文本作『非害治國家如何也』。古『而』、『如』通用，『如何』即『而何』。上文『公曰：則曷害于治國家哉』，故晏子言『非害治國家如何也』，明其與治國家有害也。今奪『治』字，則與上語不應，又衍『而』字，則文義複矣，皆由後人臆改。說苑正諫篇作『聾喑則非害治國家如何也』，當據以訂正。」純一：今從之。御覽無「也」字。墨子親上篇曰：「臣下重其爵位而不言，近臣則喑，遠臣則唫，善議障塞，則國危矣。」大旨同。且合升鼓之微以滿倉廩，「鼓」從元刻。孫本作「斗」。音義作「鼓」，云：「一本作「斗」，蓋『鼓』字之誤。鼓亦量名。『升鼓』，說苑作『菽粟』。白帖引作『升斗』。」黃云：「淩本同元刻。」合疏縷之緯以成幃幕。「緯」從說苑。元刻、孫本並作「綈」。孫云：「說苑作『緯』，是。『綈』形近『緯』，故譌。」「幃幕」從孫本。說苑同。盧校作「帷幕」。元刻作「帡幕」，非。太山之高，非一石也，累卑然後高。說苑有「也」字，御覽同，「太山」作「且泰山」。夫治天下者，非用一士之言也，元刻脫「治天」二字，孫本脫「夫治」二字，今從盧校據說苑補。御覽引說苑同。固有受而不用，惡有拒而不受者哉。」「拒而不受」，說苑作「距而不入」。孫云：「說苑正諫篇用此文。」

景公登路寢臺不終不說晏子諫第十八

景公登路寢之臺，不能終而息乎陛，忿然而作色，不說，曰：「孰爲高臺，病人之甚也。」晏子曰：「君欲節于身而勿高，使人高之而勿罪也。王云：「兩『而』字並與『則』同義。『而』與『則』同義，故二字可以互用。雜上篇曰：『君子有力于民，則進爵禄不辭貴富。無力于民，而旅食不惡貧賤。』雜下篇曰：『德厚而受禄，德薄則辭禄。』『而』亦『則』也。詳見釋詞。」今高從之以罪，卑亦從之以罪，「之」字據上句增，文同一例。敢問，使人如此，可乎？古者之爲宮室也，足以便乎生，「乎」，元刻在「足」下。孫本無。蘇云：「『乎』字衍。」純一案：「乎」字非衍，當在「便」字下，今誤倒著「以」上，校乙。不以爲奢侈也，禹卑宮室。故節于身，謂于民。洪云：「爾雅釋詁：『謂，勤也。』」黄、蘇説同。純一案：墨子辭過篇：「是故聖王作爲宮室便於生，不以爲觀樂也，故節于身，誨于民。」誨，謂義近。書大禹謨曰：「克勤于邦，克儉于家。」此「節于身」即「儉于家」，「謂于民」即「勤于邦」，蓋禹法也。及夏之衰也，其王桀背棄德行，作爲璿室、玉門。舊無「作」字。王云：「『爲』上有『作』字，與下『作爲傾宮、靈臺』對文，而今本脱之。文選甘泉賦注引有。」純一：今據補。黄云：「孫頤谷云：『當依文選注作「作爲璇室玉門」。』」殷之衰也，其王紂作爲傾宮、靈臺。「傾」從元刻，孫本作「頃」。孫云：「劉淵林注吳都賦：『汲郡地中古文冊書曰：「桀築傾宮，飾瑶臺。紂作瓊室，立玉門。」』文與此互異。淮南本經訓：『帝有桀、紂，爲璇室瑶臺。』」純一案：太平御覽八十二引尸子作「桀爲璇室瑶臺」。文選甘泉賦注引本書作「夏之衰也，其王桀作爲琁室。殷之衰也，其王紂作爲傾宮」。卑狹者有罪，「狹」，當爲「陜」。高大者有賞，是以身及焉。孫云：「及于難也。」今君高亦有罪，卑亦有罪，甚于夏、殷之王。民力殫乏矣，殫，盡也。「乏」字疑衍。而不免于罪，嬰恐國之流失，而公不得享也。」俞云：「『流失』義不可通。問上七章曰：『臣恐國之危失而公不得享也。』疑此文『流』字亦

「危」字之誤。」純一案：俞説是。公曰：「善。寡人自知誠費財勞民以爲無功，又從而怨之，是寡人之罪也。非夫子之教，豈得守社稷哉。」遂下，再拜，不果登臺。

景公登路寢臺望國而歎晏子諫第十九

景公與晏子登路寢之臺而望國，「路寢之臺」，舊止作「寢」。俞云：「寢非可登之地。此本作『景公與晏子登路寢之臺而望國』，傳寫奪之耳。上章『景公登路寢之臺』，下章『景公成路寢之臺』，三章皆一時之事。」純一案：俞説是，今從之。公愀然而歎孫云：「『愀』，『愁』字異文。」曰：「使後嗣世世有此，「世世」，御覽四百九十二作「代代」，蓋唐人避諱改。豈不可哉。」晏子曰：「臣聞明君必務正其治，以事利民，然後子孫享之。言明德之君必正其心以正天下，事以樂利於民爲事，然後可永錫祚胤。詩云：『武王豈不事，貽厥孫謀，以燕翼子。』孫云：「大雅文王有聲之詩，『事』作『仕』，『貽』作『詒』。毛傳：『仕，事。』二字通也。『貽』，俗字，當爲『詒』。」今君處佚怠，不勤於正心修身。逆政害民有日矣，例如諫上十六章「臨民若寇讎」、前第一章「藉重而獄多」是。而猶出若言，蘇云：「『若』猶『此』也。」不亦甚乎。」甚，言其迷惑也。公曰：「然則後世孰將把齊國？」把，握也，執處也。對曰：「服牛死，孫云：「服牛，服駕之牛。」夫婦哭，「哭」，元刻、孫本並譌「笑」。盧云：「御覽作『夫婦共哭』。牛死則失其利，故哭。」俞云：「『哭』字是，『笑』字誤也。言服牛于人，非有骨肉之親，然死而哭之者，爲其有利于己也。左傳載晏子之言曰：『陳氏之德，民歌舞之矣。』即此意也。」蘇從盧、俞校正。非骨肉之親也，爲其利之大也。蘇云：「此言平日服駕之利大耳。本無骨肉之親而哭者，爲生原于我有大利也。」欲知把齊國者，則其利之者邪？」言唯利于齊民者能把齊國。公曰：「然何以易之？」「之」字舊脱。王云：「『易』下當有『之』字。下文晏子對曰『移之以善政』，『移之』即『易之』。」純一：今據補。以意審校，「然」下當有「則」字，蓋承上文「然則後世孰將把齊國」作轉，文同一例。對曰：「移之以善政。唯善政可得民心而轉移之。今公之牛馬老于闌牢，舊「闌」作「欄」。孫云：「『欄』當爲『闌』。玉篇：『欄，木欄也。力寒切。』」純一案：御覽八百九十九引作「牛老于闌牢」，「牢」譌「罕」。無「馬」字，是。蓋「牛老」與「車蠹」對文。不勝服也。服，駕也。車蠹于巨户，多藏而不用故。不勝乘也。衣裘襦袴，孫云：「説文：『襦，短衣也。一曰㬎衣。』玉篇：『人朱切。』『袴』當爲『絝』，説文：『脛衣也。』玉篇：『袴，口護切。亦作絝。』」朽弊于藏，孫云：「當爲『臧』。」不勝衣也。醯醢腐，下文皆四字句，二實字二虚字，此疑脱一「臭」字。不勝沽也。酒醴酸酢，「酢」字舊脱，盧據御覽補。純一案：御覽見四百九十二。不勝飲也。菽粟鬱積，舊「菽」譌「府」，「積」譌「而」，盧據御覽正。不勝食也。「也」字舊脱，盧據御覽補。又厚藉斂于百姓，而不以分餒民。盧云：「『餒』，御覽『餧』，乃本字。『民』，御覽作『人也』，下有『欲代之延，不亦難乎』，無『夫藏財』以下語。案御覽似依唐本。」蘇云：「『世』作『代』，『民』作『人』，似避太宗諱，故云唐本。」夫藏財而不用，凶也。墨子魯問篇曰：「多財而不以分貧，不祥也。」義同。財苟失守，下，其報環至。「失」疑「矢」之形誤。下同。爾雅釋言：「矢，誓也。」言財以分貧爲得，苟矢守之，其策爲最下，恐民之報怨者環繞而至矣。其次，昧財之失守，委而不以分人者，百姓必進自分也。其次，與墨子耕柱篇「其次不君子者」語意同。委，積也。「進」下當有「而」字。言其次昧于財之不當守，矢守而不悟，終於委積而不以分人者，百姓必進而自分也。故君人者，與其請于人，不如請于己也。」請，求也。延世之權，非操于人，惟在求之于己，正其治以利民耳。此與問上八章後段、問下十七章、外上十章、又十五章宜參證。

景公路寢臺成逢于何願合葬晏子諫而許第二十

景公成路寢之臺，逢于何遭喪，孫云：「姓逢，名于何。古人有逢蒙。」遇晏子于途，北堂書鈔九十二作「逢于何遭晏子」。再拜乎馬前。晏子下車挹之，曰：蘇云：「『挹』與『揖』通。荀子議兵篇『拱挹指麾』，富國篇云『拱揖指揮』，宥坐篇『挹而損之』，淮南道應篇『挹』作『揖』，並其證。」純一案：別雅五云：「下車挹之。」即揖之也。「挹」與「揖」同。王禹偁竹樓記「遠吞山光，平挹江瀨」，亦以「揖」爲「挹」，是二字固通用。「子何以命嬰也？」對曰：「于何之母死，兆在路寢之臺墉下，「墉」，元刻、孫本並譌「牖」。江南圖書館藏明活字本作「牗」，羣書治要及書鈔引同。音義作「牗」，注云：「『牖』當爲『墉』。詩傳：『墉，牆也。』集韻或作『牗』，玉篇猶無『牗』字。」王云：「『牖』，俗『墉』字。謂兆在路寢臺之牆下也。或作『牖』，非。」黄校同。純一：並據孫、王校正。願請合骨。」舊「請」下衍「命」字。蘇云：「治要無。」純一案：書鈔及御覽五百五十五引並無，今據删。盧校同。孫云：「請與其父合葬也。」晏子曰：「嘻，難哉！孫云：「『嘻』，『譆』省文。」蘇云：「治要『哉』作『矣』。」雖然，嬰將爲子復之。適爲不得，言或不得其請。子將若何？」對曰：「夫君子則有以，孫云：「『則有以』句。」純一案：君子，敬重晏子之稱。以，猶爲也。如我者儕小人，盧云：「文有脱誤。」純一案：「者」字當在「人」下。疑脱「如之何」句，與上文「適爲不得，子將若何」相應。下文「當如之何」，宜從王校作「當墉下」。「如之何」三字由此錯置。吾將左手擁格，右手梱心，盧云：「『梱』，當爲『捆』，叩椓也。」王云：「『格』即『輅』字，謂柩車轅上横木，所以屬引者也。士喪禮下篇『賓奉幣當前輅』，釋文：『輅音路。』鄭注曰：『輅，轅縛，所以屬引。』疏曰：『謂以木縛于柩車轅上，以屬引于上而輓之。』外上篇：『盆成适請合葬其母曰：「若此而不得，則臣請輓尸車而寄之于國門外宇溜之下，身不敢飲食，擁轅執輅，木乾鳥棲，袒肉暴骸，以望君愍之。」』輅爲轅縛，故云『擁轅執輅』。作『格』者，借字耳。盧以『梱』爲叩椓，是也。孟子滕文公篇『捆屨織席』，趙注曰：『捆猶叩椓也。』說文繫傳曰：『謂織屨畢，以椎叩之使平易也。』然則『梱心』云者，猶禮言『拊心』耳。」蘇云：「王説是。」立餓枯槁而死，望君愍之。以告四方之士曰：『于何不能葬其母者也。』」不敢直言君之非，得詩人温柔敦厚之旨。晏子曰：「諾。」遂入見公，曰：孫云：「『見』，御覽作『白』。」「有逢于何者，母死，兆在路寢當墉下，「墉下」，舊作「如之何」。王云：「本作『當墉下』，上文『逢于何曰：「于何之母死，兆在路寢之臺墉下，願請合骨」』，故晏子如其言以入告也。下文『逢于何遂葬其母于路寢之臺牖下』，即承此文言之。今本作『當如之何』，則與上下文全不相應。且不言兆在牖下，而但謂合葬，則不知合葬于何所矣。羣書治要正作『當牖下』。」純一：今據改。願請合骨。」公作色不説，治要作「悦」。曰：「自古及今，「自古」，舊作「古之」。王云：「『古之及今』本作『自古及今』，下文梁丘據亦曰：『自古及今，未嘗聞求葬公宮者也。』今作『古之及今』，則文不成義，蓋涉下文『古之人君』而誤。羣書治要及北堂書鈔禮儀部十三、太平御覽禮儀部三十四並引作『自古及今』。」純一：今據改。子亦嘗聞請合葬人主之宮者乎？」舊脱「合」字，盧據北堂書鈔九十二補。晏子對曰：「古之人君，其宮室節，蘇云：「治要『其』上有『治』字。」不侵生人之居，孫云：「『侵』，御覽作『奪』。『人』，舊作『民』。」王云：「『生民』本作『生人』，『民』與『人』雖同義，然與『死人』對文，則當言『生人』，不當言『生民』也。治要、御覽並作『生人』。下文『奪人之居，殘人之墓』，亦以兩『人』字對文。」純一：今據改。其臺榭儉，「其」字舊脱，從蘇校據治要補。不殘死人之墓，故未嘗聞請葬人主之宫者也。「請」上舊衍「諸」字。盧云：「北堂書鈔無。」純一案：治要、御覽並無，今據删。今君侈爲宫室，奪人之居，廣爲臺榭，殘人之墓，是生者愁憂不得安處，「是」下疑脱「以」字。蘇云：「治要『安』作『驩』。」死者離易不得合骨。蘇云：「治要『易』作『析』。」豐樂侈遊，兼傲生死，蘇云：「治要作『死生』。」非仁君之行也。「仁」，舊作「人」。蘇云：「『人君』，治要作『仁人』。」純一案：「君」字不誤。「人」，今從治要作「仁」。遂欲滿求，不顧細民，非存之道也。「也」字舊脱，據治要補。「非存之道也」，語意不完，「存」上疑當有「圖」字，與上文「非仁君之行也」句法一律。且嬰聞之，生者不得安，蘇云：「治要無『得』字。下同。」純一案：書鈔同。命之曰蓄憂；蘇云：「命，名也。」死者不得葬，命之曰蓄哀。書鈔有「也」字。蓄憂者怨，蓄哀者危，君不如許之。」書鈔無「君」字。公曰：「諾。」晏子出，梁丘據曰：「自古及今，「古」，舊作「昔」，從蘇校據治要改，與上文一律。未嘗聞求葬公宫者也，若何許之？」公曰：「削人之居，殘人之墓，淩人之喪而禁其葬，是于生者無施，元刻脱「無」字。于死者無禮也。「也」字舊脱，從蘇校據治要補。

詩云：蘇云：「治要作『且詩曰』。」**『穀則異室，死則同穴。』**孫云：「王風大車之詩。」純一案：毛傳：「穀，生也。」**吾敢不許乎。」逢于何遂葬其母于路寢之臺墉下，**舊脱「于」字、「臺」字。「墉」譌「牖」。盧云：「北堂書鈔『母』下有『于』字，『之』下有『臺』字。」又云：「『牖』譌，改作『墉』。」蘇云：「治要亦有『臺』字。『牖』作『墉』。」純一案：御覽亦有「臺」字，今並據補正。**解衰去絰，**「衰」同「縗」，喪服也。生麻布製，旁及下邊不緝者，謂之斬衰。熟麻布製，緝旁及下邊者，謂之齊衰。此當是斬衰。絰，喪服所用麻帶，束腰者也。逢于何既葬其母，故解衰去絰也。**布衣縢履，**孫云：「玉篇：『縢，繩也，約也。』達會切。」**玄冠茈武，**孫云：「説文：『茈，草也。』禮記玉藻：『縞冠玄武。』鄭氏注：『武，冠卷也。』」盧云：「茈、紫同。」洪云：「玉藻：『縞冠素紕。』鄭注：『紕，既祥之冠也。』『茈』當作『芘』，與『紕』字通用。」蘇云：「洪説是。治要作『布衣玄冠』，無『縢履』、『茈武』四字。」**踊而不哭，**「跳躍爲踊」，禮記檀弓下「辟踊，哀之至也」疏。**躃而不拜，**孫云：「『躃』當爲『壁』。」純一案：「躃」，疑當爲「擗」，形近而誤。孝經喪親章「擗踊哭泣」，注：「擗，拊心也。拊，擊也，拍也。」**已乃涕洟而去。**蘇云：「治要有『之』字。」

景公嬖妾死守之三日不斂晏子諫第二十一

景公之嬖妾嬰子死，意林作「景公嬖妾死，名曰嬰子」。**公守之，三日不食，膚著于席而**

不去。「而」字舊脱，據意林補。左右以復，而君無聽焉。左右有所白，而君若無聞焉。晏子入，復曰：御覽三百九十五引無「復」字。「有術客與醫俱言曰：『聞嬰子病死，孫云：「術客，客有術者。『聞嬰子病死』，御覽作『能生死者聞嬰子疾』。」願請治之。』」御覽無「願」字。公喜，遽起，御覽無「遽」字。曰：「病猶可爲乎？」御覽「乎」下有「哉」字。晏子曰：「客之道也，孫云：「『道』，御覽作『通』。道亦通也。」以爲良醫也，請嘗試之。君請屏潔，沐浴飲食。孫云：「『君請』，御覽作『使君』。」純一案：御覽無「屏」字。屏潔者，屏除不潔而省言之。閒病者之宮，閒，隔也，使遠離也。彼亦將有鬼神之事焉。」自「左右」至此，意林省作「晏子曰：『外有良醫，將作鬼神之事』」。公曰：「諾。」孫云：「意林作『公信之』。」屏而沐浴。晏子令棺人入斂，已斂而復曰：御覽作「晏子令焙人斂之而復曰」。「醫不能治病，已斂矣，御覽「已」作「也」。不敢不以聞。」公作色不説，曰：「夫子以醫命寡人而不使視，將斂而不以聞，自「夫子」至此，御覽略。吾之爲君，名而已矣。」御覽作「吾爲君給而已矣」，無「晏子曰」以下語。晏子曰：「君獨不知死者之不可以生邪？孫云：「意林作『晏子令棺人斂死者，公大怒。晏子曰：「已死不復生。」公乃止』。」嬰聞之，君正臣從謂之順，君僻臣從謂之逆。二句已見諫上七章。今君不道順而行僻，從邪〔一〕者邇，導害者遠，王云：「『導害』二字義不可通。『導害』當爲『道善』，字之誤也。道亦從也，見禮器注。『道善』與『從邪』正相反。下文『讒諛萌通』，言從邪者邇也。『賢良廢滅』，言道善者遠也。」劉云：「王讀『導』爲『道』，是也。惟『害』字不必改作『善』。『道害』者，即匡君之失、指陳弊政之謂也。此指犯顏敢諫之臣言，如祖伊以戡黎告紂是也。」讒諛萌通而賢良廢滅，是以諂諛繁于閒，王云：「『閒』字義不可通，當是『閭』字之誤。閭，謂宮門也。月令：『命奄尹申宮令，審門閭。』成二年公羊傳『二大夫出，相與踦閭而語』，何注：『閭，當道門。』『諂諛繁于閭』，謂門内皆諂諛之人也。『繁于閭』與『處于國』對文。」俞云：「王云『閒』字不可通，疑『閭』字之誤。然閭，里門也，諂諛之言豈在里門乎？此『閒』字本不誤，王氏特以『閒』字與『國』字虛實不倫，故疑其誤耳。問上篇曰：『嗜欲備于側，毁非滿于國。』彼以『側』與『國』對文，則此以『閒』與『國』對文亦何不可，而必改其字乎？」純一案：「閒」字欠妥，疑亦「側」字之誤。邪行交于國也。昔吾先君桓公用管仲而霸，嬖乎豎刁而滅。今君薄于賢人之禮，而厚嬖妾之哀。薄所當厚，厚所當薄。且古聖王畜私不傷行，墨子辭過篇：「雖上世至聖必蓄私，不以傷行。」蓋古有是語。斂死不失愛，死即畢斂，不以親而過愛。送死不失哀。不以送死而失之過哀。行傷則溺己，黄云：「『傷』，元刻作『蕩』，誤。」純一案：溺己，謂溺于私欲，不克自拔。愛

〔一〕「邪」，原作「逆」，據四部叢刊本晏子春秋改。

失則傷生，愛情失之太過，適以戕賊生理。哀失則害性。黄云：「元刻脱『哀』字。」純一案：顧校本元刻有「哀」字。孝經喪親章：「無以死傷生，毁不滅性。」是故聖王節之也，節之義取乎竹，有節則無過與不及之差。死即畢斂，舊脱「死」字，語意不完，從王校補。蓋承上文「斂死」而言。不以留生事，「以」字舊脱，據下二句補，文同一例。「留」字義不可通，疑本作「害」。不以害生事，言不以死人久不棺斂妨害生人之事。下文「不以害生養」、「不以害生道」可證。今作「留」者，蓋涉下「朽尸以留生」而誤。棺槨衣衾，不以害生養，不以棺槨衣衾之費害生人衣食之奉。哭泣處哀，不以害生道。不可過哀以滅性，此墨家節葬之指。今朽尸以留生，今以朽尸稽留之，望其復生。廣愛以傷行，廣行私暱之愛以傷德行。循哀以害性，「循」，舊譌「脩」。王云：「『脩』字于義無取，當爲『循』字之誤。循之言遂也。遂哀，謂哀而不止也。喪服四制曰：『毁不滅性。』故曰『循哀則害性』。墨子非儒篇曰：『宗喪循哀，不可使慈民。』此『循哀』二字之證。『循』、『遂』一聲之轉。史記孔子世家及孔叢子詰墨篇皆作『崇喪遂哀』，是『循哀』即『遂哀』也。」純一：今據正。君之失矣。失，過誤也。故諸侯之賓客此與「本朝之臣」對文，「客」字涉下文而衍，當删。慙入吾國，君不道順而行僻，邪行交于國故。本朝之臣慙守其職，從邪者邇，道害者遠故。崇君之行邪僻。不可以導民，從君之欲害理。不可以持國。且嬰聞之，朽而不斂謂之僇尸，猶陳尸爲戮。臭而不收謂之陳胔。收，猶斂也。胔，腐肉也。孫云：

「『臭』，『殠』省文。説文：『殠，腐气也。』」反明王之性，反乎聖王遠邪崇正之性。行百姓之誹，不畏百姓之非議而妄行。而内嬖妾于僇胔，蘇云：「『内』同『納』。」此之爲不可。」公曰：「寡人不識，請因夫子而爲之。」晏子復曰：黄云：「元刻脱『曰』字。」「國之士大夫、諸侯四鄰賓客皆在外，君其哭而節之。」疑此當有「公從之」句，而今本脱之，文義不完。仲尼聞之曰：「星之昭昭，不若月之曀曀。孫云：「『若月』，意林作『若日月』。詩『曀曀其陰』，毛傳：『如常陰曀曀然。』意林作『靉』，文選注作『曖』，皆俗字。」黄云：「孫頤谷云：『「曀曀」，當依文選陸士衡擬古詩注作「曖曖」。又見座右銘注。』」小事之成，不若大事之廢。言大事雖廢，其所成就者多，非僅成一二小事者比。君子之非，孫云：「言以權詐君，非正也。」賢于小人之是也。言君子所見者遠大，雖或不是，視諸小人無足重輕之是猶賢之。其晏子之謂歟？」

景公欲厚葬梁丘據晏子諫第二十二

梁丘據死，景公召晏子而告之曰：太平御覽五百五十八無「而」字。「據忠且愛我，孫云：「『且』，御覽作『臣』。」我欲豐厚其葬，御覽作「我欲厚葬之」。高大其壟。」晏子曰：御覽作

「晏子對曰：『不可。』公遂止」，無「敢問」以下語。「敢問據之忠與愛于君者，蘇云：「治要作『敢問據之所以忠愛君者』。」可得聞乎？」公曰：「吾有喜于玩好，有司未能我共也，「共」從元刻，孫本作「具」。蘇云：「治要亦作『共』。」純一案：日本天明刻本作「供」。則據以其所有共我，蘇云：「治要作『則據以其財供我』。」吾是以知其忠也。舊脱「吾」字，從王校據治要補，與下「吾是以」對文。每有風雨，暮夜求之必存，「暮」當爲「莫」。存，在也。「之」字舊脱，從蘇校據治要補。吾是以知其愛也。」晏子曰：「嬰對則爲罪，不對則無以事君，對則與君心相違，不對則失其事君之道。敢不對乎。嬰聞之，臣專其君，謂之不忠。君之分事，在於善羣。臣當俌君，有禮于羣臣，有惠于百姓，有信於諸侯，故君非一臣所得專也。子專其父，謂之不孝。子以喻親於道爲孝，且以尊仁安義爲錫類之大孝。若專其父，則子不子矣。妻專其夫，謂之嫉妬。舊脱「妬」字，據治要補。元刻「嫉」上衍「不」字，黄云：「誤。」事君之道，導君以親于父兄，舊脱「君以」二字，語意不完，據王所見治要補。有禮于羣臣，有惠于百姓，有信于諸侯，蘇云：「治要『信』作『義』。」謂之忠。治要有「也」字。爲子之道，王云：「治要『之道』作『道父』，屬下讀。」純一案：治要「爲臣」、「爲子」、「爲妻」下均脱「之道」二字，當從本書爲是。本書此文脱「導父」二字，今據治要補。導父以鍾愛其兄弟，孫云：

「『鍾』，一本作『忠』。」施行于諸父，慈惠于衆子，蘇云：「治要句上有『以』字。」純一案：「以」字衍。誠信于朋友，謂之孝。治要有「也」字。爲妻之道，使其衆妾皆得歡忻于其夫，蘇云：「治要無二『其』字。」謂之不嫉。蘇云：「治要『嫉』作『妬』，句下有『也』字。」今四封之民皆君之臣也，而維據盡力以愛君，王云：「此下各本脱去九十九字，據羣書治要補。太平御覽禮儀部三十七作『晏子曰：「不可。」公遂止』，乃取晏子原文而約舉之，故與治要不同。」純一案：王説是，今從之。何愛者之少邪？孟子離婁下曰：「君之視臣如土芥，則臣視君如寇讎。」四封之貨皆君之有也，而維據也以其私財忠于君，何忠者之寡邪？是君爲據所獨有之君也。據之防塞羣臣，壅蔽君，揭其所以專君之實。管子明法篇曰：「令出而道留謂之擁，下情求不上通謂之塞。」擁、壅同。無乃甚乎？」公曰：「善哉。微子，疑當作「微夫子」。「夫子」之稱，本書屢見。寡人不知據之至于是也。」遂罷爲壟之役，廢厚葬之令，令有司據法而責，衆無敢枉法者。羣臣陳過而諫。君可寡過修善。故官無廢法，官無法不遵行。臣無隱忠，臣有忠即表著。而百姓大説。治要作「悦」。

景公欲以人禮葬走狗晏子諫第二十三

景公走狗死，公令外共之棺，内給之祭。太平御覽九百五「令」作「命」，「共」作「供」，「給」下無「之」字。晏子聞之，諫。公曰：「亦細物也，盧云：「物猶事也。」特以與左右爲笑耳。」晏子曰：「君過矣。夫厚籍斂不以反民，苛斂民財，不以分貧。棄貨財而笑左右，傲細民之憂而崇左右之笑，王云：「傲，輕也。崇，重也。言輕小民之憂而重左右之笑也。問上篇曰：『景公外傲諸侯，内輕百姓。』韓子六反篇曰：『民慕其利而傲其罪，故姦不止也。』是傲爲輕也。般庚曰：『高后丕乃崇降罪疾。』是崇爲重也。」則國亦無望已。國事絶望，不可爲已。且夫孤老凍餒而死狗有祭，鰥寡不恤而死狗有棺，行辟若此，百姓聞之必怨吾君，諸侯聞之必輕吾國。四句亦見諫上二十五章。怨聚于百姓，君位難保。而權輕于諸侯，國命可危。而乃以爲細物，君其圖之。」公曰：「善。」趣庖治狗，趣，促也。庖，庖人。治，宰也。以會朝屬。

景公養勇士三人無君臣之義晏子諫第二十四

公孫接、孫云：「藝文類聚、後漢書注作『捷』，頃公孫子車也。」純一案：類聚見卷八十六。爾雅釋水疏引此，「公孫」上有「景公蓄勇士」五字。田開疆、孫云：「姓田，名開疆，陳氏之族。」純一案：後漢書馬融傳注作「彊」。太平御覽九百六十七作「强」。爾雅阮元校勘記云：「開疆猶辟疆也，作『彊』蓋誤。」古冶子孫云：「姓古，名冶。」純一案：馬融傳作「古蠱」，注音「冶」。「蠱」與「冶」通。事景公，以勇力搏虎聞。晏子過而趨，黄云：「爾雅釋水疏引作『晨趨』。」三子者不起。御覽、類聚約其文曰「勇而無禮」，蓋以此。晏子入見公，曰：「臣聞明君之蓄勇力之士也，上有君臣之義，下有長率之倫，爾雅釋詁：「率，循也。」似非此義。此疑「少」之聲轉。內可以禁暴，外可以威敵，上利其功，下服其勇，故尊其位，重其禄。今君之蓄勇力之士也，上無君臣之義，下無長率之倫，內不可以禁暴，外不可以威敵，舊上句脱「可」字，下句脱「以」字，並從王校補。此危國之器也，不若去之。」公曰：「三子者，搏之恐不得，刺之恐不中也。」孫云：「『中』，一本作『忠』。」純一案：墨子兼愛下篇：「意不忠親之利而害，爲孝乎？」即以「忠」爲「中」。晏子曰：「此皆力攻勍敵之人也，勍，强也。左僖二十二年傳「勍敵之人」注。無長幼之禮。」論語泰伯篇曰：「勇而無禮則亂。」因請公使人少餽之二桃。孫云：「『餽』即『饋』叚音字。三人餽以二桃，故云少。」純一案：類聚作「晏子言於公，餽之二桃」。説文：「饋，餉也。」吳人謂祭曰餽，故爲「饋」之叚字。曰：「三子何不計功而食桃？」以此速三子之死。「何不」二字疑涉下文而衍。類聚無「何不」二字，是。公孫接仰天而歎曰：「晏子，智人也。知計出晏子。夫使公之計吾功者，「夫」猶「彼」也。不受桃，是無勇也。士衆而桃寡，何不計功而食桃矣。接一搏特猏，再搏乳虎，「猏」從元刻，孫本作豜。舊脱「特」字，「再」上衍「而」字，從盧校據爾雅疏補刪。孫云：「吕氏春秋知化篇：『譬之猶懼虎而刺猏。』」高誘注：「獸三歲曰猏。」古今韻會：「『豜』，集韻或作『豣』、『猏』。」則「豜」正字也。後漢書注作「持楯而再搏乳虎」。「持楯」即「搏猏」，形近之誤。若接之功，可以食桃而無與人同矣。」與，許也。論語公冶長：「吾與女弗如也。」皇疏：「無與人同，無許人同也。」「無」，爾雅疏引作「毋」。下並同。援桃而起。田開疆曰：「吾仗兵而卻三軍者再，「仗」，元刻、孫本並同，爾雅疏作「杖」，無「而」字。孫云：「『仗』，今本作『伏』，非。據藝文類聚、後漢書注改。『卻』，藝文類聚、後漢書注作『御』。」盧校「仗」作「杖」，注云：「舊譌『伏』，改『仗』亦俗。」純一案：「卻」，馬融傳注作「禦」，上無「而」字。別雅四云：「杖，仗也。」漢書李尋傳：「近臣已不足杖矣。」師古曰：「杖，謂倚任也。」義通作「仗」。按韻書「杖」讀上聲，「仗」讀去聲。説文有「杖」，無

「仗」。「倚仗」之「仗」，古固用「杖」也。若開疆之功，亦可以食桃而無與人同矣。」援桃而起。

古冶子曰：「吾嘗從君濟于河，黿銜左驂以入砥柱之中流。「中」字舊脱，從黄校據爾雅疏補。孫云：「『銜』，今本作『御』，非，據藝文類聚、後漢書注改。括地志：『底柱山，俗名三門山，在硤石縣東北三十里黄河之中。』」純一案：「銜」，元刻不誤。御覽九百三十二引作「御」，譌。當是時也，冶少不能游，潛行，孫云：「爾雅釋水：『潛行爲泳。』郭璞注：『水底行也。』引此文。」純一案：類聚「潛行」下有「水底」二字。逆流百步，順流九里，孫云：「『順』，藝文類聚作『從』。」純一案：御覽九百三十二亦作「從」。黄云：「『九里』，爾雅疏作『七里』。」得黿而殺之，左操驂尾，右挈黿頭，鶴躍而出。津人皆曰：『河伯也。』視之則大黿之首也。「也」字舊脱，從黄校據爾雅疏補。「視之」上舊有「若冶」二字，俞云：「『若冶』二字，衍文也。『津人皆曰河伯也，視之則大黿之首』，蓋津人始皆驚疑，以爲河伯，及審視之，則大黿之首耳。視之者津人，非古冶子也。古冶子親殺黿，挈其頭而出，復何視乎？因涉下文『若冶之功』而衍『若冶』二字耳。爾雅釋水疏引此文無『若』字，疑原文並無『冶』字，後人據誤本晏子增入之，而省『若』字也。」純一案：俞説是也，今據删。若冶之功，亦可以食桃而無與人同〔一〕矣。二子何不反桃？」

〔一〕「人同」，原作「同人」，據四部叢刊本晏子春秋及上文改。

抽劍而起。公孫接、田開疆曰：「吾勇不子若，功不子逮，類聚「子若」、「子逮」並倒。取桃不讓，是貪也。然而不死，無勇也。」皆反其桃，挈領而死。孫云：「後漢書注作『契領』，是。爾雅釋詁：『契，絶也。』詩傳：『領，頸也。』藝文類聚作『刎頸』。」純一案：「挈」、「契」古通用。别雅四云：「魏受禪表，書挈所録。」隸釋云：「以『挈』爲『契』。」詩邶風「死生契闊」，釋文云：「『契』，本亦作『挈』。」史晨碑「孝經援神挈」，校官碑「衆儁挈聖」，「挈」皆同「契」。御覽九百六十七作「古冶子令二子反桃，二子慙而自殺」。爾雅疏作「二子恥功不逮而自殺」。古冶子曰：「二子死之，冶獨生之，孫云：「『生之』，藝文類聚作『不逮』。」不仁。恥人以言而夸其聲，不義。恨乎所行，不死，無勇。「恨」乃「很」之借字。很者，違也。説本王氏雜志，詳雜下二十章。雖然，二子同桃而節，冶專桃而宜。」元刻如此。各本「專」下有「其」字。俞云：「按二語不可曉。古冶子之意，蓋以二子之勇相等，二子同食一桃則得其節矣，冶專食一桃則得其宜矣。使二子不死，即以此言處置二桃可也。上文『二子死之，冶獨生之』云云，已自明不得不死之故。此二言又處置二桃，即以定己與二子之分量，故用『雖然』二字作轉也。」亦反其桃，挈領而死。類聚作「又刎頸而死」。爾雅疏作「古冶子亦自殺」。使者復曰：「已死矣。」此知餽桃時預決其必死也。公殮之以服，葬之以士禮焉。孫云：「水經注：『淄水東經臨淄縣故城南，又東北逕蕩陰里西。水東有冢，一基三墳，東西八十步，是列士公孫接、田開疆、古冶子之墳也。晏子惡其勇而無禮，投桃以斃之，死葬陽里，即此也。』」

景公登射思得勇力士與之圖國晏子諫第二十五

景公登射，今本説苑同此。北堂書鈔八十引説苑「射」作「酌」。太平御覽五百二十三引説苑作「酎」。**晏子修禮而侍。**「侍〔一〕」，説苑作「待」，書鈔引同。禮記射義篇曰：「射者進退周旋必中禮。」故「晏子修禮而侍」。此知晏子嫻習儒家之禮。古者以射選有德，射必以禮，故曰「選射之禮」。**公曰：「選射之禮，**四字書鈔引説苑作「其言禮」。**寡人厭之矣。**「厭」，書鈔引説苑作「饜」。**吾欲得天下勇士與之圖國。」**「得」，書鈔引説苑作「取」。**晏子對曰：「君子無禮，是庶人也。**書鈔引説苑無「也」字。**庶人無禮，是禽獸也。**言人無貴賤，無禮即是禽獸。諫上二章曰：「凡人之所以貴於禽獸者，以有禮也。今君去禮，則是禽獸也。」**夫臣勇多則弒其君，子力多則弒其長，**舊無「臣」字、「子」字，下「弒」字作「殺」，從孫校據説苑補正。諫上二章「力多足以勝其長，勇多足以弒其君，而禮不使也」，義與此同。**然而不敢者，維禮之謂也。禮者，**書鈔引説苑作「禮以治國」。**所以御民也。轡者，**

〔一〕「侍」，原作「傳」，據正文改。

所以御馬也。民非禮無以御之，與馬非轡無以御之同。無禮而能治國家者，書鈔引説苑作「無禮能治其國家者」。嬰未之聞也。「嬰」從元刻，説苑同，孫本譌「晏」。書鈔引説苑「未」下有「嘗」字。景公曰：「善。」迺飭射。「飭」，舊譌「飾」，從孫校據説苑正。飭，整備也。更席以爲上客，以晏子爲上客。終日問禮。孫云：「説苑修文篇用此文。」

晏子春秋校注卷三

漢陽張純一仲如

内篇問上第三凡三十章

莊公問威當世服天下時耶〔一〕晏子對以行也第一

莊公問晏子曰：「威當世而服天下，時耶？」晏子對曰：「行也。」墨子非命中篇曰：「安危治亂，在上之發政也。」公曰：「何行？」對曰：「能愛邦内之民者，能服境外之不善。先民後身，仁德周洽於邦内，則境外皆向化而善矣。後二十二章曰：「百姓樂其政，遠者懷其德。」管子中匡篇曰：「愛四封之内，而後可以惡竟外之不善者。」義同。重士民之死力者，能禁暴國之邪逆。羣書治要脱「逆」字，文義不完。「邪逆」，猶「横逆」也。言能重視士民，惜其死、儲其力者，縱素逞彊暴

〔一〕「耶」，原作「邪」，據四部叢刊本晏子春秋及原目改。

之國，不敢以邪逆相加矣。**中聽任賢者，**舊脱「中」字，「任」譌「賃」。王云：「『聽賃賢者』本作『中聽任賢者』，今本『任』誤作『賃』，此因『賢』字而誤加『貝』。而『聽』上又無『中』字者，後人誤以『聽賃』二字連讀，又不解『中聽』二字之義，故删去『中』字也。案『中聽』者，聽中正之言也。言聽中正之言而任賢者，則能威諸侯也。後第十八云『中聽以禁邪』，問下篇曰『中聽則民安』，此『中聽』二字之明證。『中聽任賢者』，與下文『逆諫傲賢者』對文，若删去『中』字，則與下文不對矣。羣書治要作『中聽任聖者』，雖『聖』與『賢』異文，而『中聽』二字則不誤。」黄云：「『賃』字誤，當作『任』。按諸云『中聽』皆謂平聽。『中聽』與『愎諫』對文。書曰：『罔不中聽獄之兩辭。』」純一案：王、黄説是，今據補正。**能威諸侯。**中聽則行無偏頗，德日進矣。又任用賢人，以正民德，厚民生，則政無不理，國自富强，諸侯有不賓服者哉？**安仁義而樂利世者，能服天下。**安於仁則民無疾苦，安於義則行有節制，率舉國之衆克儉克勤，以利天下爲樂，天下自歸心矣。書太甲下曰：「一人元良，萬邦以貞。」**不能愛邦内之民者，不能服境外之不善。**君不愛民，則邦内無非讎怨，欲無外侮，得乎。**輕士民之死力者，不能禁暴國之邪逆。**輕視士民，不恤其死，不恤其力者，不足以禦外侮。**愎諫傲賢者，**舊衍「之言」二字，從王校删。治要脱「愎」字。**不能威諸侯。**愎諫則遂過飾非。僖十五年左傳「愎諫違卜」，杜注：「愎，戾也。」傲，慢也。傲賢則忠良遠，讒佞近，安有德政？能樹威於諸侯乎？**倍仁義而貪名實者，**蘇云：「『倍』，治要作『背』。」純一案：説文：「倍，反也。」音義並與「背」同。不能服天下。「服天下」三字舊脱，從盧校補。禮記表記曰：「君子尊仁畏義，恥費輕實。」鄭注：「實，謂財貨也。」案：君子富而有禮，節於物以自奉，故恥費。恐用之非其道，義也。惠而能散，周於物以利人，故輕實。蓋不必藏於己，仁也。尊仁畏義，不敢犯天下之公理，恥費輕實，不敢徇一己之私欲，皆非要譽，（説本吕氏大臨、應氏鏞參合之。）所以天下服其德也。威當世而服天下者，此其道也已。」治要無「也」字。言道在儉於爲己，勤於爲人而已。而公不用，不用晏子之言。晏子退而窮處。雜上一章：「晏子因莊公不用其言，徒行而東畊於海濱。」公任勇力之士，而輕臣僕之死。用兵無休，國罷民害。「罷」，治要作「疲」。言國力憊乏，民命殘傷。期年，百姓大亂，不堪其苦故。而身及崔氏禍。「禍」上疑當有「之」字。君子曰：「盡忠不豫交，孫云：「遇事盡忠，不先結交於君。」不用不懷禄，雜上一章云：「君子無力于民，而旅食不惡貧賤。」晏子可謂廉矣。」句首舊衍「其」字，從王校删。

莊公問伐晉晏子對以不可若不濟國之福第二

莊公將伐晉，問于晏子。晏子對曰：「不可。君得合而欲多，俞云：「按『合』與『給』通。説文糸部：『給，相足也。』孟子梁惠王篇：『是心足以王矣。』下文曰：『此心之所以合於王者，何也？』

上言「足以王」，下言「合於王」。「合」即「給」也。「君得合而欲多」，謂所得者既給，而所求者彌多也。」養欲而意驕。養，長也。得合而欲多者危，貪得無厭，必有拒其貪者。抗兵以相加，故危。養欲而意驕者困。欲無窮而耽染，意妄逞而放恣，有如易曰「困于石，據于蒺藜」之凶象。説詳易繫辭下及襄二十四年左傳。今君任勇力之士，孫云：「『任』，左傳作『恃』。」以伐明主，「明」，古「盟」字。孫云：「左傳作『盟』。」若不濟，國之福也。易繫辭下曰：「小懲而大誡，此小人之福也。」不德而有功，憂必及君。」徼倖之功，禍機伏焉。公作色不説。晏子辭，不爲臣，退而窮處，堂下生蓼藿，王校作「藜藋」，云：「『藜藿』，當爲『藜藋』。藋，徒弔反，即今所謂灰藋也。藜藋皆穢草，故與荆棘並言。若『藿』，則非其類矣。藋、藿字形相似，世人多聞藜藿，寡聞藜藋，故諸書中『藜藋』多誤作『藜藿』。説見史記仲尼弟子傳。外上篇『堂上生藜藿』，誤與此同。」門外生荆棘。莊公終任勇力之士，西伐晉，取朝歌，及太行、孟門，孫云：「賈逵注國語：『朝歌，晉邑。』杜預注『朝歌，今屬汲郡』，非，地同名。左傳襄二十三年、史記齊世家莊公四年事。杜預注：『孟門，晉隘道。太行，在河内郡北。』」蘇云：「左傳作『入孟門，登太行』。」茲于兑，王云：「『兑』讀爲『隧』。『茲于兑』，且于之隧也。且，子餘反。此言還自伐晉，遂襲莒，入且于之隧也。『且于』、『茲于』聲相近，『隧』、『兑』聲相近，但上有脱文耳。檀弓『齊莊公襲莒于奪』，鄭注曰：『魯襄二十三年，齊侯襲莒是也。春秋傳曰：「杞殖華還，載甲夜入且于之隧。」「隧」、「奪」聲相近，或爲「兑」。」釋文『奪，徒外反』，注：『兑同。』故知『兹于兑』即左傳『且于之隧』，檀弓之『奪』，鄭注之『兑』也。」期而民散，身滅于崔氏。崔氏之亂，「亂」舊作「期」，從孫校據左傳改。事見襄公二十八年。逐羣公子，各本脱「子」字，孫據左傳補。盧校同。事見左傳襄二十八年及二十一年。及慶氏亡。孫云：「此下有脱文，事亦見後。左傳『及慶氏亡，皆召之，具其器用而反其邑焉。與晏子邶殿其鄙六十』云云。」純一案：慶氏亡，見雜下十五章，文同襄二十八年左傳而略。

景公問伐魯晏子對以不若修政以待其亂第三

景公舉兵欲伐魯，以問晏子。「以問」從元刻，孫本作「問于」。晏子對曰：「不可。魯公好義而民戴之，好義者安，君好義則民安寧，而實力足。見戴者和，蘇云：「『見』疑『民』譌，此承上言之。」純一案：「見戴於民」，就魯公言，義自可通。「見戴」與「好義」對文，不必破「見」作「民」。「見戴者和」，謂魯上下一心，不可侮也。伯禽之治存焉，伯禽，周公長子，始封於魯。詩魯頌閟宫、史記魯世家記其事。故不可攻。此墨家非攻之旨。攻義者不祥，違天理，拂人性，自速禍耳。危安者必困。人安耕織，我興師以危之，百姓死者甚衆，耗費又多，不自困乎。且嬰聞之，伐人者德足以安其國，政足以和其民，德足以安近懷遠，國無内憂。政足以和衆豐財，民皆樂業。國安民和，然後可以舉兵而征暴。如湯放桀，武誅紂，皆以義師伐罪救民耳。今君好酒而辟，此句與「厚藉斂而急使令」對文，有脱字。德無以安國，厚藉斂而急使令，舊脱「而」字，據上句增。「急」作「意」，從王校改。政無以和民。舊脱「政」字，上下文皆「政」與「德」對言，今校補。德無以安之則危，政無以和之則亂。未免乎危亂之理，而欲伐安和之國，背於治國交鄰之道。不可，不若修政而待其君之亂也。蘇云：「『君之』二字似不當有，傳寫者緣下衍『君』字，後又加『之』字耳。標題亦祇作『待其亂』，無『君之』二字，是其證。」純一案：蘇説是。民離其君，舊作「其君離」三字。王云：「文不成義。當作『民離其君』，與『上怨其下』對文。今本『離』字誤在『其君』下，又脱去『民』字耳。」純一案：王説是，今據補乙。上怨其下，然後伐之，則義厚而利多。義厚則敵寡，孟子梁惠王篇曰：「仁者無敵。」利多則民歡。」以義伐不義，救民於水火之中，孰不簞食壺漿以迎？公曰：「善。」遂不果伐魯。

景公伐斄勝之問所當賞晏子對以謀勝禄臣第四

景公伐斄，孫云：「斄即萊也。服虔注左傳：『齊東鄙邑。』杜預注：『萊國，今東萊黄縣。』」勝之。問晏子曰：「吾欲賞于斄，「斄」下當有「之役」二字，言吾欲行賞于從斄之役者，今本脱之，語意不完。何如？」對曰：「臣聞之，以臣謀勝國者，舊脱「臣」字。此文本作「以臣謀勝國者」，言以臣之謀勝人之國者，則益臣之禄；以民之力勝人之國者，則益民之利。「臣謀」與「民力」對文。下文「益臣之禄」正承此而言。今本脱「臣」字，則不知謀出何人矣。「臣」字不可無，今補。益臣之禄；以民力勝國者，益民之利。故上有羨獲，下有加利，上指君言，下兼臣民言。羨，餘也。言君非臣民無所獲，當盡出其所餘，與臣民共之。君上享其名，「名」從孫本。下文「是上獨擅名」。元刻誤「民」。臣下利其實。實，謂財貨也。利其實，如益禄、益利是。故用智者不偷業，謀從智生，謀利於國，禄從而至，故不必偷作别業。用力者不傷苦，以力勝敵而利隨至，故不傷苦。此古之善伐者也。」古之善用兵者，使衆皆樂爲所用。公曰：「善。」于是破斄之臣，東邑之卒，皆有加利。凡從役者皆受賞。是上獨擅名，利下流也。獨，單也。擅，專也，據而有之也。君所專有者，獨勝名耳。而所得之利均歸臣民，君不私有也。管子中匡篇曰：「君人者，名之爲貴，財安可有。」

景公問聖王其行若何晏子對以衰世而諷第五

景公外傲諸侯，傲，慢也，亦輕也。管子重令篇曰：「驕諸侯者，諸侯失於外。」内輕百姓，輕者重之反，鄙夷也。非暴君孰敢輕百姓。管子小匡篇曰：「寬政役，敬百姓，則國富而民安矣。」好勇力，崇樂，以從嗜欲，「從」讀若「縱」。好勇力則任意攻伐，構怨於諸侯。崇樂則習慣奢侈，暴斂於百姓。諸侯不説，百姓不親。諸侯惡其暴力，百姓苦其苛政。公患之，問于晏子曰：「古之聖王，其行若何？」晏子對曰：「其行公正而無邪，見理真故。故讒人不得入。不阿黨，不私色，故羣徒之卒不得容。「羣徒之卒」四字兩見，文不成義。此四字祇「羣小」二字足以了之，疑本作「故羣小不得容」，與「故讒人不得入」對文。羣小，謂君所嬖倖臣妾。不得容，謂無容身之地。薄身厚民，此文亦見後十一章，蓋晏子之主指。故聚斂之人不得行。薄身，自養薄而德儉。厚民，愛利兼施，故聚斂之人無所容其足。不侵大國之地，不秏小國之民，孫云：「『秏』，今本作『耗』，非。」純一案：不潛師侵大國以掠其地，不逞强淩小國以秏其民，是爲公正之行。故諸侯皆欲其尊。不劫人以兵甲，「兵甲」從元刻，孫本作「甲兵」。黄云：「下云『劫人以兵甲』，元刻是。」不威人以衆彊，故天下皆欲其彊。易乾文言曰：「君子體仁，足以長人。」德行教訓加于諸侯，慈愛利澤加于百姓，故海内歸之若流水。今衰世君人者，辟邪阿黨，故讒諂羣徒之卒繁。「羣徒之卒」四字沿上文而誤，疑本作「故讒諂之徒繁」，與「故聚斂之人行」對文。今本「之」字倒著「徒」下，又衍「羣」字、「卒」字，文不成義。厚身養，薄視民，上文「薄身厚民」，此文反之。疑本作「厚身薄民」，與「辟邪阿黨」對文。今本

「養」字、「視」字蓋後人妄加，當刪。**故聚斂之人行。侵大國之地，**凡師行無鐘鼓曰侵。侵，犯也，襲取也。**秏小國之民，**秏，滅也，損也。秏小國之民，如墨子非攻下篇曰「入其國家邊境，芟刈其禾稼，斬其樹木」之類是。**故諸侯不欲其尊。劫人以兵甲，威人以衆彊，故天下不欲其彊。災害加于諸侯，勞苦施于百姓，故讎敵進伐，天下不救，貴戚離散，**讒諛之徒繁，不相容故。**百姓不與。」**「與」，舊譌「興」。王云：「『興』字於義無取，當是『與』字之誤。『百姓不與』，即上文之『百姓不親』也。繫辭傳曰：『民不與。』」純一案：今據正。**公曰：「然則何若？」對曰：**「對」從元刻，明本作「敚」，孫本同。洪云：「説文：『敚，强取也。』此假借作『對』字，是古字之僅存者。」**請卑辭重幣以説于諸侯，**墨子魯問篇曰：「厚爲皮幣，卑辭令，亟徧禮四鄰諸侯。」義同。**輕罪省功以謝于百姓，**輕罪，省刑罰也。省功，減力役也。以是謝罪于百姓。**其可乎。」**庶乎近焉。**公曰：「諾。」于是卑辭重幣而諸侯附，輕罪省功而百姓親。故小國入朝，燕、魯共貢。**交鄰有道故。**墨子聞之曰：「晏子知道，道在爲人，而失在爲己。**下「在」字，舊錯置下文「不爲與」下，今從孫、王校移此。孫云：「爲人則得，爲己則失也。」純一案：爲人，天道也，兼也，公也，故無不得也。爲己，人道也，別也，私也，故無不失也。**爲人者重，自爲者輕。**墨子經説上曰：「任爲身之所惡，以成人之所急。」孟子盡心上曰：「墨子兼愛，摩頂放踵利天下爲之。」胥此道也。蓋儉以自利，兼以利人，所以適性，一也。墨子書今存五十三篇，此二語足以蔽之。晏子書總二百十五章，亦以此二語攝盡。推之六經百子，乃至釋氏三藏世出世法，無能舍此以爲教者。景公自爲，而百姓不與。舊作「而小國不爲與在」，「在」字已依孫、王校移前。「爲」字衍，從王校删。「小國」二字當爲「百姓」之誤。上文皆「百姓」與「諸侯」對言，此不應獨作「小國」，致與「諸侯」義複，而文不相對。蓋傳寫之誤，今校改。爲人，而諸侯爲役。有我之見存而自爲，則引生百姓之我見，同時興戎。無我之見而爲人，則消除諸侯之我見，甘心聽命。此至聖所以無我也。管子形勢篇曰：「天道之極，遠者自親。人事之起，近親造怨。」蓋無我、有我之辯，利害懸絶。則道在爲人，而行在反己矣，黄云：「『行』蓋『得』之剥文。上云『而失在爲己』與此相反。爲己則失，反己則得也。」純一案：「行」字不誤。言道在爲人，而行在反己，强恕以求仁也。故晏子知道矣。」晏子衣布衣鹿裘，駕敝車疲馬，盡以禄給親戚朋友，節用兼愛，固深知性道矣。

景公問欲善齊國之政以干霸王晏子對以官未具第六

景公問晏子曰：「吾欲善治齊國之政，以干霸王之諸侯。」孫云：「此句疑脱誤。意林作『吾欲霸諸侯若何』，孔叢作『可以霸諸侯乎』。」純一案：「以干霸王之諸侯」，義不可通。管子小匡篇有

「若欲霸王，夷吾在此」之説，據標題云「以干霸王」，此文或作「以干霸王可乎」。晏子對曰：「對」上舊衍「作色」二字，從王校刪。意林作「晏子曰」，孔叢作「對曰」，並無「作色」二字。「官未具也。臣數以聞而君不肯聽也。孫云：「『數』，孔叢作『亟』。『不肯聽』，孔叢作『未肯然』。」臣聞仲尼「臣」上舊衍「故」字，無謂，據意林、孔叢刪。孫云：「孔叢下有『聖人然猶』四字。」居處惰倦，孫云：「意林作『居陋巷』，形近之譌。孔叢作『勸惰』。」純一案：意林作「處陋巷」。廉隅不正，孫云：「『正』，孔叢作『修』。」則季次、意林無「季次」二字。原憲侍。孫云：「史記仲尼弟子列傳：『公晳哀字季次。孔子曰：『天下無行，多爲家臣仕於都，唯季次未嘗仕。』家語作『公晳克』，孔叢作『季羔』。」氣鬱而疾，意林無此四字。志意不通，則仲由、卜商侍。意林無「卜商」二字。德不盛，行不厚，孫云：「『厚』，孔叢作『勤』。」純一案：意林祇作「德不辱」。則顔回、騫、雍侍。孫云：「孔叢作『顔、閔、冉、雍侍』。閔損，字子騫。」純一案：意林無「騫、雍」二字。今君之朝臣萬人，兵車千乘，「兵」，孔叢作「立」。不善政之所失于下，霣墜于民者衆矣，「民」上「于」字從元刻，孫本作「下」。孫云：「『霣』即『隕』段音字。『墜』當爲『隊』。説文：『隕，從高下也。隊，從高隊也。』」純一案：此文不順而義宂複，孔叢作「不善之政加于下民者衆矣」，當據刪訂。未有能士敢以聞者。孫云：「孔叢作『未能以聞者』。」純一案：魏策一曰：「不揜能士之迹。」「能士」之偁有徵。臣故曰：官未具也。」孫云：「『具』，孔叢作『備』。」意林作『今君未有能侍，故未具也』。」公曰：「寡人今欲從夫子而善齊國之政，王云：「羣書治要無『今』字，説苑同。可乎？」對曰：「嬰聞國有具官，蘇云：「治要『聞』下有『之』字。」純一案：説苑同。然後其政可善。」説苑作「國具官而後政可善」。公作色不説，曰：「齊國雖小，則何謂官不具？」「何」，元刻作「可」，古通。治要、説苑「具」下並有「乎」字，此脱，當據補。「謂」，説苑作「爲」，古通。「則」字疑涉上下文衍。對曰：「此非臣之所復也。治要無此七字。昔吾先君桓公身體惰懈，説苑無「吾」字。孫云：「『惰』，説苑作『墮』。」蘇云：「治要『懈』作『解』。」辭令不給，則隰朋暱侍。孫云：「隰朋謚成子，莊公曾孫，戴仲之子。史記齊世家集解徐廣曰：『或作「崩」也。』潛夫論志氏姓：『齊之隰氏，姜姓。』『暱』，爾雅釋詁：『近也。』」純一案：莊公，成公子，名購。或作「贖」。非靈公子名光者。左右多過，蘇云：「治要作『譽』。」獄讞不中，「獄讞」，説苑作「刑罰」。孫云：「『讞』當爲『𤅊』。説文：『議辠也。』玉篇：『𤅊，魚列切。與「讞」同。』艸書『水』、『言』相似。」則弦甯暱侍。「甯」從元刻，孫本誤「章」，與説苑同。盧云：「『甯』與『寧』同。新序作『弦寧』，説已見前。」黄云：「弦章，景公臣。見諫上篇及外末篇。元刻是。」蘇云：「此與諫景公飲酒之弦章相隔百餘年，治要正作『弦甯』。」田野不修，民氓不安，「民氓」，説苑作「人民」。蘇云：「治要『氓』作『萌』。」則甯戚暱侍。軍吏怠，戎士偷，蘇云：「治要『吏』作『士』，『怠』作『惰』，『偷』作『肆』。王氏雜志作『戎事』，非。此與『軍吏』對。」則王子成甫暱侍。孫云：「韓非作『公子成父』，是。説苑『甫』作『父』。」蘇云：「治要『成』作『城』。」居處佚怠，「佚怠」，説苑作「肆縱」。蘇云：「治要『佚』作『逸』。」左右懾畏，繁乎樂，省乎治，此六字，説苑、治要並無。則東郭牙暱侍。孫云：「姓東郭，名牙。韓非外儲説：『桓公問置吏於管仲。管仲曰：「辯察於辭，清潔於貨，習人情，夷吾不如絃商，請立以爲大理。登降肅讓以明禮待賓，臣不如隰朋，請立以爲大行。墾草仞邑，辟地生粟，臣不如甯武，請立以爲大田。三軍既成陳，使士視死如歸，吾不如公子成父，請立以爲大司馬。犯顔極諫，臣不如東郭牙，請以爲諫臣。」』」純一案：「弦商」，「商」當爲「甯」之譌。「甯武」，「武」當爲「戚」之譌。管子小匡篇：「管仲曰：『升降揖讓進退，閑習辯辭之剛柔，臣不如隰朋，請立爲大行。墾草入邑，辟土聚粟多衆，盡地之利，臣不如甯戚，請立爲大司田。平原廣牧，車不結轍，士不旋踵，鼓之而三軍之士視死如歸，臣不如公子城父，請立爲大司馬。決獄折中，不殺不辜，不誣無罪，臣不如賓須無，請立爲大理。犯君顔色，進諫必忠，不辟死亡，不撓富貴，臣不如東郭牙，請立以爲大諫之官。』」大致並與此同。德義不中，信行衰微，蘇云：「治要『信』作『意』，『微』作『怠』。」則管子暱侍。孫云：「『管』，説苑作『筦』，通。」先君能以人之長續其短，以人之厚補其薄，是以辭令窮遠而不逆，窮遠，無遠弗屆也。不逆，莫不服從也。兵加于有罪而不頓，「頓」與「鈍」通。不頓，言極順利也。

是故諸侯朝其德，諸侯服其德，莫不來朝。而天子致其胙[一]。蘇云：「治要有『焉』字，『致』下無『其』字。」純一案：僖九年左傳：「王使宰孔賜齊侯胙[二]。」杜注：「胙，祭肉。尊之比二王後。」今君之過失多矣，未有一士以聞者也，「者」字舊脱，從王校據治要、説苑補。故曰官不具。」公曰：「善。」孫云：「説苑君道篇、孔叢詰墨篇用此文。」王云：「案自『公曰寡人今欲從夫子而善齊國之政』以下別是一章，本在問下篇内，其首句本作『景公問晏子曰』，後人以其問答之指[三]大略相同，遂併後章入前章，而改『景公問晏子曰』爲『公曰』以泯其迹。又前章標題云『景公問欲善齊國之政以干霸王晏子對以官未具』，則後章亦當有標題，今既併後入前，遂删去後章之標題矣。不知前章是景公欲善齊國之政以干霸王，而晏子對以官未具，後章是景公欲與晏子善齊國之政，而晏子對以官不[四]具；前章是言侍孔子者有季次、原憲、仲由、卜商、顔回、騫、雍，而景公無一士，後章是言侍桓公者有隰朋、弦甯、甯戚、王子成甫、東郭牙、管仲，而景公無一士。且問答之詞皆前略而後詳，則非一篇可知。今併爲一篇，則既云『今君不善政之所失于下，霣墜于民者衆矣，未有能士敢以聞者。臣故曰官未具也』。又云『今君之過失多矣，未有一士以聞也，故曰官不具』。

[一]「胙」，原作「祚」，據四部叢刊本晏子春秋改。
[二]「胙」，原作「祚」，據左傳改。
[三]「指」，原作「辭」，據讀書雜志改。
[四]「不」，原作「未」，據讀書雜志改。

古人之文，有如是之複者乎？晏子各章，大同小異者多矣，又可一切删而併之乎？羣書治要後章在問下篇，其首句作『景公問晏子曰』，可據以訂正。説苑君道篇有後章無前章，孔叢子詰墨篇及意林皆有前章無後章，則前後之非一章甚明。」黄云：「治要分『寡人今欲從夫子』以下别爲一章，在問下篇，王氏從之，非也。問上、問下前計都凡皆三十章，分此入問下則下多一章矣。下篇標題章次具在，何處可以羼入？」純一案：齊景公欲封孔子以尼谿，晏子阻之，則自「臣聞仲尼」至「顔回、騫、雍侍」云云恐未必然。孔叢以晏子稱孔子爲聖人，尤難信。況晏子之卒，當孔子四十五歲。（詳雜上二十三章注。）卜商少孔子四十四歲，卜商能侍孔子，晏子墓木已拱乎？此文疑除説苑、治要所引外，蓋後儒以其詞旨相類，據孔叢羼入，不足據，當删。

景公問欲如桓公用管仲以成霸業晏子對以不能第七

景公問晏子曰：「昔吾先君桓公，有管仲夷吾保乂齊國，爾雅釋詁：「乂，治也。」能遂武功而立文德，諫上十六章曰「民樂其政而世高其德」，是爲文德。「行遠征暴，勞者不疾」，是爲武功。糾合兄弟，蘇云：「謂兄弟之國。」撫存冀州，「冀」，舊譌「翌」。王云：「『翌州』二字義不可通，『翌』當爲『冀』。王肅注家語正論篇曰：『中國爲冀。』僖四年公羊傳曰『桓公救中國而攘夷狄，卒怗荆』，故曰『撫存冀州，荆楚惛憂也』。今本作『翌州』者，『冀』誤爲『翼』，又誤爲『翌』耳。」純一：今據改。吴、越受令，荆、楚惽憂，王云：「惽者，悶之借字也。呂氏春秋本生篇『下爲匹夫而不惽』，高注曰：『惽，讀憂悶之悶。』故曰『荆楚惽憂』。」莫不賓服，勤于周室，天子加德。加猶嘉也。説文：「加，語相增加也。」言天子嘉其德。先君昭功，管子之力也。孫云：「國、德，州、憂，德、力，各爲韻。」今寡人亦欲存齊國之政於夫子，存，猶寄也。論語泰伯篇「可以寄百里之命」義同。夫子以佐佑寡人，孫云：「『佐佑』當爲『左右』。詩箋：『左右，助也。』」彰先君之功烈，而繼管子之業。」繼管子之業，猶書説命下曰「罔俾阿衡專美有商」意。晏子對曰：「昔吾先君桓公能任用賢，國有什伍，孫云：「謂管子作内政以寓軍令也。」純一案：詳小匡篇。治徧細民，治理所及，不遺一小民。例如管子問篇曰「問士之有田宅、身在陳列者幾何人？問男女有巧伎能、利備用者幾何人？處女操工事者幾何人」云云是。貴不凌賤，富不傲貧，此二句亦見問下十一章。孫云：「賢、民、貧爲韻。」功不遺罷，黄云：「『罷』，元刻作『能』。」純一案：元刻誤。「罷」同「疲」，與賤、貧、愚爲儷文。問下二十四章曰：「齊尚而不以〔一〕遺罷。」「不遺罷」爲晏子之雅言。佞不吐愚，吐，棄也。一切經音義十一引蒼頡。俞云：「佞者，有才辯之稱，故與『愚』相對。」舉事不私，不私則事無不成。聽獄不阿，人心以正，風俗以淳。内妾無

〔一〕「以」，原脱，據問下補。

羡食，外臣無羡禄，羡，餘也。無羡，言不溢於分外也。鰥寡無飢色，「飢」從元刻，孫本作「饑」，非。文王發政施仁，必先窮而無告者。不以飲食之辟劉云：「『辟』字當作『癖』。『癖』之謂言好也。下文『則無以多辟傷百姓』，與『嗜欲玩好』對言，則『辟』亦當作『癖』。」害民之財，「財」從孫本、明本，元刻作「則」，誤。不以宮室之侈勞人之力，薄身厚民。節取于民而普施之，損上益下。府無藏，倉無粟，藏富於民。上無驕行，下無諂德，此二句亦見後十七章。是以管子能以齊國免于難，而以吾先君參乎天子。諸侯尊爲霸主，故曰「參乎天子」。今君欲彰先君之功烈而繼管子之業，則無以多辟傷百姓，多辟，勢必害民之財，勞民之力，是保乂國家内政第一大戒。無以嗜欲怨諸侯，舊「嗜欲」下衍「玩好」二字。案「無以嗜欲怨諸侯」與「無以多辟傷百姓」對文，「玩好」二字蓋後人妄加，今删。言勿逞攻伐之貪欲，以構怨于諸侯，是保乂國家外交第二大戒。臣〔一〕孰敢不承善盡力以順君意。承善以立文德，盡力以遂武功。今君疏遠賢人而任讒諛，諫上二十一章「賢人使遠，讒人反昌」，問下三章「讒人在前，諛人在後」，可互證。使民若不勝，勞民之力甚矣，猶若不足以供驅使。藉斂若不得，害民之財多矣，猶若未有所得然。厚取于民而薄其施，菽粟朽于府内，恩澤不出宮中。

〔一〕「臣」，原脱，據四部叢刊本晏子春秋補。

多求于諸侯而輕其禮，反乎交鄰之道。府藏朽蠹而禮悖于諸侯，菽粟藏深孫云：「『菽』當爲『尗』。」而怨積于百姓，君臣交惡君不君，臣不臣。而政刑無常，孟子離婁上云：「上無道揆，下無法守。」臣恐國之危失而公不得享也，又惡能彰先君之功烈而繼管子之業乎。」問下三章「又焉可逮桓公之後乎」義略同。

景公問莒魯孰先亡晏子對以魯後莒先第八

景公問晏子：「莒與魯孰先亡？」對曰：「以臣觀之也，黄云：「凌本作『之觀』，與此異。」純一案：「也」字衍，當刪。莒之細人，細人，小民，對士言。變而不化，變易常經，不遷於善。貪而好假，説文：「假，非真也。」高勇競尚武力。而賤仁，賤，謂棄而不用也。士武以疾忿，急以速竭，士，學行優於細人者。亦唯恃武力，率爾逞忿，性皆急遽，不能持久。是以上不能養其下，是由在上者不能以節儉仁愛之德培養士民。下不能事其上，在下者不能本薄身厚民之道以事其上。上下不能相收，上下皆無報國之心，故不能互收其利益。則政之大體失矣。故以臣觀之也，「觀之」，各本誤倒，從盧校據上文乙。「也」字當刪。莒其先亡。」公曰：「魯何如？」對曰：「魯之君臣，猶好爲義，好義，則虧人自利者必不爲，克己利人者必爲之，與莒之士民異趣矣。**下之妥妥也，**孫云：「『妥』當爲『綏』。爾雅釋詁：『綏，安也。』」純一案：曲禮下：「大夫則綏之。」釋文：「綏讀曰妥。」漢書燕刺王旦傳：「北州以妥。」集注：「孟康曰：『古「綏」字也。』臣瓚曰：『妥，安也。』」「下之妥妥」，言士民莫不安居樂業也。**奄然寡聞，**孫云：「奄然，闇然。」純一案：此喻魯民不妄動，不妄聽。**是以上能養其下，下能事其上，上下相收，政之大體存矣。**管子五輔篇曰：「上必寬裕而有解舍，（房注：「解，放也。舍，免也。」）下必聽從而不疾怨，上下和同而有禮義。」可爲此之說明。**故魯猶可長守，然其亦有一焉。**語意不明，「其」下疑脱「失」字。**彼鄒、滕雉奔而出其地，猶稱公侯，**孫云：「說文：『鄒，魯縣。古邾國，帝顓頊之後所封。』杜預注左傳：『滕國，在沛國公邱縣。』」俞云：「按『雉奔而出其地』，乃極言其地之小，謂一雉奔竄，即出其邦域之外也。又所謂『公侯』者，有國之君之通稱，故五等之封皆曰諸侯，而春秋書諸君之葬皆稱公也。」黄云：「雉不能遠飛，雉奔而出其地，喻其出交近鄰。猶稱公侯者，在國稱公，在外稱列侯，小國亦然也。謂鄒、滕雖弱小，而能近事强大，至今猶不失爲通侯。以明魯近齊而親殷，（純一案：「殷」當作「晉」。）以褊小國而不服于近鄰，卒以滅亡也。」**小之事大，**舊「小」「大」互錯，從王、俞校乙。**弱之事彊，久矣。彼晉者，周之樹國也，魯近齊而親晉，**舊作「彼周者，殷之樹國也，魯近齊而親殷」。孫云：「疑『親殷』當爲『親晉』。上亦當爲『晉者，周之樹國也』。是時魯君屢如晉。」

純一案：「彼周者，殷之樹國也」，與上下文不相屬，義不可通。孫説是也，今據改。言彼晉者，周之樹國耳。魯既近齊，正宜親齊，乃不親齊而遠親晉，故下云「以褊小國而不服于鄰，以遠望晉」。以變小國而不服于鄰，以遠望晉，「晉」，舊譌「魯」，從俞校正。孫云：「『變小』疑『褊小』。」俞云：「孫疑『變小』即『褊小』，是也。『變』、『褊』音近，故叚用耳。『以遠望魯』，當作『以遠望晉』，左傳所謂『魯〔一〕有佗竟，走望在晉』是也。因『晉』與『魯』形似，此章又論魯事，『晉』字止此一見，淺人不察文義，妄改爲『魯』耳。晏子之意，蓋謂魯與齊爲鄰，而不知事齊。所望者晉，晉相去又遠，緩急不足恃，故曰此『滅國之道也』。」蘇云：「俞説是。」滅國之道也。齊其有魯與莒乎？」孫云：「魯後併于楚，莒滅于楚，而地入齊。」公曰：「魯與莒之事，寡人既得聞之矣。寡人之德亦薄，然後世孰踐有齊國者？」對曰：「田無宇之後爲幾。」孫云：「田無宇，陳桓子也，須無之子。『幾』，爾雅釋詁：『近也。』」純一案：外上十五章有「齊國，田氏之國也」句。公曰：「何故也？」對曰：「公量小，私量大，以施于民。解詳問下十七章。其與士交也，用財無筐篋之藏。國人負攜其子而歸之，若水之流下也。外上十章曰：「田氏之施，民歌舞之也。國之歸焉，不亦宜乎。」夫先與人利而後辭其難，

〔一〕「魯」，左傳作「鄭」。

不亦寡乎？自來先以利施人而後不任其人之所難者蓋寡。「難」，謂爲君難。理國政，禦外侮，甚不易也。若苟勿辭也，從而撫之，不亦幾乎！」若苟不辭其難，而任保民之責，從而撫之，不近於爲君之道乎。田氏將有齊國事，見諫下十九章、問下十七章、外上十章、又十五章。

景公問治國何患晏子對以社鼠猛狗第九

景公問于晏子曰：孫本、明本如此。元刻無「于」字。孫云：「韓非、說苑作『桓公問管仲』。」純一案：羣書治要引說苑同。「治國何患？」說苑、治要引均無「治」字，非。藝文類聚五十二引有「治」字。晏子對曰：說苑作「管仲對曰」。治要祇作「對曰」。「患夫社鼠。」公曰：「何謂也？」對曰：「夫社，束木而塗之，孫云：「韓非『束』作『樹』。『塗』當爲『涂』。說文：『汙，涂也。』」黃云：「韓非見外儲說右上。」鼠因往託焉。孫云：「韓非作『鼠穿其間，堀穴託其中』。」純一案：韓詩外傳七作「社鼠出竊於外，入託於內」。熏之則恐燒其木，灌之則恐敗其塗，「敗」，治要作「壞」。韓非作「燻之則恐焚木，灌之則恐塗阤」。韓詩外傳作「灌之恐壞牆，燻之恐燒木」。孫云：「『熏』，韓非、韓詩外傳、說苑作『燻』，非。塗即牆也。」此鼠所以不可得殺者，以社故也。韓非作「此社鼠之所以不得也」。外傳作「此鼠之患」。夫國亦有社鼠，「社鼠」，舊作「焉」，據說苑、治要改，與下文「夫國亦有猛狗」一律。

人主左右是也。類聚作「人君之左右」。內則蔽善惡于君上，外則賣權重於百姓，孫云：「藝文類聚作『出則賣重寒熱，入則矯謁奴（或「收」字。）利』，一作『出則賣寒熱，入則比周』，與此皆不同，所見本異。韓非作『出則爲勢重而收利於民，入則比周而蔽惡於君』。」純一案：韓詩外傳作「出則賣君以要利，入則託君」，下有脱文。不誅之則爲亂，孫本脱「爲」字，元刻有，説苑、治要同。韓詩外傳作「君不罪乎亂法」。孫云：「韓非作『吏不誅則亂法』。」誅之則爲人主所案據，腹而有之，王云：「『案據』連讀。方言：『據，定也。』廣雅同。僖五年左傳注：『據猶安也。』『案據』，謂安定之也。史記白起傳『趙軍長平以案據上黨民』，正與此同。」黄云：「『腹』當爲『覆』。韓詩外傳七作『君又並覆而育之』。又韓非子作『則君不安據而有之』，『不』當作『所』。説苑作『則爲人主所察據腹而有之』，『察』乃『案』字之譌。」劉云：「『有』字當作『宥』。『案據』當從王説。『案據』者，猶今人恒言所謂『把持』也。『腹』字作『覆』，當從黄讀，惟『覆』字當訓爲『反』，廣雅釋言云：『覆，反也。』而毛詩雨無正『覆出爲惡』，桑柔『覆俾我悖』，瞻卬『女覆奪之』，鄭箋均訓『覆』爲『反』。『覆而宥之』，猶言平反而赦之也。晏子此語，言人臣欲誅左右，則爲君者必堅持不從，或平反其獄，以宥其辜，如後世漢文赦鄧通是也。韓詩外傳作『并覆而育之』，『并』疑『平』字之訛，『育』亦『宥』字之假借。韓非『君不安據而有之』，『不』當作『又』。黄氏謂『不』當作『所』，非也。」純一案：「案據」當從王説、劉釋。「腹而有之」當從韓詩外傳作「覆而育之」，言不誅之則爲亂無已時，誅之則爲人主所把持而不能誅。人主非惟不罪其亂法也，並覆翼而長育之，正如鼠之不可熏灌同，故曰「此亦國之社鼠也」。此亦國之社鼠也。宋人有酤酒者。「宋」字舊脱，據韓非子補。孫云：「韓非作『宋人有酤酒者』，一曰『宋之酤酒者，有莊氏者』。」純一案：韓詩外傳作「人有市酒而甚美者」。爲器甚潔清，孫云：「『潔』當爲『絜』。『清』，『瀞』省文，説文：『無垢穢也。』玉篇：『疾性切。』」置表甚長，孫云：「韓非作『縣幟甚高』。」而酒酸不售。韓詩外傳作「然至酒酸而不售」。問之里人其故，韓詩外傳無「之」字。蘇云：「言以其故問里人也。史記『括母問奢其故』，文與此同。」里人曰：『公之狗猛，「之狗」舊倒，從説苑乙。韓詩外傳作「公之狗甚猛」。人挈器而入，孫云：「説文：『挈，縣持也。』韓詩外傳作『持』。」且酤公酒，狗迎而噬之，孫云：「『噬』，韓非、韓詩外傳作『嗌』。」純一案：外傳「迎」上有「輒」字。此酒所以酸而不售也。』夫國亦有猛狗，用事者是也。羣書治要脱「是」字。有道術之士，欲干萬乘之主，「干」，韓詩外傳作「白」，説苑、治要俱作「明」。而用事者迎而齕之，孫云：「説文：『齕，齧也。』韓詩外傳作『齧』。」此亦國之猛狗也。左右爲社鼠，孫云：「『左右』下，韓詩外傳有『者』字，是。」用事者爲猛狗，主安得無壅，國安得無患乎？」孫云：「沈本注云：『或作「用事者爲猛狗，則道術之士不得用矣，此治國之所患也」。』韓非外儲説、韓詩外傳、説苑政理篇用此文。」王云：「元刻注文同沈本。案：或本是也。『此治國之所患也』，正對景公『治國何患』之問，與各篇文同一例。今本作『主安得無壅，國安得無患乎』，乃後人取韓子竄入，又改韓子之『無亡』爲『無患』，以牽合晏子，斯兩失之矣。説苑正與或本同。」黄云：「韓子作『則術不行矣』。」純一案：王説是，當據以訂正。此與外上十四章大旨略同。

景公問欲令祝史求福晏子對以當辭罪而無求第十

景公問晏子曰：元刻如此，治要同。孫本、明本「問」下均有「于」字。「寡人意氣衰，身病甚，蘇云：「治要作『身甚病』。」今吾欲具圭璧犧牲，「圭」從元刻，孫本作「珪」。「璧」，舊並譌「璋」。王云：「『珪璋』本作『圭璧』，此後人以意改之也。古者祈禱皆用圭璧，無用璋者。金縢曰：『植璧秉圭，乃告太王、王季、文王。』大雅雲漢曰：『圭璧既卒，寧莫我聽。』諫上篇曰：『寡人之病病矣，使史固與祝佗巡山川宗廟，犧牲珪璧，莫不備具。』是其證。羣書治要正作『圭璧犧牲』。」純一：今據正。案：日本治要「圭」作「珪」。令祝宗薦之乎上帝宗廟，意者祀可以干福乎？」「祀」，舊譌「禮」，治要校文「禮」疑「祀」，今據正。蘇校同。孟子曰：「禍福無不自己求之者。」乃干上帝，左矣。晏子對曰：「嬰聞之，古者先君之干福也，政必合乎民，行必順乎神。政必均平，德同於民。行必至公，誠通於神。節宫室，不敢大斬伐，以無偪山林。孫云：「一本脱『以』字，非。」純一案：此文疑本作「不敢大斬伐以偪山林」九字句，「無」字蓋淺人謂與下文「以偪山林」相反妄增，不知下文義與此文相反者，在無「不敢」

二字也。「無」與「不敢」義複，當刪。節飲食，無多畋漁，「無」當作「不敢」，與上文一律。以無偪川澤。「無」字當刪，詳上。蘇云：「治要『畋』作『田』，『澤』作『浦』，下並同。」祝宗用事，辭罪而不敢有所求也。蘇云：「治要『所』作『祈』，下同。」純一案：禮記禮器曰：「祭祀不祈。」鄭注云：「祭祀不爲求福也。」是以神民俱順，而山川納禄。蘇云：「曲禮下鄭氏注云：『納，猶致也。』爾雅釋詁云：『禄，福也。』納禄猶言致福。下云『收禄』，正與此反言。」今君政反乎民，「乎」，治要作「于」。而行悖乎神。今君藉重獄多，反乎民心，百姓疾怨，自爲祈祥，背於神明之德矣。大宮室，多斬伐，以偪山林。羨飲食，蘇云：「治要『飲』作『飯』。」多畋漁，以偪川澤。以縱欲故，暴殄天物，而化機滯矣。是以神民俱怨，「神民」舊倒，今據上文並治要乙。而山川收禄，山川之産，不勝其戕賊而竭。司過薦罪，蘇云：「治要作『薦至』，疑誤。」純一案：治要校文作「薦罪」。司過，官名，内史也。薦，舉也。而祝宗祈福，意者逆乎！」言祝宗與司過相反，神不可欺，福非德洽於民不致也。公曰：「寡人非夫子無所聞此，請革心易行。」于是廢公阜之遊，止海食之獻，節飲食，息苛擾。斬伐者以時，斧斤以時入山林。畋漁者有數，恤物命以厚生。居處飲食，節之勿羨，祝宗用事，辭罪而不敢有所求也，蘇云：「治要作『焉』。」純一案：祝宗言罪而無求，庶不僭嫚於鬼神。故鄰國忌之，忌，憚也。諸侯不敢加兵於齊。百姓親之。民懷其德。晏子没而後衰。蘇云：「治要載此章在問下篇。」

景公問古之盛君其行如何晏子對以問道者更正第十一

景公問晏子曰：「古之盛君，其行如何？」此從元刻，孫本作「何如」。黄云：「當依元刻作『如何』，淩本同。標題亦作『如何』。」晏子對曰：「薄于身而厚于民，前五章作「薄身厚民」。薄身，自爲者輕，儉也。厚民，爲人者重，勤也。所以兼人己於一愛也。晏子德行功業盡該於此，推之堯、舜、大禹，固無不然。約于身而廣于世。約于身者，自奉極約，不役於物，所以全性之真也。廣于世者，因性理，無間於物我古今，務期永世之人兼愛交利以盡性也，所謂約守而博施也。其處上也，足以明政行教，「明政」，如洪範所謂「農用八政」之類是，所以厚民生也。「行教」，如舜典所謂「慎徽五典」之類是，所以正民德也。不以威天下。蘇云：「治要作『而不以威下』。」純一案：不尚武力以威天下，蓋本史佚陵人不祥之訓。見僖十五年左傳。即墨家非攻之恉。其取財也，權有無，均貧富，取財於富有者，以調劑貧乏之者。一切經音義十七引賈逵注國語云：「權，平也。」於陵子貧居篇曰：「鈞天地之有。」論語季氏篇：「孔子曰：『均無貧。』」不以養嗜欲。嗜欲者，伐性之斧，最足使人敗德，而無異於禽獸者也。禮樂記曰：「夫物之感人無窮，而人之好惡無節，則是物至而人化物也。」故嗜欲宜節，不可養而長之，此墨家所以尚儉也。**誅不避貴，**貴者違法必誅之。**賞不遺賤。**賤者有勞必賞之。**不淫于樂，**恐以樂虧奪民衣食之財，且廢君子之聽治，與賤人之從事。蓋遵大禹謨「罔淫于樂」之教，即墨家非樂之本。**不遁于哀。**「遁」讀爲「循」，凡字从「彳」又从「辵」者，皆得相通。墨子非儒篇「宗（讀崇。）喪循哀」可證。蓋恐久喪以害生，厚葬以傷業（鹽鐵論論誹引晏子語。）故。此墨家節葬之恉。**盡智導民而不伐焉，**墨子兼愛下篇曰：「有道肆相教誨。」蓋以先覺覺後覺。倘天下有一未覺之人，即是導民之智有未盡，夫何自伐之有。昔大禹克勤于邦，不自滿假，乃墨家不伐之宗風。**勞力事民而不責焉。**「事民」，舊作「歲事」。王云「『歲事』本作『事民』。事，治也。見呂覽、淮南、戰國策注。謂盡智以導民而不自矜伐，勞力以治民而不加督責也。後人不解『事民』二字之義，而改『事民』爲『歲事』，則既與勞力不相承，又與上句『導民』不對矣。羣書治要正作『勞力事民而不責』。」純一案：王訓「事」爲「治」，以「責」爲督責，並非。而據治要正「歲事」之誤，是也。今從之。下章曰「事因於民者必成」，又曰「國有義勞，民有加利」，是知勞力事民，如盡力溝洫之類，即大禹形勞天下之恉。蓋勞力以事民之事，而不責報也。墨子魯問篇曰：「有力以勞人。」莊子天下篇謂墨者「以自苦爲極」，而備世之急。荀子富國篇謂墨子「上功勞苦，與百姓均事業，齊功勞」。可互證。「不責」與「不伐」文義相對。不伐，言不伐功於己；不責，言不責德於人，皆本兼愛之至理以爲言。晏子固墨家先進也。**政尚相利，故下不以相害爲行。教尚相愛，故民不以相惡爲名。**舊「行」上「爲」字錯置「政」上。王云：「案上二句本作『政尚相利，故下不以相害爲行（去聲。）』，與『教尚相愛』二句對文。後人誤以『故下不以相害』爲一句，『行（平聲。）教尚相愛』爲一句，『故民不以相惡』爲一句，遂移『爲』字於『政尚相利』之上，而以『爲政尚相利』連讀，以對『行教尚相愛』之文，則既失其義，又失其句，而下文『爲名』二字遂成衍文矣。羣书治要正作『政尚相利，故下不以相害爲行。教尚相愛，故民不以相惡爲名』。」純一案：王説是，今據正。此墨家兼相愛、交相利之要指。**刑罰中于灋，**管子明法篇曰：「不淫意于法之外，不爲惠于法之內。」可爲確詁。**廢置順于民。**「置」，舊譌「罪」。俞云：「『廢罪』當作『廢置』，字之誤也。舉直錯諸枉則民服，是謂『廢置順于民』。」純一案：俞説是，今據正。**是以賢者處上而不華，**蘇云：「『不華』，即下第二十章所謂『諫乎前不華乎外』意。」純一案：鹽鐵論論誹篇：「晏子有言，儒者華於言而寡於實。」蓋晏子墨者，尚樸，重實行而不華於言，故曰「賢者處上而不華」。**不肖者處下而不怨，**不肖者，自知不能接天下之政，治天下之民，故甘處于下而不怨。**四海之內，社稷之中，粒食之民，**蘇云：「治要無此二句。」純一案：「社稷之中」句冗，蓋後人所加，當删。**一意同欲。**此墨家尚同之指。**若夫私家之政，**蘇云：「治要無此句。」純一案：墨子尚同下篇曰：「治天下之國，若治一家。使天下之人，若使一夫。」義可互明。**生有厚利，死有遺教，**舊脱「厚利死有」四字，文不成義，從王校據治要補。謂盛德之君，生有厚利被於當時，死有遺教垂於後世。**此盛君之行也。**舊衍「公不圖晏子曰」六字，從王校删。

蘇云：「此下治要無。」臣聞問道者更正，「正」疑「心」之譌。「更心」與「更容」對文。標題亦當作「更心」。聞道者更容。「更容」，謂當肅然起敬。今君税斂重故民心離，窮民財力以供嗜欲故。市買悖故商旅絶，「買」當爲「賈」之譌，「賈」與「價」同。悖，亂也。後漢黄昌傳注。言市徵重，物價亂，商旅失利將絶迹也。玩好充故家貨殫。玩好之物充斥於市，而供家室日用者殫焉。殫，盡也。言習尚奢極，害民生也。積邪在于上，辟邪之人皆及執政。蓄怨藏于民，百姓疾怨積藏於心。嗜欲備于側，問下三章曰：「左爲倡，右爲優，讒人在前，諛人在後。」毁非滿于國，諫上十二章曰：「一國詛。」孫云：「側、國爲韻。」而公不圖。」圖，計也，謀也。公曰：「善。」于是令玩好不御，玩物滅則家貨增。公市不豫，王引之曰：「『豫』猶『誑』也。説見荀子『豫賈』下。」蘇云：「不豫，謂不誑也。言公市俱以誠信相貿易，無有誑詐也。荀子儒效篇云：『魯之粥牛馬者不豫賈。』義並同。」宫室不飾，業土不成，不待土工之成而罷。止役輕税，民力舒，民財裕。上下行之，而百姓相親。

景公問謀必得事必成何術晏子對以度義因民第十二

景公問晏子曰：「謀必得，事必成，有術乎？」晏子對曰：羣書治要無「晏子」二字。

「有。」公曰：「其術如何？」治要作「何如」。晏子曰：「謀度于義者必得，義則無不宜故。事因于民者必成。」民之所欲，天必從之。公曰：「奚謂也？」對曰：「其謀也，左右無所繫，繫，縛也。上下無所縻，盧云：「元刻『靡』。」純一案：「縻」亦作「靡」。荀子正論篇：「藉靡舌縪。」注：「靡，繫縛也。」與『縻』義同。其聲不悖，名正。其實不逆，事順。謀于上不違天，大公至正。謀于下不違民，洪範曰：「謀及庶人，庶民從，是之謂大同。」以此謀者必得矣。黄云：「元刻『謀』作『謨』。」純一案：孟子公孫丑下曰：「得道者多助，多助之至，天下順之。」可相發明。事大則利厚，事小則利薄，稱事之小大，孫本作「大小」。權利之輕重，國有義勞，蘇云：「言所勞俱爲義，不同妄勞，故曰『義勞』。『勞』與『利』對文，言國雖勞而民利也。」純一案：秉國者，以爲民勤勞爲正義。民有加利，「加」，舊譌「如」。王云：「『如』當爲『加』字之誤。『民有加利』，謂舉一事而利加于民也。前第四章曰『上有羨獲，下有加利』，語意與此相似。又曰：『破釐之臣，東邑之卒，皆有加利。』此皆『加利』二字之證。」純一案：王説是，今據正。以此舉事者必成矣。秉國者典厥義，爲民勞，則利之加于民者厚，民無不樂助者，宜其舉事速成矣。夫逃義而謀，舊「義」譌「人」，從王校正。「謀」作「謨」，從黄校據淩本改。雖成不安。謀外乎義，終必敗亡。傲民舉事，雖成不榮。事不敬重民意者，雖成徒增疾怨耳。

故臣聞：義，謀之瀼也；「也」，元刻作「者」，孫本譌「以」，今從王、顧校正。謀準于義，斯平正矣。民，事之本也。凡事以愛民利民爲本。故反義而謀，倍民而動，舊「反」譌「及」，「倍」譌「信」。王云：「『及義而謀，信民而動』，與下句文義不合。『及』當爲『反』，『信』當爲『倍』。倍亦反也。義爲謀之法，民爲事之本，故反義而謀，倍民而動，未有能存者也。上文云『逃義而謀，雖成不安。傲民舉事，雖成不榮』，正與此文相應。羣書治要作『反義而謀，背民而動』。『背』與『倍』古字通，故知『信』爲『倍』之誤。」純一案：王説是，今據正。未聞存者也。元刻如此。孫本「存」上有「不」字。王云：「『不』字乃後人所加，蓋不知『及信』二字爲『反倍』之誤，故於此句内加『不』字，以牽合上文耳。」蘇云：「元刻是。治要正無『不』字。」純一案：「存」上當有「能」字，語氣較完足。昔三代之興也，謀必度于義，「于」，舊作「其」。王云：「『度其義』，本作『度于義』。度，待洛反。『度』之言『宅』也。薛瓚注漢書韋元成傳曰：『古文宅、度同。』堯典『宅西』，周官縫人注『宅』作『度』。詩大雅文王有聲篇『宅是鎬京』，坊記作『度』。宅者，居也，謂謀必居于義也。文十八年左傳『不度於善，而皆在於凶德』，杜注曰：『度，居也。』大雅緜及皇矣傳並同。是『度於義』即『居於義』也。『度於義』與『因於民』對文，上文『謀度於義者必得，事因於民者必成』是其明證。今本作『度其義』，則迥非『居於義』之謂，且與上下文不合矣。治要正作『謀必度於義』。」純一案：王説是，今據正。事必因于民。三代之興，非義無謀，舍民無事。莊子在宥篇曰：「遠而不可不居者，義也。卑而不可不因者，民也。」及其衰也，建謀反義，元刻作「建謀者及義」。孫本作「建謀不及義」。顧云：

「當作『建謀反義』四字句。」純一：今據刪訂，與下句對文。治要作「謀者反義」，脱「建」字，衍「者」字。興事傷民。故度義因民，謀事之術也。」蘇云：「此下治要無。」公曰：「寡人不敏，聞善不行，其危如何？」黄云：「元刻『危』作『巳』，剥文。」對曰：「上君全善，最上者無不善。其次出入焉，次焉者，時善時不善。其次結邪而羞問。又其次，即最下者，無善可言，習慣邪僻，如結不可解，且謬以問善爲可羞。全善之君能制出入之君。時出於善，時入於善，則不全善，視全善之君德薄矣，故受制焉。時問之君元刻如此。孫本脱「之君」二字。時問之君即出入之君，上與全善之君、下與羞問之君相對成文。雖日危，尚可以没身。因時問善，不至全不善，故雖日陷於危，此身或尚可以壽終。羞問之君不能保其身。貫盈不善，又羞問善，桀、紂之惡，不能過焉，此身首領恐難保也。今君雖危，尚可没其身也。」今君可當時問之君故。

景公問善爲國家者何如晏子對以舉賢官能第十三

景公問晏子曰：蘇云：「治要作『景公問求賢』。此下至『榮君』，治要無。」「莅國治民，善爲國家者何如？」晏子對曰：「舉賢以臨國，官能以敕民，國事民事，非賢能不理。問下一章曰：「昔吾先君桓公下賢以身，見賢不留，使能不怠，是以内政則民懷之，征伐則諸侯畏之。」則其道也。舉賢官能，則民與君矣。」「君」，舊譌「若」，從盧校正。「與」猶「親」也。公曰：「雖有賢能，吾庸知乎？」「庸」猶何也、詎也。晏子對曰：「賢而隱，庸爲賢乎。賢不見用，等於庸衆，詎爲賢乎。吾君亦不務乎是，孫云：「言君亦不以此爲事。」故不知也。」公曰：「請問求賢。」對曰：「觀之以其游，孫云：「觀其交游也。」純一案：所謂觀人於其友也。孟子萬章上載孔子於衛主顔讎由，不主癰疽。子華子序記子華子不應簡子之聘，去晉之齊，館於晏氏。皆其例證。說之以其行，後廿七章景公問取人得賢之道，晏子對曰：「舉之以語，考之以事。」無以靡曼辯辭定其行。句首舊衍「君」字，從蘇校删。言取人重實行。華於言者，無用也。無以毁譽非議定其身，君子之所爲，衆人固不識，蓋曲高者和寡。子華子北宮子仕篇曰：「夫人之常情，譽同於己者，愛同於己者。愛之反則憎，譽之反則毁。」明衆人之毁譽不足憑也。如此，則不爲行以揚聲，俞云：「古『爲』、『僞』字通用。成九年左傳『爲將改立君者』，定十二年傳『子爲不知』，釋文並云『爲，本作僞』，是也。『不僞行以揚聲』，言不僞託高行以揚聲譽。」不掩欲以榮君。王引之云：「『榮』讀爲『營』。營，惑也。見呂氏春秋、淮南注。『掩欲以營君』者，外爲廉絜，以自掩其貪，將以惑君也。第二十一章說佞人之事君曰『以僞廉，求上采聽而幸以求進』，正謂此也。『營』、『榮』古字通，說見經義述聞『不可榮以禄』下。」故通則視其所舉，蘇云：「治要無

『故』字，上有『晏子對曰』句。」純一案：治要省去上文故爾。「通則視其所舉」，如後二十章曰：「忠臣選賢進能，睹賢不居其上。」史記管晏列傳曰：「鮑叔既進管仲，以身下之。」又如襄三年左傳：「君子謂祁奚舉其讎解狐，不爲諂。舉其子午，不爲比。舉其偏伯華，不爲黨。夫唯善，故能舉其類。」皆其例也。窮則視其所不爲，問下廿四章曰：「貧窮不易行。」論語衛靈篇曰：「君子固窮。」固，安也。富則視其所分，貧則視其所不取。舊作「富則視其所不取」。王云：「『通』與『窮』對，『富』與『貧』對。羣書治要作『富則視其所分，貧則視其所不取』，是也。今本脱『分』字及『貧則視其所』五字，則文不成義。」純一案：王説是，今據補。史記魏世家、韓詩外傳三、説苑臣術篇並載李克語，文有移異而義均同，可證。漢書杜欽傳亦有文類此。諫下十九章曰：「藏財而不用，凶也。」蓋有財貴相分，但視其所分予者之賢否，即可定其人之賢否。貧則視其所不取，亦可知其操守。墨子修身篇曰：「貧則見廉。」是其義。夫上士，難進而易退也。背祿鄉義故。治要脱「士」字。其次，易進而易退也。鄉祿亦不背義故。「而」字舊脱，據治要補。下同。其下，易進而難退也。背義鄉祿故。蘇云：「表記：『孔子曰：「事君難進而易退則位有序，易進而難退則亂也。」』位有序故爲上士，亂故爲下。」以此數物者取人，蘇云：「物猶事也。」其可乎。」

景公問君臣身尊而榮難乎晏子對以易第十四

景公問晏子曰：「爲君，身尊民安。爲臣，事治身榮。難乎？易乎？」晏子對曰：「易。」公曰：「何若？」對曰：「爲君節養其餘以顧民，君自養儉，苟有餘財，盡以眷念於民而施之。則身尊而民安。「身」，舊譌「君」，從王校正。爲臣忠信而無踰職業，爲臣者，竭誠無欺以從事，務無虧於職守而有越分之行。則事治而身榮。」公又問：「爲君何行則危？爲臣何行則廢？」晏子對曰：「爲君，厚藉斂而託之爲民，厲民自恣而假託爲利民，正與上文「爲君節養其餘以顧民」相反。進讒諛而託之用賢，辟邪阿黨。遠公正而託之不順，輕蔑有德。孫云：「言不順君所爲。」君行此三者則危。爲臣，比周以求進，黄云：「『進』，元刻作『寸』，誤。求進、求多、求親對文。此言臣有三求則廢，上言君有三託則危，亦對文。『求進』句絶。『踰職業』屬下『求多』爲義，『求多』亦句絶。」純一案：管子明法篇曰：「臣下比周，以黨舉官，是以官失其治。」踰職業，防下隱利而求多，踰乎職業之外，防遏下民，隱匿其利而求多以私肥，正與上文「爲臣忠信而無踰職業」相反。從君不陳過而求親，王云：「謂臣在君側，不陳君過，而但求親近也。」人臣行此三者則廢。

臣對君言。「人」字疑衍。**故明君不以邪觀民，**「故明君」反承上文「君行此〔一〕三者則危」言。蘇云：「『觀』猶『示』也。『不以邪觀民』，言不以邪示民也。呂覽博志『此所以觀後世已』，注：『觀』訓『示』。」**守則而不虧，**孫云：「爾雅釋詁：『則，常也，法也。』」純一案：「則」疑「財」之形譌，「財」上又脱「民」字。此文本作「守民財而不虧」，反承上文「厚藉斂而託之爲民」言，與「立法儀而不犯」對文。後十八章曰：「守于民財，無虧之以利。」文略異而義正同。**立灋儀而不犯，**孫云：「墨子有法儀篇：『天下從事者，不可以無法儀。』」純一案：此言立法以爲萬民之儀表，而君身不得自犯，猶詩抑篇云「淑慎爾止，不愆于儀」也。後十八章「立于儀法，不犯之以邪」義同。立法爲儀，所以保羣勵治，遵行不犯，罔敢擾羣害治也。**苟有所求于民，不以身害之，**「不以」上，舊衍「而」字，從王校據後第十八章删。**是故刑政安于下，民心固于上。**刑平政理，民相安于下，心不貳于上矣。**故察士不比周而進，**「故察士」反承上文「臣行此三者則廢」言。**不爲苟而求，**知苟求多利，是取敗之道。**言無陰陽，**信。黃云：「陰陽，猶云面背。言無面從背違。」**行無内外，**忠。**順則進，否則退，**進退一準于道。**不與上行邪，**德操貞固而不求親。此三句亦見後二十章。**是以進不失廉，退不失行也。」**明察之士，有足以自榮者，故人不得而廢之。〔二〕問

〔一〕「此」，原脱，據正文補。

下十八章曰：「進不失忠，退不失行。」

景公問天下之所以存亡晏子對以六説第十五

景公問晏子曰：「寡人持不仁，其無義耳也。」蘇云：「『義』當爲『議』，蓋叚字。莊子齊物論『有倫有義』，崔本『義』作『議』，是『義』、『議』同字之證。此與荀子『北面端拜而議』之『議』同義。景公蓋自謂所持不仁，故無足議耳也。（猶云「未足與議」。）不然，（言「若能仁」也。）請北面事夫子而與之議。謂議政治大道也。故下文云『請終問天下之所以存亡』。」純一案：齊策四：「齊人見田駢曰：『聞先生高議。』」吳會祺云：「『議』與『義』通。」蘇讀「義」爲「議」，是也。但尚有欠審處。此文疑本作「寡人特不仁，其無足議耳」。今本「特」剥爲「持」，「議」剥爲「義」，「足」譌「也」，又倒著「耳」下，故文義不順。不然，北面與夫子而義。」蘇云：「『議』同。」晏子對曰：「嬰，人臣也。公曷爲出若言？」「若」猶「此」也。指北面言。臣見君則北面，嬰人臣，故不敢當北面之説。公曰：「請終問天下之所以存亡。」

晏子曰：「縵密不能、蔍苴不學者詘。「學」上「不」字舊脱，從王校補。盧云：「『蔍苴』當與『麤粗』同，上倉胡切，下才古切，猶鹵莽也。詳見余札記。」王云：「當作『縵密不能、蔍苴不學者詘』。『蔍苴』與『麤粗』同。麤，倉胡反。粗，在户反。二字義同而音異，説見廣雅疏證一。『縵密』猶『緜密』，謂事之精微者。言縵密之事既不能，蔍苴之事又不學，則未有不詘者也。下文曰：『身無以用人而又不爲人用者卑。善人不能戚、惡人不能疏者危。交游朋友，無以説於人，又不能説人者窮。事君要利，大者不得、小者不爲者餧。修道立義，大不能專、小不能附者滅。』語意並與此同。今本脱去『不』字，則其義相反，且與上文不對矣。外上篇曰：『微事不通、麤事不能者必勞。大事不得、小事不爲者必貧。大者不能致人、小者不能至人之門者必困。』語意亦與此同。『微事不通，麤事不能』，正所謂『縵密不能，蔍苴不學』也。以是明之。」蘇云：「王説是。」純一案：外上文見十七章。身無以用人，而又不爲人用者卑。孫云：「孟子所謂『既不能令，又不受命』也。」純一案：説文：「卑，賤也。」輕之之詞。善人不能戚、惡人不能疏者危。戚，親也，近也。疏，外也，遠也。善無由修，惡日益長，故危。交游朋友，舊衍「從」字，從王校删。無以説于人，又不能説人者窮。既無才德見説于人，又於人之有才德者不能説而服之，終必窮而不達也。事君要利，大者不得、小者不爲者餧。孫云：「一本作『餒』，非。」純一案：要，求也。言尊位不可得，又不肯居卑，無利可要，餧而已矣。修道立義，大不能專、小不能附者滅。能專修大道，立大義，尚矣。乃皆不能，並於修小道、立小義者不能附而和之，必狃于姦回，自取滅亡。此足以觀存亡矣。」案：此足以觀存亡，與公問「天下之所以存亡」正相應。正文六説，必存亡並舉。今本有亡無存，疑「縵密不能」上有脱簡。以本書文例求之，皆反其説可知也。此與外上十七章事異而辭多同。

景公問君子常行曷若晏子對以三者第十六

景公問晏子曰：「君子常行曷若？」晏子對曰：「衣冠不中，不敢以入朝。中，正也。衣冠正，斯瞻視尊。所言不義，不敢以要君。不敢以不義之言要君。身行不順，孫云：「一本下有『不敢以』三字，非。『身行』，舊作『行己』。」王云：「『行己』本作『身行』，行讀去聲。此後人習聞『行己』之語，而罕見『身行』之文，故改之耳。不知『身』即『己』也。玉篇：『己，身也。』下文『身行順，治事公』正承此文言之。未見全文，而輒以意改，粗心人大抵皆然。羣書治要正作『身行不順』。」純一：今據正。治事不公，不敢以莅衆。身行必循乎理，治事必忠於國，斯可莅衆耳。衣冠無不中，蘇云：「治要無『無不』二字。下同。」故朝無奇僻之服。奇僻之服，如諫下十三章「飾履以金玉」是。孫云：「『僻』，一本作『辟』。」所言無不義，故下無僞上之報。上下相見以誠。身行順，治事公，故國無阿黨之義。問上五章云：「辟邪阿黨。」三者，君子之常行也。」舊「行」下有「者」字。王云：「衍。『常行』讀去聲。若云『常行者』，則當讀平聲矣。上文『景公問君子常行曷若』即其證。羣書治要無『者』字。」純一：今據刪。

景公問賢君治國若何晏子對以任賢愛民第十七

景公問晏子曰：「賢君之治國若何？」晏子對曰：「其政任賢，惟賢君能以身下賢而任之政。忠經報國章曰：「賢者，國之幹。」墨子尚賢中篇曰：「任之以事，斷予之令。」孟子盡心上曰：「堯、舜之仁，不偏愛人，急親賢也。」其行愛民。用康保民，兼愛無遺。其取下節，藏富于民。其自養儉。節性。在上不犯下，罔敢侮民。在治不傲窮。傲，輕也。謂不虐無告，不廢困窮。從邪害民者有罪，罪從邪説煽亂者。進善舉過者有賞。獎進善言、敢直諫者。其政刻上而饒下，儆于有位，撫下以寬。赦過而救窮，宥過無大，惠鮮鰥寡。不因喜以加賞，不因怒以加罰，賞必當賢，不以私喜淫。罰必當暴，不以私怒濫。問下八章：「喜樂無羨賞，忿怒無羨刑。」義同。不從欲以勞民，蘇云：「『從』，讀爲『縱』。」純一案：書大禹謨曰：「罔咈百姓以從己之欲。」不修怒而危國。不修怒以陵人，而危及國本。僖十五年左傳：「史佚有言曰：『無重怒，重怒難任，陵人者不祥。』」上無驕行，下無諂德。此二句已見前七章。上無私義，義必尚同于天。下無竊權。柄不下移。上無朽蠹之藏，薄斂厚施。下無凍餒之民。人給家足。昭三年左傳曰：「公聚朽蠹，而三老凍餒。」故言此對治之。不事驕行而尚同，「同」，舊譌「司」。盧云：「疑『同』。墨子有上同篇。」純一：今據正。驕，縱恣也。墨子天志下篇曰：「諸侯不得恣己而爲政，有天子正之。天子不得恣己而爲政，有天正之。」是爲上同。其民安樂而尚親。民皆安居樂業，相愛而不相惡。下章云：「下以相親爲義。」賢君之治國若此。」

景公問明王之教民何若晏子對以先行義第十八

景公問晏子曰：「明王之教民何若？」晏子對曰：「明其教令，而先之以行義。蘇云：「治要無『義』字。下『刑』下無『辟』字。」純一案：「先之」者，以身先之，如禮大學曰：「堯、舜帥天下以仁而民從之。」養民不苛，撫民以寬。而防之以刑辟。止惡禁暴。所求于下者，必務于上。「必」，舊譌「不」。王引之云：「『不務于上』，義不可通。『不務』當作『必務』，此涉上下文諸『不』字而誤也。羣書治要亦作『不務』，則唐初本已然。案『所禁于民者，不行于身』，謂無諸己而後非諸人也。『所求于下者，必務于上』，謂有諸己而後求諸人也。則當作『必務』，明矣。下文云『苟所求于民，不以身害之』，『苟所禁於民，不以事逆之』，即承此四句而言。」純一案：王說是，今據正。所禁于民者，不行于身。守于民財，無虧之以利。保民之富，不事侵削。立于儀灋，不犯之以邪。前十四章曰：「立法儀而不犯。」義同。苟所求于民，不以身害之。文已見前十四章。故下從其教也。「從」上舊衍「之勸」

二字，從蘇校據羣書治要刪。蘇云：「治要無上六句。」稱事以任民，稱，度也，量也。中聽以禁邪，俞云：「『聽』，謂聽訟也，古謂聽訟爲聽。書大傳『諸侯不同聽』，注曰：『聽，議獄也。』『中聽以禁邪』，言聽訟得中，則足以禁邪也。尚書呂刑篇曰：『罔不中聽獄〔一〕之兩辭。』然則『中聽』二字蓋本于尚書矣。」不窮之以勞，黄云：「謂稱事。」不害之以罰，「罰」，舊譌「實」。王云：「『害之以實』，義不可通，『實』本作『罰』，謂不以刑罰害民也。『窮之以勞，害之以罰』，皆虐民之事。羣書治要正作『不害之以罰』。」純一：今據正。苟所禁于民，不以事逆之，逆，反也。故下不敢犯其上也。古者百里而異習，千里而殊俗，故明王修道，一民同俗。前十一章云：「四海之内，粒食之民，一意同欲。」大旨同。上以愛民爲灋，下以相親爲義，是以天下不相違，「愛民」、「相親」上，舊並脱「以」字，「違」譌「遺」，從王校據羣書治要補正。此明王之教民也。舊作「此明王教民之理也」。王云：「本作『此明王之教民也』，上章『賢君之治國若此』，正對『賢君治國若何』之問，本章『此明王之教民也』，亦正對『明王教民何若』之問。今本作『此明王教民之理也』，詞意庸劣，乃後人所改。羣書治要正作『此明王之教民也』。」純一：今據改。

〔一〕「獄」上原衍「于」，據諸子平議及尚書刪。

景公問忠臣之事君何若晏子對以不與君陷于難第十九

景公說苑作「齊侯」。**問于晏子曰：**盧云：「論衡定賢篇作『齊詹問』。『詹』疑『侯』字誤。但下作『詹曰』，又似非誤。」**「忠臣之事君何若？」**舊「君」下衍「也」字。盧云：「論衡及說苑臣術篇『事』下皆有『其』字。」蘇云：「治要無『也』字。」純一案：太平御覽六百二十一亦無「也」字，今並據刪。**晏子對曰：**黃云：「『對』，元刻作『敓』。」**「有難不死，出亡不送。」**北堂書鈔二十九引。**公不說，曰：**盧云：「論衡但作『詹曰』，無『齊』字。」**「君裂地而封之，**盧云：「論衡、說苑俱無『君』字。『裂』，論衡作『列』。」蘇云：「治要『封』作『富』。」純一案：論衡「封」作「予」。**疏爵而貴之，**蘇云：「史記黥布傳云：『上裂地而王之，疏爵而貴之。』文與此同。集解引漢書音義曰：『疏，分也。禹決江疏河是也。』案：尚書武成〔一〕云：『列爵惟五，分土惟三。』『疏爵』與『裂地』對文，故『疏』可訓『分』。」純一案：文選陽給事誄曰：「疏爵紀庸。」**君有難不死，**蘇云：「治要無『君』字。」**出亡不送，其說何也？」**舊作「可謂忠乎」。王云：「『可謂忠乎』，本作『其說何也』，下文晏子對詞，正申明『不死』、『不送』之說。今本作『可謂忠乎』

〔一〕「成」，原作「城」，據尚書改。

者，後人依説苑臣術篇、論衡定賢篇改之。羣書治要及太平御覽治道部二引此，並作『其説何也』。」純一案：王説是，今據改。對曰：「言而見用，終身無難，臣奚死焉。蘇云：「治要『奚』作『何』。下同。」純一案：論衡作「奚」，御覽、説苑俱作「何」。謀而見從，治要、説苑同。盧云：「『謀』，論衡『諫』。」純一案：御覽亦作「諫」。終身不亡，「亡」，舊作「出」，治要、御覽同。今從盧校據論衡、説苑改。臣奚送焉。呂氏春秋務大篇：「鄭君問於被瞻曰：『聞先生之義，不死君，不亡君，信有之乎？』被瞻對曰：『有之。夫言不聽，道不行，則固不事君也。若言聽道行，又何死、亡哉。』故被瞻之不死、亡也，賢乎其死、亡者也。」義同。若言不見用，「見」字舊脱，從盧校據論衡、説苑補。下同。有難而死之，孫云：「『死』，説苑作『使』。」純一案：説苑作「死」。或孫所見本異。蘇云：「治要無『之』字。下同。」是妄死也。晏子所以不死莊公之難。謀而不見從，盧云：「『謀』，論衡、説苑俱作『諫』。」出亡而送之，是詐僞也。本無同情之感故。「僞」，論衡作「爲」，古通用。故忠臣也者，治要無「故」字。盧云：「論衡、説苑俱無『也』字。」能納善于君，盧云：「『納』，論衡『進』。」不能與君陷于難。」盧云：「『君』，論衡無。」蘇云：「治要有『者也』二字。」孫云：「説苑臣道篇用此文。」

景公問忠臣之行何如晏子對以不與君行邪第二十

景公問晏子曰：「忠臣之行何如？」對曰：「不掩君過，諫乎前，不華乎外。掩，蓋也。孫云：「不華，不諠譁也。」蘇云：「治要無此二句。」**選賢進能，不私乎內。**前十三章言「善爲國」者，莫先於「舉賢官能」，此以「忠臣之行」莫重於「選賢進能」，蓋以尚賢爲政之本也。「不私乎內」者，不黨父兄，不偏富貴，不嬖顏色也。見墨子尚賢中篇。**稱身就位，**言衡量自身之才德所堪任者以就位。問下五章曰：「稱身居位，不爲苟進。」論語季氏篇「陳力就列」，集解引馬融云：「當陳其才力，度己所任以就其位。」義同。**計能受禄。**「受」，舊作「定」。王云：「禄由君定，非由臣定也。『定禄』本作『受禄』，下文『受禄不過其量』即其證。羣書治要正作『計能受禄』。」純一：今據正。**睹賢不居其上，**墨子魯問篇曰：「處高爵禄則以讓賢。」史記管晏列傳：「鮑叔既進管仲，以身下之。」晉語九少室周力弗勝牛談而讓右。**受禄不過其量。**問下五章曰：「稱事受禄，不爲苟得。」管子重令篇曰：「受禄不過其功。」義同。**不權居以爲行，**王云：「『權居』二字義不可通。『居』當爲『君』，字之誤也。權，稱也。言忠臣之行，（去聲。）必準于道，不稱君以爲行也。羣書治要正作『不權君以爲行』。」俞云：「王説非也。『權居』與『稱位』相對，『權』猶『稱』也，『居』猶『位』也。若作『權君』，則不倫矣。古之君子，所居雖卑，所行則高，所居雖汙，所行則潔，是謂『不權居以爲行』。」不稱位以爲忠。不以位卑不任天下之重。不揜賢以隱長，務成人之美，揚人之善。不刻下以諛上。待下寬，事上正。君在不事太子，心一於君，不貳於儲。國危不交諸侯。盡忠謀國，不藉外援。順則進，否則退，不與君行邪也。」治要無「也」字。此三句已見前十四章。

景公問佞人之事君何如晏子對以愚君所信也「以」字據總目增。第二十一

景公問：「佞人之事君如何？」晏子對曰：「意難，難不至也。見義意以爲難，即畏縮不前。明言行之以飾身，身無實行，明以空言欺君自飾。僞言無欲以説人，私欲熾盛，僞言無欲，冀以悦人，傳聞於君。孫云：「『身』、『人』爲韻。」嚴其交以見其愛。嚴，尊也。尊其與君相接者，以見其愛君。觀上之所欲而微爲之偶，「微」，「𧡩」之叚，伺閒也。偶，合也。𧡩合上之所欲，以要寵眷。唐韻正四十五厚：「『偶』，古音藕。」「偶」、「與」爲韻。求君逼邇，盧云：「元刻『爾』。」而陰爲之與。蘇云：「與，黨與也。言求君寵倖之人，而陰結爲黨與也。」內重爵禄而外輕之以誣行，誣，欺罔也。下事左右而面示公正以僞廉，居心卑汙，以事左右，而外貌假示公正，冀以僞取廉名。求上采聽

而幸以求進。求上因左右采聽其無欲輕禄之廉名，徼幸以干進。傲禄以求多，或故輕視利禄，以不如此不能求得多禄故。辭任以求重。辭不勝之任，求重要之職。工乎取，善取人所不能取。鄙乎予。惜財如命。歡乎新，慢乎故。假託變法，便於私營。問下三十章云：「新始好利。」義同。孫云：「『予』、『故』爲韻。」純一案：古音諧十二魚去聲引此。悋乎財，孫云：「『悋』當爲『吝』。」薄乎施。財慳積而不樂施。覩貧窮若不識，鄰族戚友，雖極貧窮，覩之若不相識。趨利若不及。恐落人後。外交以自揚，外交鄰國之權幸，聲揚以自重。背親以自厚。利之所在，雖至親亦背之，而厚自取。積豐羨之養「羨」，舊譌「義」。俞云：「『豐義』二字誼不可通。『義』當作『羨』，字之誤也。羨，饒也。『豐羨』猶『豐饒』矣。」純一：今據改。而聲矜恤之義，本無矜恤之心，貪得矜恤之名。非譽乎情疑本作「非譽徇乎情」，今脱「徇」字，文不成義。「非」、「誹」同。情，私意也。「徇乎情」，謂不當理也。而言不行身，口言之而身不行。涉時所議而好論賢不肖。偶涉時議，輒縱論人之短長，不自愧怍。有之己不難非之人，無之己不難求之人。墨子小取篇曰：「有諸己不非諸人，無諸己不求諸人。」佞人反之。其言彊梁而信，出言乖戾，終任意氣而不屈。其進敏遜而順。其干進也，敏捷謙遜而順利。孫云：「『信』、『順』爲韻。」此佞人之行也。明君之所誅，明君洞知其姦，必誅之。愚君之所信也。」愚君不察其姦，深信之。此與外上十四章大指略同。

景公問聖人之不得意何如晏子對以不與世陷乎邪第二十二

景公問晏子曰：「聖人之不得意何如？」蘇云：「治要『意』下有『也』字。」晏子對曰：「上作事反天時，如諫下八章春夏遊獵興役之類。從政逆鬼神，鬼神無私。從政私，故逆。藉斂殫百姓。殫，盡也。治要作「單」，蓋從古本。言搜刮民財殆盡。四時易序，如禮月令「孟春行夏令則雨水不時，孟秋行冬令則陰氣大勝」之類是。蓋人心不正，感召咎徵也。神祇並怨。作事背乎天神地祇故。道忠者不聽，道，言也。不聽忠言，以逆耳故。薦善者不行，薦，進也。諫過者有賚，蘇云：「治要『賚』作『賞』。」純一案：賚、賞義同。救失者有罪。罪及忠良。故聖人伏匿隱處，遯世无悶。不干長上，潛修德業。潔身守道，蘇云：「治要『潔』作『靜』。」不與世陷乎邪，「乎」，治要作「于」。不合汙世。是以卑而不失義，處卑微而好義。瘁而不失廉。身勞瘁而貞廉。蘇云：「治要『瘁』作『蔽』。」此聖人之不得意也。」公曰：「聖人之得意何如？」舊脱「公曰」二字，問答之界劃不清。今從王校據羣書治要補。對曰：治要作「晏子對曰」。「世治政平，舉事調乎天，調，和也。易乾文言曰：「先天而天弗違，後天而奉天時。」**藉斂和乎民，百姓樂其政，**舊作「藉斂和乎百姓樂及其政」，脱一「民」字，衍一「及」字，文義參差不協。今從王校據羣書治要訂正。「藉斂和乎民」，與上「舉事調乎天」對。「百姓樂其政」，與下「遠者懷其德」對。**遠者懷其德。**前第一章曰：「能愛邦内之民者，能服境外之不善。」義可互明。**四時不失序，**如禮月令「孟春之月，天氣下降，地氣上騰，天地和同，草木萌動」之類是。**風雨不降虐。**「虐」從元刻，治要同，孫本譌「雪」。書洪範：「曰聖，時風若。曰肅，時雨若。」是風雨不降虐之休徵。**天明象而致贊，**舊脱「致」字。王云：「下三句皆六字，唯首句少一字。羣書治要作『天明象而致贊』，是也。『致贊』，謂天致禎祥以贊王者。昭元年左傳『天贊之也』，杜注：『贊，佐助也。』淮南本經篇曰：『四時不失其敘，風雨不降其虐，日月淑清而揚光，五星循軌而不失其行。』正所謂『天明象而致贊』。」純一案：王説是，今據補。**地長育**治要作「育長」。**而具物。**禮中庸曰：「致中和，天地位焉，萬物育焉。」又曰：「大哉聖人之道，洋洋乎發育萬物。」可互證。**神降福而不靡，民服教而不僞。**靡，盡也。書微子之命曰：「肅恭神人，上帝時歆，下民祗協。」義可互明。**治無怨業，**王云：「『怨』讀爲『藴』。」劉云：「『怨』與『菀』同。」純一案：集韻：「『菀』與『藴』同。」業，事也。言治無藴積之事。問下八章：「官無怨治。」義同。**居無廢民。**居民無游惰者。**此聖人之得意也。」**

景公問古者君民用國不危弱晏子對以文王第二十三

景公問晏子曰：「古者君民而不危，用國而不弱，惡乎失之？」王云：「兩『不』字涉下文『不危』、『不弱』而衍。景公問『君民而危，用國而弱者，惡乎失之』，故下文晏子之對，皆言其所以危弱之故，若云『不危』、『不弱』，則不得言『惡乎失之』，且與下文相反矣。」黄云：「標題云『景公問古者君民用國不危弱晏子對以文王』，『不』字非衍。末云『故君民而不危，用國而不弱也』，正對問辭『惡乎失之』，『失』當作『法』。標題云『晏子對以文王』，明是『法』字。」純一案：此文疑本作「古者君民而危，用國而弱，惡乎失之？君民而不危，用國而不弱，惡乎法之」。故晏子之對，先言所以危弱之故，後言文王所以不危弱之可法。今本有脱文倒句。晏子對曰：「嬰聞之，以邪莅國、以暴和民者危。「以暴和民」義不可通。「和」疑爲「臨」字之誤也。後二十九章「景公問臨國莅民所患何也」，「國」與「民」對，「莅」與「臨」對，與此文同。修道以要利、得求而返邪者弱。孟子告子上云：「修其天爵，以要人爵。既得人爵，而棄其天爵，則惑之甚者也，終亦必亡而已矣。」可相發明。古者文王修德不以要利，詩周頌維天之命云：「於乎不顯，文王之德之純。」若要利，則不純矣。滅暴不以順紂，干崇侯之暴，干，犯也。史記殷本紀：「紂怒殺九侯女而醢九侯。鄂侯争之彊，辨之疾，並脯鄂侯。西伯昌聞之，竊歎。崇侯虎知之，以告紂，紂囚西伯羑里。」周本紀：「崇侯虎譖西伯於殷紂曰：『西伯積善累德，諸侯皆嚮之，將不利於帝。』帝紂乃囚西伯於羑里。」**而禮梅伯之醢，**孫云：「韓非難言篇：『梅伯醢。』呂氏春秋行論篇：『紂爲無道，殺梅伯而醢之，以禮諸侯於廟。文王流涕而咨之。』過理篇：『殺梅伯而遺文王其醢，不適也。文王貌受，以告諸侯。』」純一案：淮南子説林訓：「紂醢梅伯，文王與諸侯構之。」高注：「構，謀也。」**是以諸侯明乎其行，百姓通乎其德，**兩「其」字俱指文王。**故君民而不危、用國而不弱也。」**此章義欠條暢，當有脱文。

景公問古之莅國者任人如何晏子對以人不同能第二十四

景公問晏子曰：「古之莅國治民者，其任人何如？」晏子對曰：「『地不同生』王云：「『地不同生』文義不明。羣書治要『生』作『宜』，是也。今作『生』者，涉下文『俱生』而誤。周官草人『掌土化之灋，以物地相其宜而爲之種』，故曰『地不同宜』。」俞云：「古『生』、『性』字通用。周官大司徒職曰：『辨五地之物生。』杜子春讀『生』爲『性』。然則此文『生』字亦當讀爲『性』。『地不同性』，即所謂『辨五地之物性』也。羣書治要作『宜』，蓋不知『生』爲『性』之叚字而改之，未足爲據。」純一案：俞説是。**而任之以一種，責其俱生不可得。**蘇云：「治要有『也』字。」**人不同能，而任之以一事，不可**

責偏成。蘇云：「治要有『焉』字。」純一案：「不可責偏成」，與「責其俱生不可得」文不相對。疑「責其俱生不可得」本作「不可責其俱生」，「不可責偏成」本作「不可責其偏成」。此文唐初已誤。墨子尚賢中篇曰：「察其所能而慎予官。」書君陳篇曰：「無求備于一夫。」可互明。責焉無已，智者有不能給。蘇云：「治要『給』作『洽』，非。句下有『矣』字。」求焉無饜，天地有不能贍也。蘇云：「治要『也』作『矣』。」純一案：「贍」，說文新附：「給也。」小爾雅廣言：「足也。」故明王之任人，諂諛不邇乎左右，邇，近也。阿黨不治乎本朝。無阿黨之私。任人之長，不彊其短。任人之工，不彊其拙。呂氏春秋舉難篇：「桓公將任甯戚，羣臣爭之曰：『客，衛人也。衛之去齊不遠，君不若使人問之。而固賢者也，用之未晚也。』桓公曰：『不然。問之恐其有小惡。以人之小惡，忘人之大美，此人主之所以失天下之士也已。且人固難全，權而用其長者，當舉也。』」可爲確詁。此任人之大略也。」

景公問古者離散其民如何晏子對以今聞公令如寇讎第二十五

景公問晏子曰：「古者離散其民而隕失其國者，孫云：「說文：『抎，有所失也。』『隕』與『抎』聲相近。」其常行何如？」晏子對曰：治要無「晏子」二字。「國貧而好大，自速亡耳。智薄而好專。猶云愚而好自用。貴賤無親焉，勢成孤立。大臣無禮焉。舉國詭隨。蘇云：「治要無此二句。」尚讒諛而賤賢人，樂簡慢而玩百姓。慢忽之謂簡。蘇云：「治要『玩』作『輕』。」國無常法，民無經紀。孟子離婁上云：「上無道揆，下無法守。君子犯義，小人犯刑。」是也。好辯以爲智，刻民以爲忠。舊脱「智刻民以爲」五字，文不成義，從王校據羣書治要補。流湎而忘國，墨子非命下篇曰：「昔三代暴王，内湛於酒樂，而不顧其國家百姓之政。」同。好兵而忘民。窮兵黷武，塗炭生靈。肅于罪誅，而慢于慶賞。誅罪嚴厲，慶賞無聞。樂人之哀，利人之難。蘇云：「『難』，治要作『害』。」黄初云：「孟子離婁上曰：『安其危而利其菑，樂其所以亡者。』義同。」德涼薄。不足以懷人，政苛刻。不足以惠民。蘇云：「治要『惠』作『匡』。」賞淫。不足以勸善，刑濫。不足以防非。墨子尚賢中篇曰：「賞不當賢，罰不當暴，則爲賢者不勸，而爲暴者不沮矣。」此亡國之行也。「此」字舊脱，從蘇校據治要補。今民聞公令如寇讎，盧云：「『如』下當有『逃』字。下篇有。」王云：「『民聞公令如寇讎』語意自明了，不必定加『逃』字。諫上篇（十六章。）亦云：『今君臨民若寇讎。』下篇（問下十七章。）直用左氏之文，故有『逃』字，不得執彼以例此也。元刻本及標題皆無『逃』字。羣書治要亦無。」此古之離散其民、隕失其國者之常行也。」舊作「此古離散其民，隕失其國，所常行者也」。王云：「此文本作『此古之離散其民、隕失其國者之常行也』。上文『景公問曰：「古者離散其民而隕失其國者，其常行何若」』，正與此文相應。且『常行』之『行』讀去聲，不讀平聲。今本『古』下脱『之』字，『國』下脱

「者」字，則文不成義。『之常行也』作『所常行者也』，則『行』字當讀平聲矣。羣書治要作『古之離其民、隕其國者之常行也』，校今本少『失』、『散』二字者，省文也。」純一案：王說是，今據改。日本治要「常行」上落「者之」二字。

景公問欲和臣親下晏子對以信順儉節第二十六

景公問晏子曰：「吾欲和臣親下，奈何？」「臣」字從元刻，孫本作「民」。盧云：「元刻是。」黄云：「標題同元刻。」俞云：「下文晏子對曰『君得臣而任使焉云云，則臣和矣』，可證此文『民』字之誤。」晏子對曰：「君得臣而任使之，與言信，必順其令，不違法令。赦其過，任大臣無多責焉，「臣」字舊脱，從孫校補。「大臣」與「邇臣」對文。無多責，持大體而已。使邇臣無求嬖焉，無以嗜欲貧其家，「其」指臣言。下同。無信讒人傷其心，「信」從元刻，孫本作「親」。「人」當爲「言」，「讒言」與「嗜欲」對文。無信讒言，疑忠者爲不忠。家不外求而足，「家」上疑脱「居」字，「居家」與「事君」對文。言祿當足以贍其家，使不待外求紛其盡職之心。事君不因人而進，管子四稱篇曰：「昔者，有道之臣，委質爲臣，不賓事左右。君知則仕，不知則已。」則臣和矣。儉于藉斂，薄斂。節于貨財，節用。作工不歷時，使民不盡力，恤勞。百官節適，官無冗設。關市省徵，關市譏而不徵。山林陂澤不專其利，山林陂澤俱無禁。領民治民勿使煩亂，禁官擾民。知其貧富，勿使凍餒，則民親矣。」公曰：「善。寡人聞命矣。」故令諸子無外親謁，孫云：「不令外人親近干謁也。」辟梁丘據無使受報，孫云：「辟，去之。説文：『報，當罪人也。从㚔从𠬝。𠬝，服罪也。』」百官節適，關市省徵，山林陂澤不禁，「山林」二字舊脱，據上文補。此薄賦也。冤報者過，報罪不當而冤抑者過之。過，責也。留獄者請焉。留滯於獄者請釋之。此省刑也。

景公問得賢之道晏子對以舉之以語考之以事第二十七

景公問晏子曰：「取人得賢之道何如？」晏子對曰：「舉之以語，考之以事，能論則尚而親之，孫云：「能論，能曉喻也。古『喻』從『言』。」純一案：論，謂洞明治要。墨子尚賢中篇曰：「聖人聽其言，迹其行，察其所能而慎予官，此謂事能。」義同。近而勿辱，禮貌不衰。以取人，「以」下當有「此」字。前十三章云：「以此數物者取人。」語意正同。則得賢之道也。是以明君居上，寡其官而多其行，荀子富國篇曰：「墨子大有天下，小有一國，將少人徒，省官職，上功勞苦，與百姓均事業，齊功勞。」義同。拙于文而工于事，言無務爲文，而事必求其工。言不中不言，論語先進篇曰：

「夫人不言，言必有中。」同。行不灋不爲也。」不爲枉法之行。

景公問臣之報君何以晏子對以報〔一〕以德第二十八

景公問晏子曰：「臣之報其君何以？」晏子對曰：「對」，元刻作「敚」。「臣雖不知，「知」讀若「智」。必務報君以德。士逢有道之君則順其令，有道之君，謀必度于義，事必因于民，故其令可從。逢無道之君則爭其不義。不與君行邪。孝經諫争章曰：「天子有争臣七人，雖無道不失其天下。諸侯有争臣五人，雖無道不失其國。」故當不義，臣不可不争於君。」管子四稱篇曰：「有道之臣，君若有過，進諫不疑。」故君者擇臣而使之，擇賢能而任之。臣雖賤，亦得擇君而事之。」孫云：「意林取此文。」純一案：意林省作「君擇臣使之，臣雖賤，亦擇君事之」。

景公問臨國莅民所患何也晏子對以患者三第二十九

景公問晏子曰：「臨國莅民，所患何也？」晏子對曰：「所患者三：忠臣不信，

〔一〕「報」上「以」字，原目無。

一患也。信臣不忠，二患也。墨子七患篇曰：「所信者不忠，所忠者不信。」義同。君臣異心，三患也。書咸有一德曰：「德惟一，動罔不吉。德二三，動罔不凶。」是以明君居上，無信而不忠者。書皋陶謨曰：「知人則哲，能官人。」是以君臣同欲，「以」從元刻，孫本作「故」。而百姓無怨也。」蘇云：「治要『同欲』作『無獄』，『怨』作『恐』。」

景公問爲政何患晏子對以善惡不分第三十

景公問于晏子曰：「爲政何患？」晏子對曰：「患善惡之不分。」此即孔子正名之指。公曰：「何以察之？」對曰：「審擇左右，左右善，孫云：「今本脱『左右』二字，據説苑增。」則百僚各得其所宜，而善惡分。」管子明法篇曰：「君臣之間明別，明別則易治也。」房注：「謂賢不肖各明白而分別，無僞濫，故易治也。」蓋明別即「審擇左右而善惡分」之義。孔子聞之曰：「此言也信矣。善進則不善無由入矣，君子道長，小人道消。管子四稱篇曰：「昔者，有道之君，聖人在前，貞廉在側，競稱於義。」不善進則善無由入矣。」説苑政理篇作「善言進」、「不善言進」。羣書治要作「善進」、「不善進」，與此同，無「言」字，足證説苑「言」字之衍。治要「則善」下有「亦」字。墨子尚賢中篇曰：「賢者不至乎王公大人之側，則不肖者在左右也。」晉語六：「韓獻子曰：『成人在，始與善。始與善，善進善，不善蔑由至矣。始與不善，不善進不善，善亦蔑由至矣。』」蓋孔子所本。本書外一章曰：「君若無禮，則好禮者去，無禮者至。君若好禮，則有禮者至，無禮者去。」義可互明。

晏子春秋校注卷四

漢陽張純一仲如

内篇問下第四凡三十章

景公問何修則夫先王之游「修」從明本。晏子對以省耕實第一

景公出游，問于晏子曰：孫云：「管子戒篇作『桓公將東遊，問於管仲』。」蘇云：「管子載『桓公將東遊』云云，管仲之對，亦略有同晏子處。孟子述之宣王，以爲景公事，自係屬實，則不得援管子例此。疑桓公先爲此遊，景公欲傚之，而晏子亦遂本管仲之意以對耳。」「**吾欲觀於轉附、朝舞，**孫云：「管子作『我遊猶軸轉斛』，尹知章注：『言我之遊必有所濟，猶軸之轉載斛石。』孟子作『轉附、朝舞』，趙岐注：『轉附、朝舞皆山名也。』星衍謂當從管子。趙岐以爲山名，蓋因下琅邪推知之，齊實無此山也。猶軸轉斛，蓋欲如軸艫轉載斛石，是時齊海運，故景公欲浮舟而南。觀孟子『從流下』、『從流上』益信。」**遵海而南，**孫云：「『遵』一本作『尊』。」王云：「羣書治要載此文本作『吾欲循海而南，至于琅邪』。續漢書郡國志注亦云

『齊景公曰吾循海而南』。今本『吾欲』下有『觀於轉附、朝舞』六字，『循海』作『遵海』，皆後人以孟子改之。」至于琅琊，孫云：「『至』，孟子作『放』。『琅』一本作『瑯』，非。『琊』當從孟子作『邪』，趙岐注：『齊東境上邑也。』」純一案：管子作「邪」。羣書治要作「耶」。邪同。寡人何脩，則夫先王之游？孫云：「『則』，孟子作『比』。」蘇云：「治要『則』上有『以』字，『游』下有『也』字。」劉云：「『脩』當作『循』。『循則』與『效法』之義同。『寡人何循則夫先王之游』十字爲句，猶言：『于先王之游，何能遵從效法也？』孟子作『吾何修而可以比于先王觀也』，『修』亦『循』之誤。『吾何循』者，猶言『吾何遵依』也。惟彼析『循』與『比』爲二語，此則『循則』聯文。」晏子再拜曰：「善哉，君之問也。嬰聞之，「嬰」字、「之」字舊脱，從蘇校據治要補。天子之諸侯爲巡狩，孫云：「『之』，孟子作『適』。爾雅釋詁：『適、之，往也。』」諸侯之天子爲述職。「之」，孟子作「朝於」，「爲」並作「曰」。故春省耕而補不足者謂之游，孫云：「管子作『春出原農事之不本者謂之游』。」純一案：房注：「原，察也。農事不依本務，當原察之。」秋省實而助不給者謂之豫。孫云：「『實』，孟子作『斂』。管子作『秋出補人之不足者謂之夕』。」夏諺曰：王云：「羣書治要作『夏語曰』，今本『語』作『諺』，亦後人以孟子改之。」『吾君不游，孫云：「『君』，孟子作『王』。」我曷以休？孫云：「『我曷』，孟子作『吾何』。」吾君不豫，我曷以助？一游一豫，爲諸侯度。』孟子趙岐注曰：「豫亦遊也。吾王不遊，吾何以得見勞苦、蒙休息也？吾王不豫，我何以得見賑贍、助不足也?王者一遊一豫,行恩布德,應法而出,可以爲諸侯之法度也。」案:遊、休爲韻,豫、助、度爲韻。**今君之游不然,師行而糧食,**「糧」從孫本,元刻作「量」。洪云:「量食者,量限其食也。今本皆作『糧』者,後人據孟子改。」劉云:「當以作『糧』爲是。管子云:『夫師行而糧食其民者謂之亡。』糧食者,即糧食其民,猶言就食于民也。」蘇云:「治要作『師行而貧苦不補』,無『糧食』二字。」**貧者不補,**「者」,舊譌「苦」。孫云:「『苦』當爲『者』。孟子作『飢者弗食』。」純一:今據改。劉云:「『補』當作〔一〕『餔』。以食食人曰餔。呂氏春秋介立篇曰:『狐父之盜曰邱,見而下壺餐而餔之。』漢書高帝紀『呂后因餔之』,餔即食也。」**勞者不息。**食、息爲韻。**夫從下歷時而不反謂之流,從高歷時**二字舊脱,從治要補。**而不反謂之連,**舊「從下」作「從南」,「從高」作「從下」。王云:「『南』字義不可通,乃『高』字之誤。『高』與『下』正相對。孟子作『從流下而忘反謂之流,從流上而忘反謂之連』。上亦高也,見説文。羣書治要正作『從高』。孟子趙注:『浮水而下樂而忘反謂之流。連者,引也,使人徒引舟船上行而忘反以爲樂,故謂之連。』據孟子及趙注,則此文當云『從高歷時而不反謂之連,從下而不反謂之流』。今以從高爲流,從下爲連,與孟子相反,未知孰是。」純一案:王説「南乃高字之誤」,又説此文當云「從高歷時而不反謂之連,從下而不反謂之流」,均是。惟未審「下」、「高」二字之互錯,及下句脱「歷時」二字耳。此文本作「夫從下歷時而

〔一〕「當作」,原作「作當」,據文義乙。

不反謂之流，從高歷時而不反謂之連」，與孟子趙注義並合。今本「高」譌「南」，又與下句「下」字互錯，義不可通。治要同，足見唐初已然。今依王校據孟子及趙注正。從獸而不歸謂之荒，從樂而不歸謂之亡。孫云：「管子作『夫師行而糧食其民者謂之亡，從樂而不反者謂之荒』。孟子作『從獸無厭謂之荒，樂酒無厭謂之亡』。」蘇云：「治要下句作『忘歸』。」古者聖王無流連之游、孫云：「管子作『先王有游夕之樂』。孟子『游』亦作『樂』。」荒亡之行。」蘇云：「治要句上有『無』字。」公曰：「善。」命吏計公稟之粟，「稟」，舊譌「掌」。王引之云：「『掌』字義不可通，當爲『稟』字之誤。『稟』，古『廩』字也。下文『發廩出粟』是其證。隸書『掌』或作『掌』，與『稟』字略相似，故諸書『稟』字或誤爲『掌』。說見管子輕重甲篇『一掌』下。」蘇云：「治要作『令吏出粟以與貧者三千鍾』，無『公掌』云云十六字。」純一案：王說是，今據改。治要省文，不足據。藉長幼貧氓之數，藉，因也。莊子寓言篇：「寓言十九，藉外論之。」釋文引李注。吏所委三字上下文不相屬，當刪。發廩出粟，以予貧民者三千鍾，王云：「『民』字後人所加，『貧者』與『癃老者』對文，則不當有『民』字明矣。羣書治要無『民』字。」純一案：治要省文，未足據。「民」當爲「苦」，「貧苦」與「癃老」對文。公所身見癃老者七十人，孫云：「一本無『老』字。說文：『癃，罷病也。』」蘇云：「治要無『癃』字。」純一案：昭三年左傳：「三老凍餒。」杜注：「三老，謂上壽、中壽、下壽，皆八十已上，不見養遇。」振贍之，貧苦者由吏發粟，癃老者公自振贍。蘇云：「治要無『振贍之』三字。」

然後歸也。」蘇云：「治要無『也』字。」

景公問桓公何以致霸晏子對以下賢以身第二

景公問于晏子曰：「昔吾先君桓公善飲酒窮樂，食味方丈，好色，無別辟。孫云：「讀如『僻』。」純一案：「無別辟」三字嫌贅，當删。若此，何以能率諸侯以朝天子乎？」晏子對曰：「昔吾先君桓公變俗以政，下賢以身。致霸之故在此。管仲，君之賊也，舊衍「者」字。王云：「賊，害也。管仲射桓公中鉤，故曰君之賊。『賊』下不當有『者』字。僖三十三年左傳：『管敬仲，桓之賊也。』亦無『者』字。」純一：今據删。知其能足以安國濟功，孫云：「爾雅釋言：『濟，成也。』」故迎之于魯郊，自御，禮之于廟。詳管子小匡篇。異日，君過于康莊，孫云：「爾雅釋宮：『五達謂之康，六達謂之莊。』」聞甯戚歌，止車而聽之，則賢人之風也，北堂書鈔百四十一引晏子春秋云：「甯戚欲干齊桓公，困窮，飯牛於北門外。桓公詔夜門避任車，戚乃擊轅而歌。桓公慨而異之，命後車載之。」文疑出此。呂氏春秋舉難篇：「甯戚飯牛，居車下，望桓公而悲，擊牛角疾歌。」高注：「歌碩鼠也。」説苑善説篇曰：「甯戚飯牛康衢，擊車輻而歌碩鼠。」後漢書馬融傳注引説苑同。盧云：「史記鄒陽傳集解引應劭曰：『齊桓公夜出迎客，而甯戚疾擊其牛角，商歌曰：「南山矸，白石爛。生不遭堯與舜禪，短布單衣適至骭。從昏飯牛薄夜半，長夜漫漫何時旦。』」此歌出三齊記。」藝文類聚又載一篇云：「滄浪之水白石粲，中有鯉魚長尺半。敝布單衣裁至骭，清朝飯牛至夜半。黄犢上坂且休息，吾將捨汝相齊國。」」李善注文選成公子安嘯賦又載一篇云：「出東門兮厲石班，上有松柏兮清且蘭。麤布衣兮緼縷，時不遇兮堯、舜主。牛兮努力食細草，大臣在爾側，吾當與爾適楚國。」三歌真贋雖不可知，合之亦自成章法。仁和陳嗣倩云：「疾商歌，殆非一歌也。」今故具録之以備參考焉。馬驌繹史云：「此歌不類春秋人語，必後人所擬也。」舉以爲大田。農官。先君見賢不留，留，遲滯也。使能不怠，所以致霸者在此。是以内政則民懷之，任賢使能則多惠政，故民懷其德。征伐則諸侯畏之。國富且强，以義征不義故。今君聞先君之過，而不能明其大節，以身下賢，節莫大焉。桓公之霸也，君奚疑焉。」

景公問欲逮桓公之後晏子對以任非其人第三

景公問晏子曰：「昔吾先君桓公從車三百乘，九合諸侯，孫云：「爾雅釋詁：『會，合也。』管子幼官篇：『有九會諸侯之令。』」一匡天下。今吾從車千乘，可以逮先君桓公之後乎？」晏子對曰：「桓公從車三百乘，九合諸侯，一匡天下者，左有鮑叔，右有仲父。今君左爲倡，右爲優，讒人在前，諛人言在任得其人，無關於從車之多寡。孫云：「下、父爲韻。」

在後，是爲結邪，能保其身亦幸矣。又焉可逮桓公之後乎。」「乎」上舊衍「者」字，從王校據羣書治要刪。蘇云：「治要『桓公』上有『先君』二字。」

景公問廉政而長久晏子對以其行水也第四

景公問晏子曰：「曰」字舊脱，今校補。「廉政而長久，王云：「『政』與『正』同。文選運命論注引作『廉正』。史記循吏傳：『堅直廉正。』」蘇云：「王説是。晏子以水石爲喻，正晰廉政之人性有不同處。水以柔爲性，猶之人有廉政之質。而出之以和平，故智能馭物，而物樂爲馭，所謂柔弱處上也。石以剛爲性，猶之人有廉政之質，而復以堅强行之，故隨在忤物，所謂强自取柱也。此長久、遬亡之分，論人性也。」其行何也？」孫云：「白帖作『何如』。」純一案：太平御覽五十九、藝文類聚八並引作「景公問廉政何如」。晏子對曰：「其行水也。言廉政如水，内明而外柔，可比德焉。老子曰：「上善若水。」美哉，水乎清清，文選注無「清清」二字。御覽、類聚同。其濁無不雩途，孫云：「『途』，白帖作『塗』。説文：『汙，塗也。』『雩途』即『汙涂』，謂塗墍。」洪云：「文選注引作『無不宊塗。』」黄云：「元刻『無不』字誤倒。藝文類聚八引作『水平清，其濁無不塗』。『乎』作『平』。『清』不重。」其清無不灑除，孫云：「白帖作『洒，洗渫也』。途、除爲韻。」純一案：古音諧十二魚引此。御覽作「其濁无不塗，其清无不掃」。類聚「无」作「無」，「掃」作「灑」。文選運命論曰：「體清以洗物，不亂於濁。受濁以濟物，不傷於清。」是其義。是以長久也。」公曰：「廉政而遫亡，孫云：「『遫』，説文：『速，籀文从欶。』」純一案：别雅五云：「荀子議兵篇：『輕利僄遫。』注：『遫與速同。』淮南子兵略訓『欲疾以遫』，亦同。」其行何也？」對曰：「其行石也。內不清明，外則頑固。堅哉，石乎落落，老子曰：「不欲落落如石。」視之則堅，循之則堅，內外皆堅，不能容物，又不爲物所容。無以爲久，是以遫亡也。」老子曰：「堅强者死之徒，柔弱者生之徒。」此章大恉相似。

景公問爲臣之道晏子對以九節第五

景公問晏子曰：「請問爲臣之道。」治要無「爲」字、「之」字。晏子對曰：「見善必通，不私其利，一。易繫辭上曰：「推而行之謂之通。」言善道利人無窮，當與人同，不自秘藏。薦善而不有其名。二。「薦」，舊譌「慶」。王云：「『慶』字於義無取，『慶』本作『薦』。不有其名，謂不以薦善自居也。隸書『薦』字或作蔍，形與『慶』相似而誤。説見管子君臣篇。羣書治要正作『薦善』。」純一：今據正。案：「而」下疑脱「用」字。「而」，古通「能」。「薦善能用，不有其名」，與「見善必通，不私其利」對文。上下皆四字句，此獨七字爲句，不類，故知有脱字。稱身居位，問上二十章曰：「稱身就位。」不爲苟進。三。管子重令篇曰：「察身能而受官，不誣於上。」義可互明。稱事受禄，「受」，舊譌「授」，從盧校據治要正。不爲苟得。四。問上二十章曰：「計能定〔一〕禄，受禄不過其量。」義同。體貴側賤，不逆其倫。五。居貴不陵賤，居賤不陵貴。管子重令篇曰：「服位不侈其能。」言不侵人之權也。居賢不肖，不亂其序。六。劉云：「『居賢不肖』，猶言位置賢不肖也。」純一案：荀子儒效篇：「使賢不肖各得其位。」義同。肥利之地，不爲私邑。七。蘇云：「肥，饒裕也。本易遯釋文。利宜奉公，故饒利之地，不以自私。」賢質之士，不爲私臣。八。士之有才德而樸實者，舉之於朝，不使屈爲家臣。君用其所言，民得其所利，治要無兩「所」字，是。蘇云：「治要『民』作『人』。」而不伐其功。九。治要無「而」字，是。此臣之道也。」治要無「之」字，是。蘇云：「治要載此章在問上篇。」

景公問賢不肖可學乎「不肖」二字疑涉正文而衍。晏子對以彊勉〔二〕爲上第六

景公問晏子曰：「人性有賢不肖，可學乎？」「可」上當有「賢」字，而今本脱之，義不可通。晏子對曰：「詩云：孫云：「小雅車舝之詩。」『高山仰之，景行行之。』之者，其人也。上兩

〔一〕「定」，原作「受」，據問上改。

〔二〕「彊勉」，四部叢刊本晏子春秋作「勉彊」。

「之」字，舊並作「止」。盧云：「下『止』字衍。案今詩作『景行行止』，而古來所引每作『行之』。王伯厚詩考引史記孔子世家作『行之』，今史記改作『行止』矣。禮記表記釋文又云：『「行止」，詩作「行之」。』又互異也。此書必本作『行之』，後人以今詩『止』字注其旁，遂誤入正文耳。」王云：「盧説是矣，而未盡也。此文本作『詩云：「高山仰之，景行行之。」鄉者其人也』。『鄉』讀『南鄉』、『北鄉』之『鄉』。鄉者，謂鄉道而行者也。表記引此詩而申言之曰：『鄉道而行，不中道而廢，（舊脱「不」字，義與上下文俱不協。純一今校增。）忘身之老也，不知年數之不足也。俛焉日有孳孳，斃而後已。』即此所云『鄉者其人也』。故下文云：『列士並學，終善者爲師。』鄉道不已，斯謂之終善者矣。淮南説山篇曰：『故高山仰止，景行行止，鄉者其人也。』語即本於晏子。若今本晏子，則兩『之』字僅存其一，又脱去『鄉』字矣。」純一案：兩「止」字並從盧、王校正，以復古詩之舊。盧云「下『止』字衍」，誤。王云今本落「鄉」字，亦偶未審耳。「者」上「之」字即古「志」字。心之所之爲志，猶言心之所鄉往也。墨子天志下篇：「故子墨子置立天之以爲儀法。」畢沅云：「『之』，一本作『志』，疑俗改。考古『志』字只作『之』，説文無『志』字。」史記刺客傳〔一〕「趙國志士」，趙策「志」作「之」。是「之」即「志」之證。此文引詩而申言之，義與表記同。**故諸侯並立，善而不怠者爲長。**孫云：「讀如『令長』。」**列士並學，終善者爲師。」**由其志之所鄉，强行不已也。雜下廿七章曰：「爲者常成，行者常至。」

〔一〕「傳」，原誤作「傅」，今改。

景公問富民安衆晏子對以節欲中聽第七

景公問晏子曰：「富民安衆，難乎？」晏子對曰：治要無「晏子」二字。「易。節欲則民富，黄初云：「老子曰：『我無事而民自富，我無欲而民自樸。』」中聽則民安，孫云：「中聽，聽獄得中也。」俞云：「夫刑罰不中，民無所措手足，故中聽則民安也。」行此兩者而已矣。」蘇云：「治要載此章在問上篇。」

景公問國如何則謂安晏子對以内安政外歸義第八

景公問晏子曰：「國如何則可謂安矣？」晏子對曰：「下無諱言，上有道揆，求通民隱故。官無怨治。「怨」讀爲「蘊」。説本王氏。問上廿二章「治無怨業」，義同。劉云：「『怨』亦讀爲『宛』，字與『蘊』同，猶言『無鬱積不通之治』也。下文『窮民無怨』，猶言『窮民無所鬱結』也。」通人不華，顯達者不尚奢華。窮民不怨。喜樂無羨賞，忿怒無羨刑。問上十七章：「不因喜以加賞，不因怒以加罰。」義同。上有禮于士，管子大匡篇：「從列士以下有善者，衣裳賀之。」越語上：「四方之士來者，必廟禮之。」下有恩于民。如前第一章出粟予貧苦、振贍癃老之類。以上皆「百姓内安其政」之事。地博不兼小，兵彊不劫弱。以上皆諸侯「外歸其義」之事。百姓内安其政，外歸其義。外歸上當有「諸侯」二字，「諸侯」與「百姓」對文，今本脱去，文不成義。可謂安矣。」

景公問諸侯孰危晏子對以莒其先亡第九

景公問晏子曰：「當今之時，諸侯孰危？」晏子對曰：「莒其先亡乎。」説苑無「先」字。公曰：「何故？」説苑作「奚故」。對曰：「地侵于齊，貨竭于晉，「竭」從元刻。孫云：「一本作『謁』。」盧校據説苑改「竭」。竭，盡也。是以亡也。」孫云：「説苑權謀篇用此文。」

晏子使吳吳王問可處可去晏子對以視國治亂第十

晏子聘于吳，吳王曰：「子大夫以君命辱在敝邑之地，「敝」，元刻作「弊」。劉云：「『之地』二字，衍文也。『地』爲『施』之誤字，後人並存之，因於『地』上增『之』字。實則左傳諸書，凡稱『弊邑』，無有復言『之地』二字者。下晏子聘魯節『辱臨敝邑』亦無『之地』二字。」施貺寡人，孫云：「詩傳：『貺，賜也。』當爲『況』。」寡人受貺矣，願有私問焉。」晏子逡遁而對曰：「逡」從元刻。孫本作

「巡」，云：「説文：『巡，視行皃。遁，遷也。』漢書平當傳贊『逡遁有恥』，師古曰：『遁與循同。』刊謬正俗曰：『賈誼過秦論「九國之師，遁巡而不敢進」，「遁」者，蓋取「循」聲以爲「逡」字。』」盧云：「『巡』當作『逡』，下文正作『逡』。」「嬰，北方之賤臣也，得奉君命，以趨于末朝，黄云：「盧校作『本朝』。按『末朝』謙詞，猶下文云『下吏』，似非誤。」純一案：嬰，齊臣，不得稱吳爲本朝或末朝。「末朝」，當是「朝末」誤倒。「趨于朝末」，謂趨于吳朝之末位也。恐辭令不審，譏于下吏，譏，非也，誹也。懼不知所以對者。」吳王曰：「寡人聞夫子久矣，今乃得見，願終其問。」晏子避席對曰：「敬受命矣。」矣，畢詞，此不當有，應删。吳王曰：「國如何則可處，如何則可去也？」晏子對曰：「嬰聞之，親疏得處其倫，倫者，理也。賢者親之，不肖者疏之。大臣得盡其忠，信任大臣，克勤民事。民無怨治，書畢命篇曰：「道洽政治，澤潤生民。」國無虐刑，象形惟明，不淫法外。則可處矣。是以君子懷不逆之君，懷，思也，歸也。不逆者，不逆於道也。居治國之位。論語泰伯篇曰：「天下有道則見。」親疏不得居其倫，親近讒諛，疏遠賢人。大臣不得盡其忠，諫而不從。民多怨治，上多暴政。國有虐刑，淫刑以逞。則可去矣。是以君子不懷暴君之禄，不處亂國之位。」論語憲問篇曰：「邦無道，穀，恥也。」此與外上十六章大恉同。末二句亦見于彼。

吴王問保威彊不失之道晏子對以先民後身第十一

晏子聘于吴，吴王曰：「敢問長保威彊勿失之道若何？」晏子對曰：「先民而後身，先民之急，而後其身之私。墨子兼愛下篇：「兼君之言曰：『吾聞爲明君於天下者，必先萬民之身，後爲其身。』」蓋墨道然也。先施而後誅。蘇云：「施言施惠，謂慶賞也。」彊不暴弱，貴不淩賤，富不傲貧。下二句已見問上七章。墨子天志中篇曰：「强不劫弱，衆不暴寡，詐不謀愚，貴不傲賤。」文有出入，其義一也。百姓並進，墨子尚賢上篇曰：「古者聖王之爲政，列德而尚賢，雖在農與工肆之人，有能則舉之，故官無常貴而民無終賤。」是之謂「百姓並進」。有司不侵，有司無敢侵民者。民和政平。不以威彊退人之君，俞云：「『退人之君』義不可通，『退』疑『迫』字之誤，若吴人[一]藩衛侯之舍，是以威彊迫人之君矣，故晏子以爲諷也。」劉云：「『退』當如字。下『彊』字當作『疆』，與問上篇『衆彊』同。『不以威彊退人之君』，言不以威力抑人之君也。（說文：「退，卻也。」廣雅釋詁云：「退，減也。」「退人之君」，猶言使人之君出己下也。）『衆彊』，猶言廣土，言不恃土地之廣，以併人之國也。『威彊』與『衆彊』對文。」不以

[一]「人」，原作「王」，據諸子平議改。

衆彊兼人之地。不忍率土地而食人肉。其用法爲時禁暴，故世不逆其志；暴力所加，世所共惡。爲法禁之，故得天下之歡心。其用兵爲衆屏患，屏，除也。患，憂也，禍也。如湯放桀、武王伐紂是。故民不疾其勞。民知國有義勞，故雖勞而不怨。此長保威彊勿失之道也。失此者危矣。」史記十二諸侯年表：「吴闔閭十一年，伐楚取番」，是以衆强兼人之地。「十三年，陳懷公來，留之，死于吴」，是以威强退人之君。晏子先景公卒，上二事晏子當不及見，然闔閭類此之行，必有爲晏子所知而經史不及載者。定四年左傳：「楚自昭王即位，無歲不有吴師。」是用兵非爲衆屏患，而民疾其勞者。事皆晏子所及知，故以爲諷。吴王忿然作色不説。晏子曰：「寡君之事畢矣，嬰無斧鑕之罪，孫云：「『鑕』當爲『質』。玉篇：『鑕，鐵鑕砧，章溢切。』古今韻會：『鑕，通作「質」。』」請辭而行。」遂不復見。

晏子使魯魯君問何事回曲之君晏子對以庇族第十二

晏子使魯，見昭公。昭公説曰：「天下以子大夫語寡人者衆矣，今得見而羨乎所聞，所見餘於所聞。請私而無爲罪。私，謂非公言。寡人聞大國之君蓋回曲之君也，蘇云：「廣雅〔一〕釋

〔一〕「雅」，原作「韻」，據廣雅、蘇校改。

詁云：『回，衺也。』回曲，猶言衺曲。」曷爲以子大夫之行事回曲之君乎？」晏子逡循對曰：孫云：「爾雅釋言：『逡，退也。』漢書萬章傳：『逡循甚懼。』」「嬰不肖，嬰之族又不若嬰，待嬰而祀先者五百家，故嬰不敢擇君。」晏子出，昭公語人曰：「晏子，仁人也。反亡君，案：晏子無「反亡君」之事。「反」疑「哭」之譌。「哭亡君」，謂哭莊公。詳雜上二章及襄二十五年左傳。安危國，而不私利焉。雜上三章：「晏子曰：『回吾以利而倍其君，非義也。』」僇崔杼之尸，見襄二十八年左傳。滅賊亂之徒，不獲名焉。使齊外無諸侯之憂，內無國家之患，不伐功焉。克勤于邦，不自滿假。鍖然不滿，孫云：「玉篇：『鍖〔一〕，丑甚切。』此當爲歁然之叚音。」俞云：「『鍖』當爲『歁』。說文欠部：『歁，食不滿，从欠，甚聲。』是『歁』之本義爲食不滿，引申之，凡不滿者皆得言『歁』，故曰『鍖然不滿』。」退託于族，蘇云：「言謙退而託于族以爲辭也。」晏子可謂仁人矣。」此與外上十七章恉同而辭異。

〔一〕「鍖」，原作「歁」，據玉篇、音義改。

魯昭公問魯一國迷何也晏子對以化爲一心第十三

晏子聘于魯，魯昭公問焉曰：「曰」字舊脱，從蘇校補。「吾聞之，莫三人而迷，孫云：「韓非作『魯哀公問于孔子曰：鄙諺曰：「莫衆而迷」』。一曰：『晏嬰子聘魯，哀公問曰：「語曰：莫三人而迷。」』注：『舉事不與三人謀，必知迷惑也。』」今吾以一國慮之，魯不免于亂，舊作「今吾以魯一國迷慮之，不免于亂」。盧云：「『迷』字衍，當從韓非内儲説上删。」王云：「既言『迷』，不得更言『亂』。此『迷』字蓋涉上『迷』字而衍。『魯』字當在『不免于亂』上。『今吾以一國慮之，魯不免于亂』者，『以』猶『與』也，言吾與一國慮之而魯猶不免於亂也，韓子内儲説作『今寡人與一國慮之，魯不免于亂』，是其證。今本『迷』字重出，『魯』字又誤在『一國』上，則文不成義。」純一案：王説是，今據正。何也？」晏子對曰：「君之所尊舉而富貴，入所以與圖身，出所以與圖國，劉云：「『以』即『與』也。蓋本文作『以』，『所以圖身，所以圖國』，猶之『所與圖身，所與圖國』也。淺人不識『以』有『與』訓，妄增二『與』字，誤矣。上文『今吾以一國慮之』，即『與一國慮之』。以彼例此，則此文無二『與』字明矣。」及左右逼邇，皆同于君之心者也。此「同」與諫上十八章梁丘據「是同非和」之「同」同義。撟魯國化而爲一心，「撟」舊譌「犒」。盧云：「『犒』，文選勸進表注引作『矯』。此當爲『撟』，與『矯』同。韓非作『舉』，義同。」俞云：「『犒』當爲『撟』，字之誤也。說文手部：『撟，舉手也。』故引申之有『舉』義。史記扁鵲倉公列傳『舌撟然而不下』，索隱云：『撟，舉也。』『撟魯國化而爲一心』，猶云『舉魯國化而爲一心』。韓非子内儲說作『舉魯國盡化爲一』，此作『撟』，彼作『舉』，文異而義同。若作『犒』，則不可通矣。」蘇云：「盧、俞說是。外篇『臣何敢槁也』，『槁』亦『撟』之誤。」純一：今據諸校正。曾無與二，其何暇有三。夫逼邇于君之側者，距本朝之勢，距，抗也。又與「拒」同，敵也。王云：「此言大臣專本朝之權。」國之所以殆也。「殆」舊譌「治」。俞云：「此言近臣專權也，乃云『國所以治』，於義難通。『治』蓋『殆』字之誤。『國之所以殆也』，與下文『行之所以衰也』、『身之所以危也』一律。」純一案：俞說是，今據正。左右讒諛，相與塞善，行之所以衰也。士者持祿，游者養交，蘇云：「荀子臣道篇云：『不卹君之榮辱，不卹國之臧否，偷合苟容，以之持祿養交而已耳，國賊也。』古書多以『持養』連文，如荀子議兵篇所謂『高爵豐祿以持養之』之類是也。」純一案：墨子七患：「仕者持祿，遊者憂交。」義同。身之所以危也。詩曰：孫云：「大雅棫樸之詩。」『芃芃棫樸，薪之槱之。濟濟辟王，左右趨之。』孫云：「『趨』，詩作『趣』。」純一案：詩傳：「芃芃，木盛貌。棫，白桵也。樸，枹木也。槱，積也。山木茂盛，萬民得而薪之。賢人衆多，國家得用蕃興。」此言古者聖王明君之使以善也。左右無讒諛相與塞也。故外知事之情，情，實也。而内得心之誠，孫云：「情、誠爲韻。」是以不迷也。」孫云：「韓非内儲說用此文。」

魯昭公問安國衆民晏子對以事大養小謹聽節斂舊譌「儉」，從俞校正文改。第十四

晏子聘于魯，魯昭公問曰：「子大夫儼然辱臨敝邑，「子大」二字舊脱。孫云：「一本作『大夫』。『敝』，一本作『弊』。」王云：「一本作『大夫』者是。」純一案：前十二章兩稱「子大夫」，下章亦兩稱「子大夫」。竊甚嘉之。寡人受貺，請問安國衆民如何？」晏子對曰：「嬰聞〔一〕傲大賤小則國危，「傲大」，大國必重怒而加兵；「賤小」，小國必結鄰以報怨，故國危。慢聽厚斂則民散。慢聽則刑罰不中，厚斂則暴奪民財，民不堪命，勢必相率逃亡。俞云：「亦孟子省刑罰薄税斂之意。」事大養小，安國之器也。孟子梁惠王下曰：「以大事小者，樂天者也。以小事大者，畏天者也。樂天者保天下，畏天者保其國。」墨子非攻下篇曰：「今若有能信効先利天下諸侯者，以此効大國則大國之君説，以此効小國（十一字今校增。）則小國之君説。」義可互明。謹聽節斂，衆民之術也。」「斂」舊譌「儉」。俞云：「『儉』乃『斂』字之誤。上云『慢聽厚斂則民散』，此云『謹聽節斂，衆民之術也』，兩文正相應。」純一

〔一〕「聞」，原作「問」，據四部叢刊本晏子春秋改。

案：俞説是，今據正。前第七章「景公問『富民安衆』，晏子對以『節欲則民富，中聽則民安』」，義可互明。

晏子使晉晉平公問先君得衆若何晏子對以如美淵澤第十五

晏子使晉，晉平公饗之文室，既静矣，以宴。「以宴」，元刻作「晏已」，孫本作「晏以」。黄云：「静、竫古通。説文：『竫，亭安也。』『竫』，古『停』字。『既竫矣』，謂饗事畢。『晏以』，當作『以宴』。下章『叔向從之宴，相與語』。禮，主君饗賓，親進醴，其禮嚴肅。饗畢又宴，賓辭讓，請用臣禮。上介爲賓，賓爲苟敬，于是語，于是道古。」純一案：黄説是，今據乙正。平公問焉曰：「昔吾子先君得衆若何？」「子」字舊脱。黄云：「問齊桓公也。『吾』下當有『子』字。下章『吾子之君德行高下如何』文同。」純一案：黄説是，今據補。晏子對曰：「君饗寡君，劉云：「上言晏子使晉，不言從齊侯如晉，又下言平公問莊公與今君孰賢，則景公不在席甚明。此言『君饗寡君』，『饗』必誤字，疑本作『君貺寡君』，即上晏子聘吴節『施貺寡人』之『貺』也。『饗』、『貺』音近，涉上『饗』字而誤。」施及使臣，御在君側，御，侍也。恐懼不知所以對。」平公曰：「聞子大夫數矣，今迺得見，願終聞之。」晏子對曰：「臣聞君子如美淵澤，容之，「容」上疑脱「無不」二字。衆人歸之，如魚有依，極其游泳之樂。言君子含宏之德，涵育萬物，有如此者。喻桓公下賢以身，能使諸侯朝其德。若淵澤決竭，言不能容物。

喻桓公既没，無繼武者。其魚動流，動，移動。流，流走。喻諸侯畔之。孫云：「一本作『流動』。」夫往者維雨乎，不可復已。」喻桓公往矣，不可復見。公又問曰：「請問莊公與今君孰賢？」「君」字舊脱，從王校補。晏子曰：「兩君之行不同，臣不敢知也。」「知」上舊衍「不」字，從盧校删。公曰：「王室之不正也，「不」字舊脱，從劉校補。諸侯之專制也，是以欲聞子大夫之言也。」對曰：「先君莊公不安静處，好動。樂節飲食，不好鐘鼓，好兵作武，句絶。武與處、鼓、暑爲韻。與士同飢渴寒暑，「與士」舊倒，文義不順，今乙。孫云：「處、鼓、暑爲韻。」純一案：古音諧十二魚上聲引此。君之彊，過人之量，孫云：「言强力過人。强、量爲韻。」純一案：以上言其長，以下言其短。有一過不能已焉，「過」指通於棠姜，諱言之。見襄二十五年左傳。是以不免于難。言爲崔杼所殺。今君大宫室，美臺榭，以辟飢渴寒暑，以上言其短，以下言其長。畏禍，敬鬼神，以此尚有忌憚。君之善足以没身，不足以及子孫矣。」孫云：「神、身、孫爲韻。」

晉平公問齊君德行高下晏子對以小善第十六

晏子使于晉。晉平公問曰：「吾子之君，德行高下如何？」晏子對以「小善」。不得已而應之。公曰：「否，吾非問小善，不明晏子立言之難。問子之君德行高下也。」晏子蹵然不安皃。曰：「諸侯之交，紹而相見，辭之有所隱也。爲尊者諱。君之命質，不容文。臣無所隱，嬰之君無稱焉。」無德可稱。平公蹵然而辭，送，再拜而反，曰：「殆哉吾過。孫云：「明己之臣亦且不能隱過，故殆也。」誰曰齊君不肖？直稱之士正在本朝也。」言齊廷能容直臣，孰謂其君不肖乎。

晉叔向問齊國若何晏子對以齊德衰民歸田氏第十七

晏子使于晉，「使」從元刻，明本、孫本俱作「聘」。孫云：「左傳昭三年，齊侯使晏嬰請繼室于晉。」叔向從之宴，相與語。叔向曰：「齊其何如？」晏子對曰：左傳無「對」字。「此季世也，文選西征賦、勸進表兩注引左傳文同。吾弗知。齊其爲田氏乎。」孫云：「左傳作『陳氏』。」純一案：左傳「乎」作「矣」。田、陳同。杜注：「不知其他，唯知齊將爲陳氏。」釋文「吾弗知」絶句。叔向曰：「何謂也？」晏子曰：「公棄其民，而歸于田氏。杜注：「棄民不恤。」齊舊四量，豆、區、釜、鍾。一本作「鐘」。四升爲豆，各自其四，以登于釜，蘇云：「杜注：『四豆爲區，區斗六升。四區爲釜，釜六斗四升。』登，成也。」釜十則鍾。杜注：「六斛四斗。」案：文選任彦昇奏彈劉整注引此句及注。田氏三量，皆登一焉，鍾乃巨矣。蘇云：「『巨』，左傳作『大』。『三量』，豆、區、釜。杜注：『登，加也。』加一謂加舊量之一也。以五升爲豆，五豆爲區，五區爲釜，則區二斗、釜八斗、鍾八斛也。」純一案：太平御覽七百六十五、又八百三十引左傳並同。以家量貸，以公量收之。左傳「以公」上有「而」字。杜注：「貸厚而收薄。」山木如市，弗加于山，魚鹽蜃蛤，弗加于海。杜注：「賈如在山、海不加貴。」正義曰：「『如』訓『往』也，言將山木往至市也。於木既言如市，魚鹽蜃蛤亦如市可知，蒙上文也。」民參其力，二入於公，而衣食其一。杜注：「言公重賦斂。」公積朽蠹，而老少凍餒。孫云：「左傳『積』作『聚』，『老少』作『三老』。」盧云：「『少』，元刻作『小』。」國之都市，舊作「國都之市」。孫云：「左傳作『國之諸市』，非。」王云：「晏子本作『國之都市』。都、諸古字通，『都市』即『諸市』也。國中之市非一，故曰『諸市』。後人不知『都』爲『諸』之假字，而誤以爲『都邑』之『都』，故改爲『國都之市』，不知古所謂『國』即今所謂『都』也。既言『國』，又言『都』，則贅矣。乃淵如反以爲是，而以左氏爲非，不過欲抑左氏以尊晏子春秋耳。不知所尊者，乃俗改之本，非原本也。」純一案：王說是，今據乙。屨賤而踊貴。左傳無「而」字。杜注：「踊，刖足者屨。言刑〔一〕多。」民人痛疾，或燠休之。盧云：「『燠休』讀爲『嫗

〔一〕「刑」，原作「刖」，據左傳改。

煦』。」純一案：左傳「或」上有「而」字。杜注：「燠休，痛念之聲，謂陳氏也。」昔者殷人誅殺不當，孫云：「自『昔者』至『慈惠』，左傳所無。」僇民無時，文王慈惠殷衆，收卹無主，是故天下歸之。民無私與，「民」字舊脱，從王校補。維德之授。今公室驕暴，而田氏慈惠，其愛之如父母，「其」，指民言。而歸之如流水，欲無獲民，將焉避之。舊脱「欲」字、「之」字。蘇云：「文義不明。」純一：據左傳補。箕伯、黄云：「『箕』，元刻作『其』。」直柄、虞遂、伯戲，杜注：「四人皆舜後，陳氏之先。」其相胡公、太姬已在齊矣。」杜注：「胡公，四人之後，周始封陳之祖。太姬，其妃也。言陳氏雖爲人臣，然將有國，其先祖鬼神已與胡公共在齊。」正義：「『相』訓爲『助』。言箕伯四人，其皆助胡公、太姬。神靈已在齊矣。」叔向曰：「雖吾公室，亦季世也。戎馬不駕，卿無軍行，杜注：「言晉衰弱，不能征討救諸侯。」公乘無人，卒列無長。杜注：「百人爲卒。言人皆非其人，非其長。」庶民罷弊，宮室滋侈，「罷」同「疲」。杜注：「滋，益也。」道殣相望，杜注：「餓死爲殣。」而女富溢尤。杜注：「女，嬖寵之家。」民聞公命，如逃寇讎。孫云：「尤、讎爲韻。」欒郤、胥原、狐續、慶伯降在皁隸，「狐」從元刻，孫本譌「孤」。孫云：「左傳作『狐』，是。潛夫論：『狐氏，晉姬姓也。』」純一案：杜注：「八姓，晉舊臣之族也。皁隸，賤官。」政在家門，杜注：「大夫專政。」民無所依，而君日不悛，以樂慆憂。杜注：「慆，藏也。悛，改也。」正義曰：「劉炫云：『慆，慢也。好音樂而慢易。憂，患也。杜以「慆」爲「藏」，當讀如「弓韜」之「韜」。言以音樂樂身，埋藏憂愁於樂中。』」公室之卑，其何日之有。杜注：「言今至。」讒鼎之銘杜注：「讒，鼎名也。釋文：服云：『疾讒之鼎也。』」孫云：「韓非説林：『齊伐魯，索讒鼎。魯以其鴈往。』」曰：『昧旦丕顯，後世猶怠。』「丕」，左傳作「㔻」，同。杜注：「昧旦，早起也。丕，大也。言夙夜以務大顯，後世猶解怠。」孫云：「説文：『昧，爽。旦，明也。一曰闇也。』杜注『昧旦，早起』，非。」純一案：杜意言當昧旦，時甚早即起也。況日不悛，其竜久乎。」孫云：「『竜』不成字。序云『章爲長』，疑即爲此，則作長久也。左傳作『能』。」純一案：左傳是。晏子曰：「然則子將若何？」杜注：「問何以免此難。」叔向曰：「人事畢矣，待天而已矣。此二句左傳無。晉之公族盡矣。肸聞之，公室將卑，其宗族枝葉先落，則公從之。肸之宗十一族，杜注：「同祖爲宗。」正義曰：「世族譜云：『羊舌氏，晉之公族也。羊舌，其所食邑名。唯言晉之公族，不知出何公也。』杜云『同祖爲宗』，謂同出一公有十一族也。譜又云：『或曰羊舌氏姓李名果，有人盗羊而遺其頭，不敢不受，而埋之。後盗羊事發，辭連李氏。李氏掘羊頭示之，以明己不食，唯識其舌存得免，號曰羊舌氏。』杜言『或曰』，蓋舊有此説，杜所不從，記異聞耳。」唯羊舌氏在而已，肸又無子，杜注：「無賢子。」公室無度，幸而得死，杜注：「言得以壽終爲幸。」豈其獲祀焉。」杜注：「言不必得祀。」孫云：「死、祀爲韻。」純一案：左傳無「焉」字。齊爲田氏事，見諫下十九章、問上八章、外上十章、又十五章。

叔向問齊德衰子若何晏子對以進不失忠退不失行第十八

叔向問晏子曰：「齊國之德衰矣，「德」，一本作「治」，非。今子何若？」晏子對曰：「嬰聞，事明君者，竭心力以沒其身，鞠躬盡瘁，死而後已。行不逮則退，安國利民，力有不逮則退。不以誣持祿。不背〔一〕義鄉祿而自誣。事惰君者，優游其身以沒其世，優游者，不逢惡，不長惡，盡力守職，不怠奉官而已。荀子臣道篇曰：「調而不流，柔而不屈，寬容而不亂。」是其義。力不能則去，廣雅釋詁二：「能，任也。」不以諛持危。不持諛以危身。且嬰聞君子之事君也，進不失忠，退不失行。問上十四章云：「進不失廉，退不失行。」不苟合以隱忠，劉云：「『隱』讀若『違』。詳後三十章。」可謂不失忠。忠者，有利於民之謂。不持利以傷廉，可謂不失行。」叔向曰：「善哉。詩有之曰：『進退維谷。』孫云：「大雅桑柔之篇。詩傳：『谷，窮也。』」蘇云：「孫說非。此與韓詩外傳六『聞之者曰：「君子哉，安之命矣。」詩曰：『人亦有言，進退惟谷。』石先生之謂也』」所引詩

〔一〕「背」，原作「肯」，形近而誤，今改。

同一義，並是贊詞，無訓窮理。蓋『谷』即『穀』叚字，當訓爲『善』。此云『進退維善』者，即贊上所謂『進不失忠，退不失行』之語也。且明云『善哉』，『善』字即顯訓『谷』字。若訓爲『窮』，失立言之指矣。傳見詩上有『不胥以穀』之『穀』，故訓此『谷』爲『窮』，不知詩人原以二『穀』近在一處，故改一叚借之『穀』字代之，猶小雅『褒似威之』嫌二『滅』相並，改『威』代『滅』也。此近世阮氏元已言之，詳見揅經室集。孫不以此訂傳之誤，而反引傳以釋此，坐未審耳。」純一案：蘇説「谷」訓「善」，是。而引韓詩作「其君聞之曰」，斷上句「其君」屬下讀，又刪「者」字，並謬。今正。**其此之謂歟？」**

叔向問正士邪人之行如何晏子對以使下順逆第十九

叔向問晏子曰：「正士之義，邪人之行，何如？」晏子對曰：「正士處勢臨衆而不阿私，行國足養而不忘故。舊「衆」下脱「而」字，「行」下衍「于」字，從黄校增刪。詩魏風園有桃篇：「心之憂矣，聊以行國。」箋云：「聊出行于國中，觀民事以寫憂。」「行國」二字有徵。「行國足養」，就窮時言，與「處勢臨衆」對文。故，舊典也。**通則事上使卹其下，**使卹其下之疾苦，是爲忠君。**窮則教下使順其上。**使順其上之法儀，是爲愛民。**其事君也，盡禮行忠，不爲苟禄，**舊作「事君盡禮行忠，不正爵禄」。顧云：「當作『其事君也，盡禮道忠，不爲苟禄』。」純一案：顧説是。「其事君也」與「其交友也」對文，「不爲苟祿」與「不爲苟戚」對文，今並據以補正。惟「盡禮行忠」文義自明，不必破「行」作「道」耳。不用則去而不議。遺佚不怨。其交友也，論身行義，舊作「論身義行」。顧云：「當作『論義行道』。」劉云：「『論』當作『諭』，顧說是也。『身』爲『信』字之假。周禮大宗伯『侯執信圭』，鄭注謂『信圭象人形爲瑑飾』，則假『信』爲『身』。此文假『身』爲『信』，猶彼之假『信』爲『身』也。『義行』當倒文作『行義』。『諭信行義』與上『盡禮行忠』對文。」純一案：劉說是，今據正乙。不爲苟戚，戚，親也。不同則疏而不誹。「誹」，舊譌「悱」，從黃校據下文正。論語衛靈篇曰：「道不同不相爲謀。」不毁進于君，此句脱二字，文不成義。綜上文觀之，當作「不以毁行進于君」，與「不以刻民尊于國」對文。毁行，如問上廿一章「求君偪邇而陰爲之與」是。不以刻民尊于國。居上者苛刻下民，是自賤也。故用于上則民安，事上使卹其下故。行于下則君尊。「行于下」即行于國，教下使順其上故。故得衆上不疑其身，上知其德行能得民心故。用于君不悖于行。盡禮行忠。是以進不喪己，「己」，舊譌「亡」。王云：「『進不喪亡』文不成義，『亡』當爲『己』，字之誤也。『喪己』，失己也。『失己』與『危身』對文。下文『交通則辱，生患則危』，正與此相反。『辱』謂喪己，『危』謂危身。」純一案：王説是，今據正。退不危身，問上十四章云：「進不失廉，退不失行。」可互明。此正士之行也。邪人則不然，用于上則虐民，行于下則逆上。事君苟進不道忠，交友苟合不道行。劉云：「『行』疑『義』之訛。」持諛巧以匄禄，「匄」，舊譌「正」。王云：「『正』當作『匄』。廣雅曰：『匄，求也。』謂持諛巧之術以求禄也。俗書『匄』字作『丏』，與『正』相似而誤。」純一案：王説是，今據正。比姦邪以厚養。矜爵禄以臨人，誇體貌以華世。「體」從元刻，孫本作「禮」。孫云：「一本脱『華』字，非。」不任于上則輕議，不篤于友則好誹。誹，非議也。故用于上則民憂，行于下則君危，是以其事君近于罪，禍國殃民。其交友近于患，如靳尚於屈原、李斯於韓非之類。其得上辟于辱，偏于奴顔婢膝。其爲生僨于刑，暋不畏死。故用于上則誅，行于下則弑。此二句與「故用于上則民憂，行于下則君危」義鄰於複。是故交通則辱，生患則危，此二句與「其得上辟于辱，其爲生僨于刑」義近於複。此邪人之行也。」

叔向問事君徒處之義奚如晏子對以大賢無擇第二十

叔向問晏子曰：「事君之倫，徒處之義，奚如？」晏子對曰：「事君之倫，知慮足以安國，「知」讀若「智」。慮，説文：「謀思也。」譽厚足以導民，仁聲入人心深。和柔足以懷衆，與物爲春。不廉上以爲名，不以廉名求上采聽。不倍民以爲行，倍、背同。問上十二章曰：「事必因乎民。」上也。潔于治己，不飾過以求先，有過不自欺飾，心存退讓。不讒諛以求進，行己有恥，不阿以私，孫云：「『以』，一本作『久』，非。」王云：「『以』當作『所』，與下句文同一例。言于人則不阿所私，于己則不誣所能也。作『久』、作『以』，皆于文義不合。」純一案：王説是，當據改。不誣所能，自知明。次也。盡力守職，不怠奉官，從上不敢惰，「惰」從元刻，孫本作「隋」，云：「『隋』同『惰』。」畏上故不苟，苟，苟且也。匡謬正俗八曰：「苟者，媮合之稱，所以行無廉隅〔一〕，不存德義，謂之苟且。」忌罪故不辟，忌，憚也，猶畏也。畏罪故不犯刑。下也。三者，事君之倫也。及夫大賢，則徒處與有事，無擇也，隨時宜者也。大賢或潛或見，與時偕行。有所謂君子者，能不足以補上，退處不順上，順，循也。治唐園，考菲屨，俞云：「詩山有樞篇毛傳曰：『考，擊也。』廣雅釋詁文同。此『考』字亦當訓『擊』。孟子滕文公篇『梱屨』，趙注曰：『梱，猶叩椓也。』然則『考屨』與『梱屨』同義。」黄云：「唐園者，蓺麻枲之園也。管子輕重甲篇：『北郭者，盡屨縷〔二〕之甿也，以唐園爲本利，請以令禁百鍾之家不得事鞼，千鍾之家不得爲唐園。』呂覽尊師篇：『治唐圃，織萉屨。』『萉』、『菲』聲近。『萉』，枲屬，今本作『葩』字，譌。『菲』又通『屝』。曲禮下鄭注云：『鞮屨，無絇之菲也。』方言：『屝屨，麤屨

〔一〕「隅」，原作「恥」，據匡謬正俗改。

〔二〕「縷」，原作「履」，據管子改。

也。』」共恤上令，「共」讀若「恭」。恤，安也。漢書韋元成傳集注：「言恭安上令，不敢相犯。」弟長鄉里，不誇言，謹言。不愧行，慎行。孫云：「『愧』當爲『傀』。」盧云：「荀子非十二子篇楊倞注引下句作『愧行』，則此句亦當同。」蘇云：「愧、傀形聲並近，疑叚字也。周禮大司樂『大傀異災』，鄭注：『傀，猶怪也。』『傀行』猶言『怪行』矣。」君子也。不以上爲本，忘君。不以民爲憂，忘世。內不恤其家，恤，憂也。外不顧其游，「游」上舊衍「身」字。王云：「家可以言內，身不可以言外，且『身游』二字義不相屬。『身』字乃後人所加也。『內不恤其家，外不顧其游』者，游謂交游也。下文曰『自[一]勤于飢寒，不及醜儕』，正所謂『外不顧其游』也。荀子非十二子篇注引此正作『外不顧其游』。」純一：今據刪。誇言愧行，孫云：「『愧』，荀子楊倞注作『傀』，云『嵬』當與『傀』義同。」自勤于飢寒，「飢」從元刻，孫本譌「饑」。蘇云：「荀子非十二子篇注引作『飢』。」劉云：「『勤』當訓憂。呂氏春秋不廣篇『勤天子之難』，高注：『勤，憂也。』『自勤于飢寒，不及醜儕』，言惟一己飢寒是憂，而不恤交游也。」不及醜儕，醜，衆也。命之曰狂僻之民，蘇云：「荀子非十二子篇注引『僻』作『辟』。」明上之所禁也。「明上」即「明君」。問上廿一章「明君」對「愚君」言。進也不能及上，不可以事君。退也不能徒處，不可以久處約。作

〔一〕「自」，原作「身」，據下文改。

窮于富利之門，墨子非儒篇曰：「因人之家以爲翠，恃人之野以爲尊。富人有喪，乃大説喜曰：『此衣食之端也。』」是其例。畢志于甽畝之業，志不出于衣食之外。甽畝之業，謂耕織也。窮通行無常，處之慮佚于心，黄云：「有誤字。」純一案：此文疑本作「窮通無常，慮佚于心」，言忽窮忽通，心慮多出于分外也。今本「通」下衍「行」字，「常」下衍「處之」二字，文不成義。通利不能，窮業不成，「通利」舊倒，文義不順。「通」與「窮」對，今乙。言通不能利於人，窮不能自成業。命之曰處封之民，屏諸封疆之邊。明上之所誅也。誅，責也，罰也。有智不足以補君，知見不正，無裨於君。元刻脱「以」字。有能不足以勞民，能不足効勞於民。俞身徒處，「俞」當爲「偷」之剥字。荀子非十二子篇：「偷儒憚事。」是其義。謂之傲上，對上倨傲，自順其非。苟進不擇所道，苟得不知所惡，道，由也。陰結君之寵倖，苟求利禄，任人唾罵。謂之亂賊。身無以與君，能無以勞民，飾徒處之義，揚輕上之名，謂之亂國。以上二十四字，既與上文義複，又與下文「三者」不合，明是後人竄入之文，當删。明君在上，三者不免罪。」「罪」上疑脱「於」字。叔向曰：「賢不肖，性夫。吾每有問，而未嘗自得也。」黄初云：「言入於耳，無得於心。度量相越，何其遠也。」純一案：「徒處之義」亦見外上十八章。

叔向問處亂世其行正曲晏子對以民爲本第二十一

叔向問晏子曰：「世亂不遵道，上辟不用義。世與道牾，上與義違。「辟」同「僻」。正行則民遺，遺，棄也。明世亂不遵道也。史記屈原傳曰：「方正不容。」是其義。曲行則道廢。曲，邪也。正行而遺民乎？與持民而遺道乎？蘇云：「『與』猶『抑』也。王引之經傳釋詞引此文，以『與』訓『如』，云『言將正行而遺民乎，如其持民而遺道乎也』，似失之。」純一案：蘇說是。持，扶也，保也。此二者之于行何如？」晏子對曰：「嬰聞之，卑而不失尊，後二十六章曰：「在下莅修，足以變人。」可謂卑而不遺民矣。問上二十二章曰：「潔身守道，不與世陷乎邪，是以卑而不失義。」蓋以道義自尊，所以正民命也。曲而不失正者，如伊尹五就桀是。以民爲本也。苟持民矣，安有遺道。苟能保民，道莫大焉。苟遺民矣，安有正行焉。」忘民則不仁。

叔向問意孰爲高行孰爲厚晏子對以愛民樂民第二十二

叔向問晏子曰：「意孰爲高？行孰爲厚？」對曰：「意莫高于愛民，孔、墨愛民，意莫高焉。孔祖堯、舜，墨祖大禹，皆高其愛民之意也。行莫厚于樂民。」與民同樂。又問曰：「意孰爲下？行孰爲賤？」對曰：「意莫下于刻民，刻民之意，毒萬倍於蛇蝎，惡萬倍於虎狼，品孰下焉。行莫賤于害身也。」惡之害身，雖人而禽，世不齒之，辱及其親，賤孰甚焉。抑知刻民即是害身，是其意爲至下，行爲至賤，在人雖欲上之貴之而不可能者也。

叔向問嗇吝愛之于行何如晏子對以嗇者君子之道第二十三

叔向問晏子曰：「嗇、吝、愛之于行何如？」晏子對曰：「嗇者，君子之道。子華子晏子問黨篇：「子華子曰：『嗇其所以出，而謹節其所受，然後神宇泰定而精不揺，其格物也明，其遇事也剛，此之謂儉，而聖人之所寳也，所以御世之具也，三皇、五帝之所留察也。』」老子曰：「治人事天莫若嗇。」吝、愛者，小人之行也。」叔向曰：「何謂也？」晏子曰：「稱財多寡而節用之，稱，量也。不役於物，不侈於性。富無金藏，多財則以分貧。貧不假貸，衣麤食惡，自苦爲極，故不假貸。墨子脩身篇曰：「貧則見廉。」謂之嗇。積多不能分人，而厚自養，謂之吝。不能分人，又不能自養，貪慳成性，名曰財奴。謂之愛。故夫嗇者，君子之道；吝、愛者，小人之行也。」

叔向問君子之大義何若晏子對以尊賢退不肖「退」上當據正文補「不」字。第二十四

叔向問晏子曰：「君子之大義何若？」晏子對曰：「君子之大義，和調而不緣，溪盎而不苛，莊敬而不狡，和柔而不銓，刻廉而不劌，孫云：「『溪』當爲『谿』，言谿刻也。『盎』即『詇』叚音，說文：『詇，早知也。』『谿盎而不苛』，言不矜明察。」王云：「廣雅：『緣，循也。』莊子列禦寇篇『緣循、偃佒、困畏不若人』，郭象曰：『緣循，杖物而行者也。』『和調而不緣』，言雖與俗和調，而不循俗以〔一〕行，猶言君子和而不同也。『溪盎』，未詳。『狡』者，文選洞簫賦注曰：『狡，急也。』字通作『絞』。論語泰伯篇鄭注曰：『絞，急也。』昭元年左傳注曰：『絞，切也。』『莊敬而不狡』，謂從容中禮而不急切也。『銓』者，說文：『跧，卑也。』廣雅：『跧，伏也。』作『銓』者，借字耳。『和柔而不銓』，謂和柔而不卑屈也。『和調而不緣』，『莊敬而不狡，和柔而不銓，刻廉而不劌』，皆謂其相似而不同。」蘇云：「王說是。『溪盎』，孫義亦可通。」劉云：「呂氏春秋適音篇云：『聽清則耳谿極。』賈子新書耳痺篇云：『谿徼而輕絶。』均與此文『溪盎』字同爲『刻覈』之意。『盎』與『央』同。廣雅釋詁一：『央，盡也。』則『溪盎』之義猶之『谿極』、『谿徼』矣。」

〔一〕「以」，原作「而」，據讀書雜志改。

純一案：刻，損減也，不敢自侈也。老子：「廉而不劌。」王弼注：「廉，清也。劌，傷也。」「刻廉而不劌」，謂不以刻損清廉傷於物也。行精而不以明汙，心行潔浄，隱人之惡。齊尚而不以遺罷，愛無差等，而矜不能。荀子非相篇曰：「君子尊賢而能容罷。」楊注：「罷，弱不任事者。音疲。」案：「不遺罷」與「能容罷」文異而義同。富貴不傲物，貧窮不易行，孟子滕文公〔一〕下曰：「富貴不能淫，貧賤不能移。」莊子繕性篇曰：「不爲軒冕肆志，不爲窮約趨俗。」義並同。尊賢而不退不肖，此君子之大義也。」論語子張篇曰：「君子尊賢而容衆，嘉善而矜不能。」「不退不肖」，即容之、矜之之意。標題當依此作「不退不肖」。如「退不肖」，則君子之義不大矣。雜上八章曰：「見不肖以哀不肖。」可爲「不退不肖」之證。設言爲政，則不肖在所必退。此論君子之義如何爲大，則當以「尊賢而不退不肖」爲大也。意林引隨巢子曰：「大聖之行，兼愛萬民，疏而不絶，賢者欣之，不肖者憐之。賢而不欣，是賤德也。不肖不憐，是忍人也。」莊子天下篇曰：「宋鈃、尹文，接萬物以别宥爲始。」崔譔注：「以别善惡宥不及也。」此章即以别宥接萬物之明徵。

叔向問傲世樂業能行道乎晏子對以狂惑也第二十五

叔向問晏子曰：「進不能事上，退不能爲家，傲世樂業，枯槁爲名，不疑其所守

〔一〕「公」，原脱，據孟子補。

者，可謂能行其道乎？」晏子對曰：「嬰聞古之能行道者，世可以正則正，黄云：「元刻作『世可正以則』，誤。」不可以正則曲。曲，委曲也。其正也，不失上下之倫。君君臣臣，父父子子。其曲也，不失仁義之理。前廿一章曰：「曲而不失正。」義同。道用與世樂業，不用有所依歸。孟子盡心上曰：「古之人得志澤加於民，不得志修身見於世。」黄初云：「莊子天地篇曰：『天下有道則與物皆昌，天下無道則修德就閒。』義可互明。」不以傲上華世，「華」讀若「譁」。不以枯槁爲名。故道者，世之所以治，而身之所以安也。世無道則亂，身無道則危。今以不事上爲道，以不顧家爲行，以枯槁爲名，世行之則亂，身行之則危。且天之與地而上下有衰矣，衰，差降。襄二十五年左傳「自是以衰」注。明王始立而居國爲制矣，象天地爲上下之制。政教錯而民行有倫矣。「錯」下疑脱「施」字，當補，與上文一律。錯，互也。倫，理也。今以不事上爲道，反天地之衰矣。以不顧家爲行，倍先聖之道矣。倍，背同。以枯槁爲名，則世塞政教之途矣。有明上不可以爲下，「不」字舊脱，從王校補。遭亂世不可以治亂。王云：「言此反天地之衰，倍先聖之道，塞政教之途者，有明上則足以危身，（「明上」，謂明君也。前二十章曰「狂僻之民，上之所禁也」，義與此同。）遭亂世則足以惑世，故曰『有明上不可以爲下，遭亂世不可以治亂』。『遭亂世不可以治亂』，即上文所云『世行之則亂』也。『有明上不可以爲下』，即上文所云『身行之則危也』。」説若道謂之惑，行若道謂之狂。惑者狂者，木石之樸也，孫云：「説文：『樸，木素也。』高誘注呂氏春秋：『樸，本也。』言未彫治。」而道義未戴焉。」戴、載同。言人非木石，不可無道義。

叔向問人何若則榮晏子對以事君親忠孝第二十六

叔向問晏子曰：「何若則可謂榮矣？」晏子對曰：「事親孝，無悔往行。事君忠，無悔往辭。盧云：「『無悔往行』，事親之行，後無悔也。『悔』，謂其不可復者是也。『無悔往辭』，言于君者，後無悔也。事親事君，與下和兄弟、信朋友文正相連接。」純一案：行接于親者多，言關于君者重，均無後悔，非大賢乎。和于兄弟，即是順親。信于朋友。禮祭義曰：「朋友不信，非孝也。」又中庸曰：「不信乎朋友，不獲乎上矣。」不謟過，「謟」從孫本，元刻作「諂」。爾雅釋詁：「謟，疑也。」言相見以誠。不責得。不求得於人。言不相坐，劉云：「『坐』蓋『差』字之訛。篆文差字作『[illegible]』，故訛爲『坐』。『言不相差』，即言不參差也，與『不貳』同，故與『行不相反』對文。」行不相反。行不與言相反。禮中庸曰：「言顧行，行顧言。」在上治民，胥保惠，胥教誨。足以尊君。善羣使安且樂。在下莅修，莅、涖同。故書「涖」作「立」。周禮鄉師注：「莅修，即立修。」足以變人。使人日遷於善。身無所咎，咎、愆也。**行無所創，**孫云「説文：『刃，傷也。』或作『創』。」純一案：言無失行。**可謂榮矣。」**

叔向問人何以則可保身「則」字據總目增。晏子對以不要幸第二十七

叔向問晏子曰：「人何以則可謂保其身？」晏子對曰：「詩曰：孫云：「大雅烝民之詩。」**『既明且哲，以保其身。夙夜匪懈，以事一人。』**孫云：「『懈』，詩作『解』。」純一案：詩箋：「一人，斥天子。」正義曰：「既能明曉善惡，且又是非辨知，以此明哲，擇安去危，而保全其身，不有禍敗。又能早起夜卧，非有懈倦之時，以常尊事此一人也。」案：此一人，乃爲兆民謀利樂而立、夙夜匪懈以事之者，所以使天下無一夫之不得其所也。**不庶幾，**庶幾，希望之詞，屬意言。**不要幸，**孫云：「『要』與『徼』通。」純一案：徼幸，屬意兼行言。禮中庸「小人行險以徼幸」，謂徼求榮幸也。**先其難乎，而後幸得之。**論語雍也篇：「仁者先難而後獲。」義同。**得之時其所也，**「得之」二字舊不重，語意不完，蓋原文本有，傳寫脱之，今校補。「得之」對「失之」言。「時」，是也，對「非」言。「所」，猶宜也，對「罪」言。雜上十三章：「制百官之序，使得其宜。」羣書治要「宜」作「所」。説苑復恩篇：「嬰不肖，罪過固其所也。」「固其所也」，即「固其宜也」。**失之非其罪也，可謂保其身矣。」**

曾子問不諫上不顧民以成行義者晏子對以何以成也第二十八

曾子問晏子曰：「古者嘗有上不諫上，下不顧民，退處山谷，以成行義者也？」讀爲「邪」，問詞。晏子對曰：「察其身無能也，而託乎不欲諫上，謂之誕意也。誕，妄爲大言也。言爲心聲，故謂之誕意。上惛亂，德義不行，而邪辟朋黨，賢人不用，士亦不易其行，易，改也。而從邪以求進，故有隱有不隱。求不得則隱，非潔身也。求得則不隱，非爲民也。其行法士也？其行豈足爲士法邪？也、邪同。迺夫議上則不取也。無能諫上而議上，奚取焉。夫上不諫上，下不顧民，上視上之惛亂而不諫，下視民之疾苦而不顧。退處山谷，嬰不識其何以爲成行義者也。」

梁丘據問子事三君不同心晏子對以一心可以事百君第二十九

梁丘據問晏子曰：「子事三君，君不同心，而子俱順焉，孫云：「『順』，藝文類聚作『從』。」純一案：類聚見卷二十。仁人固多心乎？」晏子對曰：「嬰聞之，順愛不懈，可以使百姓。事君，所以爲民也。順君之心，愛民而不怠，故民樂爲用。彊暴不忠，逆民之心。黄云：「元刻作『暴强』。」不可以使一人。一心愛民。可以事百君，三心不忠於民。不可以事一君。」二句亦見外上十九章。孫云：「『三心』，意林、藝文類聚、太平御覽、風俗通、孔叢俱作『百心』。風俗通二語作『傳曰』。御覽引『子思子曰：「百心不可得一人，一心可得百人」』。」仲尼聞之，曰：「小子識之，孫云：「『識』，太平御覽、孔叢俱作『記』。」晏子以一心事百君者也。」孫云：「孔叢作『以〔一〕一心事百君，君子也』。風俗通過譽篇、孔叢詰墨俱用此文。」純一案：此與外上十九章、外下三章、四章恉同。

柏常騫問道無滅身無廢晏子對以養世君子第三十

柏常騫去周之齊，見晏子曰：孫云：「家語作『柏常騫問于孔子曰』。」「騫，周室之賤史也，孫云：「『史』，家語作『吏』，非。」不量其不肖，願事君子。家語作「不自以不肖，將北面以事君子」。敢問正道直行則不容于世，孫云：「『直行』，家語作『宜行』。」純一案：「宜」爲「直」之形誤。論語微子篇：「直道而事人，焉往而不三黜。」是其例。前廿一章「正行則民遺」義同。隱道危行則不

〔一〕「以」，原脱，據音義補。

忍，劉云：「『隱道』與『正道』對文，則『隱』讀若『違』，『隱道』即『違道』也。佚周書謚法解『隱拂不成曰隱』，獨斷作『違拂』，此『違』假爲『隱』之證。上『叔向問齊德衰』節『不苟合以隱忠』，『隱忠』與『傷廉』對文，『隱忠』即『違忠』也，與此同。」孫云：「『危行』，家語作『宜行』。」王云：「此『危行』與論語之『危言危行』不同。『危』讀曰『詭』，『詭行』與『直行』正相反。作『危』者，借字耳。」純一案：王説是。家語「危」作「宜」，非。道亦無滅，身亦無廢者，何若？」孫云：「家語作『今欲身亦不窮，道亦不隱，爲之有道乎』。」晏子對曰：孫云：「一本無『對』字。」「善哉，問事君乎？嬰聞之，執一浩倨舊作「執二法裾」。孫云：「家語作『浩倨者則不親』，王肅注：『浩倨，簡略不恭之貌。』『法』，或當爲『浩』。」盧云：「『二』，李本作『一』，當從之。」黄云：「『法裾』，當依家語作『浩倨』。『裾』與『倨』通。『執一浩倨』，謂剛愎自用。」純一：今從諸校正。則不取也，輕進苟合則不信也，不見重故。直易無諱則速傷也，逆耳故。孫云：「家語作『徑易者則數傷』。」新始好利則無不敝也。「不」字舊脱。孫云：「家語作『就利者則無不敝』。此文未詳。」純一案：問上廿一章「歡乎新，慢乎故，趨利若不及」，即「新始好利」之確詁。此言「新始好利」者無不敗。敝，敗也。今本「敝」上脱「不」字，義不可通，故孫云「未詳」，茲據家語補。劉云：「『新始』，蓋變古易常之義。」且嬰聞養世之君子，從輕不爲進，從重不爲退，舊「輕」、「重」互錯。王云：「當作『從輕不爲進，從重不爲退』。輕，易也，見呂氏春秋知接篇注。重，難也，見漢書元紀注。謂不見易而進，不見難而退也。今本『輕』、『重』互易，則義不可通。家語三恕篇作『從輕勿爲先，從重勿爲後』，注曰：『赴憂患，從勞苦，輕者宜爲後，重者宜爲先。』語意正與此同。」純一案：王説是，今據乙。**省行而不伐**，檢身若不及。**讓利而不夸**，黄初云：「莊子秋水篇『貨財弗争，不多辭讓』，是其義。」**陳物而勿專**，孫云：「家語作『陳道而勿怫』。」純一案：物，事也。專，擅也。**見象而勿彊**，孫云：「『象』，家語作『像』。王肅注曰：『像，法也。』」黄初云：「因其自然。」**道不滅，身不廢矣。**」孫云：「家語三恕篇用此文。」

晏子春秋校注卷五

漢陽張純一仲如

内篇雜上第五凡三十章

莊公不説晏子晏子坐地訟公而歸第一

晏子臣于莊公，公不説。飲酒，令召晏子。晏子至，入門，公令樂人奏歌曰：「已哉已哉，寡人不能説也，爾何來爲？」古音諧四之引此，哉、來諧。案：古音「哉」音「兹」，「來」音「釐」，同部。晏子入坐，樂人三奏，然後知其謂己也。遂起，北面坐地。北面，臣禮。公曰：「夫子從席，曷爲坐地？」晏子對曰：「嬰聞訟夫坐地。今嬰將與君訟，敢毋坐地乎？嬰聞之，衆而無義、彊而無禮、好勇而惡賢者，禍必及其身。禮義所以自尊，專尚强暴而廢之，且惡賢人，是滅身之道。若公者之謂矣。且嬰言不用，願請身去。」「請身」者，言臣委身於君，今言不見用，祇得請身於君而去。外上廿章云「願乞骸骨」，義同。諫上五章已有「請身」之説。

遂趨而歸，管籥其家者納之公，其猶在也。財在外者斥之市。史記貨殖傳「烏氏倮畜牧及衆斥賣」，索隱謂：「畜牧及至衆多之時，斥而賣之。」曰：「君子有力于民，則進爵禄，不辭貴富。順則進，志在民也。無力于民，而旅食，而猶則也。不惡貧賤。」不用不懷禄。遂徒行而東，耕于海濱。東畊海濱。亦見外上二十二章。居數年，果有崔杼之難。

莊公不用晏子晏子二字從盧校增。致邑而退後有崔氏之禍總目作「難」。第二

晏子爲莊公臣，言大用，每朝賜爵益邑。俄而不用，每朝致邑與爵。爵邑盡，退朝而乘，嘳然而歎，孫云：「『嘳』，一本作『喟』。説文：『喟，太息也。』或作『嘳』，字林：『嘳，息憐也。』」終而笑。其僕曰：「何歎笑相從數也？」「也」讀爲「邪」。晏子曰：「吾歎也，哀吾君不免于難。吾笑也，喜吾自得也，吾亦無死矣。」崔杼果弑莊公，見襄二十五年左傳。晏子立崔杼之門。左傳有「外」字。杜注：「聞難而來。」從者左傳作「其人」。曰：「死乎？」晏子曰：「獨吾君也乎哉，吾死也？」「也」讀爲「邪」，下同。杜注：「言己與衆臣無異。」曰：「行

乎？」曰：「獨吾罪也乎哉，左傳無「獨」字。吾亡也？」杜注：「自謂無罪。」曰：「歸乎？」曰：「吾君死，安歸？杜注：「言安可以歸。」君民者，豈以陵民，社稷是主。臣君者，豈爲其口實，社稷是養。杜注：「言君不徒居民上，臣不徒求禄，皆爲社稷。」故君爲社稷死則死之，爲社稷亡則亡之。杜注：「謂以公義死亡。」若君爲己死左傳無「君」字。而爲己亡，非其私暱，孰能任之。左傳作「誰敢任之」。杜注：「私暱，所親愛也。非所親愛，無爲當其禍。」且人有君而弒之，吾焉得死之？而焉得亡之？杜注：「言己非正卿，見待無異於衆臣，故不得死其難也。」將庸何歸？」杜注：「將用死亡之義何所歸趣。」門啓而入，崔子曰：「子何不死？子何不死？」晏子曰：「禍始吾不在也，禍終吾不知也，言禍之始終，吾皆不與。吾何爲死？且吾聞之，以亡爲行者不足以存君，以死爲義者不足以立功。言臣道以能存君、爲社稷立功爲重，死亡不足以塞責。嬰豈婢子也哉，其縊而從之也？」嬰非其婢子，焉得縊而從之？「也」讀爲「邪」。遂袒免坐，自「崔子曰」至此，左傳無。露左臂曰袒，去冠括髮曰免。枕君尸而哭，左傳作「枕尸股而哭」。興，起。三踊而出。踊，跳躍也。人謂崔子必殺之，崔子曰：「民之望也，舍之得民。」杜注：「舍，置也。」

崔慶劫齊將軍大夫盟晏子不與第三

崔杼既弒莊公而立景公，孫云：「『弒』，後漢書注、太平御覽作『殺』。」杼與慶封相之，劫諸將軍大夫及顯士庶人于太宮之坎上，說文力部曰：「人欲去，以力脅止，曰劫。」漢書高帝紀上：「因以劫衆。」注：「劫，謂威脅之。」令無得不盟者。爲壇三仞，八尺爲仞。埳其下，孫云：「『埳』當爲『坎』，說文：『陷也。』玉篇『埳』亦與『坎』同，苦感切。」蘇云：「廣雅：『埳，坑也。』言爲坑其下。」以甲千列環其內外，盟者皆脫劍而入。維晏子不肯，崔杼許之。有敢不盟者，戟鉤其頸，「鉤」，舊作「拘」。黄云：「『拘』，當依後漢馮衍傳注作『鉤』。下云『曲刃鉤之』，御覽四百八十、三百七十六並作『戟鉤』。」純一案：御覽三百五十三亦作「鉤」，今據正。北堂書鈔百二十四誤作「抱」。劒承其心，令自盟曰：「不與崔、慶而與公室者，受其不祥。」孫云：「後漢書注作『盟神視之』。」劉云：「呂氏春秋知分篇作『不與崔氏而與公孫氏者，受其不祥』。下文『不與公室而與崔、慶』，亦作『不與公孫氏而與崔氏』。」言不疾、指不至血者死。所殺七人。孫云：「韓詩外傳作『十餘人』，新序作『十人』。」次及晏子，孫云：「『次』，後漢書注作『而後』。」晏子奉桮血，仰天歎曰：蘇云：「後漢書注作『晏子奉血仰天曰』。」「嗚呼！崔子爲無道黄云：「後漢書注作『崔氏無道』。」而弒其君，孫云：「『弑』，後漢書注、新序作『殺』。」不與公室而與崔、慶者，受此不祥。」俛而飲血。孫云：「後漢書注作『若有能復崔氏而嬰不與盟，明神視之』。遂仰而飲血』。」崔杼謂晏子曰：「子變子言，黄云：「後漢書注作『晏子與我』。」則齊國吾與子共之。後漢書注無「子」字。子不變子言，後漢書注作「不與我」。戟既在脰，劍既在心，蘇云：「後漢書注無『既』字。」純一案：後漢書注「戟」上有「則」字。維子圖之也。」後漢書注無「維」字、「也」字。晏子曰：「劫吾以刃而失其志，孫云：「後漢書注作『意』。」非勇也。回吾以利而倍其君，孫云：「『回』，後漢書注、韓詩外傳作『留』。」純一案：新序亦作「回」，一本作「圖」。「回」字是。非義也。孫云：「『義』，韓詩外傳作『仁』。」純一案：新序亦作「仁」。崔子，子獨不爲夫詩乎！孫云：「今本作『天討乎』，形相近，字之誤也，據吕氏春秋訂正。」純一案：元刻正作「夫詩乎」。新序無此句。蘇云：「韓詩外傳、後漢書注並無此句。」詩云：『莫莫葛虆，孫云：「詩及吕氏春秋、韓詩外傳作『藟』，是。俗作『虆』。」施于條枚。孫云：「『施』，吕氏春秋作『延』。」愷悌君子，孫云：「詩作『豈弟』，吕氏春秋作『凱弟』。『愷弟』正字，『豈』通字，『凱悌』俗字。」求福不回。』吕氏春秋高注：「詩大雅旱麓之卒章。莫莫，葛藟之貌。延蔓于條枚之上，得其性也。樂易之君子，求福不以邪道，順於天性，以正直受大福。」今嬰且可以回而求福乎？

孫云：「韓詩外傳作『嬰其可回矣』，新序『嬰可謂不回矣』。」蘇云：「後漢書注作『嬰可回而求福乎』。」純一案：且猶豈也。回，邪曲也。曲刃鉤之，蘇云：「後漢書注『曲』作『劍』。」直兵推之，孫云：「高誘注淮南子：『晏子不從崔杼之盟，將見殺。晏子曰：「句戟何不句，直矛何不摧，不撓不義。」』」劉云：「『推』乃『摧』字之訛也。摧者，摧陷之義也。韓詩外傳及新序義〔一〕勇篇均作『推』，與此同誤，當從淮南高注訂正。呂氏春秋知命篇作『子惟之矣』，『惟』亦『摧』字之誤也。高注淮南所據蓋古本。」嬰不革矣。」革，改也。孫云：「新序作『嬰不之回也』。」崔杼將殺之，或曰：「不可。子以子之君無道而殺之，今其臣有道之士也，又從而殺之，不可以爲教矣。」崔子遂舍之。孫云：「『舍』，後漢書注作『釋』。」晏子曰：「若大夫爲大不仁，而爲小仁，若，而並汝也。指或者言。爲大不仁，謂殺君。爲小仁，孫云：「言其舍己。」焉有中乎。」趨出，援綏而乘。「援」，舊作「授」。孫云：「『授』，呂氏春秋作『受』。『綏』，韓詩外傳作『纓』，非。太平御覽作『晏子不與盟，而出，上車』。」盧云：「『授』，呂氏春秋知分篇同。意林所載呂氏作『援』，當從之。」純一案：「授」蓋「援」之形誤，盧從意林是也，今據正。御覽見三百七十六、又四百八十同。其僕將馳，晏子撫其手「撫」，新序作「拊」。曰：「徐之。「徐」，呂覽作「安」，意林引同。疾

〔一〕「義」，原作「知」，據新序改。

不必生，徐不必死，鹿生于野，「野」，御覽兩引俱作「山」。呂覽、意林引並同。命縣于廚，孫云：「太平御覽作『庖廚』。新序作『虎豹在山林，其命在庖廚』，文義不逮此矣。」純一案：御覽四百八十無「庖」字。蘇云：「韓詩外傳作『麋鹿在山林，其命在庖廚』。」嬰命有繫矣。盧云：「『有繫』，御覽兩引皆作『有所縣』。」蘇云：「韓詩外傳同御覽。」純一案：呂覽、意林引並作「懸」，蓋「縣」之俗字。「繫」，當從諸書作「縣」。按之成節，蘇云：「韓詩外傳作『安行成節』。」而後去。詩云：孫云：「鄭風羔裘之詩。」蘇云：「韓詩外傳下有『羔裘如濡，洵直且侯』二句。」「彼己之子，孫云：「『己』，詩作『其』。」舍命不渝。」孫云：「韓詩外傳『渝』作『偷』。詩箋：『舍，猶處也。』據此則當爲捐舍，鄭説非。詩傳：『渝，變也。』據韓詩亦可讀爲『偷生』之『偷』。」晏子之謂也。孫云：「呂氏春秋知分篇、新序義勇篇、韓詩外傳二俱用此文。」

晏子再治阿而信見景公任以國政「信見」，盧校作「見信」。第四

景公使晏子爲東阿宰，孫云：「左傳莊十三年，『公會齊侯盟于柯』。杜注：『齊之阿邑。』齊威王烹阿大夫即此。元和郡縣志：『東阿縣，漢舊縣也。春秋時齊之阿地。』按此已名東阿，則漢縣〔一〕承古名。

〔一〕「縣」，原脱，據音義補。

又本草經已有阿膠。『阿』、『柯』通也。」盧云：「御覽二百六十六、又四百二十四皆無『東』字。」蘇云：「治要亦無『東』字。」純一案：藝文類聚五十亦無「東」字，當並據删。太平寰宇記：「齊州禹城縣本春秋齊邑，謂祝柯，猶東柯也。古祝國，黄帝之後。按古東柯，齊爲阿，晏嬰城，城内有井，水和膠入藥方。」**三年而毁聞于國。**舊脱「而」字。孫云：「意林作『治阿三年』。」王云：「『三年』下有『而』字。『而』，今本脱之。下文云『三年而譽聞于國』，又云『三年而毁聞于君』，『三年而譽聞于君』，則此亦當有『而』字。羣書治要及藝文類聚職官部六、太平御覽職官部六十四皆作『三年而毁聞于國』。」純一案：今據補。**景公不説，**類聚、治要並無「景」字。**召而免之。**孫云：「一本脱『而』字，非。意林作『召而問之』。」**晏子謝曰：「嬰知嬰之過矣，**類聚作「嬰知過矣」。**請復治阿三年，而譽必聞于國。」景公不忍，**四字治要省作二「公」字。**復使治阿，三年而譽聞于國。景公説，召而賞之。辭而不受。**四字舊脱。孫云：「藝文類聚有『辭而不受』四字，疑此脱。」蘇云：「治要同類聚。」純一案：下文「景公問其故」，即問「辭而不受」之故。今本脱去，文不成義。御覽亦有。今並據諸書補。後文「是故不敢受」，正承此而言。**景公問其故，對曰：「昔者嬰之治阿也，築蹊徑，**孫云：「説文『徯』，或从『足』作『蹊』。玉篇：『遐雞切，徑也。』」**急門閭之政，而淫民惡之。舉儉力孝弟，**蘇云：「治要作『悌』。下同。」純一案：力謂力田，勤也。晏子尚儉尚勤，蓋墨風也。**罰偷窳，**窳，惰也。又器不堅緻也。**而惰民惡之。決獄不**

避貴彊，而貴彊惡之。舊脱「而貴彊」三字。孫云：「意林作『不畏貴强』。此下疑有『貴强』二字，後人以『貴强』重出，故脱之。」黄云：「盧校作『決獄不避貴强，而貴强惡之』，當依補。」蘇云：「治要有『貴强』二字，無『而』字。」純一案：黄説是也。今從盧校，與上下文一律。左右所求，蘇云：「治要『所』上有『之』字。」瀆則予，非瀆則否，而左右惡之。事貴人體不過禮，孫云：「意林作『不能過禮』。」純一案：體，謂接納與之同體。禮中庸「體羣臣也」注。而貴人惡之。是以三邪毁乎外，黄云：「『乎』，御覽作『于』。下二句俱同。」純一案：三邪，謂淫民、惰民、貴强。二讒毁乎内，「乎」，孫本作「于」。二讒，謂左右與貴人。三年而毁聞乎君也。今臣謹更之，孫云：「意林作『臣請改轍，更治三年，必有譽也』。」蘇云：「治要無『謹』字。」純一案：更，改也。不築蹊徑而緩門閭之政，而淫民説。不舉儉力孝弟，不罰偷窳，而惰民説。決獄阿貴彊，而貴彊説。左右所求言諾，而左右説。事貴人體過禮，而貴人説。是以三邪譽乎外，各本「是」下脱「以」字，盧、蘇校據治要補。二讒譽乎内，兩「乎」字，御覽、治要並作「于」。三年而譽聞于君也。昔者嬰之所以當誅者宜賞，而今之所以當賞者宜誅，「今」上「而」字、下「之」字舊並脱，據治要補。孫云：「藝文類聚作『昔者嬰之所治者當賞，而今所以治者當誅』。」是故不敢受。」子華子北宫子仕篇作「昔者臣之所治，君之所當取也，而更得罪焉。今者臣之所治，君之所當誅也，而更得賞焉。非臣之情，臣不願也」。景公知晏子賢，迺任以國政，三年而齊大興。蘇云：「治要作『景公乃任以國政焉』。」純一案：外上二十章旨同。

景公惡故人晏子退國亂復召晏子第五

景公與晏子立于曲潢之上，晏子稱曰：「衣莫若新，人莫若故。」書盤庚上曰：「人惟求舊，器非求舊，惟新。」義略同。公曰：「衣之新也，信善矣。人之故，相知情。」孫云：「嫌其知情實。」晏子歸，負載，「負載」猶「負戴」，負於背，戴於首，任勞役也。使人辭于公曰：「嬰故老耄無能也，故、固同。請毋服壯者之事。」「請」通「誠」。毋，語助，無意義。言嬰固老耄無能從政，誠能服壯者之事，能負能戴，明不鄉禄也。外上廿二章「嬰故老悖無能，毋敢服壯者事」，「毋」亦語助，否則與彼下文「東畊海濱」不相應矣。公自治國，無禮義爲綱紀。身弱于高、國，高、國二氏，齊之卿族。百姓大亂。公恐，復召晏子。五句亦見外上廿二章，彼文無「于」字，「大」作「惛」。諸侯忌其威，而高、國服其政。二句亦見外上廿二章，彼無「而」字。墨子非命下篇曰：「安危治亂，存乎上之爲政也。」田疇墾辟，孫云：「玉篇：『墾，苦很切，耕也，治也。』『辟』當爲『闢』。」純一案：管子牧民篇曰：

「地辟舉則民留處。」墾田誠牧民之首務。蠶桑豢牧之處不足，「牧」舊作「收」，盧校作「牧」，云：「『收』譌。言民皆勤於事也。勤事者衆，而地不足，故下云『絲蠶于燕，牧馬于魯』。然則『豢牧』當作豢養牧放解明矣。」純一：今據改。絲蠶于燕，牧馬于魯，共貢入朝。墨子聞之，孫云：「藝文志：『墨子七十一篇。名翟，爲宋大夫，在孔子後。』」曰：「晏子知道，道在順則進，否則退。能儉且勤，事必因民而厚利之。景公知窮矣。」窮于應付，即聽于晏子。此與外上廿二章爲一事。

齊饑晏子因路寢之役以振民第六

景公之時饑，孫云：「一本作『飢』，非。」晏子請爲民發粟，兼愛故。公不許。當爲路寢之臺，晏子令吏重其賃，孫云：「說文：『賃，庸也。』言重其庸直。」遠其兆，兆爲臺之營城。徐其日而不趨。孫云：「『趨』讀如『促』。」盧云：「荀子王霸篇楊倞注引作『重其績，遠其塗，佻其日』，皆是也。佻，緩也。」純一案：是謂曲而不失仁義之理。見問下廿五章。三年，臺成而民振。事因于民，晏子善權。故上說乎游，民足乎食。君子曰：「政則晏子欲發粟與民而已，若使不可得，則依物而偶于政。」孫云：「物，事也。言據事而不違于政。事謂爲臺。」俞云：「依猶因也。『偶』讀爲

『寓』，古字通用。『寓』猶『寄』也。『依物而偶于政』者，因物而寄于政也。若晏子因築臺之事而寄發粟之政是也。」純一案：偶，合也。言依爲臺之事而發粟，合於振民之政也。

景公欲墮東門之堤晏子謂不可變古第七

景公登東門防，孫云：「說文：『防，堤也。』」黄云：「東門防，亦稱防門。」民單服然後上。陡故。公曰：「此大傷牛馬蹄矣，孫云：「『蹄』，『蹢』字省文。」夫何不下六尺哉？」晏子對曰：「昔者吾先君桓公明君也，而管仲賢相也。夫以賢相佐明君，而東門防全也。古者不爲，殆有爲也。黄云：「『不爲』當作『不下』，涉下『有爲』而誤。」純一案：黄說未允。「不爲」之「爲」讀平聲，承上「不下六尺」言，「有爲」之「爲」讀去聲，以「防下六尺則無齊」言。蚤歲，淄水至，入廣門，「淄」舊作「溜」。盧云：「『溜』，『淄』字之誤。淄水在齊，與『菑』同。以下文『入廣門』云云，當爲『淄』字明矣。」俞云：「齊都營丘，淄水過其南及東，故有時淄水大至而爲害也。」純一：今從盧、俞校改。即下六尺耳。鄉者防下六尺，孫云：「『鄉』即『曏』省。」則無齊矣。孫云：「言國皆漂没。」夫古之重變古常，孫云：「爾雅釋詁：『古，故也。法，常也。』」純一案：自來常法，富具經驗，不可輕言變更，故古人重之。「之」，當作「人」。墨子經說下：「若瘧病之之於瘧也。」孫詒讓云：「下『之』字當作

『人』。」與此同。此之謂也。」

景公憐飢者晏子稱治國之本以長其意第八

景公游于壽宮，孫云：「齊桓公死于此宮，見前。」純一案：藝文類聚八十引無「於」字。壽宮即胡宮，本齊先君胡公之宮，胡公壽考，故亦稱壽宮。睹長年負薪者而有飢色。孫云：「『長』，藝文類聚作『耆』，義同。」純一案：類聚無「者而」二字。公悲之，喟然歎曰：王云：「『歎曰』二字，後人所加。『公悲之，喟然令吏養之』，皆是記者之詞。後人加『歎曰』二字，則以『令吏養之』爲景公語，謬以千里矣。說苑貴德篇有『歎曰』二字，亦後人依俗本晏子加之。藝文類聚火部引晏子作『公喟然令吏養之』，無『歎曰』二字。諫上篇『公喟然曰』，後人加『歎』字。下篇『喟然流涕』，後人加『歎而』二字。謬皆與此同。辨見諫上廿五章、諫下五章。」純一案：王說是，當據刪。諫上十六章亦有「公喟然歎曰」之文，王無說。「令吏養之。」晏子曰：「臣聞之，樂賢而哀不肖，樂賢則賢衆，哀不肖則不肖者無不得所。問下廿四章曰：「尊賢而不退不肖，此君子之大義也。」守國之本也。今君愛老，而恩無所不逮，盧云：「說苑無『所』字，是。」純一案：文選西征賦注引亦無。治國之本也。」公笑，有喜色。墨子耕柱篇曰：「世俗之君子，無義而謂之有義則喜。」晏子曰：「聖王見賢以樂賢，見不肖以哀不肖。今請求老弱之不養、鰥寡之無室者，論而共秩焉。」孫云：「『共』，説苑作『供』。」純一案：論，擇也。秩，禄也，所以爲養也。**公曰：「諾。」于是老弱有養，鰥寡有室。**墨子兼愛下篇曰：「老而無妻子者，有所侍養以終其壽。幼弱孤童之無父母者，有所放依以長其身。」節用上篇曰：「聖王之法，丈夫年二十，毋敢不處家；女子年十五，毋敢不事人。」辭過篇曰：「内無拘女，外無寡夫。」皆墨道所重也。孫云：「説苑貴德篇用此文。」

景公探雀鷇鷇弱反之晏子稱長幼以賀第九

景公探雀鷇，孫云：「爾雅釋鳥：『生哺鷇。』郭璞注：『鳥子須母食之。』魯語：『鳥翼鷇卵。』文子上德篇：『鷇卵不探。』方言：『爵子及雞雛，皆謂之鷇。』」純一案：「雀」，説苑作「爵」，古字通。**鷇弱，反之。**蘇云：「治要『反』上有『而』字。」純一案：北堂書鈔八十五引「反」上有「故」字。藝文類聚九十二引同。**晏子聞之，不時而入見。**舊「時」上有「待」字，「見」下有「景公」二字。王云：「各本有『景公』二字，乃涉上文而衍，今據羣書治要删。『不待時而入見』，本作『不時而入見』，『時』即『待』字也。『不待而入見』，謂先入見也。古書『待』字多作『時』。（説見經義述聞「遲歸有時」下。）外下篇『晏子不時而入見』，即其證。後人不知『時』爲『待』之借字，故又加『待』字耳。（説苑貴德篇作「不待請而入見」，「請」字亦後人所加，其謬更甚。）羣書治要無『待』字。」純一案：並從之。公汗出惕然。慚汗浹背。晏子曰：「君何爲者也？」公曰：「吾探雀鷇，鷇弱故反之。」晏子逡巡孫云：「爾雅釋言：『逡，退也。』說文：『巡，視行皃。』」北面再拜而賀曰：治要無「而」字。書鈔八十五、類聚九十二同。「吾君有聖王之道矣。」孫云：「『王』，類聚作『人』。」純一案：書鈔及御覽九百二十二引並同。公曰：「寡人探雀鷇，鷇弱故反之，其當聖王之道者何也？」「也」讀爲「邪」。孫云：「『王』，一本作『人』。」晏子對曰：「君探雀鷇，鷇弱反之，蘇云：「治要『反』上有『故』字。」是長幼也。孫云：「『是』，類聚作『道』。」吾君仁愛，曾禽獸之加焉，蘇云：「治要『君』上無『吾』字，又無『仁愛』二字，非。」劉云：「說苑貴德篇無『曾』字，是也。『曾』乃『禽』字訛文之併入者也。『禽獸之加』，猶言『禽獸是加』。」而況于人乎。類聚無「于」字。此聖王之道也。」孟子因齊宣王不忍牛之觳觫，以羊易之，稱其德可保民，而王用意同此。孫云：「說苑貴德篇用此文。」

景公睹乞兒于途晏子諷公使養第十

景公睹嬰兒「嬰」當作「孩」。老子曰：「如嬰兒之未孩。」有乞于途者，公曰：「是無歸矣。」盧云：「『矣』，説苑作『夫』。」黄云：「元刻『矣』作『夫』。」晏子對曰：「君存，存，在也。何爲無歸。使吏養之，黄云：「元刻無『之』字。」劉云：「説苑貴德篇捝『吏』字。」可立而以聞。」「而」猶「則」也。養兒至可立時，則以聞于公也。孫云：「説苑貴德篇用此文。」

景公慙刖跪之辱不朝晏子稱直請賞之第十一

景公正晝被髮、乘六馬、御婦人以出正閨，孫云：「爾雅釋宮：『宮中之門謂之闈，其小者謂之閨。』」蘇云：「治要『閨』作『門』。下同。」刖跪擊其馬而反之，孫云：「跪，足也。荀子勸學篇：『蟹六跪而二螯。』説文『跪』字作『足』。刖足者使守門，是也。『擊』，太平御覽一作『繫』。」蘇云：「治要無『其』字，與下文一律。」曰：「爾非吾君也。」公慙而不朝。晏子睹裔款而問曰：孫云：「『款』，説苑作『敖』，誤。」「君何故不朝？」對曰：「昔者君正晝「晝」，各本譌「畫」，從盧、黄、蘇校改。被髮、乘六馬、御婦人以出正閨，刖跪擊其馬而反之，曰：『爾非吾君也。』公慙而反，不果出，元本作「公慙而出反不果」，孫校本據太平御覽訂正。是以不朝。」晏子入見。景公曰：「昔者寡人有罪，被髮、乘六馬以出正閨，刖跪擊馬而反之，曰：『爾非吾君也。』寡人以子大夫之賜，得率百姓以守宗廟。「子大夫」上舊有「天」字。王云：「『天』字後人所加。『以子大夫之賜，得率百姓以守宗廟』，猶宋穆公言『若以大夫之靈，得保首領以沒』也。後人不解古書文義，乃妄加一『天』字。天子、大夫並稱，斯爲不倫矣。說苑正諫篇有『天』字，亦後人依俗本晏子加之。羣書治要正作『子大夫』。」純一：今據删。黄云：「元刻脱『率』字。」今見戮于刖跪，以辱社稷，孫云：「見戮，言戮辱。」蘇云：「治要『辱』作『羞』。」吾猶可以齊于諸侯乎？」「齊」讀爲「躋」。晏子對曰：「君勿惡焉。臣聞下無直辭，蘇云：「治要『聞』下有『之』字。」上有隱惡。「惡」，各本作「君」。孫云：「『隱君』，太平御覽作『墮君』，是。一作『隱惡』。」蘇云：「一本作『隱惡』，是也，與下『驕行』對文。治要作『墮君』。」純一：從蘇校正。民多諱言，君有驕行。古者明君在上，下多直辭。君上好善，民無諱言。堯設諫鼓[一]，舜立謗木[二]，禹縣鐘鼓鐸磬而置鞀。四海之士，教以道者擊鼓，教以義者擊鐘，教以事者擊鐸，語以憂者擊磬，告以獄訟者揮鞀。今君有失行，刖跪直辭禁之，蘇云：「治要作『而刖跪禁之』。」是君之福也。故臣來慶。請賞之以明君之好善，禮之以明君之受諫。」公笑曰：「可乎？」晏子曰：「可。」于是令刖跪倍資無征，孫云：「說苑作

〔一〕「鼓」，原作「豉」，形近而誤，今改。
〔二〕「木」，原作「水」，形近而誤，今改。

『正』。」純一案：資者，給濟之謂。征、正同，税也。時朝無事也。不必有事，隨時可朝。孫云：「説苑正諫篇用此文。」

景公夜從晏子飲晏子稱不敢與第十二

景公飲酒，夜移于晏子之家。「之家」二字舊脱，文不成義。説苑有「家」字，御覽四百五十五引説苑同，今據補「家」字，並據下文「司馬穰苴之家」、「梁丘據之家」增「之」字，文同一例。前驅款門孫云：「『款』，説苑、御覽作『報』。」純一案：御覽三百五十三、又四百六十八引本書並作「款」，治要同。曰：「君至。」晏子被玄端，立于門，「玄」，舊避清諱作「元」，今據説苑、治要改。孫云：「『元端』，御覽作『朝衣』。説文：『端，衣正幅。』『端』與『褍』通。」曰：「諸侯得微有故乎？國家得微有事乎？微，無也。詩式微毛傳。君何爲非時而夜辱？」辱，謂辱臨。公曰：「酒醴之味，金石之聲，願與夫子樂之。」晏子對曰：「夫布薦席、孫云：「『布』，御覽一作『鋪』。」蘇云：「廣雅：『薦，席也。』釋名云：『薦，所以自薦藉也。』」陳簠簋者有人，臣不敢與焉。」公曰：蘇云：「治要無『曰』字，下同。」「移于司馬穰苴之家。」孫云：「史記列傳：『司馬穰苴者，田完之苗裔也。』齊景公時，晏嬰乃薦田穰苴。」前驅款門曰：「君至。」穰苴介冑操戟孫云：「『介』與『甲』通。」立于門，曰：「諸侯得微有兵乎？大臣得微有叛者乎？」蘇云：「治要『叛者』作『兵』，下有『大臣得微有不服乎』一句。」純一案：治要「大臣得微有兵乎」句衍，不服即是叛。君何爲非時而夜辱？」蘇云：「治要『夜辱』作『來』，非。」公曰：「酒醴之味，金石之聲，願與夫子樂之。」「夫子」舊作「將軍」。王云：「此文本作『願與夫子樂之』，與上答晏子之言文同一例。後人以此所稱是司馬穰苴，故改『夫子』爲『將軍』耳。不知春秋之時，君稱其臣無曰『將軍』者。說苑作『夫子』，即用晏子之文。治要所引正作『夫子』。」純一：今據改。穰苴對曰：「夫布薦席、北堂書鈔百二十四引作「鋪席薦」。陳簠簋者有人，臣不敢與焉。」公曰：「移于梁丘據之家。」前驅款門曰：「君至。」梁丘據左操瑟，蘇云：「治要作『擁琴』。」純一案：書鈔百一十作「琴」。孔廣陶校云：「陳本、俞本及吳山尊倣宋本『琴』作『瑟』。」右挈竽，行歌而出。孫云：「『出』，御覽作『至』。」黃云：「元刻『出』作『去』，誤。」一作「至」，亦非。」公曰：「樂哉，今夕吾飲也。微彼二子者，「彼」從元刻。說苑、御覽、治要並同。浙局本作「此」，非。何以治吾國。微此一臣者，何以樂吾身。」君子曰：王云：「羣書治要及太平御覽人事部百九、飲食部二所引皆無『君子曰』以下文。說苑有，而無『君子曰』三字。疑後人依說苑增入，而又加『君子曰』也。」純一案：「君子曰」云云，明是記者之結論，不得因治要、御覽未引，遂疑爲後人增也。說苑脫「君子曰」，當據此補。「聖賢之君，皆有益友，無偷樂之臣。景公弗能及，故兩用之，僅得不亡。」孫云：「説苑正諫篇用此文。」

景公使進食與裘晏子對以社稷臣第十三

晏子侍于景公，朝寒，公曰：「請進暖食。」孫云：「『暖』，説苑作『熱』。」純一案：北堂書鈔百四十三「暖」作「煖」。孔校云：「吴氏倣宋本作『暖』，書〔一〕鈔公正篇亦作『暖』。」晏子對曰：「嬰非君奉餽之臣也，書鈔「餽」作「餞」。孔校云：「吴氏倣宋本作『餽』。」孫云：「『奉餽』，説苑作『廚養』。『餽』與『饋』通。」敢辭。」公曰：「請進服裘。」對曰：「嬰非君茵席之臣也，孫云：「説文：『茵，車重席。』説苑『茵席』作『田澤』者，言獵獸取裘，亦通。」蘇云：「秦風毛傳云：『茵，虎皮也。』廣雅云：『靯韉謂之「鞇」。』司馬相如説『茵從革』。漢書霍光傳作『絪』。茵、絪、鞇並同義。」純一案：書鈔三十七引「奉」上、「茵」上並無「君」字。孔校云：「吴氏倣宋本『奉』上、『茵』上皆有『君』字。餘同。」敢辭。」此見相國風度。公曰：「然夫子之于寡人何爲者也？」「也」同「邪」。「然」下疑脱「則」字。對曰：「嬰，社稷之臣也。」蘇云：「治要無『嬰』字、『也』字。」公曰：「何謂社稷之臣？」蘇云：

〔一〕「書」，原作「本」，據北堂書鈔改。

「治要作『公問社稷之臣若何』。」對曰：「夫社稷之臣，蘇云：「治要無此五字。」能立社稷，使不動搖。別上下之義，使當其理；名無不正。孫云：「『別』，說苑作『辨』。」制百官之序，使得其宜；無冗官，無蘊治。蘇云：「治要『宜』作『所』。」作爲辭令，可分布于四方。」使無不信服。蘇云：「治要無『分』字。」自是之後，君不以禮不見晏子。孫云：「說苑臣術篇用此文。」

晏子飲景公止家老斂欲與民共樂第十四

晏子飲景公酒，晏子具酒飲景公。令器必新。見公之奢。「令」上當有「公」字。家老曰：「財不足，請斂于氓。」晏子曰：「止。呵禁之。夫樂者，上下同之。樂民之樂者，民亦樂其樂。上下同樂，樂始能久。故天子與天下，諸侯與境內，大夫以下孫云：「『大夫』，一本作『匹夫』，非。」各與其僚，無有獨樂。天子不能與天下同樂，則失其所以爲天子與天下。諸侯不能與境內同樂，則失其所以爲諸侯與國。大夫以下不能各與其僚同樂，則失其所以爲家而身不安矣。此知晏子甚願人無上下，皆絕自營之私，必各盡其量以與衆同樂，可謂兼愛無遺矣。今上樂其樂，下傷其費，是獨樂者也，不可。」此墨家非樂之恉。

晏子飲景公酒公呼具火晏子稱詩以辭第十五

晏子飲景公酒，日暮，公呼具火。晏子辭曰：「詩云孫云：「小雅賓之初筵詩。」『側弁之俄』，箋云：「側，傾也。俄，傾貌。」言失德也。『屢舞傞傞』，傳云：「『傞傞』，不止也。」孫云：「『屢』，『屨』省文，當爲『婁』。」言失容也。舊有「既醉以酒，既飽以德」二句。王云：「此二句後人所加。晏子引賓之初筵以戒景公，前後所引皆不出本詩之外，忽闌入既醉之詩，則大爲不倫，其謬一也。既醉之詩是說祭宗廟旅酬[一]無筭爵之事，非賓主之禮，今加此二句，則與下文『賓主之禮也』五字不合，其謬二也。說苑反質篇有此二句，亦後人依俗本晏子加之，斷不可信。」純一案：王說是也，今據刪。『既醉而出，並受其福』，賓主之禮也。『醉而不出，是謂伐德』，伐，戕害也。賓主之罪也。舊無「主」字。俞云：「說苑反質篇作『賓主之罪也』，當從之。上云『既醉而出，並受其福』，賓主之禮也。此云『醉而不出，是謂伐德』，賓主之罪也。兩文相應，不得無『主』字。後人因『醉而不出』以賓言，不以主言，故刪『主』字。然不出者賓也，留賓不出者主也，是時晏子爲主人，則固不應專罪客矣，當從說苑補『主』字。」純一：從之。

〔一〕「酬」，原作「族」，據詩序改。

嬰已卜其日，劉云：「此『已』字與『只』字同。」未卜其夜。」公曰：「善。」舉酒祭之，再拜而出。曰：「豈過我哉，吾託國于晏子也。」俞云：「『豈過我哉』，當作『我豈過哉』。自喜託國之得人，故曰『我豈過哉，吾託國于晏子也』。如今本，則語不可通矣。」黃云：「二句連讀，言不得以託國晏子而過我。」以其家貧善寡人，「貧善」舊作「貨養」，文不成義，從盧校據説苑改。不欲其淫侈也，而況與寡人謀國乎。」孫云：「説苑反質篇用此文。」

晉欲攻齊使人往觀晏子以禮侍而折其謀第十六

晉平公欲伐齊，孫云：「『伐』，後漢書注作『攻』。」純一案：後漢書注見馬融傳。使范昭往觀焉。孫云：「文選注作『晉平公使范昭觀齊國政』。」純一案：文選張協雜詩注、陸機演連〔一〕珠注引並同。蘇云：「文選注本韓詩外傳。」景公觴之，孫云：「韓詩外傳作『錫之宴』，新序作『賜之酒』。」飲酒酣，孫云：「『酣』，一本作『醉』。」范昭起曰：「起」字舊脱，從孫校據文選注補。「請君之棄罇。」孫云：「韓詩外傳作『願君之倅樽以爲壽』，新序作『願請君之樽酌』，後漢書注作『棄酌』，文選注作『願得君之樽爲

〔一〕「連」，原脱，據文選補。

壽』。按説文：『𢍜，酒器也，或作「尊」。』玉篇或作『樽』、『僔』。又云『罇』同『樽』。是樽、罇、僔皆尊字之俗。」純一案：范昭故意犯分。公曰：「酌寡人之罇，孫云：「文選注作『公令左右酌樽以獻』，後漢書注作『景公曰諾』。」黄云：「元刻無『公曰』至『徹罇』二十字，誤脱一行。」蘇云：「韓詩外傳作『酌寡人罇，獻之客』。」進之于客。」景公不知范昭之意。范昭已飲，孫云：「一本作『飲之』，非。」晏子曰：「徹罇，更之。」孫云：「『徹』，後漢書注作『撤』，俗字。文選注作『徹去之』。」純一案：「罇」，後漢書注作「尊」。晏子隱斥范昭之無禮。罇觶具矣，觶亦酒器。范昭佯醉，不説而起舞，不佯醉則無以自處。文選張協雜詩及陸機演連珠注並無「佯醉」二字。孫云：「『舞』，文選注作『儛』，俗字。」謂太師曰：孫云：「『謂』，韓詩外傳、文選注作『願』。」「能爲我調成周之樂乎？黄云：「文選陸機演連珠注『調』作『奏』，無『能』字、『乎』字。」純一案：張協雜詩注同。韓詩外傳八作「子爲我奏成周之樂」。吾爲子舞之。」又故意犯分。太師曰：「冥臣不習。」孫云：「『冥』，韓詩外傳、文選注作『盲』。冥、盲義相近。」純一案：言不習，所以拒絶之。范昭趨而出。景公謂晏子曰：「晉，大國也，使人來將觀吾政，今子怒大國之使者，將奈何？」晏子曰：「夫范昭之爲人也，非陋而不知禮也，孫云：「『知』，新序作『識』。」且欲試吾君臣，故絶之也。」釋名釋言語：「絶，截也，如割截也。」絶之謂截止之，猶拒絶也。景公謂太師曰：「子何以不爲客調成周之樂乎？」太師對曰：

「夫成周之樂，天子之樂也，調之，必人主舞之。今范昭人臣，欲舞天子之樂，臣故不爲也。」黄云：「初學記十五作『臣不敢爲之』。」范昭歸，以報平公曰：孫云：「『以報』，文選注作一『謂』字，非。」「齊未可伐也。孫云：「『伐』，韓詩外傳、文選注作『並』。」臣欲試其君，後漢書注作「吾欲慙其君」。而晏子識之。「識」，後漢書注、文選張協雜詩注、陸機演連珠注並作「知」。臣欲犯其樂，而太師知之。」「樂」，舊作「禮」。王云：「『禮』本作『樂』，此涉上文『不知禮』而誤。太師掌樂，故曰『臣欲犯其樂，而太師知之』。若禮，則非太師所掌，且上文屢言成周之樂。則此不得言禮，明矣。新序雜事一作『禮』，亦校書者依俗本晏子改之。韓詩外傳八及文選張協雜詩注、陸機演連珠注引晏子並作『欲犯其樂』。」純一：今據正。于是輟伐齊謀。輟，止也。此句承上文「晉平公欲伐齊，使范昭往觀焉」作結，與標題「晏子以禮侍而折其謀」亦甚相應。今本脱之，語意未完。文選張協雜詩注、陸機演連珠注並有，今據補。仲尼聞之曰：孫云：「『仲尼』，文選注作『孔子』。」黄云：「元刻脱『之曰』二字。」「善哉。不出尊俎之間，而折衝于千里之外，晏子之謂也，舊作「夫不出於尊俎之間，而知千里之外，其晏子之謂也，可謂折衝矣」。孫云：「衝者，衝車。折，挫之也。」王云：「此文本作『夫不出於尊俎之間，而知衝千里之外，其晏子之謂也』，無『可謂折衝矣』五字。『知衝』即『折衝』也。『知』、『折』聲相近，故字亦相通。舊本『知』下脱『衝』字，而後人不知，又於『晏子之謂也』下加『可謂折衝矣』五字，謬矣。新序與此同，亦校書者依俗本晏子改之。後漢書馬融傳注、太平御覽器物部六引晏子並作『起於尊俎之間，而折衝千里之外』。文選張協雜詩注、册魏公九錫文注、爲袁紹檄豫州文注、爲石仲容與孫皓書注、演連珠注、揚荆州誄注並引作『不出尊俎之間，而折衝千里之外，晏子之謂也』，皆無『可謂折衝矣』句。」純一案：王説是，諸書引此並作「折衝」，標題亦作「折其謀」，似不必作「知衝」耳。「夫」，韓詩外傳八作「善乎」，文選演連珠注作「善」，張協雜詩注作「善哉」，足證原文非二「夫」字。今從王説及雜詩注並諸書删正。而太師其與焉。」「其」字疑衍。孫云：「韓詩外傳、新序雜事篇用此文。」

景公問東門無澤年穀而對以冰晏子請罷伐魯第十七

景公伐魯傅許，孫云：「『傅』讀『附』。墨子有蟻傅篇。」得東門無澤。孫云：「姓東門，字無澤。」公問焉：「焉」下疑脱「曰」字，後二十章「景公問焉曰」是其例。書鈔百五十六作「景公伐魯問無擇曰」。「魯之年穀何如？」書鈔「穀」作「豐」。孫云：「説文：『年，穀孰也。』」對曰：孫云：「今本脱『曰』字，據太平御覽增。」「陰冰凝，陽冰厚五寸。」「陰冰凝」，舊譌「陰水厥」。王云：「此文本作『陰冰凝』句，『陽冰厚五寸』句。文選海賦『陽冰不冶』本此。『陰冰』者，不見日之冰也。『陽冰』者，見日之冰也。言不見日之冰皆凝，見日之冰則但厚五寸也。文選注及御覽皆作『陰冰凝』，自是舊本如此。今本作

「陰水厥」，誤也。」黃云：「王讀是也，而義又未盡。『陰冰』者，陰寒之冰凍於地下者也。『陽冰』者，陽烜之冰結于水上者也。月令曰：『水始冰，地始凍。』夏小正曰：『正月寒日滌凍塗。』傳曰：『滌也者，變也，變而煖也。凍塗者，凍下而澤上多也。』管子曰：『日至六十日而陽凍釋，七十日而陰凍釋。』皆其證。『陰冰凝，陽冰厚五寸』，謂寒温得其時，故下曰『寒温節』。冬有堅冰，爲下年穀熟之兆，今俗尚有此占。」純一案：御覽六十八作「陰冰凝」。三十五作「陰冰厥」，誤。今從王説正。下同。公不知，以告晏子。舊脱「公」字，從王校補。孫云：「御覽作『公問晏子』。」晏子對曰：「君子也。問年穀而對以冰，禮也。書鈔作「晏子曰：『夫問年穀而以冰對，禮也』」。御覽三十五作「晏子曰：『君問年穀，答以冰，禮也』」。『陰冰凝，陽冰厚五寸』者，寒温節，節則刑政平，書鈔「節」字不重，非。平則「上下」和，書鈔上下倒。和則年穀熟。書鈔有「也」字。孫云：「御覽作『寒温節則政平，政平則上下和，上下和則年穀孰』。」純一案：御覽見卷三十五。禮中庸曰：「致中和，天地位焉，萬物育焉。」蓋天人一氣，隱顯相通也。年充衆和而伐之，御覽無此句。年充猶年豐。臣恐罷民弊兵，不成君之意。孫云：「御覽作『臣恐疲兵而無成』。」請禮魯以息吾怨，孫云：「『怨』，御覽作『愁』。」純一案：鮑刻御覽三十五作「君盍禮魯以息吾怨」，又六十八作「請禮魯以息怨也」。遺其執以明吾德。」執，俘也。遺，送也。此墨家非攻兼愛之恉。公曰：「善。」迺不伐魯。孫云：「『迺』，御覽作『遂』。」

景公使晏子予魯地而魯使不盡受第十八

景公予魯君地，山陰數百社，孫云：「蓋泰〔一〕山之陰也。史記集解賈逵曰：『二十五家爲一社。』」使晏子致之。魯使子叔昭伯受地，孫云：「左傳昭十六年有子服昭伯，杜預注：『惠伯之子，子服回也。』疑即此人。」不盡受也。晏子曰：「寡君獻地，忠廉也，忠，誠也。廉，清也。言無所貪圖。曷爲不盡受？」子叔昭伯曰：「臣受命于君曰：『諸侯相見，交讓，争處其卑，禮之文也。禮曲禮上曰：「退讓以明禮。夫禮者，自卑而尊人。」交委，多争受少，周禮大司徒：「令野修道委積。」注：「少曰委，多曰積，皆所以給賓客。」「多争受少」當作「争受其少」，與「争處其卑」對文，言交給賓客之物，争受其少。今本「争」上衍「多」字，「受」下脱「其」字，文不成義。行之實也。禮成文于前，行成章于後，交之所以長久也。』且吾聞君子不盡人之歡，不竭人之忠，曲禮上：「君子不盡人之歡，不竭人之忠，以全交也。」疏曰：「明與人交者，不宜事事悉受。若使彼罄盡，則交結之道不全。若不竭盡，交乃全也。」吾是以不盡受也。」晏子歸報公，公喜，笑曰：「魯君猶若是

〔一〕「泰」，原作「秦」，據音義改。

乎？」晏子曰：「臣聞大國貪于名，小國貪于實，實，謂財貨也。此諸侯之公患也。「公」從元刻。黄云：「淩本同。」孫本作「通」，云：「下文亦作『公患』。」今魯處卑而不貪乎尊，辭實而不貪乎多，行廉不爲苟得，道義不爲苟合，道，由也。不盡人之歡，不竭人之忠，以全其交，君之道義，殊于世俗，國免于公患。」公曰：「寡人説魯君，故予之地。今行果若此，吾將使人賀之。」晏子曰：「不。句。君以驩予之地，「驩」，同「歡」。而賀其辭，則交不親而地不爲德矣。」明不可賀。公曰：「善。」于是重魯之幣毋比諸侯，幣重于諸侯。厚其禮毋比賓客。禮厚于賓客。君子于魯，而後明行廉辭地之可爲重名也。廉之見重于世如此。

景公游紀得金壺中書晏子因以諷之第十九

景公游于紀，舊脱「景」字。孫云：「據太平御覽增。括地志：『劇，菑州縣也。故劇城在青州壽光縣南三十一里，故紀國。』」得金壺，孫云：「今本脱『壺』字。一本作『緘』字，非。據太平御覽壺部引此文訂正。」黄云：「淩本作『金緘』。」盧云：「『後』『壺』與『聞』韻，不當作『緘』。」純一案：御覽七百六十一作「得一金壺，發視之」。發而視之，元刻作「發其視之」。王云：「本作『發而視之』，今本『而』作『其』，則文不成義。太平御覽器物部六、獸部八、玉海十四引此並作『發而視之』。一本作『乃發視之』，亦後人以意改。」純一：今據正。中有丹書，曰：「無食反魚，舊作「食魚無反」，蓋涉下文誤倒。本作「無食反魚」，與「勿乘駑馬」對文。太平御覽八百九十六引此正作「勿食反魚，無乘駑馬」，今據乙。勿乘駑馬。」孫云：「說文無『駑』字。字林：『駘也。』玉篇：『乃乎切，最下馬也。』」公曰：「善哉。如若言，「如」，舊譌「知」。「若」從元刻，孫本作「苦」。俞云：「『知』當作『如』，『苦』當作『若』，皆形似而誤也。『善哉如若言』，猶云『善哉如彼所言』。」劉說同。純一：今據正。食魚無反，則惡其鱢也；孫云：「說文：『鱢，鮏臭也。』玉篇：『先刀切。』」勿乘駑馬，惡其不遠取道也。」舊作「取道不遠」。劉云：「此節均叶韻，如下文『力』與『側』叶、『閭』與『壺』叶是也。此文『遠』與『鱢』不叶，疑正文本作『惡其不遠取道也』，『道』與『鱢』叶。淺人不察，妄易爲『取道不遠』，不復知其於韻不叶也。」純一案：劉說是，今據乙。晏子對曰：「不然。食魚無反，毋盡民力乎。御覽作「食魚不反，無盡民力也」。案：反，翻也。今吾鄉猶有君子不食翻身魚之語，蓋本此。其意在戒過貪，不爲他人留有餘也，故晏子以「毋盡民力」爲喻。勿乘駑馬，則無置不肖于側乎。」御覽作「不乘駑馬，無致不肖於側也」。劉云：「『則』字衍。『則』蓋『側』字之訛文，後人又移置語首。」純一案：劉說是，御覽無「則」字，當據删。古音諧一戠引此，力、側諧。公曰：「紀有書，何以亡也？」御覽作「紀得此書，何以亡」。孫云：「謂其言可傳，不當亡國。」晏子對曰：「有以亡也。嬰聞之，君子有道，懸之閭。孫云：「古人門席皆有銘。」純一案：懸，縣之俗字。閭，里門也。有道縣之閭，蓋墨家有道肆相教誨之意。紀有此言，注之壺，孫云：「一本作『緘』，一本作『其』，皆非。閭、壺爲韻。」純一案：古音諧十二魚引此。不亡何待乎。」御覽作「紀有此書，藏之於壺，不亡曷待」。

景公賢魯昭公去國而自悔晏子謂無及已第二十

魯昭公失國走齊，事見昭二十五年左傳。御覽九百九十七作「哀公」，說苑敬慎篇作「哀侯」，並非。景公問焉，舊「失」作「棄」，「景」作「齊」。王云：「『棄國』本作『失國』，此後人依說苑敬慎篇改之也。羣書治要及藝文類聚草部、太平御覽百卉部四並作『失國』。『齊公問焉』，『齊』字涉上句『走齊』而誤，當從御覽作『景公問焉』。治要作『齊景公問焉』，亦衍『齊』字。」純一案：王說是，今據正。曰：「子之年甚少，奚道至于此乎？」舊作「君何年之少而棄國之蚤，奚道至于此乎」。王云：「案類聚、御覽並作『子之年甚少，奚道至於此乎』。道，由也。言何由至於此也。『此』字正指『失國』而言。說苑作『君何年之少而棄國之蚤』，無『奚道至於此乎』六字。今既從說苑作『君何年之少而棄國之蚤』，又從晏子作『奚道至於此乎』，既言『何』，又言『奚』，既言『棄國』，又言『至於此』，則累於詞矣。」純一案：王說是，今據刪訂。鮑刻御覽「奚」譌「天」。蘇云：「治要作『子之遷位新，奚道至於此乎』。」**昭公對曰：「吾少之時，**孫云：「一本作『吾之少時』。」**人多愛我者，吾體不能親；**「體」，御覽作「禮」。**人多諫我者，吾忌不能從，**舊作「吾志不能用」，今據御覽改。**是以內無拂而外無輔。**治要無「而」字。「是以」，孫本作「好則」，元刻作「是則」。王云：「『則』本作『以』。『是以』二字，乃推言所以無輔弼之故。今本作『是則』，亦後人以説苑改之。羣書治要、類聚、御覽並作『是以』。」純一：今據改。「拂」，治要、御覽並作「弼」。「輔」，當作「俌」。荀子臣道篇曰：「有能比知同力，率羣臣百吏而相與彊君撟君，君雖不安，不能不聽，遂以解國之大患，除國之大害，尊君安國，謂之輔。有能抗君之命，竊君之重，反君之事，以安國之危，除君之辱，功伐足以成國之大利，謂之拂。」**輔拂無一人，諂諛者甚衆。**「諛」下舊衍「我」字，蓋後人所加，據御覽删。**譬之猶秋蓬也，孤其根而美枝葉，秋風一至，僨且揭矣。」**舊作「根且拔矣」。王云：「羣書治要作『孤其根荄，密其枝葉，春氣〔一〕至僨以揭也』。僨，仆也。揭，蹶也。秋蓬末大而本小，故春氣至，則根爛而仆於地。類聚、御覽並作『孤其根本，密其枝葉』，今本云云，亦後人以説苑竄改。説苑作『惡於根本，而美於枝葉，秋風一起，根且拔矣』。程氏易疇通藝録曰：『蓬之根孤，而枝葉甚繁。既枯，則近根處易

〔一〕「氣」，原作「風」，據羣書治要改。

折，折則浮置於地，大風舉之，乃〔一〕戾于天，故言飛蓬也。説苑言「拔」，蓋考之不審矣。」案程説甚核。又案：晏子作「孤其根荄，密其枝葉」，「密」與「孤」正相對。説苑作「惡於根本，美於枝葉」，「美」與「惡」亦相對。今本晏子作「孤其根而美枝葉」，「美」與「孤」不相對。兩用晏子、説苑之文，斯兩失之矣。」黄云：「古人文字多以相錯見義，此文當以「孤其根而美枝葉」爲正。根言孤，以見枝葉之密。枝葉言美，以見根之惡。諸書所引，欲取文字正對，以意改爾。「根且拔矣」，當依治要作「僨且揭」。説文：「僨，僵仆也。揭，高舉也。」蓬至秋既仆於地，大風舉之，終且高戾于天，程説是也。」純一案：王取文字正對，稍泥。程、黄説是，今據改。**景公辯其言，**嘉其言之辯也。**以語晏子，曰：**蘇云：「治要『辯』作『以』，無下『以』字。」**「使是人反其國，豈不爲古之賢君乎。」晏子對曰：「不然。夫愚者多悔，**上文「輔拂無一人，諂諛者甚衆」，是其多悔之證，故標題云「去國而自悔」。御覽七百四十一引作「愚人多侮」，「侮」蓋「悔」之形誤。**不肖者自賢，**上文「人多諫我者，吾忌不能從」是。**溺者不問隊，**「隊」，舊譌「墜」。王云：「『墜』本作『隊』，『隊』與『隧』同。廣雅曰：『隧，道也。』大雅桑柔傳曰：『隧，道也。』『溺者不問隊』，謂不問涉水之路，故溺也。「不問隊」、「不問路」，其義一而已矣。荀子大略篇『迷者不問路，溺者不問遂』，楊倞曰：『遂，謂徑隧，水中可涉之徑也。』是其證。後人誤以『隊』爲『顛墜』之『墜』，故妄加『土』耳。治要正引

〔一〕「乃」，原脱，據讀書雜志補。

作『溺者不問隧』。」蘇云：「『隧』，當依荀子作『遂』。詩載馳篇『大夫跋涉』，釋文引韓詩曰：『不由蹊遂而涉曰跋涉。』淮南脩務訓高注：『不從蹊遂曰跋涉。』二『遂』字與此義同。作『隧』者，蓋誤文。」純一案：隊、隧、遂義並同，今從王説正。下同。迷者不問路。溺而後問隊，迷而後問路，蘇云：「治要無此二句，非。」譬之猶臨難而遽鑄兵，刀劍之屬。臨噎而遽掘井，下「臨」字舊脱，據御覽補。孫云：「説文：『噎，飯窒也。』」純一案：墨子公孟篇：「是譬猶噎而穿井也。」言掘井雖速，無濟於噎，義與此同。蓋飯窒而噎，飲水可止，古有是喻。説苑作「辟之猶渴而穿井，臨難而後鑄兵，雖疾從而不及也」。雖速亦無及已。」喻雖悔已遲。孫云：「説苑雜言篇以晏子爲越石父也。」

晏子使魯有事已仲尼以爲知禮第二十一

晏子使魯，孫云：「『使』，韓詩外傳作『聘』。」仲尼命門弟子往觀。子貢反，報曰：「孰謂晏子習于禮乎？夫禮曰：『登階不歷，歷，過也。過，超越也。堂上不趨，授玉不跪。』今晏子皆反此，孰謂晏子習于禮者？」晏子既已有事于魯君，劉云：「『已』即『既』也。蓋一本作『既』，一本作『已』，後人併而一之。」退見仲尼。仲尼曰：「夫禮，登階不歷，堂上不趨，授玉不跪。夫子反此，禮乎？」「禮」字舊脱，從黄校據初學記文部補。晏子曰：「嬰聞，兩楹之間，「楹」從元刻。各本譌「楹」，孫、盧校同。君臣有位焉，君行其一，臣行其二。黄云：「此君臣行趨之通例，鄭注禮經屢言之。初學記無兩『其』字。」君之來遬，孫云：「『遬』，初學記作『速』。說文：『速，疾也。籀文作「遬」。』」黄云：「初學記作『君之所來速』。」是以登階歷堂上趨以及位也。黄云：「『及』，初學記作『反』。」純一案：「反」爲「及」之誤。君授玉卑，故跪以下之。且吾聞之，大者不踰閑，小者出入可也。」論語子張篇：「大德不踰閑，小德出入可也。」孔注：「閑，猶法也。小德不能不踰法，故曰『出入可』。」晏子出，仲尼送之以賓客之禮。反，句。命門弟子曰：「不法之禮，舊脱「反，命門弟子曰」六字。「不法之禮」作「不計之義」。王云：「『不計之義』，初學記文部作『不法之禮』，上有『反，命門弟子曰』六字，然則『不計之義』二句，乃孔子命門弟子之語，今脱去上六字，則不知爲何人語矣。外上篇曰『晏子出，仲尼送之以賓客之禮，再拜其辱，反，命門弟子曰』云云，文義正與此同。韓詩外傳四載此事亦云：『孔子曰：「善，禮中又有禮。」』」純一案：王說是，今據補正。禮運曰：「禮變而從時。協諸義而協，可以義起。」維晏子爲能行之。」孫云：「韓詩外傳用此文。」蘇云：「韓詩外傳與此小異。」

晏子之魯進食有豚亡二肩不求其人第二十二

晏子之魯，朝食，進餽同「饋」。膳，有豚焉。晏子曰：「去其二肩。」盧云：「去，藏也。」

下所以云『藏餘不分』。」黃云：「『去』，古『弆』字，藏也。『弆』本後作，古人藏去字祇用『去』。漢陳遵傳：『遵善書，與人尺牘，皆藏去以爲榮。』注：『去，藏也。』晏子藏其二肩，故下曰『藏餘不分』。」純一案：肩，豚膊也。**畫者進膳，**劉云：「『者』係衍文，涉下『侍者』而衍。」**則豚肩不具。侍者曰：「膳豚肩亡。」**言具而亡之。**晏子曰：「釋之矣。」**釋，舍也，猶言不問也。**侍者曰：「我能得其人。」晏子曰：「止。**不許。**吾聞之，量功而不量力則民盡，**在上者較量其功而不度量民力，則民窮。**藏餘不分則民盜。**意以有餘當分給不足者，藏其所餘而不分，無怪民之爲盜也。**子教我所以改之，**言問豚肩不具，是我之過，子當教我改之。**無教我求其人也。」**此知晏子在在繩墨自矯。

曾子將行晏子送之而贈以善言第二十三

曾子將行，孫云：「說苑：『曾子從孔子於齊，齊景公以下卿禮聘曾子，曾子固辭，將行。』禮記亦有晏子、曾子之言。而楊倞注荀子大略篇謂：『晏子先於曾子，曾子之父猶爲孔子弟子，此云「送曾子」，豈好事者爲之與？其言謬甚。』」純一案：史記十二諸侯年表，孔子生於魯襄公二十二年，當齊莊公三年。前五年，晉圍臨淄，晏嬰大破之。則晏子長孔子至少二十餘歲。仲尼弟子列傳，曾子少孔子四十六歲，則少晏子七十餘歲。至從孔子於齊，縱不及二十歲，亦當晏子九十歲，未知晏子果有此壽否。又據年表，景公五十八年薨，孔子年六十二。據齊世家，晏子先景公卒十年，適當孔子五十二歲，曾子生甫七歲。楊〔一〕倞謂好事者爲之，信而有徵矣。然本書問下二十八章，既載曾子問晏子云云，此章又載晏子之贈言，則曾子不必曾參，或史記多不足據與？又案孔子世家，孔子適周見老子後，老子送之曰：「吾聞富貴者送人以財，（索隱莊周「財」作「軒」。）仁人者送人以言。吾不能富貴，竊仁人之號，送子以言。」或好事者之所仿與？晏子送之曰：「君子贈人以軒，孫云：「說苑作『財』，非。『軒』與『言』爲韻。」純一案：古音諧九寒引此。黄云：「說苑雜言篇、家語六本篇、文選王仲宣贈蔡子篤詩注並作『以財』。」不若以言。孫云：「意林作『贈人以財，不若以言』。太平御覽作『不若贈人以言』。」盧云：「『若』本或〔二〕作『者』。」純一案：藝文類聚三十一作「不如贈人以言」。吾請以言乎？以軒乎？」「乎」舊譌「之」，從盧、蘇校改。曾子曰：「請以言。」孫云：「荀子大略篇作『曾子行，晏子從於郊，曰：「嬰聞之，君子贈人以言，庶人贈人以財。嬰貧無財，請假於君子，贈吾子以言」』。」純一案：荀子非相篇云：「贈人以言，重於金石珠玉。」晏子曰：「今夫車輪，山之直木也，良匠煣之，孫云：「『煣』舊作『揉』，據楊倞荀子注所引訂正。說文：『煣，屈申木也。』玉篇：『而九切。以火屈木曲。』考工記：『揉輻必齊。』鄭氏注：『揉謂以火槁之。』荀子勸

〔一〕「楊」，原作「揚」，據上文孫校及荀子楊倞注改。
〔二〕「本或」，原作「或本」，據羣書拾補乙。

學篇作『輮』。按『揉』俗字，『輮』借字。」**其圓中規，**孫云：「『圓』，楊倞注作『員』。」**雖有槁暴，**孫云：「考工記：『轂雖敝不藃。』鄭氏注：『謂藃，藃暴，陰柔後必橈減，幬革暴起。』陸德明音義：『暴，步角反。劉步莫反。一音蒲報反。』楊倞注：『槁，枯。暴，乾。』」**不復贏矣，**孫云：「楊倞注：『贏。』荀子勸學篇：『木直中繩，輮以爲輪，其曲中規，雖有槁暴，不復挺者，輮使之然也。』按『贏』、『挺』聲相近。」黃云：「荀子大略篇作『贏〔一〕』。」**故君子慎隱煣。**孫云：「荀子大略篇：『君子之檃栝，不可不謹也，慎之。』『隱』與『檃』通，謂檃括。荀子性惡篇：『枸木必將待檃括蒸矯然後直。』」**和氏之璧，**孫云：「藝文類聚引琴操『卞和者，楚野民，得玉璞，獻懷王。懷王使樂正子占之，言玉石，以爲欺謾，斬其一足。懷王死，子平王立，和復獻之』云云。按晏子已稱和氏之璧，則非懷王時事。平王之前有靈王，亦非懷王子。蔡邕錯誤，不可反以疑此書。」純一案：韓非子和氏篇：「楚人和氏，得玉璞楚山中，奉而獻之厲王。使人相之，曰：『石也。』王以和爲誑而刖其左足。及厲王薨，武王即位，和又奉其璞而獻之。武王使玉人相之，又曰：『石也。』王又以和爲誑而刖其右足。武王薨，文王即位，和乃抱其璞而哭於楚山之下。王乃使玉人理其璞而寶焉，遂命爲和氏之璧。」淮南子覽冥〔二〕訓高注以卞和得美玉璞於荆山之下，獻之武王、文王、成王。以上二說又異，未知孰

〔一〕「贏」，原作「羸」，據荀子改。

〔二〕「覽冥」，原作「冥覽」，據淮南子乙。

是。井里之困也，孫云：「意林作『井里璞耳』。荀子大略篇『和之璧，井里之厥也』，楊倞注：『井里，里名。厥也，未詳。或曰：厥，石也。』晏子春秋作『井里之困也』。謝侍郎墉案：厥同橜。説文：『橜，門梱也。梱，門橜也。』荀子以『厥』爲『橜』，晏子以『困』爲『梱』，皆謂門限。意林不解，乃改爲『璞』矣。星衍案：宋人刻石，稱門限爲闑根。『厥』與『困』，蓋言石塊耳。」良工修之，則爲存國之寶，孫云：「意林作『則成寶』。」蘇云：「荀子大略篇作『玉人琢之，爲天子寶』。」故君子慎所修。今夫蘭本，孫云：「蘭與藁本，二草名也。神農本草經：『蘭草，一名水香。藁本，一名鬼卿，一名地新。』陶弘景云：『今東閒有煎澤草名蘭香。』名醫云：『藁本可作沐藥面脂。』荀子大略篇作『蘭茝』、『藁本』，故定以为二草。而勸學篇作『蘭槐之根是爲芷』。（當是『茝』誤。）則『本』又疑『根』也。」三年而成，湛之苦酒，孫云：「吕氏春秋仲冬：『湛饎必潔。』高誘注：『湛，漬也。』『湛』讀『瀋釜』之『瀋』。荀子大略篇作『漸於蜜醴』，勸學篇作『其漸之滫』。」則君子不近，庶人不佩。孫云：「荀子勸學篇作『服』。『佩』與『服』聲義皆相近。」湛之麋醢，而賈匹馬矣。「麋」舊譌「縻」。孫云：「説苑作『鹿醢』，疑當爲『漉酒』之『漉』。當是蘭本或湛以醢，乃發其香。」王云：「『縻醢』當作『麋醢』，字之誤也。周官醢人『麋臡鹿臡』，鄭注曰：『臡亦醢也。』鄭司農云：『有骨爲臡，無骨爲醢。』内則有『麋腥醢醬』，説苑雜言篇、家語六本篇並作『湛之以鹿醢』，則『縻』爲『麋』之誤，明矣。文選王粲贈蔡子篤詩注、太平御覽香部三引此並作『麋醢』。」純一案：文選注作

「湛之鹿醢，貨以匹馬」。今從王説據御覽正。非蘭本美也，所湛然也。孫云：「『湛』，一本作『蕩』，非。」願子之必求所湛。文選注作「願子慎求所湛」，墨子所染篇引詩云「必擇所湛」，義同。孫云：「一本脱『必』字。」嬰聞之，君子居必擇鄰，孫云：「『鄰』，舊作『居』，據藝文類聚、太平御覽訂正。説苑作『處』，荀子勸學篇作『鄉』。」游必就士。擇居所以求士，求士所以辟患也。孫云：「『辟』讀如『避』。」黄云：「説苑『辟患』作『修道』。」純一案：「擇居」二句，類聚二十三作「可以避患也」，荀子勸學篇作「所以防邪僻而近中正也」。嬰聞汩常移質，習俗移〔一〕性。孫云：「『汩常』，説苑作『反常』。」説文：『淈，濁也。』玉篇：『淈，亦「汩」字。』汩，古没切。」汩没，按汩字從『𠙵』，與『汨羅』字異。」不可不慎也。」此章大恉與墨子所染篇同，惟此多就理言因，所染多就事實言果耳。孫云：「意林作『可不慎乎』。」荀子大略篇、説苑雜言篇用此文。」

晏子之晉睹齊纍越石父解左驂贖之與歸第二十四

晏子之晉，至中牟，劉云：「此節與下晏子爲齊相節，均非晏子本書也。此二事載于史記管晏列

〔一〕「移」，原作「異」，據四部叢刊本晏子春秋改。

傳，贊曰：『至其書世多有之，是以不論，論其軼事。』則凡載于晏子春秋者，史公均弗録。此二事者〔一〕，乃見于他書者也。越石父事，吕氏春秋觀士篇載之，或史記即本於彼書，後人據他籍及史記所載補入此二節，非其舊也。」孫云：「中牟當漯水之北。史記索隱：『此趙中牟，在河北，非鄭之中牟。』正義：『相州湯陰縣西五十八里有牟山，蓋中牟邑在此山側也。』」睹弊冠反裘負芻孫云：「『反』，太平御覽作『衣』。『芻』，史記正義作『薪』。」純一案：御覽六百九十四「反」作「皮」，文選講德論注同。盧云：「『反裘』，所謂惜其毛也。」息于塗側者，孫云：「『塗』，新序、太平御覽作『途』，是。『塗』，俗字。」純一案：史記正義及文選注引並作「途」。北堂書鈔三十九引史記文微異。以爲君子也，使人問焉，曰：「子何爲者也？」

對曰：「我越石父也。」舊「也」上衍「者」字，從黄校據御覽四百七十五刪。孫云：「『父』，新序作『甫』。」晏子曰：「何爲至此？」曰：「吾爲人臣僕於中牟，見使將歸。」孫云：「言庸身爲僕也。吕氏春秋新序作『齊人累之』，史記承其誤，則云『越石父在縲紲中』。按此云『負芻息於塗側』，又云『見使將歸』，又云『我猶且爲臣，請鬻於世』，則非罪人也。」晏子曰：「何爲爲僕？」孫云：「今本下『爲』字作『之』，據文選注改。」對曰：「不免凍餓之切吾身，切，急迫也。黄云：「文選講德論注作

〔一〕「者」，原脱，據補釋補。

『吾身不免凍餓之地』。」是以爲僕也。」孫云：「太平御覽作『不免飢凍，爲人臣僕』。」一作『凍餓爲人臣僕』。晏子曰：「爲僕幾何？」對曰：「三年矣。」晏子曰：「可得贖乎？」對曰：「可。」遂解左驂以贖之，「贖」，舊作「贈」。孫云：「使償其傭直也。」黄云：「『贈』當作『贖』，標題云『解左驂贖之與歸』。吕氏春秋、新序及文選注、御覽所引並作『贖』。」純一：今據改。因載而與之俱歸。至舍，不辭而入。越石父怒而請絶。孫云：「『怒』，文選注作『立』。」純一案：絶，斷交也。晏子使人應之曰：「吾未嘗得交夫子也，劉云：「吕氏春秋觀士篇作『嬰未嘗得交也』，新序雜事篇同，是也。晏子方輕視石父，安得遽稱爲『夫子』？且下文或稱爲『子』，或稱爲『客』，亦無稱爲『夫子』者。疑此文當作『吾未嘗得交子也，夫子爲僕三年』。『夫』者，語詞也。嗣『子也夫』三字互易，遂作『得交夫子』矣。」子爲僕三年，吾適今日睹而贖之，吾于子尚未可乎？子何絶我之暴也？」孫云：「詩傳：『暴，疾也。』」越石父對曰：「對」下舊有「之」字，從盧校删。「臣聞之，士者詘乎不知己，詘，貶下也。文選羊叔子讓開府表注「詘乎」作「屈於」。而申乎知己。孫云：「『申』，新序作『信』。」純一案：史記作「吾聞君子詘於不知己而信於知己者」，索隱：「『信』讀曰『申』」，周禮皆然。申於知己，謂以彼知我，而我志獲申。」文選盧子諒贈劉琨詩序注引作「士者伸乎知己」。故君子不以功輕人之身，不爲彼功詘身之理。言君子不自矜功以輕人之身，更不因彼功而自詘仁人所以成身之理。彼者，外之之詞。吾三年爲人臣僕，而莫吾知也。今子贖我，吾以子爲知我矣。嚮者子乘，不我辭也，孫云：「『嚮』，新序作『向』，是。」吾以子爲忘。今又不辭而入，是與臣僕我者同矣。舊脱「僕」字，語意不完。文選注作「是與臣僕者同矣」，又脱「我」字。此句「臣僕」正承上文「爲人臣僕」言，言子既贖我，理應知我，不臣僕我。乃不我辭而乘，又不我辭而入，是與臣僕我者何異。故「僕」字不可少，今補，庶與上文相協。我猶且爲臣，「臣」當作「僕」，與上文四言爲「僕」相應。或「臣」下增「僕」字，與上文三言「臣僕」相應。請鬻于世。」償左驂之直。晏子出，請見，元本、孫本並作「見之」，此從或本。曰：「嚮者見客之容，外貌。而今也見客之意。孫云：「『意』，呂氏春秋作『志』。」嬰聞之，省行者不引其過，省行，檢身也。引，延長也。不引其過，言不終其過。察實者不譏其辭，其、以同。孫云：「呂氏春秋作『察實者不留聲，觀行者不譏辭』。新序同。」純一案：高注呂覽云：「欲觀人之至行，不譏刺之以辭。」嬰可以辭而無棄乎。高注：「辭，謝也。謝不敏而可以弗棄也。」嬰誠革之。」王云：「『誠』讀爲『請』。革，改也。向者不辭而入，今者糞灑改席而禮之，則改乎向者之爲矣。晏子以此爲請，故曰『嬰請革之』也。『請』與『誠』聲相近，故字亦相通。」迺令糞灑改席，尊醮而禮之。孫云：「説文：『醮，冠娶禮祭。』玉篇：『子肖切。』」越石父曰：「吾聞之，至恭不修途，至恭在心不在迹。尊禮不受擯。擯，斥也，棄也。尊人以禮，適以自尊。夫子禮之，僕不敢當也。」此五字，呂覽作「敢不敬從」。晏子遂以爲上客。史記管晏列傳約其文，與此小異。君子曰：「俗人之有功則德，蘇云：「言自以爲德也。」德則驕。晏子有功，免人于戹，而反詘下之，其去俗亦遠矣。此全功之道也。」老子曰：「自伐者無功。」孫云：「呂氏春秋觀士篇、新序節士篇用此文。」

晏子之御感妻言而自抑損晏子薦以爲大夫第二十五

晏子爲齊相，出。其御之妻從門間而闚其夫爲相御，間，隙也。擁大蓋，策駟馬，意氣揚揚，甚自得也。既而歸，其妻請去。夫問其故，妻曰：「晏子長不滿六尺，身相齊國，名顯諸侯。今者妾觀其出，志念深矣，常有以自下者。不自滿假。今子長八尺，迺爲人僕御，然子之意自以爲足，仰望絶矣。妾是以求去也。」其後，夫自抑損。晏子怪而問之，怪其前後若兩人。御以實對，晏子薦以爲大夫。孫云：「史記晏子列傳用此文。」

泯子午見晏子晏子恨不盡其意第二十六

燕之游士游説之士。有泯子午者，孫云：「姓泯，字子午。」南見晏子于齊，燕在齊北，故曰南見。言有文章，術有條理，立辭皆斐然成章，推行則秩然有序。巨可以補國，細可以益晏子者三百篇。睹晏子，恐懼而不能言。「懼」舊譌「慎」。黄云：「『慎』當作『懼』。李本作『思』，古『懼』字。」純一：今據改。恐懼不能言，未能忘勢故。晏子假之以悲色，假，寬也。悲，憫也。開之以禮顏，微露笑顔，兼以禮貌。然後能盡其復也。復，白也，白猶言也。客退，晏子直席而坐，直，正也。廢朝移時。朝，知妖切。從日至食時爲終朝。詩蝃蝀「崇朝其雨」傳。在側者曰：「嚮者燕客侍，夫子胡爲憂也？」浩然之氣失養故。晏子曰：「燕，萬乘之國也。齊，千里之塗也。泯子午以萬乘之國爲不足説，以千里之塗爲不足遠，則是千萬人之上也。且猶不能殫其言于我，廣雅釋詁一：「殫，盡也。」況乎齊人之懷善而死者乎。吾所以不得睹者，豈不多矣。「矣」猶「乎」也。然吾失此，何之有也。」「何之有也」當作「何功之有也」，今脱「功」字，文不成義。此指「懷善而死」之人。言治國以進賢爲本，今乃知齊懷善之人，以吾不得睹而死者甚多。吾既失此，過莫大焉，何能有功於齊。

晏子遺北郭騷米以養母「遺」舊譌「乞」，今校正。騷殺身以明晏子之賢第二十七

齊有北郭騷者，孫云：「姓北郭，名騷。」結罘罔，孫云：「今本『罘』作『果』，據呂氏春秋訂正。説文：『罟，兔罟也。』徐鉉曰：『隸書作「罘」。』」捆蒲葦，孫云：「『捆』當爲『稛』。説文：『豢束也。』玉篇始有『捆』字，『口衮切，織也，抒也，纂組也』。呂氏春秋作『梱』。案『稛』正字，『梱』借字，『捆』俗字。」織葩屨，舊脱「葩」字，「屨」作「履」，並據呂氏春秋補訂。葩屨即麻鞵。以養其母，猶不足，踵門孫云：「説文：『踵，一曰往來皃。』」見晏子曰：「竊説先生之義，願乞所以養母者。」孫云：「藝文類聚作『託以養母』。」純一案：類聚見卷八十五。呂氏春秋士節篇此下有「晏子之僕謂晏子曰：『此齊國之賢者也，其義不臣乎天子，不友乎諸侯，於利不苟取，於害不苟免。今乞所以養母，是説夫子之義也，必與之』」。晏子使人分倉粟府金而遺之。類聚八十五無「使人」二字，「而」作「以」。辭金受粟。類聚八十五引止此，「辭」上有「騷」字。有間，類聚三十三「間」譌「聞」。晏子見疑于景公，出犇，孫云：「類聚作『奔』。」過北郭騷之門而辭。呂氏春秋高注：「辭者，別也。」北郭騷沐浴而見晏子曰：「夫子將焉適？」高注：「適，之也。」晏子曰：「見疑于齊君，「齊」字不當有。將出犇。」犇，呂

氏春秋俱作「奔」。高注：「走也。」北郭騷曰：「夫子勉之矣。」晏子上車，太息而歎曰：「嬰之亡豈不宜哉，亦不知士甚矣。」晏子行，高注：「行，去也。」北郭子召其友而告之黄云：「元刻脱『郭』字。」曰：「吾説晏子之義，而嘗乞所以養母者焉。吾聞之，養及親者身伉其難。「及」，舊作「其」。王云：「『養其親』本作『養及親』。養及於親則德莫大焉，故必身伉其難也。今本『及』作『其』，即涉『伉其難』而誤。藝文類聚人部十七、太平御覽人事部百一十引此並作『養及親』。吕氏春秋士節篇、説苑復恩篇同。」純一：今據正。孫云：「高誘注吕氏春秋：『伉，當。』玉篇：『去浪切。』説苑、藝文類聚作『更』。」今晏子見疑，吾將以身死白之。」高注：「白，明也。」著衣冠，令其友操劍奉笥而從，孫云：「今本脱『笥』字，據吕氏春秋增。」造于君庭，孫云：「藝文類聚作『遂造公〔一〕廷』。」求復者曰：「晏子，天下之賢者也，復者，白事於君者。今去齊國，齊必侵矣。蘇云：「『侵』上疑有『見』字。」純一案：「齊必侵矣」文義不明，疑本作「齊必見侵」，下文「方見國之必侵」正承此而言。今本因脱「見」字，後人又增「矣」字以成句耳。方見國之必侵，不若先死，「先」字舊脱，據吕氏春秋、藝文類聚、説苑補。「方」猶「將」也。請以頭託白晏子也。」孫云：「説苑作『請絶頸以白晏

〔一〕「公」，原作「君」，據藝文類聚改。

子』。」純一案：「託」，玉篇：「憑依也。」增韻：「信任也。」言請以吾頭爲憑信，明著晏子之賢也。因謂其友曰：「盛吾頭于笥中，奉以託。」退而自刎。孫云：「藝文類聚作『乃自殺』。」純一案：「説苑作『逡巡而退，因自殺也』。」其友因奉以託「以」字舊脱，據上文補。而謂復者曰：孫云：「『復者』，吕氏春秋作『觀者』。」「此北郭子爲國故死，劉云：「『此』字不可通，吕氏春秋士節篇、説苑復恩篇均無『此』字。此乃『北』字譌衍。」吾將爲北郭子死。」又退而自刎。此殺己以利天下之義。知北郭子及其友皆墨者。景公聞之，大駭，乘馹而自追晏子，孫云：「『馹』，説文：『驛傳也。』吕氏春秋作『驛』。高誘注：『驛，傳車也。』説苑作『馳』。」及之國郊，高注：「郊，境也。」請而反之。晏子不得已而反，聞北郭子之以死白己也，太息而歎曰：「嬰之亡，豈不宜哉，亦愈不知士甚矣。」高注：「晏子自謂施北郭騷不得其人，爲不知士也，又不知北郭騷能爲其殺身以明己，故曰『嬰之亡，豈不宜哉，亦愈不知士甚矣』，自責深也。」孫云：「吕氏春秋士節篇、説苑復恩篇用此文。説苑作『嬰不肖，罪過固其所也，而士以身明之，哀哉』，文視此多劣。」

景公欲見高糾晏子辭以禄仕之臣第二十八

景公謂晏子曰：「吾聞高糾與夫子游，孫云：「『糾』，説苑作『繚』。糾、繚聲相近。」黄云：

「『糾』，元刻作『紏』，下章同。」寡人請見之。」晏子對曰：「臣聞之，爲地戰者不能成其王，王者保民。爭地以戰，殺人盈野者，悖矣。爲禄仕者不能正其君。仕務安國利民，爲禄則居心不正，安能正君心之非？高糾與嬰爲兄弟久矣，未嘗干嬰之行，孫云：「説苑作『干嬰之過，補嬰之闕』。」特禄仕之臣也，孫本脱「仕」字。孫云：「『禄』，説苑作『進』。」何足以補君乎。」孫云：「説苑君道篇用此文。」純一案：此與下章並外上二十三章均言高糾事。

高糾治晏子家不得其俗迺逐之第二十九

高糾事晏子而見逐。高糾曰：「臣事夫子三年，無得蘇云：「言無禄位也。」外上二十三章僨者諫詞可證。」而卒見逐，其説何也？」晏子曰：「嬰之家俗有三，而子無一焉。」糾曰：「可得聞乎？」晏子曰：「嬰之家俗，閒處從容不談議，則疏；「議」讀本字於義無取，當讀爲「義」。義、議古通用，詳問上十五章。又疑「議」之「言」旁，蓋傳寫者涉上「談」字「言」旁誤衍。「談義」與「揚美」、「削行」、「驕士慢知」爲儷文。易乾文言曰：「利物足以和義。」墨子經上曰：「義，利也。」故問上二十二章曰：「謀必度于義。」若閒處從容時不談義，則不知利人利物爲真自利之道，其人即不可親，宜疏而遠之。出不相揚美，揚人之善，成人之美，可以端風化。入不相削行，削行，規過也。則不

與。」與，猶親也。易咸「二氣感應以相與」鄭注。**通國事無論，**「論」，古通「倫」。倫，理也。謂家事國事恒互相通，一一當有條理。如問下五章「體貴側賤，不逆其倫」，又十章「親疏得處其倫」，皆是。無倫則亂矣。**驕士慢知者，**墨子貴義篇曰：「昔者周公旦朝讀書百篇，夕見漆十士。」是周公佐相天子，不敢驕士慢知之證。**則不朝也。**朝，見也。呂覽淫辭篇「孔穿朝」注。不見「驕士慢知」之人，欲行常謙而學日益也。**此三者，嬰之家俗，今子是無一焉，故嬰非特食餽之長也，**劉云：「『長』與『主』同，言非彼主食之人。」**是以辭。」**孫云：「一本脱此三字。」

晏子居喪遜答家老仲尼善之第三十

晏子居晏桓子之喪，孫云：「晏桓子名弱。」**麤衰，斬，**「衰」，襄十七年左傳作「縗」。杜注：「斬，不緝之也。縗在胸前。麤，三升布。」正義：「喪服傳曰：『衰三升。』鄭玄云：『布八十縷爲升。』」文選揚子雲解嘲注引左氏傳曰：「齊晏桓子卒，晏嬰麤斬衰，居倚盧。」孫云：「『衰』，左傳作『縗』。」說文：「縗，服衣[一]長六寸，博四寸，直心。」」**苴絰帶，杖，菅屨，**杜注：「苴，麻之有子者，取甚麁也。杖，竹

〔一〕「衣」，原脱，據說文補。

杖。菅屨，草屨。」釋文：「以苴麻爲絰及帶。」食粥，居倚廬，寢苫枕草。杜注：「此禮與士喪禮略同，其異惟枕草耳。」正義曰：「喪服傳及士喪禮記皆云居倚廬，寢苫枕凷，歠粥。是此禮與士喪禮略同，其異者，唯彼言枕凷，此言枕草耳。居倚廬寢苫者，鄭玄云：『倚木爲廬，在中門外東方北户。苫，編稾也。』」其家老曰：「非大夫喪父之禮也。」杜注：「時之所行，士及大夫縗服各有不同。晏子爲大夫而行士禮，其家臣不解，故譏之。」正義：「晏子其〔一〕父始卒，則晏子未爲大夫。言晏子爲大夫者，禮喪服大夫之子得〔二〕從大夫之法。」晏子曰：「唯卿爲大夫。」杜注：「晏子惡直己以斥時失禮，故孫辭略答家老。」正義曰：「晏子所行是正禮。言唯卿得服大夫服，我是大夫，得服士服。又言己位卑，不得從大夫之法者，是惡其直己以斥時之失禮，故孫辭略答家老也。鄭玄注雜記上引此云：『此平仲之謙也。』孫云：『鄭注言謙者，言己非大夫，故爲父服士服耳。』」曾子以問孔子，「問」舊作「聞」，據家語子貢問篇改。孔子曰：「晏子可謂能遠害矣。不以己之是駁人之非，遜辭以避咎，義也夫。」「義」，正作「誼」。

〔一〕「其」，原作「之」，據春秋左傳注疏改。
〔二〕「得」，原作「行」，據春秋左傳注疏改。

晏子春秋校注卷六

漢陽張純一仲如

内篇雜下第六凡三十章

靈公禁婦人爲丈夫飾不止晏子請先内勿服第一

靈公好婦人而丈夫飾者，黄云：「説苑政理篇作『景公』。」純一案：御覽八百二十二引作「靈公」。國人盡服之。公使吏禁之，曰：「女子而男子飾者，裂其衣，斷其帶。」裂衣斷帶相望而不止。晏子見，公問曰：「寡人使吏禁女子而男子飾者，「者」字舊脱，從王校據説苑補。蘇云：「『男子』一本作『男』，非。」裂斷其衣帶，相望而不止者，何也？」晏子對曰：「君使服之于内，而禁之于外，猶懸牛首于門，而賣馬肉於内也。盧云：「『賣』，御覽作『鬻』。此『賣』當作『𧶠』，與『鬻』同。『内』，御覽〔一〕作『市』，似非。」黄云：「縣牛首於門，喻縣禁於外。賣

〔一〕「御覽」，原倒，據盧校乙。

馬肉於內，喻服之於內。當從盧說。」蘇云：「黃說是。門，國門。內，宮內。『門』與『內』對文。」公何以不使內勿服，「何以」，說苑作「胡」。「以」字疑衍。則外莫敢爲也。」公曰：「善。」使內勿服，不踰月，而國人莫之服。舊脱「不」字、「人」字，從盧、王校據御覽補。王云：「不踰月，言其速也。若無『不』字，則非其旨矣。說苑作『不旋月』，文雖小異，而亦有『不』字。」孫云：「說苑政理篇用此文。」

齊人好轂擊晏子紿以不祥而禁之第二

齊人甚好轂擊，孫云：「說文：『轂，輻所湊也。』」純一案：御覽七百七十三引作「齊人好擊轂」。相犯以爲樂，禁之不止。晏子患之，耗財，費時，長門爭。迺爲新車良馬，出與人相犯也，藝文類聚七十一引作「晏子爲新車良馬，出與其人相犯」。曰：「轂擊者不祥，孫云：「『轂擊』，御覽作『犯轂』。」臣其祭祀不順，「順」當爲「慎」，古「順」字作「慎」，形近而誤。居處不敬乎？」祭祀慎則德精明，居處敬則行嚴正，故無不祥。類聚無此十一字。下車棄而去之，「棄而」舊倒，從王校據御覽及說苑正。類聚無「棄」字。然後國人乃不爲。類聚無「乃」字。故曰：「禁之以制而身不先行，民不能止。孫云：「『不能』，說苑作『不肯』。」故化其心莫若教也。」「教」上疑脱「身」字。後漢書第五倫傳曰：「以身教者從。」孫云：「説苑政理篇用此文。」

景公瞢五丈夫稱無辜晏子知其冤第三

景公畋于梧丘，孫云：「『畋』，文選注作『田』，太平御覽作『遊梧丘』。爾雅釋丘：『當途，梧丘。』」純一案：「畋」，御覽三百六十四作「遊」，又三百九十三、三百九十九並作「田」。**夜猶早，公姑坐睡，**孫云：「説文：『睡，坐寐也。』」純一案：御覽三百九十三、又三百九十九並無「姑」字。文選江文通上建平王書注作「夜坐睡」。**而瞢有五丈夫**孫云：「文選注作『見一丈夫』。」純一案：「一」誤。胡刻文選正作「五」。御覽三引均作「五」。**北面韋廬，**孫云：「『韋廬』，説苑作『倚廬』。」黄云：「文選注作『倚徙』。」純一案：「倚徙」是。**稱無罪焉。**御覽三百六十四引作「稱冤」。**公覺，召晏子而告其所瞢。公曰：「我其嘗殺無罪邪？」**「其」，猶「豈」也。「殺無罪」，舊作「殺不辜，誅無罪」，義複。説苑「誅」上有「而」字，誤同。御覽三百九十九引作「我其嘗殺無罪歟」，是已。今據删「不辜誅」三字。**晏子對曰：「昔者先君靈公畋，**孫云：「文選注作『出畋』，太平御覽作『田』。」**有五丈夫來駭獸，**舊作「五丈夫罟而駭獸」，「五」上脱「有」字，「夫」下脱「來」字，衍「罟而」二字，文義不諧。説苑同。蓋後人沿本書之譌而改之，不足據。「罟而」二字，御覽三引並無，足證其爲衍文。文選注作「有五丈夫來驚獸」，驚、駭義同，今據以訂正。**故並斷其頭而葬之，**「並」，舊作「殺之」。王云：「既言『斷其頭』，則無庸更言『殺之』。『殺之』二字，後人所加也。說苑辨物篇有此二字，亦後人依俗本晏子加之。文選上建平王書注引作『悉斷其頭而葬之』，太平御覽人事部五作『斷其頭而葬之』，人事部四十作『故並斷其頭而葬之』，皆無『殺之』二字。」純一案：鮑刻御覽三百六十四作「斷其頭埋之」，三百九十三作「故斷其頭而葬之」，三百九十九作「故並斷其頭葬之」。今從王說據御覽刪訂。**命曰五丈夫之丘。此其地邪？」公令人掘而求之，則五頭同穴而存焉。**御覽三百九十九作「命人掘其葬處求之，得五頭同穴而存焉」。文選注作「命人掘之，五頭同穴」。一本作「五頭共孔」。孫云：「廣雅釋言：『竅，孔也。』『孔』即『穴』。」**公曰：「嘻。」**孫云：「『嘻』，『譆』省文。」純一案：御覽三百九十九作「公嘉之」。**令吏厚葬之。**舊無「厚」字，非。蓋五頭同穴葬之久矣，今特掘求得之，仍唯葬之而已，不徒等於戮尸乎，與下文「君憫白骨」甚不相應。文選注作「公令厚葬之」，乃恩及白骨，是已。今據增「厚」字。**國人不知其曹也，**孫云：「『曹』，一本作『夢』，非。此書多以『曹』爲『夢』。」**曰：「君憫白骨，而況于生者乎。不遺餘力矣，不釋餘知矣。」**孫云：「『知』，說苑作『智』。」純一案：言必盡智竭力憫生民矣。**故曰：「人君之爲善易矣。」**「人君」舊作「君子」，從孫校據說苑改。孫云：「說苑辨物篇用此文。」

柏常騫禳梟舊譌「鳥」，從盧校改。死將爲景公請壽晏子識其妄第四

景公爲路寢之臺成而不踊焉。孫云：「『踊』，説苑作『通』，下同，言不到也。『踊』當是『踴』之誤。」王云：「作『踊』者是。成二年公羊傳『蕭同姪子踊于棓而闚客』，何注曰：『踊，上也。』此言不踊，謂臺成而公不登。」洪説同。蘇云：「王説是。廣雅釋詁亦訓『踊』爲『上』。」純一案：凡從「足」又從「辵」之字，義並同。如「跡」與「迹」、「踰」與「逾」之類可證。此「踊」與「通」並從「甬」，聲同，「足」與「辵」，義同。「踊」訓上，説文：「通，達也。」義近。柏常騫孫云：「字柏〔一〕常，名騫。」曰：「君爲臺甚急，臺成，君何爲而不踊焉？」公曰：「然。有梟孫云：「詩大雅瞻卬『爲梟爲鴟』，傳：『梟鴟，惡聲之鳥。』爾雅釋鳥有『梟鴟』，郭璞注：『土梟。』説文云：『梟，食母不孝之鳥，故冬至捕梟，磔之。字从鳥首在木上。』」昔者鳴，王云：「古謂夜曰昔，或曰昔者。莊子田子方篇曰『昔者，寡人夢見良人』是也。後第六章云：『夕者，曹與二日門。』『夕者』與『昔者』同。」其聲無不爲也。「其」字舊脱，從盧校據説苑補。吾惡之甚，是以不踊焉。」柏常騫曰：「臣請禳而去之。」「之」字舊脱，從盧校據説苑補。孫云：

〔一〕「柏」，原作「伯」，據音義改。

「『禳』，一本作『禱』，非。」公曰：「何具？」對曰：「築新室，爲置白茅焉。」「焉」字舊脱，從盧校據説苑補。公使爲室，成，置白茅焉。柏常騫夜用事。明日，問公曰：「今昔聞梟聲乎？」「梟」，舊作「鴞」。黄云：「『鴞』宜作『梟』。下『鴞當陛』、『禳君鴞』並宜改從一律。」純一案：黄説是，今據説苑改。公曰：「一鳴而不復聞。」使人往視之，梟當陛，布翼，「翼」，舊譌「翌」，從孫校據説苑改。伏地而死。此騫之作僞也。公曰：「子之道若此其明也，「也」字舊脱，從盧校據説苑補。亦能益寡人之壽乎？」對曰：「能。」公曰：「能益幾何？」對曰：「天子九，諸侯七，大夫五。」公曰：「子亦有徵兆之見乎？」對曰：「得壽，地且動。」公喜，令百官趣具騫之所求。趣，促也。柏常騫出，遭晏子于塗，拜馬前。騫拜。辭。黄云：「晏子辭其拜也。」騫曰：元刻如此。孫本作「騫辭曰」，説苑作「辭曰騫」，並誤。「爲君禳梟而殺之。「君禳」舊倒，從盧校據説苑乙。君謂騫曰：『子之道若此其明也，亦能益寡人之壽乎？』「之」字舊脱，據上文增。騫曰：『能。』今且大祭，且，將也。爲君請壽，故將往，以聞。」晏子曰：「嘻，亦善矣，「矣」字舊脱，從盧校據説苑補。能爲君請壽也。「也」讀爲「邪」。雖然，吾聞之，維以政與德而順乎神，劉云：「證以説苑辨物篇，『而』爲衍文。」爲可以益壽。黄初云：「莊子徐無鬼篇曰：「夫神者好和而惡姦。」是其義。故行仁政以保民，修至德以全性，是爲深根固柢、長生久視之道。」純一案：壽莫壽於仁民以自成其仁，而通乎物之所造。今徒祭，可以益壽乎？然則福兆有見乎？」兆即徵兆。孫云：「『兆』，説苑作『名』。」對曰：「得壽，地將動。」晏子曰：「騫，昔吾見維星絶，樞星散，莊子大宗師篇：「維斗得之，終古不忒。」釋文：「『維斗』，李云『北斗』，所以爲天之綱維。」「樞」名天樞，北斗七星之首。云「絶」、云「散」者，偶爲地氣所蒙，隱而不見耳。地其動，古人觀于天象，有此經驗。足徵質以力動，感無不通。汝以是乎？」柏常騫俯，有間，仰而對曰：孫云：「『仰』，一本作『抑』，非。」「然。」晏子曰：「爲之無益，不爲無損也。言地動與求壽無關。汝薄斂，「斂」從孫本。元刻作「賦」，義同。説苑作「薄賦斂」。毋費民，且無令君知之。」俞云：「柏常騫知地之將動，而借此以欺景公，自必不令君知，何必晏子戒之乎。當從説苑作『且令君知之』。蓋此與外篇所載太卜事相類，彼必使太卜自言『臣非能動地，地固將動』，即『令君知之』之意，所謂恐君之惶也。後人不達，臆加『無』字，則晏子與騫比周以欺其君矣，有是理乎。」蘇云：「俞説是。」純一案：無、毋同，語助無義。太卜言地動，見外上二十一章。孫云：「説苑辨物篇用此文。」

景公成柏寢而師開言室夕晏子辨其所以然第五

景公新成柏寢之室，「室」從元刻。孫本作「臺」。黃云：「『臺』字誤。下文云『室夕』，云『室何爲夕』，云『立室』可證。」孫云：「括地志：『柏寢臺在青州千乘縣東北三十里。』」使師開鼓琴。孫云：「樂師名開。」師開左撫宮，右彈商，曰：「室夕。」王云：「『夕』與『邪』，語之轉也，呂氏春秋明理篇：『是正坐於夕室也，其所謂正，乃不正矣。』高誘注：『言其室邪不正，徒正其坐也。』『夕』又有『西』義，周禮：『凡行人之儀，不朝不夕。』鄭氏注：『不正東鄉，不正西鄉。』故下云：『國之西方，以尊周也。』」公曰：「何以知之？」師開對曰：「東方之聲薄，薄，微也。文選神女賦注引蒼頡。言東方之聲微低，故知其寬展也。西方之聲揚。」揚者，高舉之義。詩泮水箋疏。此謂西方之聲較東方之聲高，故知其迫促也。公召大匠，曰：「立室何爲夕？」「立」字舊脫。王云：「以下文『立室』、『立宮』例之，則『室』上當有『立』字。」純一：今據補。大匠曰：「立室以宮矩爲之。」矩，法也。禮大學「是以君子有絜矩之道也」注。于是召司空，曰：「立宮何爲夕？」司空曰：「立宮以城矩爲之。」明日，晏子朝，舊衍一「公」字，今刪。下章「晏子朝，公曰」，「公」字不重，可證。公曰：「先君太公以營丘之封立城，曷爲夕？」晏子對曰：「古之立國者，南望南斗，北戴樞星，南斗六星，即斗宿。樞星詳前。彼安有朝夕哉？朝東夕西，或寬或迫，所不計也。然而以今之夕者，「以」字衍，當刪。周之建國，「國」疑本作「邦」，漢人避諱改。詩云：「周雖舊邦。」國之西方，以尊周也。」此室西迫於東之故。公蹵然曰：「古之臣乎。」

景公病水瞢與日鬬晏子教占瞢者以對第六

景公病水，太平御覽七百四十三作「景公水疾」。臥十數日，御覽三百九十八無「臥」字。夜瞢與二日鬬，不勝。晏子朝，公曰：孫云：「御覽作『公説之曰』。」「夕者吾瞢與二日鬬，「吾」字舊脱，從黄校據風俗通義怪神篇補。而寡人不勝。我其死乎？」晏子對曰：「請召占瞢者。」立于閨，「立」舊譌「出」，從黄校據風俗通義正。使人以車迎占瞢者。風俗通義「迎」下有「召」字，贅，不可從。至，曰：「曷爲見召？」晏子曰：「夜者，公瞢與二日鬬，不勝，舊作「公瞢二日與公鬬，不勝」。王云：「此當作『公瞢與二日鬬，不勝』，與上文文同一例。『不勝』，謂公不勝也。今既顛倒其文，又衍一『公』字，則義不可通矣。風俗通義正作『公瞢與二日鬬』。」純一：今據乙刪。恐必死也，舊作「公曰：『寡人死乎』」，蓋後人據下文改，不合晏子口氣，今據風俗通義訂正。故請君占瞢。是所爲也。」四字宂沓，蓋後人妄加，當删。占瞢者曰：「請反具書。」「具」，舊作「其」，孫據風俗通改。晏子曰：「毋反書。公所病者，陰也。孫云：「風俗通『所』上有『無』字，『所』下重『病』字。」日者，陽也。一陰不勝二陽，公病將已。「公」，舊作「故」。孫云：「『將已』，御覽作『將愈也』。」王云：「『故』者，申上之詞。上文未言『病將已』，則此不得言『故病將已』。『故』當爲『公』。下文『占瞢者對曰：「一陰不勝二陽，公病將已」』，即用晏子之言，則此文本作『公病將已』，明矣。今本『公』作『故』者，涉上文『故請君占瞢』而誤。太平御覽疾病部亦引此，正作『公病將已』。風俗通義同。」純一：今據改。以是對。」占瞢者入。公曰：「寡人瞢與二日鬬而不勝，寡人死乎？」疑當作「寡人其死乎」，與上文「我其死乎」一例。占瞢者對曰：「公之所病，陰也。日者，陽也。一陰不勝二陽，公病將已。」居三日，公病大愈。公且賜占瞢者，占瞢者曰：「此非臣之力，孫云：「『力』，風俗通、太平御覽作『功』。」晏子教臣也。」孫云：「風俗通『臣』下有『對』字。」公召晏子，且賜之。孫云：「『且』，風俗通作『將』。」晏子曰：「占瞢者以臣之言對，「者」從孫本，元刻脱。「臣」從元刻，孫本譌「占」。王云：「太平御覽作『臣』。」故有益也。使臣言之，則不信矣。孫云：「風俗通『臣』下有『身』字。意林作『使占夢者占之。占者至門，晏子使對曰：「公病，陰也。與二日鬬，日，陽也。不勝，疾將退也。」三日而愈。公賞占夢者，占夢者辭曰：「晏子之力也。」公問晏子，晏子曰：「臣若自對，則不信也」』。」純一案：御覽七百四十三作「若使臣言，則不信也」。後漢書郭玉傳：「醫之爲言意也。」晏子蓋藉占瞢者以醫景公之意矣。此占瞢者之力也，「者」字舊脱，據風俗通義增。臣無功焉。」公兩賜之，孫云：「風俗通作『公召吏而使兩賜之』。」曰：「以晏子不奪人之功，以占瞢者不蔽人之能。」孫云：「風俗通怪神篇用此文。」

景公病瘍晏子撫而對之迺知羣臣之野第七

景公病疽，孫云：「説文：『疽，久癰也。』」在背。高子、國子請公曰：「請」下疑脱「于」字。「職當撫瘍。」孫云：「説文：『瘍，頭創也。』非此義。又：『痒，瘍也。』蓋『瘍』言『癢』。玉篇：『癢同痒。』言按摩疽癢也。」高子進而撫瘍。公曰：「熱乎？」曰：「熱。」「熱何如？」曰：「如火。」孫云：「意林作『欲見不得，問國子。國子曰：「熱如火」』。」純一案：太平御覽九百六十八引同意林。「其色何如？」曰：「如未熟李。」孫云：「意林作『色如日，大如未熟李』，誤。」純一案：御覽同，「大」下有「小」字。「大小何如？」曰：「如豆。」「墮者何如？」孫云：「『墮』與『橢』聲相近。玉篇：『橢，狹長也。』『隋』或謂下陷。」純一案：「墮」上當有「其」字，與下文同一例。曰：「如屨辨。」

孫云：「爾雅釋器：『革中絶謂之辨。』孫炎注：『辨，半分也。』郭璞注：『中斷皮也。』屝屨以皮爲之，中裂似瘡與？」黄云：「今俗呼屨之破者曰『鞻辨』，音同『辦』。」二子者出，晏子請見。公曰：「寡人有病，不能勝衣冠以出見夫子。夫子其辱視寡人乎？」公視晏子，重於二子。晏子入，呼宰人具盥，御者具巾，御者即侍者。刷手温之，孫云：「『刷』與『㕞』通。」純一案：浄手令温，禮也。發席傅薦，發，開也。傅，附同。跪請撫瘍。公曰：「其熱何如？」曰：「如日。」「其色何如？」曰：「如蒼玉。」「大小何如？」曰：「如璧。」璧玉形圓，而中有孔。「其墮者何如？」曰：「如珪。」「珪」本作「圭」，剡上方下之瑞玉。晏子出，公曰：「吾不見君子，不知野人之拙也。」君子指晏子，野人指高子、國子。

晏子使吴吴王命儐者稱天子晏子詳「佯」同。惑第八

晏子使吴，吴王謂行人曰：行人，官名，掌朝覲聘問之事。「吾聞晏嬰，蓋北方辯于辭、習于禮者也。命儐者曰：説苑引無「曰」字。『客見則稱天子請見。』」儐者，掌擯相之禮，即周禮秋官之司儀。説苑無「請見」二字。明日，晏子有事，覲見。行人曰：「天子請見。」晏子蹵

然。孫云：「『蹵』，説苑作『慽』，非。」純一案：蹵然，不安貌。太平御覽七百七十九作「蹷然」。行人又曰：「天子請見。」晏子蹵然。又曰：「天子請見。」晏子蹵然者三，曰：「臣受命弊邑之君，將使于吴王之所，以不敏而迷惑，入于天子之朝，孫云：「『不敏』，説苑作『不佞』。知古人稱『不佞』者，謙不敏也。」敢問吴王惡乎存？」北堂書鈔引説苑「存」作「在」。晏子以吴廷不得稱天子，既稱天子，吴王何在。不便明斥其非，而自稱迷惑，即謂吴王迷惑，真辯於辭者。然後吴王曰：「夫差請見。」見之以諸侯之禮。孫云：「説苑奉使篇用此文。」

晏子使楚楚爲小門晏子稱使狗國者入狗門第九

晏子使楚，藝文類聚二十五作「晏子短小，使楚」，九十四「短」下無「小」字。初學記十九作「晏子短，奉使楚」。楚人以晏子短，「楚人」二字舊在「短」下，從蘇校乙。孫云：「太平御覽作『晏子短小，使楚』。意林作『楚王以晏子短小』。」爲小門于大門之側而延晏子。初學記省作「楚爲小門」。孫云：「『爲』，意林作『作』。『延』，太平御覽作『迎』。」純一案：御覽三百七十八作「迎」，一百八十三、又七百七十九、又九百五俱作「延」。類聚二十五、又九十四並同。晏子不入，曰：「使狗國者從狗門入，初學記作「使狗國即從狗門入」。孫云：「『使狗國者』，意林作『往詣狗國』。」今臣使楚，孫云：「『使楚』，意林作『使入楚』。」不當從此門入。」初學記作「今使楚，不當從狗門入也」。孫云：「『此門』，藝文類聚、太平御覽作『狗門』。」純一案：御覽一百八十三、又九百五均作「此門」。儐者更道從大門入。孫云：「意林作『不可從狗門入也。遂大門入』。」純一案：御覽一百八十三作「乃更通大門」。見楚王，王曰：「齊無人耶，使子爲使？」四字舊脱。孫云：「太平御覽作『今齊無人邪，使子爲使』。意林作『齊之臨淄都無人邪』，非。」純一案：今本脱「使子爲使」句，語意不完，今依孫校據御覽三百七十八補。晏子對曰：「齊之臨淄三百閭，舊脱「齊之」二字。黄云：「御覽三百七十八、又四百六十八並引作『齊之臨淄』。」純一案：御覽七百七十九、類聚、説苑並同，今據補。「三百閭」，御覽七百七十九作「三萬户」。張袂成陰，孫云：「『陰』，説苑、意林、藝文類聚、太平御覽皆作『帷』。據下云『成雨』，則此當爲『陰』。」王云：「『張袂成帷，揮汗成雨』，甚言其人之衆耳。『成帷』與『成雨』，其意本不相因。齊策云：『連袵成帷，舉袂成幕，揮汗成雨。』『成帷』、『成幕』與『成雨』意亦不相因也。今本作『成陰』，恐轉是後人以意改之。説苑、意林、藝文類聚、太平御覽皆作『成帷』，則本作『帷』，明矣。」純一案：「成陰」較「成帷」義長。揮汗成雨，比肩繼踵而在，孫云：「説文：『歱，跟也。踵，追也。』經典多通用『踵』。」何爲無人？」孫云：「『爲』，意林作『容』。」黄云：「御覽作『何謂齊無人』。」純一案：御覽三百七十八、又七百七十九引均同此。王曰：「然則何爲使子？」舊作「然則子何爲使乎」。案此文本作「何爲使子」，因「乎」與「子」形似而誤，後人以文不成義，乃加「子」字於「何爲」上，遂與上文不協。説苑奉使篇正作「然則何爲使子」，今據以訂正。晏子對曰：「齊命使，各有所主。其賢者使使賢主，不肖者使使不肖主。下兩「主」字舊作「王」。孫云：「御覽作『使賢者使于賢國，使不肖者使于不肖之國』，『國』，一亦作『主』。今本『主』作『王』，非。説苑亦作『主』。」純一案：孫説是，今據改。御覽作「國」者，見三百七十八；作「主」者，見七百七十九。類聚作「齊使賢者使賢王，不肖者使不肖王」。嬰最不肖，故宜使楚矣。」「宜」，舊作「直」。黄云：「『直』，御覽作『宜』。」純一案：説苑同。「宜」字義長，今據改。類聚作「嬰不肖，故使王爾」。孫云：「説苑奉使篇用此文。」

楚王欲辱晏子指盜者爲齊人晏子對以橘第十

晏子將使楚，元刻脱「使」字。孫本「使」作「至」。王云：「意林及北堂書鈔政術部十四、藝文類聚人部九、果部上、太平御覽果部三並引作『晏子使楚』，但省去『將』字耳。説苑奉使篇作『晏子將使荆』，可據以訂正。」純一：今從之。楚王聞之，「王」字舊脱，從王校補。謂左右曰：「晏嬰，齊之習辭者也，類聚二十五省「齊之」二字。説苑作「晏子，賢人也」。今方來，吾欲辱之，御覽七百七十九作「楚王知其賢智，欲辱之」，又九百六十六「辱」作「傷」。類聚二十五同。書鈔四十「辱」作「病」。何以也？」左右對曰：「爲其來也，王云：「爲其來，於其來也。古者或謂『於』曰『爲』，『於』猶『爲』也。」說詳經傳釋詞。臣請縛一人，過王而行。王曰：『何爲者也？』對曰：『齊人也。』王曰：『何坐？』曰：『坐盜。』」晏子至，楚王賜晏子酒。酒酣，吏二縛一人詣王。王曰：「縛者曷爲者也？」「爲」，類聚二十五作「謂」，古通用。書鈔作「坐定，而縛一人來。王問『何爲』」。對曰：「齊人也，坐盜。」王視晏子曰：「齊人固善盜乎？」類聚二十五及八十六並無「固」字。晏子避席對曰：「嬰聞之，橘生淮南則爲橘，生于淮北則爲枳，孫云：「說苑、藝文類聚、後漢書注『淮』俱作『江』。列子湯問篇：『吳、楚之國有大木焉，其名爲櫾，碧樹而冬生，實丹而味酸，食其皮汁，已憤厥之疾。齊州珍之，渡淮而北，化爲枳焉。』說苑作『江南有橘，齊王使人取之，而樹之江北，生不爲橘乃爲枳』。說文：『枳木似橘。』」純一案：後漢書注見馮衍傳。類聚二十五作「江北」，八十六作「淮北」。葉徒相似，其實味不同。書鈔無「實」字。所以然者何？水土異也。書鈔「土」下有「之」字。今民生長于齊不盜，類聚八十六同此，無「長」字。二十五作「今此人生於齊不爲盜」。入楚則盜，得無楚之水土使民善盜耶？」王笑曰：「聖人非所與熙也，王引之經傳釋詞云：「『非』猶『不』也，『所』猶『可』也，言聖人不可與戲也。」墨子天志下篇曰：『今人處若家得罪，將猶有異家所以避逃之者。』『所以』，可以也。史記淮陰侯傳曰：『非信無所與計事者。』言無可與計事者也。漢書『所』作『可』，是『所』、『可』同義之證。」「熙」，音義作「嬉」，云：「一本作熙。説文：『娭，説樂也。』」黄云：「淩本作『嬉』。」純一案：熙，戲也。淮南子俶真訓「鼓腹而熙」注。**寡人反取病焉。」**書鈔作「寡人反自取辱」。説苑作「荆王曰：『吾欲傷子，而反自中也』」。孫云：「意林作『晏子使楚，楚王令左右縛一人作盜者過王。問：「何處人也？」對曰：「齊人也。」王視晏子：「齊國善盜乎？」晏子曰：「橘生江南，江北則爲枳，地土使然也。今民生長於齊不盜，入楚則盜，臣不知也。」楚王自取弊耳』。藝文類聚二十五、八十六、太平御覽七百七十九用此文不同，皆以意改之，故不備録。説苑奉使篇用此文。」純一案：韓詩外傳十作「齊景公使晏子南使楚，楚王聞之，謂左右曰：『齊遣晏子使寡人之國，幾至矣。』左右曰：『晏子，天下之辯士也，與之議國家之務則不如也，與之論往古之術則不如也。王獨可以與晏子坐，使有司束人過王，王問之。使言齊人善盜，故束之，是宜可以困之。』王曰：『善。』晏子至，即與之坐，圖國之急務，辯當世之得失，再舉再窮。王默然無以續語。居有閒，束徒以過之。王曰：『何爲者也？』有司對曰：『是齊人善盜，束而詣吏。』王欣然大笑曰：『齊乃冠帶之國，辯士之化，固善盜乎？』晏子曰：『然。固取之。王不見夫江南之樹乎，名橘，樹之江北則化爲枳。何則？地土使然爾。夫子處齊之時，冠帶而立，儼有伯夷之廉。今居楚而善盜，意土地之化使然爾，王又何怪乎？詩曰：「無言不讎，無德不報」』。」

楚王饗晏子進橘置削晏子不剖而食第十一

景公使晏子于楚，楚王進橘，置削，削是刀之類。桓二年左傳「鞞」注「佩刀削上飾」疏。晏子不剖而並食之。剖，分析也。一切經音義三十二引蒼頡。楚王曰：「橘當去剖。」元刻如此。説苑同。孫本脱「橘」字，當補。橘當去剖，言食橘當去其所剖之皮。御覽九百六十六作「橘當云剖」，又七百九十九作「橘未剖」。晏子對曰：「臣聞之，賜人主前者，瓜桃不削，橘柚不剖。敬人主之賜也。今者萬乘之主無教令，臣故不敢剖。「之主」二字舊脱，文不成義，今補。萬乘之主，指楚王言。謂今萬乘之主賜橘，未教臣剖，剖則不敬，故不敢剖。不然，孫云：「説苑脱『不』字。」純一案：説苑作「然。臣非不知也」，亦通。御覽七百七十九、又九百六十六兩引並無「不然」二字。臣非不知也。」孫云：「説苑奉使篇用此文。」

晏子布衣棧車而朝田〔一〕桓子侍景公飲酒請浮之第十二

景公飲酒，田桓子侍，孫云：「説苑『田』作『陳』。」望見晏子而復于公曰：「請浮晏

〔一〕「田」，原目作「陳」。

子。」孫云：「高誘注淮南：『浮猶罰也。』」公曰：「何故也？」無宇對曰：「晏子衣緇布之衣，麋鹿之裘，孫云：「玉藻：『麋裘青豻褎，卿大夫之服。』」純一：案玉藻「麋」作「麛」。棧軫之車，孫云：「考工記『棧車欲弇』，鄭氏注：『士乘棧車。』說文：『棧，棚也。竹木之車曰棧。』玉篇：『仕版切。』考工記『車軫四尺』，鄭氏注：『軫，輿後橫木。』」而駕駑馬以朝，孫云：「太平御覽作『晏子衣緇布之衣而赬裹，棧軫之車而牝馬以朝』，與今本大異，不知何故。麋裘，本卿大夫之服，『駑』字又篆文所無，疑後人竟改『赬裹』、『牝馬』爲之。」是隱君之賜也。」公曰：「諾。」晏子坐，說苑脱此三字。酌者奉觴進之，曰：「君命浮子。」孫云：「禮記投壺『若是者浮』，鄭氏注：『晏子春秋曰：「酌者奉觴而進曰：『君令浮晏子。』」時以罰梁丘據。「浮」或作「匏」，或作「符」。』」按此書乃浮無宇，與鄭氏所引不同。疑尚有重出之章，爲後人删去。」晏子曰：「何故也？」田桓子曰：「君賜之卿位以顯其身，孫云：「『顯』，舊作『尊』，據說苑改，以下云『非敢爲顯受』知之。」寵之百萬以富其家，羣臣之爵孫云：「『之』，舊作『其』，據說苑改。」莫尊于子，禄莫重于子。盧云：「『重』，說苑臣術篇作『厚』。」今子衣緇布之衣，麋鹿之裘，棧軫之車，而駕駑馬以朝，韓非外儲說左：「孫叔敖相楚，棧車牝馬。」注：「棧車，柴車也。」則是隱君之賜也。「則是」舊倒，從孫校據說苑乙。故浮子。」晏子避席曰：「請飲而後辭乎，其辭而後飲乎？」其，猶抑也。公曰：「辭然後飲。」晏子曰：「君賜之卿位「賜之」舊倒，從盧、王校據説苑乙，與上文同。以顯其身，「顯」，舊作「尊」，從盧校據説苑改。嬰非敢為顯受也，為行君令也。寵之百萬「之」，舊作「以」，從盧、王校據説苑改，與上文同。以富其家，嬰非敢為富受也，為通君賜也。臣聞古之賢君，孫本據説苑改「君」作「臣」。盧云：「舊本『君』字並不誤。下云『則過之』，乃君過其臣也，但此下當補一『臣』字。」純一案：盧説是也，然義有未盡。此文疑本作「臣聞古之賢君，知臣有受厚賜而不顧其困族，則過之」。今元刻脱「知臣」二字，説苑脱「君知」二字，語意均不完。當並存「君」字、「臣」字，中間加一「知」字，則妥矣。臣有受厚賜「臣」字舊脱，從盧校據説苑補。「臣」上當有「知」字。而不顧其困族，「困」從元刻。孫本作「國」，據説苑改。盧云：「『困』字似亦可通。」純一案：「困」字是。「國」乃「困」字之誤，孫據譌字改正字，非。下云「待臣而後舉火者數百家」，即困族也。則過之。不能通君之賜故。臨事守職，不勝其任，則過之。不能行君之令故。君之內隸，隸，屬也。臣之父兄，若有離散，在于野鄙，是不通君之賜。此臣之罪也。君之外隸，「外」從孫本據説苑改。元刻作「內」，非。臣之所職，此「職」字與上文異義，當讀若「識」。説文：「職，記微也。从耳，戠聲。」周禮職方氏、困學紀聞云：「漢樊毅修西嶽廟記作『識方氏』。」然則「臣之所職」即「臣之所識」也。若有播亡，「亡」，舊作「之」，孫本據説苑改。在于四方，是不通君之賜。此臣之罪也。兵革之不完，戰車之不修，不能行君之令。此臣之罪也。若夫弊車駑馬以朝，意者非臣之罪乎。孫云：「『意』，說苑作『主』，誤。」且以君之賜，父之黨無不乘車者，母之黨無不足于衣食者，妻之黨無凍餒者，國之簡士「簡」，舊作「間」，據說苑改。書皋陶謨「簡而廉」，鄭注：「簡，謂器量凝重。」待臣而後舉火者數百家。是通君賜之實。此文亦見外上二十七章。如此者，爲彰君賜乎，爲隱君賜乎？」說苑作「如此，爲隱君之賜乎，彰君之賜乎」。公曰：「善。爲我浮無宇也。」孫云：「說苑臣術篇用此文。」純一案：「無宇」，說苑作「桓子」。外上二十六章旨同。

田無宇請求四方之學士晏子謂君子難得第十三

田桓子見晏子獨立于牆陰，曰：「子何爲獨立而不憂？何不求四方之學士可者而與坐？」「方」，舊作「鄉」，從黃校據標題改。晏子曰：「共立似君子，出言而非也。外觀華美，中無實學。嬰惡得學士之可者而與之坐？且君子之難得也，若華山然，「華」，舊作「美」，從孫校據藝文類聚改。莊子天下篇「宋鈃、尹文作爲華山之冠以自表」，崔譔云：「華山上下均平，作冠象之，表己心均平也。」晏子心儀華山，蓋先宋鈃、尹文隆道風者。名山既多矣，孫云：「藝文類聚作『君子若華山然，松柏既多矣，望之盡日不知厭』。」純一案：「名山既多矣」五字，蓋後人仿下句妄加，與上文不協，殊嫌其贅，當刪。**松柏既茂矣，**喻君子閎中肆外之德。**望之榾榾然，盡日不知厭。**「榾榾」，舊作「相相」。王云：「『相相』二字於義無取，『相』當爲榾，音忽。說文：『榾，高皃，從木曶聲。』故山高皃亦謂之榾。『榾』與『相』字相似，世人多見『相』，少見『榾』，故『榾』誤爲『相』。此言望之榾榾然。下言登彼榾榾之上，則『相』爲『榾』之誤明矣。」純一案：王說是，今據正。「盡日」舊作「盡目力」，蓋由「日」誤爲「目」，文不成義，校者遂以意增「力」字，曲成其說。然「盡目力」不知厭，未若藝文類聚引作「盡日不知厭」義長，今據以訂正。望之榾榾然，有可望而不可及義。盡日而不厭，言君子之德充實光輝，非小人之道的然而日亡者比也。**而世有所美焉，**世相與共美之。**固欲登彼榾榾之上，仡仡然不知厭。**蘇云：「『仡』與『劼』同義，『仡』、『劼』一聲之轉。小爾雅：『劼，勤也。』廣韻：『劼，用力也。』玉篇引倉頡篇云：『嫫，仡仡也。』嫫與劼亦同音字。此云仡仡，言其用力勤之意耳。謂用力登其上也。」純一案：「固欲登彼榾榾之上」，「固」疑當作「因」，形近而誤。言因君子德美可觀，欲效法之，而有高山仰之、景行行之之事。「仡仡然不知厭」，後二十七章云「常爲而不置，常行而不休」是其義。蓋見道甚真，深造有得，欲罷不能也。**小人者與此異，若部婁之未登，**孫云：「『部婁』，說文：『附婁，小土山也。』春秋傳曰：『附婁無松柏。』『部』與『附』聲相近。」蘇云：「言未登之時則善也。『善』字當另爲句。」**善，**孫云：「句。」純一案：此喻未與相接，似尚可取。**登之無蹊，**蹊，謂徑道也。漢書李廣蘇建傳贊「下自成蹊」注。「無蹊」，言登之無可登，喻爲人所棄。維有楚棘而已。廣雅釋木：「楚，荆也。」荆棘，喻不可與親。遠望無見也，喻平庸無足觀。俛就則傷要，喻卑劣常爲害。黄云：「『要』，古『腰』字。」嬰惡能無獨立焉。孫本脱「要」字，元刻脱「嬰」字，義均不完，今並據補。且人何憂，易繫辭下曰：「天下何思何慮。」義同。静處遠慮，襄二十八年左傳：「子服惠伯曰：『君子有遠慮，小人從邇。』」見歲若月，悲身世之無常。孫云：「言惜歲易過如月也。」學問不厭，不知老之將至，孔子好學，不知老之將至。墨子修身，華髮隳顛而猶弗舍。安用從酒？」「從」讀若「縱」，下同。田桓子曰：「何謂從酒？」晏子曰：「無客而飲，謂之從酒。今若子者，晝夜守尊，尊，酒器。説文本作「尊」。謂之從酒也。」樂酒無厭謂之亡。

田無宇勝欒氏高氏欲分其家晏子使致之公第十四

欒氏、高氏孫云：「欒施字子旗。高彊字子良。」欲逐田氏、鮑氏，「逐」從元刻，孫本譌「遂」。孫云：「田無宇謚桓子。鮑國謚文子。」田氏、鮑氏先知而遂攻之。高彊曰：「先得君，田、鮑安往。」昭十年左傳作「先得公，陳、鮑焉往」。杜注：「欲以公自輔助。」遂攻虎門。孫云：「杜預注左傳作『公門』。」二家召晏子，晏子無所從也。左傳作「晏平仲端委立于虎門之外，四族召之，無所往」。從者曰：「何爲不助田、鮑？」左傳作「其徒曰：『助陳、鮑乎？』」。晏子曰：「何善焉，其助之也。」左傳作「曰：『何善焉』」。杜注：「言無善義可助。」「何爲不助欒、高？」曰：「庸愈于彼乎？」左傳作「『助欒、高乎？』曰：『庸愈乎』」。杜注：「罪〔一〕惡不差於陳、鮑。」門開，公召而入。左傳作「『然則歸乎？』曰：『君伐焉歸。』公召之而後入」。欒、高不勝而出，田桓子欲分其家，左傳作「欒施、高彊來奔，陳、鮑分其室」。以告晏子。晏子曰：「不可。君不能飭法，而羣臣專制，君不能整飭法紀，而羣臣擅權。亂之本也。今又欲分其家，利其貨，是非制也。言非法也。子必致之公。且嬰聞之，廉者，政之本也；「廉」從孫本。元刻作「禁」，非。讓者，德之主也。欒、高不讓，以至此禍，不讓則強取，故感亡家之報。可毋慎乎。言慎毋蹈欒、高覆轍。廉之謂公正，廉則無偏私。讓之謂保德。周語下：「昔史佚有言曰：『德莫若讓。』」韋注：「讓，遠怨也。」凡有血氣者，皆有爭心。怨利生孽，左傳作「蘊利生孽」。杜注：「蘊，蓄也。孽，妖害也。」王云：「左傳作『蘊利』，本字也。此作『怨利』，借字也。前諫上篇『外無怨治，內無亂行』，言君勤於政則外無蘊積之治，內無昏亂之行也。是晏子書固以『怨』爲『蘊』矣。荀子哀公篇：『富有天下而無怨

〔一〕「罪」，原作「非」，據左傳注改。

財。』楊〔一〕倞曰：『怨讀爲蘊。』言雖富有天下，而無蘊蓄私財也。彼言『怨財』，猶此言『怨利』。」維義爲可以長存。舊「爲」字在「可以」下，文義不順，從王校乙。且分争者不勝其禍，分、忿同。忿争則貪瞋恣肆，終必敗亡。辭讓者不失其福，辭讓則廉正謙和，無不吉利。子必勿取。」老子曰：「多藏必厚亡。」桓子曰：「善。」盡致之公，而請老于劇。孫云：「『劇』，左傳作『莒』，與『劇』不同。括地志：『故劇城在青州壽光縣南三十一里，故紀國。密州莒縣，故莒子國。』」

子尾疑晏子不受慶氏之邑晏子謂足欲則亡第十五

慶氏亡，孫云：「問上第二章末云：『及慶氏亡。』語意未了，疑接此章，後人割裂之。」分其邑，與晏子邶殿，「邶」從孫本，元刻誤「邶」。孫云：「『邶殿』，杜預春秋釋例缺。」其鄙六十。晏子勿受。子尾曰：「富者，人之所欲也，何獨弗欲？」王云：「初學記人部中引晏子本作『慶氏亡，分其邑與晏子，晏子不受。人問曰：「富者，人所欲也，何獨不受？」』。今本『邶殿』云云，及『子尾』二字，皆後人以左傳改之。其標題内之『子尾』及『足欲則亡』四字，亦後人所改。」晏子對曰：「慶氏之邑足欲，故

〔一〕「楊」，原作「揚」，據荀子注改。

亡。滿則溢故。吾邑不足欲也。幸可不亡。益之以邶殿，迺足欲，足欲，亡無日矣。在外不得宰吾一邑，正義曰：「外猶以外。宰猶益也。以邶殿爲外也。言吾先有邑，更不得益邶殿耳。」純一案：正義未得其旨。此言設因益邶殿足欲而亡在外，則並吾故有之一邑，不得由吾作主矣，故下云：「不受邶殿，非惡富也，恐失富也。」不受邶殿，非惡富也，恐失富也。且夫富，如布帛之有幅焉，爲之制度，使無遷也。夫民生厚而用利，「民」字舊脱，從孫、盧、王校據左傳補。于是乎正德以幅之，使無黜慢，孫云：「左傳作『嫚』。」謂之幅利，利過則爲敗，吾不敢貪多，所謂幅也。」孫云：「沈啓南本有注云：『或作晏子對曰：「先人有言曰：『無功之賞，不義之富，禍之媒也。』夫離治（闕。）求富，禍也。慶氏知而不行，是以失之。我非惡富也，諺曰：『前車覆，後車戒。』吾恐失富，不敢受之也。」』」盧云：「此段在『何獨弗欲』下，是晏子本文。文選六代論、五等論兩注並引諺曰：『前車覆，後車戒也。』可知唐時本如是，後人輒以左傳『慶氏之邑足欲』以下竄易之。元刻不知此爲本文，而但注於『所謂幅也』之下，云或作云云。沈啓南本亦同。然猶幸有此注，今得考而復之，進爲大字，而以左傳之文作注，庶乎不失其舊。」王云：「盧改是也。西征賦注、歎逝賦注、運命論注、劍閣銘注並引晏子『前車覆，後車戒』。合之六代、五等諸侯二論注，凡六引。」純一案：盧、王説是也，當據以訂正。

景公禄晏子平陰與稾邑晏子願行三言以辭第十六

景公禄晏子以平陰與稾邑，孫云：「左傳襄十八年『諸侯伐齊，齊侯禦諸平陰』，杜預注：『平陰城在濟北盧縣東北。』」洪云：「『稾』，疑『棠』字之誤。左氏襄六年傳『晏弱圍棠』，杜注：『棠，萊邑也。北海即墨縣有棠鄉。』史記晏嬰列傳：『萊之夷維人也。』其地相近。」反市者十一社。「反」讀爲「販」。荀子儒效篇「積反貨而爲商賈」注。别雅四云：「反通作販。」正韻「販」亦作「反」。二十五家爲一社。晏子辭曰：「吾君好治宫室，民之力弊矣。弊，疲也，困也。又好盤游翫好以飭女子，孫云：「説文：『翫，習厭也。』『飭』與『飾』通。」民之財竭矣。竭，盡也。又好興師，民之死近矣。黄初云：「韻會：『近，迫也。』」弊其力，竭其財，近其死，下之疾其上甚矣。此嬰之所爲不敢受也。」言民不堪命，嬰忍受禄乎。公曰：「是則可矣。雖然，君子獨不欲富與貴乎？」「君子」疑當作「吾子」，或從下文作「夫子」，然作「君子」亦通。晏子曰：「嬰聞爲人臣者，先君後身，問下十一章曰：「先民而後身。」問上十一章曰：「薄于身而厚于民。」蓋晏子全書之主恉。此言「先君後身」，君以善羣爲義，君事即羣事，先君之急而後其身之私，臣道然也。安國而度家，王云：「『度』讀爲『宅』，宅、度古字通。爾雅：『宅，居也。』大雅緜傳曰：『度，居也。』文王有聲篇『宅是鎬京』，坊記『宅』作『度』。『安邦而度家，宗君而處身』，度亦處也，處亦居也。」宗君而處身，孫云：「宗，尊也。左傳『伯宗』，史記作『伯尊』。」曷爲獨不欲富與貴也。」言爲臣者欲保富貴，道莫先於忠君，使君能保惠民，則君之身尊而國安，然後臣身常貴家常富矣。公曰：「然則曷以祿夫子？」晏子對曰：「君商漁鹽，孫云：「『商』同『𧶠』，說文：『行賈也。』」關市譏而不征。譏，察也。察姦而已，不征稅也。耕者十取一焉。弛刑罰，若死者刑，若刑者罰，若罰者免。若此三言者，嬰之祿，君之利也。」言能舒民之財力，減民之死刑，勝於益嬰之祿，亦君之厚利也。孟子對梁惠王曰：「省刑罰，薄稅斂。」對齊宣王曰：「耕者九一，關市譏而不征。」其仁民之心同。公曰：「此三言者，寡人無事焉，請以從夫子。」公既行若三言，使人問大國，大國之君曰：「齊安矣。」使人問小國，小國之君曰：「齊不我加矣。」加，陵也。論語公冶長「我不欲人之加諸我也」集解引馬注。

梁丘據言晏子食肉不足景公割地將封晏子辭第十七

晏子相齊三年，政平民說。梁丘據見晏子中食而肉不足，太平御覽八百六十三引，文同此，又八百四十九引，無「梁丘據見晏子」六字。以告景公。旦日，此六字，御覽八百四十九作「景公悦」。北堂書鈔百四十五「以告」作「還言之」。**封晏子以都昌。**舊作「割地將封晏子」。王云：「『割地將』三字原文所無。『封晏子』下有『以都昌』三字，而今本脱之。都昌，齊地名。鈔本北堂書鈔封爵部下出『晏子都昌辭而不受』八字，注引晏子云：『景公封晏子以都昌，晏子辭而不受。』太平御覽飲食部七同。太平寰宇記曰：『都昌故城，齊頃公封逢丑父食采之邑，晏子春秋云：「齊景公封晏子以都昌，辭而不受。」即此城也。』則此文原有『以都昌』三字明矣。其『割地將』三字則後人以意改之。」純一案：王説是，今據正。寰宇記見濰州。昌邑縣，古都昌之地，即齊七十二城之一。**晏子辭而不受，**舊無「而」字，從王校補。**曰：「富而不驕者，未嘗聞之。**黄云：「元刻『之』誤『者』。」純一案：元刻無「者」字，並無「之」字。或黄所見本異。**貧而不恨者，嬰是也。所以貧而不恨者，以若爲師也。**「若」從元刻。孫本作「善」，非。「以若爲師」，以貧爲師也。子華子晏子問黨篇：「子華子曰：『夫儉在内，不在外也。儉在我，不在物也。心居中虚，以治五官。精氣動薄，神化回濡。嗇其所以出，而謹節其所受，然後神宇泰定而精不摇，其格物也明，其遇事也剛，此之謂儉。』是知晏子尚儉，貴乎心外毫無物染，故必以貧爲師。」**今封，易嬰之師，**今封以都昌則不貧，是易嬰之師也。**師已輕，封已重矣，**師本至重而輕之，封所宜輕而重之，烏乎可。黄初云：「輕師重封，莊子繕性篇所謂『喪己於物，失性於俗，謂之倒置之民』。」**請辭。」**

景公以晏子食不足致千金而晏子固不受第十八

晏子方食，景公使使者至。藝文類聚三十五引文同。説苑作「君之使者至」。分食食之，使者不飽，晏子亦不飽。墨道尚儉，自苦爲極。儒則素富貴行乎富貴，素貧賤行乎貧賤。故韓非外儲説左云「孔子議晏嬰」，以其卑儉偪下。揚子法言五百篇曰：「墨、晏儉而廢禮。」此儒、墨之辯也。使者反，言之公。公曰：「嘻。晏子之家，若是其貧也？「也」讀爲「邪」。孫云：「藝文類聚作『如此貧乎』。」寡人不知，是寡人之過也。」使吏致千金與市租，孫云：「説苑作『令吏致千家之縣一於晏子』。」請以奉賓客。晏子辭。三致之，終再拜而辭曰：「嬰之家不貧。以君之賜，澤覆三族，延及交游，覆，猶被也。三族，父族、母族、妻族。前十二章云：「臣以君之賜，父之黨無不乘車者，母之黨無不足於衣食者，妻之黨無凍餒者，是爲澤覆三族。國之簡士，待臣而舉火者數百家，是爲延及交游。」以振百姓，諫上五章：「晏子家粟，盡分於氓。」君之賜也厚矣。嬰之家不貧也。嬰聞之，夫厚取之君而施之民，「夫」字衍，説苑無，當據刪。是臣代君君民也，説苑作「厚取之君而厚施之人，代君爲君也」。蘇云：「言代君爲民之君。」忠臣不爲也。厚取之君而不施于民，是爲筐篋之藏也，說苑作「厚取之君而藏之，是筐篋存也」。仁人不爲也。進取于君，退得罪于士，身死而財遷于它人，是爲宰藏也，說苑作「厚取之君而無所施之，身死而財遷」。宰，家宰也。智者不爲也。夫十總之布，孫云：「『總』即『稯』假音字。說文：『布之八十縷爲稯。』玉篇：『子公切。』『十總』，說苑作『八升』。」一豆之食，豆，食器。足于中免矣。」言免於凍餒，此心足矣。景公謂晏子曰：「昔吾先君桓公以書社五百封管仲，孫云：「『五百』，太平御覽作『三百』。」不辭而受，子辭之何也？」御覽四百二十四引作「管仲不辭，獨辭何也」。晏子曰：「嬰聞之，聖人千慮，必有一失；愚人千慮，必有一得。意者管仲之失，而嬰之得者耶？御覽作「意以管仲失之，嬰得之」。故再拜而不敢受命。」孫云：「說苑臣術篇用此文。」純一案：此與下十九章、二十章並外上二十四章恉同。

景公以晏子衣食弊薄使田無宇致封邑晏子辭第十九

晏子相齊，衣十升之布，八十縷爲升。魯語「妾衣不過七升之布」注。食脱粟之食，舊無上「食」字。王云：「『脱粟』上當有『食』字。後第二十六云『食脱粟之食』，即其證。今本脱『食』字，則文義不明，且與上句不對。後漢書章帝紀注、北堂書鈔酒食部三、初學記器物部、太平御覽飲食部八引此，並云：

『晏子相齊，食脱粟之飯。』」純一案：王説是，今據補。御覽八百四十九、又八百六十七引此「脱粟」上並有「食」字。五卵、苔菜而已。「卵」從元刻。黄云：「淩本同。」純一案：孫本「卵」譌「卯」。卵，鷄卵。後二十六章亦作「五卵、苔菜耳矣」，可證。御覽八百四十九引作「菜五卵耳」，「菜」上脱「苔」字。又八百六十七引作「五卵、茗菜而已」，「苔」譌「茗」，而並作「五卵」，足證「卯」字之誤。左右以告公，公爲之封邑，使田無宇致臺與無鹽。孫云：「齊語『以衛爲主，反其侵地臺、原、姑與、漆里』，韋昭注：『衛之四邑。』『臺』或即『駘』，哀六年左傳『公子陽生入齊，使胡姬以安孺子居賴，又遷之于駘』，杜預注：『齊邑。』按在今青州臨朐縣界。郡國志：『無鹽屬東平國，本宿國，任姓。』」晏子對曰：「昔吾先君太公受之營丘，孫云：「今青州臨淄是也。」爲地五百里，爲世國長。史記齊太公世家曰：「五侯九伯，實得征之。」故云「爲世國長」。自太公至于公之身，有數十公矣。苟能説其君以取邑，不至公之身，趣齊搏以求升土，孫云：「『趣』當爲『趨』，言皆至齊争地也。」純一案：史記李斯傳「彈箏搏髀」，搏猶衒技之義。不得容足而寓焉。苟得其君之歡悦，即可以取封邑，則不待至公之身，趨齊衒技求地者衆，已無託足之所矣。嬰聞之，臣有德益禄，無德退禄，惡有不肖父爲不肖子爲封邑以敗其君之政者乎。」孫云：「恐子不肖，仍致削禄。」純一案：父貪封邑遺子者，其父子必俱不肖，故云然。遂不受。

田桓子疑晏子何以辭邑晏子答以君子之事也第二十

景公賜晏子邑，晏子辭。田桓子謂晏子曰：「君歡然與子邑，必不受以恨君，何也？」王云：「『恨』非『怨恨』之『恨』，乃『很』之借字，很者，違也。君與之邑而必不受，是違君也，故曰『必不受以很君』。説文：『很，不聽從也。』吴語『今王將很天而伐齊』，韋注曰：『很，違也。』古多通用『恨』字。齊策：『秦使魏冄致帝於齊，蘇代謂齊王曰：「今不聽，是恨秦也。」』『恨秦』，違秦也。新序雜事篇『嚴恭承命，不以身恨君』，亦謂違君也。此皆借『恨』爲『很』之證。」晏子對曰：「嬰聞之，節受于上者，明不貪也。寵長于君，長，進益也。漢書嚴安傳「壤長地進」注引張宴。儉居于處者，舊脱「于」字，據上文增，文同一例。處，常也。呂覽誣徒篇「喜怒無處」注。名廣于外。廣，大也。夫長寵廣名，君子之事也，嬰獨庸能已乎。」庸，猶何也。

景公欲更晏子宅晏子辭以近市得所求諷公省刑第二十一

景公欲更晏子之宅，孫云：「『欲更』，藝文類聚作『欲使更』。」曰：「子之宅近市，湫隘囂塵，文選謝玄暉之宣城出新林浦向板橋詩注引左傳無「近市」二字。不可以居，文選應休璉與從弟君苗君冑書注引本書作「不可居」。藝文類聚六十四引同。請更諸爽塏者。」文選陸士衡樂府齊謳行引左傳省作「景公欲更晏子之宅，曰：『請更諸爽塏之地』」。韓非作「景公過晏子曰：『子宮小，近市，請徙子家豫章之圃』」。昭三年左傳杜注：「湫，下。隘，小。囂，聲。塵，土。爽，明。塏，燥。」正義曰：「塏，高地，故爲燥也。以所居下濕塵埃，故欲更於明燥之處。晏子春秋云『將更於豫章之圃』，豫章之圃，高燥之地也。」黄云：「正義引晏子春秋云『將更於豫章之圃』，今無此文，蓋後人據左傳竄改晏子原文故也。」晏子辭曰：太平御覽一百八十引左傳無「晏子」二字。「君之先臣容焉，杜注：「先臣，晏子之先人。」孫云：「『容焉』，藝文類聚作『居此宅焉』，疑後人依左傳改亂之。」臣不足以嗣之，孫云：「『嗣』，藝文類聚作『代』。」於臣侈矣。杜注：「侈，奢也。」且小人近市，朝夕得所求，小人之利也，敢煩里旅。」杜注：「旅，衆也。不敢勞衆爲己宅。」韓非作「晏子再拜而辭曰：『且嬰家貧，待市食，而朝暮趨之，不可以遠』」。公笑曰：「子近市，韓非作「子家習市」。識貴賤乎？」文選景福殿賦注作「景公謂晏子曰：『子之宅近市，則識貴賤乎』」。對曰：「既竊利之，左傳無「竊」字。敢不識乎。」公曰：「何貴何賤？」是時也，公繁于刑，杜注：「繁，多也。」有鬻踊者，故對曰：「踊貴而屨賤。」左傳無「而」字。踊，刖足者之屨。刖足者多，故踊貴。韓非有「景公曰：『何故？』對曰：『刑多也』」。公愀然改容。孫云：「韓非作『造然變色』。」公爲是省于刑。「公」字疑衍。御覽六百九十七引作「公愀然，遂緩刑」。韓非作「寡人其暴乎。於是損刑五」。君子曰：「仁人之言，其利博哉。蘇云：「左傳『博』作『溥』。」晏子一言，而齊侯省刑。詩曰：『君子如祉，亂庶遄已。』杜注：「如，行也。祉，福也。遄，疾也。言君子行福，則庶幾亂疾止也。」孫云：「小雅巧言之詩。」其是之謂乎。」孫云：「韓非難二篇用此文。」

景公毀晏子鄰以益其宅晏子因陳桓子以辭第二十二

晏子使魯，舊衍「比其反」三字，從盧校删。景公爲毀其鄰以益其宅。晏子反，聞之，待於郊。使人復於公曰：「臣之貪舊譌「貧」，從盧校改。頑而好大室也，乃通於君，小爾雅廣詁：「通，達也。」故君大其居，臣之罪大矣。」公曰：「夫子之鄉惡而居小，故爲夫子爲之，欲夫子居之，以慊寡人也。」慊，快也，足也。「以慊寡人」，猶云滿寡人之意也。晏子對曰：「先人有言曰：『毋卜其居，而卜其隣舍。』雜上廿三章云：「君子居必擇鄰。」今得意于君者，慊其居則毋卜已。没氏之先人卜與臣鄰，吉。臣可以廢没氏之卜乎。違卜不祥，且犯非禮。夫大居而逆鄰歸之心，臣不願也。請辭。」孫云：「按今本皆與左傳同，删去此文，疑後人妄以左傳改此書也。」盧云：「今本『晏子使晉』至『迺許之』，皆左傳之文，非元本。今依元刻及沈啓南本所注進爲大字，以復其舊。」純一案：盧説是，今從之。**卒復其舊宅。公弗許。因陳桓子以請，迺許之。**黄云：「按標題云『景公毁晏子鄰以益其宅，晏子因陳桓子以辭』，據此，則前文以或本爲正。末數語，仍當以今本補之，乃與標題語合。」純一案：黄説是，今從之，以左傳文注此：「晏子使晉，景公更其宅，反則成矣。既拜，迺毁之，而爲里室，皆如其舊，則使宅人反之。且諺曰：『非宅是卜，維鄰是卜。』二三子先卜鄰矣。違卜不祥。君子不犯非禮，小人不犯不祥，古之制也，吾敢違諸乎。卒復其舊宅。公弗許。因陳桓子以請，迺許之。」案水經淄水注：「齊北門外東北二百步，有齊相晏嬰冢宅。左傳：晏子之宅近市，景公欲易之，而嬰弗更爲，誡曰：『吾生則近市，死豈易志。』乃葬故宅，後人名之曰清節里。」

景公欲爲晏子築室于宮内晏子稱是以遠之而辭第二十三

景公謂晏子曰：「寡人欲朝昔相見，「昔」從元刻，猶存古義。孫本作「夕」，太平御覽、藝文類聚並同，蓋後人改。别雅五云：「左傳哀四年，楚爲一昔之期，襲梁及霍。」「昔」與「夕」同。穀梁傳：「日入至于星出謂之昔。」莊子天運篇：「蚊虻噆膚，則通昔不寐矣。」注：「通宵也。」列子周穆王：「昔昔夢爲國君。」注：「猶夜夜也。」史記龜策傳：「衛平對宋元王曰：『今昔壬子，宿在牽牛。』」晉張華詩：「伏枕終遥昔。」唐書宗室傳：「帝憂之一昔。」皆以「昔」爲夕。「相」字各本並脱，今據類聚六十四及御覽百七十四引補。**爲夫子築室于閨内，**黄云：「標題作『宮内』，是。」純一案：類聚、御覽引並作「閨内」。**可乎？」**

晏子對曰：「臣聞之，隱而顯，言大德深藏不露，如禮中庸所謂「君子之道，闇然而日章」是。近而結，言至性感乎無間，如老子所謂「善結無繩約而不可解」是。維至賢耳。如臣者，飾其容止以待命，舊作「待承令」，「承」字衍，「命」、「令」義同，今從孫、盧校據類聚、御覽刪訂。猶恐罪戾也。今君近之，是遠之也，近之則容止難飾，罪戾滋多，是所以遠之。請辭。」

景公以晏子妻老且惡欲納愛女晏子再拜以辭第二十四

景公有愛女，請嫁于晏子，公迺往燕晏子之家。飲酒，酣，公見其妻曰：「此子之内子邪？」晏子對曰：「然，是也。」「是也」與「然」義複，衍，當刪。公曰：「嘻，亦老且惡矣。惡，醜陋也。寡人有女，少且姣，姣，美好也。請以滿夫子之宮。」廣雅釋詁四：「滿，充也。」晏子違席而對曰：「乃此則老且惡，疑當作「乃此老且惡者」。嬰與之居故矣，蘇云：「『故』猶『素』也，言素與之居也。列子黄帝篇『而安於〔一〕陵故也』，張注訓『故』爲『素』，是其證矣。」故及其少而姣也。「故」與「固」同。且人固以壯託乎老，姣託乎惡，彼嘗託而嬰受之矣。君雖有

〔一〕「於」上原衍「于」，據列子刪。

賜，可以使嬰倍其託乎。」「倍」與「背」同。再拜而辭。此與外下十章旨同。

景公以晏子乘弊車駑馬使梁丘據遺之文義不完，當據正文補「輅車乘馬」四字。三返不受第二十五

晏子朝，乘弊車，駕駑馬。「弊」，說苑作「敝」，下同。蘇云：「治要無『駕』字。」景公見之曰：「嘻！夫子之祿寡邪？何乘不佼之甚也？」「佼」，舊作「任」。王云：「『不任』本作『不佼』，『佼』與『姣』同，好也。晏子乘敝車，駕駑馬，故景公曰：『何乘不佼之甚也？』陳風月出篇『佼人僚兮』，毛傳曰：『僚，好皃。』釋文『佼字又作姣』，引方言云：『自關而東，河、濟之間，凡好謂之姣。』荀子成相篇曰：『君子由之佼以好。』是『姣』、『佼』古字通。後人不通『佼』字之義，而改『不佼』爲『不任』，謬矣。羣書治要正作『不佼』。說苑臣道篇作『不任』，亦後人依俗本晏子改之。太平御覽車部三引說苑正作『不佼』，下有注云：『佼，古巧反。』」純一案：王說是，今據正。晏子對曰：「賴君之賜，得以壽三族，俞云：「國語楚語『臣能自壽也』，韋注曰：『壽，保也。』然則『以壽三族』者，以保三族也。管子霸言篇『國在危亡而能壽者，明聖也』，『能壽』亦即『能保』也。」及國游士，皆得生焉。「游士」，說苑作「交游」。臣得煖衣飽食，弊車駑馬，以奉其身，于臣足矣。」晏子出，公使梁丘據遺之輅車乘馬，孫

云：「說文：『輅，車軨前橫木也。』此當爲『路車』借字，言大車。」蘇云：「治要作『路輿乘馬』。下同。」三返不受。公不說，趣召晏子。晏子至，公曰：「夫子不受，寡人亦不乘。」外上廿五章：「晏子不受狐白之裘，公曰：『今夫子不受，寡人不敢服。』」語意同此。晏子對曰：「君使臣臨百官之吏，蘇云：「治要『臨』作『監』。」臣節其衣服飲食之養，以先齊國之民，「齊」字舊脱。蘇云：「治要作『食飲』，『國』上有『齊』字。」純一案：說苑亦有「齊」字，今據補。然猶恐其侈靡而不顧其行也。蘇云：「治要無二『其』字。」純一案：晏子蓋欲天下之動貞於一樸也。今輅車乘馬，君乘之上，而臣亦乘之下，外上廿五章言狐裘「君服之上而使嬰服之于下，不可以爲教」，用意與此同。民之無義，「義」即禮儀本字。侈其衣服飲食而不顧其行者，蘇云：「治要作『衣食』，『不』上有『多』字。」純一案：說苑亦無「服飲」二字。臣無以禁之。」遂讓不受。治要無「讓」字。此與外上廿五章恉同。孫云：「說苑臣道篇用此文。」

景公睹晏子之食菲薄而嗟其貧晏子稱有參士之食第二十六

晏子相景公，食脱粟之食，太平御覽八百五十下「食」字作「飯」，八百四十九、八百六十七下

「食」字並譌作「飲」。北堂書鈔百四十三兩引下「食」字一作「食」，一作「飯」。又百四十四引下「食」字亦作「飯」。孫云：「初學記二十六、後漢書注『食』作『飯』。説文：『粟，嘉穀實也。』蓋米之有稃者爲粟。脱粟，免粟，言出于稃而未舂也。」**炙三弋、五卵、苔菜耳矣。**「卵」從元刻。淩本及書鈔百四十三兩引並同。孫本譌「卯」。前十九章云「食脱粟之食，五卵、苔菜而已」，孫云：「詩傳：『弋，射。』説文作『隿，繳射飛鳥也』。言炙食三禽耳矣。」盧云：「『弋』，見夏小正傳，『弋』也者，禽也。卵，即雞子。」王云：「『耳矣』者，『而已矣』也，疾言之則曰『耳矣』，徐言之則曰『而已矣』。凡經傳中語助用『耳』字者，皆『而已』之合聲。説見釋詞。」**公聞之，往燕焉，**書鈔百四十三兩引「燕」並作「讌」。孔廣陶云：「吴山尊仿宋本晏子及陳本、俞本書鈔『讌』作『燕』。」案「燕」與「讌」、「宴」並通。**睹晏子之食也。公曰：「嘻！夫子之家如此其貧乎，而寡人不知，寡人之罪也。」晏子對曰：「以世之不足也，**墨子「昭昭然爲天下憂不足」，晏子同，蓋遵禹教也。**免粟之食飽，**俞云：「上云『食脱粟之食』，此云『免粟之食飽』，免即脱也。廣雅釋詁：『免，脱也。』錢氏大昕養新録曰：『免與脱同義。』引論衡道虚篇『免去皮膚』爲證，謂『免去即脱去也』，而未引晏子此文，失之。」純一案：晏子食而不忘人之飢，有甚願人我之養畢足而止之意。**士之一乞也。**洪云：「三『乞』字皆當作『气』。説文『氣』作『气』，『餼』作『氣』。此復借『气』爲『餼』，故下云『有叄十之食』。」俞云：「『乞』當作『既』。説文皀部：『既，小食也。』論語『不使勝食既』，今論語作

「氣」。此省作「乞」，古字並通。「士之一乞」，猶云士之一食。下文「二乞」、「三乞」並同。故曰「嬰無倍人之行，而有參士之食」也。」純一案：「乞」，御覽八百四十九誤作「足」，下同。**炙三弋，士之二乞也。苔菜、五卵，**「苔菜」二字舊脱，御覽引作「菜五卵」，奪「苔」字，今據上文補。**士之三乞也。嬰無倍人之行，**墨子經上云：「倍爲二也。」言嬰之德行無加于人。**而有參士之食，君之賜厚矣。嬰之家不貧。」再拜而謝。**御覽「謝」作「辭」。前十二章、又外上廿六章恉同。

梁丘據自患不及晏子晏子勉據以常爲常行第二十七

梁丘據謂晏子曰：「吾至死不及夫子矣。」晏子曰：「嬰聞之，爲者常成，行者常至。墨道尚勤，知至至之，知終終之，所以成己之德也。**嬰非有異于人也，常爲而不置，常行而不休者，**「者」當作「耳」，句絶。易乾大象曰：「天行健，君子以自强不息。」晏子有焉。**故難及也。」**此文疑本作「常爲而不置，常行而不休耳」，足成嬰非有異於人之意，方合晏子語氣。今本「耳」作「者」，又贅「故難及也」四字，以牽合上文「至死不及」之説，頗似晏子自炫，與「嬰非有異於人」之義不協，蓋由淺人妄改無疑。説苑如此，亦後人依俗本晏子改之，不足據。孫云：「説苑建本篇用此文。」

晏子老辭邑景公不許致車一乘而後止第二十八

晏子相景公，老，辭邑。公曰：「自吾先君定公至今，用世多矣，齊大夫未有老辭邑者。舊衍「矣」字，從王校刪。案齊先君無定公，或即太公子丁公。丁、定音近。言自丁公至莊公，用世者共二十一君，齊大夫未有以老辭邑者。今夫子獨辭之，是毁國之故，故，法。呂覽知度「非晉國之故」注。棄寡人也，不可。」晏子對曰：「嬰聞古之事君者，稱身而食。稱，量也。量自身之才德而食禄。德厚而受禄，蘇云：「『而』同『則』，故古書多『而』、『則』對舉。」德薄則辭禄。德厚受禄，所以明上也。明上有知人之明。德薄辭禄，可以潔下也。蘇云：「『可』疑『所』誤，當與上一律。」純一案：「可」同「所」，與「而」、「則」對舉同例。「可以潔下」，使下不貪汙也。嬰老，德薄無能而厚受禄，「德」字舊脱，語意不完，今據上下文補。是掩上之明，荀子解蔽篇曰：「知賢之謂明。」管子四時篇曰：「使能之謂明。」汙下之行，言使臣下貪墨之行，展轉相染而增汙。不可。」公不許曰：「昔吾先君桓公有管仲恤勞齊國，孫云：「爾雅釋詁：『恤，憂也。』」身老，賞之以三歸，孫云：「韓非外儲説左：『管仲相齊，曰：「臣貴矣，然而臣貧。」桓公曰：「使子有三歸之家。」』論語八佾篇：『子曰：「管氏有三歸。」』包咸注：『三歸，娶三姓女，婦人謂嫁曰歸。』或據說苑云『三歸之臺』以爲臺名，非也。說苑蓋言築臺以居三歸耳。此云『賞之以三歸』，韓非云『使子有三歸之家』，則非臺，明矣。」澤及子孫。今夫子亦相寡人，欲爲夫子三歸，澤至子孫，豈不可哉？」對曰：「昔者管子事桓公，桓公義高諸侯，義高出於諸侯。德備百姓。德備施於百姓。今嬰事君也，國僅齊於諸侯，未能稱霸高於諸侯。怨積乎百姓，且令百姓藏怨甚深。「怨」下疑脫「厚」字，與上句對文。嬰之罪多矣，過則歸己。而君欲賞之，豈以其不肖父爲不肖子「爲」舊譌「其」，從盧校據前十九章文改。厚受賞，以傷國民義哉。「以傷」當作「不傷」。言嬰亦國民耳，今罪甚多，而君欲賞之，使澤及子孫，未免傷義。且夫德薄而祿厚，德不稱祿。智惛而家富，理難久享。是彰汙而逆教也，是彰己之貪汙而逆聖王之教也。不可。」公不許。晏子出。異日朝，得閒而入邑，致車一乘而後止。論語學而：「道千乘之國。」包注：「古者井田，方里爲井，十井爲乘。」此云「致車一乘」，蓋地約十井也。

晏子病將死妻問所欲言云毋變爾俗第二十九

晏子病，將死。其妻曰：「夫子無欲言乎？」此知晏子心無所繫，是真能儉者。晏子曰：元刻如此。孫本脱「晏」字，盧校補。「吾恐死而俗變，謹視爾家，毋變爾俗也。」晏子之家俗有三，見雜上廿九章。能毋變俗，則子孫不失爲善人。

晏子病將死鑿楹納書命子壯而示之第三十

晏子病，將死，鑿楹納書焉。説苑作「斵楹内書焉」。謂其妻曰：「楹語也，孫云：「太平御覽作『書記曰也』。」子壯而示之。」「示」，説苑作「視」。及壯，發書。王云：「句。」書之言曰：舊脱一「書」字，文義不明，從王校據白帖十及説苑反質篇補。「布帛不可窮，窮不可飾。牛馬不可窮，窮不可服。士不可窮，窮不可任。國不可窮，窮不可竊也。」窮，乏也。以菽粟不可窮，窮則無可食，不待言，故略之。布帛窮則無可飾，牛馬窮則無可服，教重蠶桑豢牧以厚生也。説見雜上五章。由是爲士，可以尚志而任重；謀國，可使常富而非竊位也。

晏子春秋校注卷七

漢陽張純一仲如

外篇重而異者第七

凡二十七章。孫云：「俗本以此附內篇。」盧云：「自此已下，吳勉學本有缺篇，且篇次不與孫本同，今故具列孫本次第，使可案而補焉。」

景公飲酒命晏子去禮晏子諫第一

景公飲酒數日而樂，去冠披裳，自鼓盆甕，舊作「釋衣冠，自鼓缶」。韓詩外傳九作「齊景公縱酒，醉而解衣冠，鼓琴以自樂」。孫云：「『釋衣冠』，太平御覽作『去冠破裳』。」王云：「羣書治要及北堂書鈔衣冠部三、太平御覽人事部百九、服章部十三並引作『去冠被裳，自鼓盆甕』。御覽器物部三又引作『自鼓盆甕』。今本云云，乃後人依新序刺奢篇改之。」純一案：王説是而未盡。此文「自鼓缶」本作「自鼓盆甕」，王引諸書可證。惟御覽四百六十八引作「自鼓盆」，脱「甕」字。「釋衣冠」，御覽六百九十六引作「去冠披裳」，是也。披，解也。淮南齊俗訓「披斷撥檖」注。今並據正。御覽四百六十八引「披」作「破」，義近。其他引「披」作「被」，直是誤字。謂左右曰：「仁人亦樂是乎？」孫云：「『左右』，新序作『侍者』。」黄云：「御覽四百六十八作『問左右曰，仁者亦樂此乎』。」蘇云：「治要作『問於左右曰：「仁人亦樂此樂乎」』。」純一案：「乎」，孫本作「夫」。韓詩外傳「謂」作「顧」，「是乎」作「此乎」。梁丘據對曰：「仁人之耳目亦猶人也，夫奚爲獨不樂此也。」蘇云：「治要無『亦』字，『奚』作『何』，『此』下有『樂』字。」純一案：「夫」猶「彼」也，詳經傳釋詞。仁人之耳目猶人，據知之，而仁人用耳目之心不猶人，非據所及知也。公曰：「趣駕迎晏子。」孫云：「『趣』，新序作『速』。」蘇云：「治要『曰』作『令』，于義爲長。」晏子朝服而至，舊脱「服」字，「而」作「以」，從孫校據韓詩外傳補訂。新序同。治要作「朝服以至」。受觴，再拜。公曰：「寡人甚樂此樂，蘇云：「治要無『此樂』二字。」欲與夫子共之，蘇云：「『共之』，治要作『同此樂』。」請去禮。」孫云：「韓詩外傳無此句，文理不貫。」晏子對曰：「君之言過矣。治要無此句。羣臣皆欲去禮以事君，嬰恐君之不欲也。「君」，舊作「君子」。王云：「『子』字涉上下文諸『子』字而衍。諫上二章曰：『今君去禮，則羣臣以力爲政，强者犯弱而日易主，君將安立矣。故曰：「嬰恐君之不欲也。」』今作『恐君子之不欲』，則非其旨矣。羣書治要無『子』字。」純一：今據删。今齊國五尺之童子，蘇云：「治要作『今齊國小童，自中以上』。」力皆過嬰，又能勝君，韓詩外傳作「齊國五尺以上，力皆能勝嬰與君」。然而不敢亂者，蘇云：「治要無『亂』字。」純一案：韓詩外傳作「所以不敢者」。畏禮義也。元刻如此。孫本據韓詩外傳、新序删「義」字。王云：「孫删『義』字，非也。此『義』字非『仁義』之『義』，乃『禮儀』之『儀』。周禮大司徒『以儀辨等，則民不越』，鄭注曰：『儀，謂君南面臣北面、父坐子伏之屬。』故曰：『不敢亂者，畏禮儀也。』古書『仁義』字本作『誼』，『禮儀』字本作『義』，後人以『義』代『誼』，以『儀』代『義』，亂之久矣。此文作『義』，乃古字之僅存者，良可寶也。韓詩外傳、新序無『義』字者，言禮而儀在其中，故文從省耳，不得據彼以删此。各本及羣書治要皆有『義』字。」純一案：王説是。上若無禮，蘇云：「治要『上』作『君』。」無以使其下。下不樂爲使故。下若無禮，無以事其上。非傲即諂故。治要「使」下、「事」下並無「其」字。夫麋鹿維無禮，「維」，新序作「唯」。故父子同麀。同麀，同牝也。人之所以貴于禽獸者，孫本脱「以」字，元刻有。治要、新序、御覽四百六十八引並有。以有禮也。嬰聞之，人君無禮，無以臨邦。舊「邦」上衍「其」字，上下皆四字句，今校删。大夫無禮，官吏不恭。父子無禮，父不慈，子不孝。其家必凶。兄弟無禮，兄不友，弟不恭。不能久同。孫云：「邦、恭、凶、同爲韻。」純一案：唐韻正四江邦引此。邦，古音博工反，先秦韻讀云：「邦、恭、凶、同韻，東部。」古音諧一東引此。自「嬰聞之」至「不能久同」，新序無。韓詩外傳作「故自天子無禮則無以守社稷，諸侯無禮則無以守其國，爲人上無禮則無以使其下，爲人下無禮則無以事其上，大夫無禮則無以治其家，兄弟無禮則不同居」。案「稷」與「國」爲韻。「家」古音「姑」，與「居」爲韻。中間不應雜以「爲人上無禮」四句無韻之文。今本如此，蓋傳寫者亂之。詩曰：『人而無禮，胡不遄死。』鄘風相鼠之詩。傳：「遄，速也。」爾雅釋詁同。故禮不可去也。」公曰：「寡人不敏，無良左右淫蠱寡人，以至于此，蠱，惑也。孫云：「『蠱』，韓詩外傳、新序作『湎』。」請殺之。」韓詩外傳作「請殺左右以補其過」。晏子曰：「左右何罪？蘇云：「治要『何』作『無』。」君若無禮，則好禮者去，無禮者至。君若好禮，則有禮者至，無禮者去。」蘇云：「治要有『矣』字。」公曰：「善。請易衣革冠，蘇云：「治要無『革』字。」更受命。」晏子避走，立乎門外。公令人糞灑糞，除穢也，「糞灑」即「洒埽」。改席，召晏子，衣冠以迎。舊作「召衣冠以迎晏子」。王云：「『召衣冠』三字文不成義，且『易衣革冠』已見上文，不當重出『衣冠以迎』，四字乃後人所加，當從羣書治要作『召晏子』。」俞云：「此本作『召晏子，衣冠以迎』。上文景公曰『請易衣革冠，更受命』，故此云『衣冠以迎』，王說非也。下云『公下拜，送之門』，有迎乃有送，可知此四字之非衍。特傳寫奪去，而補者誤著之『召』字之下，則文不成義。羣書治要因刪此四字矣。」蘇云：「俞說是。」純一：今據正。晏子入門，三讓，升階，用三獻禮焉。「禮」字舊脱，從王校據治要補。嗛酒嘗膳，孫云：「說文：『嗛，口有所銜也。』」蘇云：「治要無此句。」再拜，告饜而出。蘇云：「治要無『告饜』二字。」公下拜，送之門，反，命撤酒去樂，蘇云：「治要無『門反命』三字，非。『撤』作『徹』。」曰：「吾以彰晏子之教也。」治要「彰」作「章」。元刻注云：

「此章與景公酒酣，願無爲禮，晏子諫』大旨同，但辭有詳略爾，故著于此篇。」孫云：「韓詩外傳九、新序刺奢篇用此文。」蘇云：「治要載此章在諫上篇。」純一案：此與諫上二章爲一事。

景公置酒泰山四望而泣晏子諫第二

景公置酒于泰山之上，「上」從元刻。孫本作「陽」，云：「沈啓南本有此章，俗本皆删去。據藝文類聚、太平御覽引皆有之。」盧云：「吴勉學本缺此章。」王云：「山南爲陽，山北爲陰。管子小匡篇曰『齊地南至於岱陰』，則景公不得置酒於泰山之陽。御覽人事部百三十二引作『泰山之陽』，乃後人以意改之。元刻本、沈本及御覽人事部三十二皆作『泰山之上』。」蘇云：「音義作『上』。」純一案：藝文類聚十九作「齊景公置酒泰山」。**酒酣，公四望其地，喟然歎，**孫云：「『歎』，今本作『嘆』，俗。據藝文類聚改。」**泣數行而下，曰：**御覽三百九十一引作「公四面望，喟然歎曰」。又四百九十四作「公四面望，喟然歎，泣數行曰」。類聚文同，無「面」字。**「寡人將去此堂堂國而死乎。」**舊「國」下衍「者」字，從盧校據御覽删。黄校同。御覽兩引「乎」並作「耶」。文選秋興賦注作「景公遊於牛山，臨齊國，乃流涕而歎曰：『奈何去此堂堂之國而死乎』」。**左右佐哀而泣者三人，**御覽兩引，均作「左右泣者三人」。類聚同。**曰：「臣，細人也，**「臣」舊作「吾」，御覽四百九十一同誤。今從盧校據御覽三百九十一改。**猶將難死，而**

況公乎。棄是國也而死，其孰可爲乎！」此十一字殊贅，御覽兩引並無，當據删。晏子獨搏其髀，孫云：「説文：『髀，股也。』」純一案：類聚及御覽兩引並無「獨」字、「其」字。廣雅釋詁三：「搏，擊也。」仰天而大笑曰：御覽三百九十一無「而」字。類聚同。文選秋興賦注作「左右皆泣，晏子獨笑曰」。「樂哉，今日之飲也。」公怫然怒曰：孫云：「説文：『怫，鬱也。』玉篇：『意不舒怡也，扶勿切。』」純一案：類聚及御覽兩引並無「怫然」二字。「寡人有哀，子獨大笑，何也？」御覽四百九十一作「子笑何也」，又三百九十一作「笑何也」，並無「寡人有哀」句。晏子對曰：「今日見怯君一，孫云：「説文：『㹤，多畏也。』杜林説『㹤』从『心』。」玉篇：『怯，懼也，畏也，去劫切。』」諛臣三，舊有「人」字。王云：「『人』字涉上文『三人』而衍。『諛臣三』與『怯君一』對文，則不當有『人』字。」藝文類聚人部三及太平御覽引此皆無『人』字。諫上十七章亦云『不仁之君見一，諂諛之臣見三』。」純一：今據删。是以大笑。」

公曰：「何謂諛怯也？」晏子曰：「夫古之有死也，令後世賢者得之以息，不肖者得之以伏。説詳諫上十八章。唐韻正一屋：「伏，古音蒲北切。」引此文，並引列子天瑞篇「君子息焉，小人伏焉」，以證「伏」與「息」爲韻。若使古之王者如毋有死，舊作「毋知有死」。俞云：「本作『如毋有死』，『如』與『而』通。『如毋有死』者，而無有死也。諫上篇云『若使古而無死』，此云『若使古之王者如毋有死』，文異而義同。因『如』誤作『知』，寫者遂移至『毋』字之下，義不可通矣。」純一案：俞説是，今據乙正。

自昔先君太公至今尚在，而君亦安得此國而哀之？夫盛之有衰，生之有死，天之分也。物有必至，事有常然，古之道也。文選藉田賦注引此文同。曷爲可悲？文選秋興賦注引「分」作「數」，「常」作「當」，「曷爲可悲」作「曷爲悲老而哀死」。至老尚哀死者，怯也。左右助哀者，諛也。怯諛聚居，是故笑之。」公慙而更辭曰：「我非爲去國而死哀也。寡人聞之，彗星出，其所向之國君當之。今彗星出而向吾國，我是以悲也。」古人以彗星出於當地爲咎徵故。史記齊世家作「彗星出東北，當齊分野，寡人以爲憂」，正義曰：「彗若菷形，見其境，有亂也。」

晏子曰：「君之行義回邪，義，儀本字。行儀猶言行相。回，曲也。無德于國，穿池沼則欲其深以廣也，以猶且也。爲臺榭則欲其高且大也，賦斂如撝奪，「撝」亦「麾」也。後漢班彪傳下注。奪，劫奪。禮大學「爭民施奪」注。誅僇如仇讎。太平御覽八百七十五引作「君穿池欲深廣，爲臺欲高大」，無「賦斂如撝奪」句，「僇」作「戮」。自是觀之，茀又將出。史記正義：「茀音佩。謂客星侵近邊側欲相害。」舊衍「天之變」三字。王云：「此三字與上下文皆不相屬，下篇曰：『茀星又將見瞢，奚獨彗星乎？』諫上篇曰：『何暇在彗，茀又將見矣。』此文曰：『茀又將出，彗星之出，庸何懼乎。』語意前後相同，則不當有『天之變』三字，明矣。續漢書天文志注引作『孛又將出。彗星之出，庸何懼乎』，困學紀聞亦同，史記齊世家作『茀星將出，彗星何懼乎』，皆無『天之變』三字。」純一：今據删。案：「茀」、「孛」之借字。御覽引作「孛又將至，彗星容可拒乎」。彗星之出，庸可懼乎。」「懼」，各本作「悲」，從王校據諸書所引改。王云：「『可』讀曰『何』，何、可古字通。『庸』亦『何』也，古人自有複語耳。文十八年左傳『庸何傷』，襄二十五年傳『將庸何歸』，皆其證也。」于是公懼，迺歸，寘池沼，孫云：「說文：『寘，塞也。』」廢臺榭，薄賦斂，緩刑罰，三十七日而彗星亡。元刻注云：「此章與景公『登牛山而悲』、『登公阜睹彗星而感』，旨同而辭少異爾，故著于此篇。」純一案：此章前半與諫上十七章並十八章首段爲一事，後半與諫上十八章末段爲一事。

景公瞢見彗星使人占之晏子諫第三

景公瞢見彗星。明日，召晏子而問焉，曰：「曰」字舊脱，從蘇校補。「寡人聞之，有彗星者必有亡國。蘇云：「『有』字疑緣上而衍。」夜者，寡人瞢見彗星，吾欲召占瞢者使占之。」晏子對曰：「君居處無節，衣服無度，不聽正諫，王云：「『正』與『證』同。說文：『證，諫也。』齊策『士尉以證靖郭君』，是也。亦通作『正』，呂氏春秋慎大篇『不可正諫』，達鬱篇『使公卿列士正諫』，是也。」興事無已，事，土木之事。賦斂無厭，殫民財。使民如將不勝，竭民力。萬民懟怨。茀星又將見瞢，奚獨彗星乎。」元刻注云：「此章與『景公登公阜，見彗星，使禳之，晏子諫』辭旨同，而此特言『菁見』爲異爾，故著于此篇。」盧云：「此章吴本缺。」純一案：諫上十八章末段宜參觀。

景公問古而無死其樂若何晏子諫第四

景公飲酒，樂。孫云：「俗本以此章移『景公疥遂痁』之後，非。」公曰：「古而無死，其樂若何？」文選秋興賦注作「使古而無死，不亦樂乎」。晏子對曰：「古而無死，則古之樂也，君何得焉？文選秋興賦注無「則」字，「得」作「有」。昔爽鳩氏始居此地，孫云：「杜預注：『爽鳩氏，少皞之司寇也。』」純一案：見昭二十年左傳。季萴因之，孫云：「杜注：『季萴，虞、夏諸侯，代爽鳩氏者。』」有逢伯陵因之，孫云：「杜注：『逢伯陵，殷諸侯，姜姓。』」純一案：「有」讀爲「又」。蒲姑氏因之，孫云：「杜注：『蒲姑氏，殷、周之間代逢公者。』」而後太公因之。古若無死，孫云：「『若』，一本作『君』，非。」爽鳩氏之樂，非君所願也。」元刻注云：「此章與『景公謂梁丘據與我和』，『景公使祝史禳彗星』，皆出於『景公遊公阜，一日而有三過言』，但析爲章而辭少異，皆著于此篇。」純一案：此章與諫上十七章並十八章首段宜參觀。

景公謂梁丘據與己和晏子諫第五

景公至自畋，孫云：「『畋』，左傳作『田』。」晏子侍于遄臺，梁丘據造焉。孫云：「『梁丘據』，左傳作『子猷』，稱其字。」公曰：「維據與我和夫。」「維」，左傳作「唯」。晏子對曰：「據亦同也，焉得爲和。」公曰：「和與同異乎？」對曰：「異。和如羹焉，水火醯醢鹽梅以烹魚肉，燀之以薪，昭二十年左傳杜注：「燀，炊也。」釋文云：「醯，呼兮反。醢，音海。烹，普庚反，煑也。燀，章善反，燃也。」正義曰：「醯，酢也。醢，肉醬也。梅，果實，似杏而酸。」文選張景陽七命注引作「杜預曰：『燀，炊之也』」。宰夫和之，齊之以味，濟其不及，以洩其過。杜注：「濟，益也。洩，減也。」文選陸士衡答賈長淵詩注作「以渫其過」。説文：「渫，除去也。」君子食之，以平其心。君臣亦然。杜注：「亦如羹。」君所謂可而有否焉，杜注：「否，不可也。」臣獻其否，以成其可。杜注：「獻君之否，成君之可。」君所謂否而有可焉，臣獻其可，以去其否。晉語九：「史黯對趙簡子曰：『事君者，薦可而替否。』」是以政平而不干，干，犯也。無過與不及，故不相犯。民無争心。政平故。故詩曰：『亦有和羹，既戒且平。鬷嘏無言，「鬷嘏」，舊譌「奏鬷」。孫云：「詩作『鬷假」，傳：「『毆，總。假，大也。』左傳作『毆嘏』，禮中庸作『奏假』。」王云：「此篇全用左傳，則此文亦當與彼同。今作『奏毆』者，後人依中庸旁記『奏』字，而寫者誤合之，又脱去『嘏』字耳，當依左傳改正。」黄云：「淩本作『毆嘏』。」純一：今據正。**時靡有爭。』**杜注：「詩頌殷中宗，言中宗能與賢者和齊可否，其政如羹，敬戒且平。和羹備五味，異於大羹。毆，總也。嘏，大也。言總大政，能使上下皆如和羹。」正義曰：「詩商頌烈祖之篇，祀中宗之詩，言中宗總齊大政，自上及下無怨恨之言，時民無有相爭鬬訟者也。」**先王之濟五味，**杜注：「濟，成也。」**和五聲也，**管子宙合篇曰：「五味不同物而能和，五音不同聲而能調。」**以平其心，成其政也。聲亦如味，一氣，**杜注：「順氣以動。」**二體，**正義曰：「樂之動身體者，唯有舞耳。文舞執羽籥，武舞執干戚，舞者有文武二體。」**三類，**杜注：「風、雅、頌。」正義曰：「一國之事，諸侯之詩，爲風。天下之事，天子之詩，爲雅。成功告神，爲頌。」**四物，**杜注：「雜用四方之物以成器。」**五聲，**杜注：「宫、商、角、徵、羽。」**六律，**正義曰：「周禮：『太師掌六律六吕，以合陰陽之聲。陽聲，黄鐘、大蔟、姑洗、蕤賓、夷則、無射。陰聲，大吕、應鐘、南吕、林鐘、小吕、夾鐘。』月令以小吕爲仲吕。律曆志云：『律有十二，陽六爲律，陰六爲吕，黄帝之所作也。』」**七音，**杜注：「周武王伐紂，自午及子凡七日，王因此以數合之，以聲昭之，故以七同其數，以律和其聲，謂之七音。」釋文：「七音，宫、商、角、徵、羽、變宫、變徵也。」**八風，**杜注：「八方之風。」釋文：「八風，易緯通卦驗云：『東北曰條風，東方曰明庶風，東南曰清明風，南方曰景風，西南曰涼風，西方曰閶闔風，西北曰不周風，北方曰廣莫風。條風又名融風。景風一名凱風。』」九歌，杜注：「九功之德，皆可歌也。六府三事，謂之九功。」釋文：「六府，水、火、金、木、土、穀。三事，正德、利用、厚生也。」以相成也；杜注：「言此九者合，然後相成爲和樂。」清濁，大小，元刻作「小大」。短長，疾徐，哀樂，剛柔，遲速，高下，出入，周疏，「疏」，舊作「流」，今從左傳釋文校改。以相濟也。杜注：「周，密也。」正義曰：「『周疏』以上凡十事，皆兩字相對，其義相反，乃言樂聲如此相反以成音曲，猶羹之水火相反，人之和而不同也。」君子聽之，以平其心，心平德和。故詩曰：『德音不瑕。』杜注：「詩，豳風也。義取心平則德音無瑕闕。」孫云：「豳風狼跋之詩。」今據不然，君所謂可，據亦曰可；君所謂否，據亦曰否。若以水濟水，誰能食之。若琴瑟之專一，孫云：「『一』，左傳作『壹』。」誰能聽之。同之不可也如是。」鄭語：「和實生物，同則不濟。」公曰：「善。」此章與諫上十八章中段「景公曰據與我和」爲一事。

景公使祝史禳彗星晏子諫第六

齊有彗星，昭二十六年左傳杜注：「出齊之分野。」正義曰：「出於玄枵之次也。」景公使祝禳之。左傳無「祝」字。杜注：「祭以禳除之。」案：此文「祝」下當有「史」字。晏子諫曰：「無益也，祇取誣焉。杜注：「誣，欺也。」純一案：徒自欺耳。天道不謟，孫云：「『謟』，杜注：『疑也。』」不貳其命，若之何禳之也。左傳無「也」字。且天之有彗，左傳有「也」字。以除穢也。以彗形如帚故。君無穢德，又何禳焉。言心無穢，彗不能禍。若德之穢，禳之何損。損，虧減之義也。易損釋文。晏子以彗星之出，禳之無益，不禳無損，人君惟德是修，則有吉無凶也。詩云：『維此文王，小心翼翼。昭事上帝，聿懷多福。上帝即自心之真原，事事攝之以敬，則清静爲天下正，獲福自無疆矣。厥德不回，以受方國。』杜注：「翼翼，共也。聿，惟也。回，違也。言文王德不違天人，故四方之國歸往之。」正義曰：「詩大雅大明之篇。」君無違德，方國將至，何患于彗。詩曰：『我無所監，夏后及商。用亂之故，民卒流亡。』「流」從元刻。左傳同。孫本作「沶」。孫云：「『沶』即『流』隸字。」杜注：「逸詩也。言追監夏、商之亡，皆以亂故。」若德回亂，舊「德」下衍「之」字，據左傳删。民將流亡，祝史之爲，無能補也。」公説，乃止。元刻注云：「此章與『景公登公阜見彗星』章旨同，故著于此篇。」純一案：此與諫上十八章使禳彗星爲一事。

景公有疾梁丘據裔款請誅祝史晏子諫第七

景公疥遂痁，左傳杜注：「痁，瘧疾。」孫云：「事在昭二十年。」純一案：「遂」當作「且」。說詳諫上十二章。期而不瘳。釋文：「期，音基。」案：瘳，病瘉也。諸侯之賓，問疾者多在。杜注：「在齊。」梁丘據、裔款杜注：「二子，齊嬖大夫。」言於公曰：「吾事鬼神，「吾」當是「君」之譌。豐于先君有加矣。今君疾病，爲諸侯憂，是祝史之罪也。諸侯不知，其謂我不敬，君盍誅于祝固、史嚚以辭賓。」杜注：「欲殺嚚、固，辭謝來問疾之賓。」公説，告晏子。晏子對曰：「日宋之盟，杜注：「日，往日也。宋盟在襄二十七年。」屈建問范會之德于趙武，杜注：「士會賢聞於諸侯，故問之。」趙武曰：『夫子家事治，襄二十七年、昭二十年左傳「家」上並有「之」字。孝經廣揚名章曰：「居家理，故治可移於官。」禮大學曰：「欲治其國者先齊其家。」故趙武以爲言。言于晉國，竭情無私，其祝史祭祀，陳信不愧。「信」從元刻。淩本、左傳並同。孫本作「言」，非。其家事無猜，元刻作「情」，譌。其祝史不祈。』杜注：「家無猜忌之事，故祝史無求於鬼神。」建以語康王，杜注：「楚王。」康王曰：『神人無怨，宜夫子之光輔五君以爲諸侯主也。』」襄二十七年左傳云：「子木歸以語王。王曰：『尚矣哉。能欣神人，宜其光輔五君以爲盟主也。』」杜注：「五君，文、襄、靈、成、景。」公曰：「據與款謂寡人能事鬼神，故欲誅于祝史。子稱是語何故？」對曰：「若有德之君，外内不廢，杜注：「無廢事。」上下無怨，服虔云：「謂人神無怨。」動無違事，動合人天。其祝史薦信，無愧心矣。杜注：「君有功德，祝史陳説之無所愧。」是以鬼神用饗，國受其福，祝史與焉。杜注：「與受國福。」其所以蕃祉老壽者，爲信君使也，其言忠信于鬼神。其適遇淫君，外内頗邪，「頗」，廣雅釋詁二：「衺也。」昭十二年左傳「書辭無頗」，注：「偏也。」上下怨疾，服虔云：「復是人與神相怨疾也。」動作辟違，動作邪僻違理。從欲厭私，杜注：「使私情厭足。」純一案：「從」讀如「縱」。高臺深池，撞鐘舞女，「鐘」從明本。斬刈民力，輸掠其聚，杜注：「掠，奪取也。」正義曰：「輸，墮也。故爲墮毁，奪其所聚之物。」孫云：「『掠』，漢書武紀作『略』。」以成其違，以成其違理之行。不恤後人，暴虐淫縱，肆行非度，正義曰：「肆，縱恣也。恣意行非法度之事也。」無所還忌，杜注：「還猶顧也。」不思謗讟，正義曰：「俗本作『畏』，定本作『思』。」純一案：「畏」字義長。不憚鬼神，神怒民痛，痛，疾怨也。無悛于心。悛，改也。其祝史薦信，是言罪也。杜注：「以實白神，是爲言君之罪。」其蓋失數美，是矯誣也。正義曰：「掩蓋愆失，妄數美善，是矯詐誣罔也。」進退無辭，則虛以求媚，「求」從元刻。黄云：「淩本同。」孫本譌「成」。杜注：「作虛辭以求媚于神。」是以鬼神不饗，其國以禍，舊衍「之」字。俞云：「『其國以禍』四字爲句，言國以之而受禍也，與上文『國受其福』相對爲文。説詳羣經平議左傳。」純一：今據删。祝史與焉。其所以夭昏孤疾者，舊無「其」字，據上文補，文同一例。夭，夭折，不盡天年也。昏，昧也，瞀也，亂也。「孤疾」與「蕃祉」正相反。爲暴君使也，其言僭嫚于鬼神。」僭，不信也。「嫚」與「慢」同。公曰：「然則若之何？」對曰：「不可爲也。杜注：「言非誅祝史所能治。」山林之木，衡鹿守之。澤之萑蒲，黄云：「『萑』當作『雚』。元刻作『藋』。説文：『雚，雚爵，似鴻雁而大。雈，老兔，似鴟鵂而小。萑，薍之已秀者也。雈，从隹从𦫳。萑，从艸隹聲。』」舟鮫守之。藪之薪蒸，虞候守之。海之鹽蜃，祈望守之。杜注：「衡鹿、舟鮫、虞候、祈望皆官名也。言公專守山澤之利，不與民共。」釋文：「萑，音丸。鮫，音交。藪，素口反。蒸，之丞反。麤曰薪。細曰蒸。蜃，市軫反。」正義曰：「周禮司徒之屬有林衡之官，掌巡林麓之禁。鄭玄云：衡，平也。平林麓之大小及所生者。竹木生平地曰林。山足曰麓。此置衡鹿之官，守山林之木，是其宜也。舟是行水之器。鮫是大魚之名。澤中有水有魚，故以舟鮫爲官名也。周禮山澤之官皆名爲虞。每大澤大藪，中士四人。鄭玄云：虞，度也。度知山之大小及所生者。澤，水所鍾也。水希曰藪，則藪是少水之澤。立官使之候望，故以虞候爲名也。海是水之大神，有時祈望祭之，因以祈望爲主海之官也。此皆齊自立名，故與周禮不同。山澤之利，當與民共之。言公立此官，使之守掌，專山澤之利，不與民共，故鬼神怒而加病也。」**縣鄙之人，入從其政。偪尒之關，暴征其私。**正義曰：「縣鄙之人，入從國之政役，近關又征税，奪其私物，而使民困也。」「尒」，舊作「介」。王引之云：「『偪介』本作『偪尒』。『尒』即『迩』字，近也。『偪邇之關』謂迫近國都之關也。今本作『偪介』者，後人依誤本左傳改之。辯見經義述聞。」純一：今據改。**承嗣大夫，彊易其賄。**杜注：「承嗣大夫，世位者。」純一案：强易其賄，謂强立名目而取民財。**布常無藝，**杜注：「藝，法制也。言布政無法制。」孫云：「爾雅釋詁：『法，常也。』『常』亦爲『法』。『藝』當爲『埶』，即『臬』假音字，『臬』爲射準的。言布法無準也。」**徵斂無度。**苛徵暴斂，毫無限制。**宫室日更，**日事改作。**淫樂不違。**杜注：「違，去也。」**内寵之妾，肆奪于市。**杜注：「肆，放也。」**外寵之臣，僭令于鄙。**杜注：「詐爲教令於邊鄙。」**私欲養求，不給則應。**杜注：「養，長也。所求不給，則應之以罪。」**民人苦病，夫婦皆詛。祝有益也，詛亦有損。聊、攝以東，姑、尤以西，**杜注：「聊、攝，齊西界也。平原聊成縣，東北有攝城。姑、尤，齊東界也。姑水、尤水皆在城陽郡東南入海。」**其爲人也多矣，雖其善祝，豈能勝億兆人之詛。**杜注：「萬萬曰億。萬億曰兆。」**君若欲誅于祝史，修德而後可。」公説，使有司寬政，毁關去禁，薄斂已責，**杜注：「除逋責。」釋文：「『責』本又作『債』，同。」案：别雅四云：「國策『馮煖爲孟嘗君收責于薛」，史記孟嘗君傳作「收債」。按周禮天官小宰：「聽稱責以傅別。」漢書高帝紀：「此兩家常折券棄責。」後漢書樊宏傳：「責家聞者皆慙。」凡諸「責」字，義皆爲「債」。」公疾愈。公以有德于民而疾必愈，故疾愈。孫云：「左傳無此句。俗本移此在景公飲酒樂章之前，今據沈啓南本。」元刻注云：「此章與『景公病久，欲誅祝史以謝』事旨悉同，但述辭有首末之異，故著于此篇。」純一案：此與諫上十二章爲一事。

景公見道殣自慙無德晏子諫第八

景公賞賜及後宫，文繡被臺榭，菽粟食鳧鴈。孫云：「『菽』當爲『尗』。」王引之云：「鳧，鴨也。鴈，鵝也。此云『菽粟食鳧鴈』，下云『君之鳧鴈食以菽粟』，則鳧鴈乃家畜，非野鳥也。」出而見殣，餓死爲殣。昭三年左傳「道殣相望」注。謂晏子曰：「此何爲而死？」晏子對曰：「此餧而死。」孟子梁惠王上：「狗彘食人食而不知檢，塗有餓莩而不知發。」大致相似。公曰：「嘻，寡人之無德也甚矣。」對曰：「君之德著而彰，何爲無德也？」景公曰：「何謂也？」對曰：「君之德及後宫與臺榭。君之玩物衣以文繡，君之鳧鴈食以菽粟，君之營内自樂延及後宫之族，何爲其無德。蘇云：「『其』字疑衍，上文亦無。」純一案：説苑作「何爲其無德也」。御覽五百四十八、又八百四十一兩引並有「其」字，足見非衍。顧臣願有請于君，由君之意，自樂之心，推而與百姓同之，則何殣之有。孟子嘗因梁惠王好樂，曰：「今王與百姓同樂則王矣。」又謂齊宣王曰：「王如好貨，與百姓同之，於王何有。王如好色，與百姓同之，於〔一〕王何有。」與晏子用心同。君不推此，而苟營內好私，使財貨偏有所聚，「偏」，舊作「衝」，孫據說苑改。菽粟幣帛腐于囷府，孫云：「詩傳：『圓者爲囷。』倉頡篇：『府，文書財帛藏也。』」惠不偏加于百姓，公心不周乎萬國，此文疑本作「惠不偏于百姓，心不周乎萬國」，相對成文。今本「偏」下衍「加」字，「心」上衍「公」字，句法不調。則桀、紂之所以亡也。以不與民偕樂而獨樂故。夫士民之所以叛，由偏之也。孫云：「『偏』，今本作『遍』，據說苑改。」黃云：「元刻作『偏』。」純一案：偏、偏古通用。君如察臣嬰之言，推君之盛德，公布之于天下，則湯、武可爲也。一殣何足恤哉。」孫云：「說苑至公篇用此文。」元刻注云：「此章與『景公遊寒塗，不卹死胔』辭如相反，而其旨實同，故著于此篇。」純一案：「景公遊寒塗」，諫上十九章。

〔一〕「於」，原作「與」，據孟子改。

景公欲誅斷所愛橚者晏子諫第九

景公登箐室而望，孫云：「藝文類聚作『青堂』。」見人有斷雍門之橚者，王引之云：「『橚』即『楸』字也。說文：『楸，梓也。』徐鍇曰：『春秋左傳襄十八年「伐雍門之楸」，作「萩」，同。』中山經『其狀如橚』，郭璞曰：『即「楸」字也。』是『雍門之橚』即雍門之楸。」純一案：類聚八十九作「淮門」，或「雍」之形誤。公令吏拘之，顧謂晏子趣誅之。趣，遽也。廣雅釋詁一。晏子默然不對。公曰：「雍門之橚，寡人所甚愛也，比見斷之，「比」，舊作「此」，從盧校改。故使〔一〕夫子誅之，默然而不應，何也？」晏子對曰：「嬰聞之，古者人君出則闢道十里，孫云：「『闢』，一本作『避』。」非畏也。冕前有旒，孫云：「說文：『瑬，垂玉也。冕飾。』『旒』聲同耳。」黄云：「大戴禮子張問入官篇云：『冕而前旒，所以蔽明也。』並可爲冕無後旒之證。」惡多所見也。纊紘充耳，「充」舊作「琉」。孫云：「說文：『纊，絮也。紘，冠卷也。』『琉』即『充』俗字。玉篇：『琉，耳也，齒融切。』藝文類聚作『黈纊塞耳』。」純一案：說文：「瑱，以玉充耳也。」臣鉉等曰：「今充耳字更從玉旁充，非是。」廣韻：「琉，

〔一〕「使」，原作「令」，據四部叢刊本晏子春秋改。

耳玉名。」詩傳云：「充耳謂之瑱。」字俗從「玉」，足證「充耳」爲正。今並據改。**惡多所聞也。**類聚兩「惡多」下並無「所」字。**泰帶重半鈞，**「泰」從元刻。孫本作「大」，音義並同。三十斤曰鈞。禮月令「鈞衡石」注。**舄履倍重，不欲輕也。刑死之罪，日中之朝。**朝，市。孫詒讓云：「日中之朝，謂市朝也。易繫辭云：『日中爲市。』周禮司市云：『國君過市，則刑人赦。』晏子此言與禮正合。説詳周禮正義。」**君過之，則赦之。**類聚無上七句。**嬰未嘗聞爲人君而自坐其民者也。」**坐，辠也。一切經音義二引蒼頡。此二句，類聚作「人君自生其民」。**公曰：「赦之，**類聚作「趣舍之」。**無使夫子復言。」**元刻注云：「此章與『景公欲殺犯槐者』、『景公逐得斬竹者』（「者」字舊脱，今補。）事悉同，但辭少異耳，故著于此篇。」純一案：犯槐、斬竹事見諫下第二章、第三章。

景公坐路寢曰誰將有此晏子諫第十

景公坐于路寢，孫云：「俗本删此章。」**曰：**昭二十六年左傳作「齊侯與晏子坐于路寢，公歎曰」。**「美哉室，其誰將有此乎？」**舊作「美哉，其室將誰有此乎」。王云：「當作『美哉室，其誰將有此乎』，今本『其』字誤入上句内，則文義不順。『誰將』又誤作『將誰』。案本篇標題曰『景公坐路寢，曰誰將有此』，『誰將』二字尚不誤，則作『將誰』者誤也。左傳正作『美哉室，其誰有此乎』。後第十五云『後世孰將踐有齊國者乎」，『孰』字亦在『將』字上。」純一：今依王說據左傳改。杜注：「景公自知德不能久有國，故歎也。」

晏子對曰：「其田氏乎。左傳作「晏子曰：『敢問何謂也？』公曰：『吾以爲在德。』對曰：『如君之言，其陳氏乎』」。田無宇爲垾矣。」孫云：「『垾』，玉篇：『水隄也，胡肝切。』」純一案：「爲垾」，喻能除害利民也。公曰：「然則奈何？」晏子對曰：「爲善者，君上之所勸也，豈可禁哉。夫田氏，國門擊柝之家，柝，行夜所擊木也。孟子萬章下「抱關擊柝」注。父以託其子，兄以託其弟，於今三世矣。山木如市不加于山，魚鹽蚌蜃不加于海，解詳問下十七章。民財爲之歸。今歲凶饑，元刻譌「飢」。蒿種芼斂不半，孫云：「『芼』，說文：『艸覆蔓。』」純一案：蒿，艾類。芼，池沼生草，可爲蔬者。言今歲凶，不惟尗粟無收，即蒿芼之屬亦斂不及半。道路有死人。道殣相望。齊舊四量，四升爲豆，舊脫「四升」二字，「爲」涉下文誤作「而」，今據問下十七章補正。下文注並詳彼。豆四而區，區四而釜，釜十而鍾。田氏四量，各加一焉。以家量貸，以公量收，則所以糴，孫云：「『糴』，說文：『市穀也。』」百姓之死命者澤矣。民命之將死者，被其膏澤而生矣。今公家驕汰，斬刈民力。見前七章。而田氏慈惠，國澤是將焉歸？王云：「『澤』，古『舍』字也。說見管子戒篇。」田氏雖無德而有施于民，「有」字舊脫，據左傳補。公厚斂而田氏厚施焉。詩曰：『雖無德與汝，式歌且舞。』孫云：「小雅車舝之詩。」純一案：杜注：「詩義取雖無大德，要有喜説之心，欲歌舞之。式，用也。」田氏之施，民歌舞之也，此章蓋本昭三年及二十六年左傳綜合而成。國之歸焉，歸於田氏。不亦宜乎。」元刻注云：「此章與『景公登路寢而歎』、『景公問後世有齊者』、『叔向問齊國之治若何』辭旨略同而小異，故著于此篇。」盧云：「吴本缺此章。」純一案：此與諫下十九章、問上八章後段、問下十七章前半、後十五章爲一事。

景公臺成盆成适願合葬其母晏子諫而許第十一

景公宿于路寢之宫，夜分，聞西方有男子哭者，公悲之。明日朝，問于晏子曰：「寡人夜者盧云：「『夜』字衍。『者』乃『昔』之譌。」王云：「盧説非也。古謂夜爲昔，故或曰昔者，或曰夜者。雜下篇曰『夜者公瞢與二日鬬』，本篇第三章曰『夜者寡人瞢見彗星』，與此『夜者』而三矣。然則『夜』非衍字，『者』亦非『昔』之譌也。」聞西方有男子哭者，聲甚哀，氣甚悲，是奚爲者也？「邪」同。寡人哀之。」晏子對曰：「西郭徒居布衣之士盆成适也。孫云：「孔叢作『盈成匡』，形相近，未知孰誤。」盧校作「盆成造」，云：「『适』譌，據禮記檀弓上正義引改。」純一案：盧説是。孟子盡心下有盆成括，寫者習聞之，遂以其所知改其所不知也。標題又因正文改。孔叢見詰墨篇，其書不足據。父之孝子，兄之順弟也。孫云：「孔叢作『弟弟』。」又嘗爲孔子門人。孫云：「孔叢作『其父尚爲孔子門人』。」純一案：「尚」爲「嘗」之誤，「其父」二字衍。觀彼下文云「門人且以爲貴，則其師亦不賤矣」，是以造爲孔子門人，非以其父爲孔子門人，明矣。今其母不幸而死，祔柩未葬，孫云：「言未附葬於其父。」家貧，身老，子㝢，盧云：「㝢，小弱也，疑與『孺』同。玉篇音矩，孤也。」洪云：「『㝢』即『孺』字之俗。莊子大宗師篇『而色若⿰子焉子』，釋文：『⿰子焉，弱子也。』⿰子焉、㝢字形相近。」恐力不能合祔，是以悲也。」公曰：「子爲寡人弔之，因問其偏祔何所在。」「偏祔」從元刻。繹史同。孫本作「偏柎」。盧云：「『偏』爲偏親，『柎』即上文所云『柎柩』。公因其有恐不能合祔之語，故使問其偏親之柩何所在，語意自明。上文『柎柩』，不當改作『祔柩』，『柎』即『楄柎』。若以應祔葬之柩而言『祔柩』，恐非辭。下文『偏之所在』，亦當作『偏柎之所在』。」純一案：盧說「偏親」，是。「祔」作「柎」，非。祔謂合葬也。禮記檀弓下「衛人之祔也離之，魯人之祔也合之」注。「偏祔」對「合祔」言，本文重在合祔。上云「祔柩未葬」，言未祔之新柩亟須合祔，故問已葬之偏祔何在。下云「偏祔寄於路寢」，故恐不能合祔而悲。不應改「祔」爲「柎」，致失合祔之本恉。孫本兩「柎」字並誤，當從元刻改。晏子奉命往弔，而問偏祔之所在。「祔」字舊脱，據上下文補。盆成适再拜稽首而不起，曰：「偏祔寄于路寢，得爲地下之臣，擁札摻筆，孫云：「説文：『札，牒也。』『摻』即『操』字異文。」給事宮殿中右陛之下，以上十九字無謂，當刪。此處當有「袝柩」二字。願以某日送，未得君之意也。窮困無以圖之，布唇枯舌，焦心熱中。今君不辱而臨之，願君圖之。」晏子曰：「然。此人之甚重者也，而恐君不許也。」盆成适蹷然孫云：「説文：『蹷，跳也。』跳，躍也。」曰：「凡在君耳。凡，皆也。且臣聞之，越王好勇，其民輕死。墨子兼愛下篇：「昔者越王句踐好勇，教其士臣三年，以其智爲未足以知之也，焚舟失火，鼓而進之，其士偃前列伏水火而死者不可勝數也。」楚靈王好細腰，孫云：「『腰』當爲『要』，俗加肉。」其朝多餓死人。「人」上當有「之」字。墨子兼愛下篇：「昔荆靈王好小要，荆國之士飯不踰乎一匜，據而後興，扶垣而後行。」故此云「多餓死之人」。子胥忠其君，故天下皆願得以爲臣。孝己愛其親，故天下皆願得以爲子。舊脱中二句，文不成義。王云：「此文原有四句。秦策云：『子胥忠其君，天下皆欲以爲臣。孝己愛其親，天下皆欲以爲子。』文義正與此同。下文『今爲人子臣』云云，正承上四句言之。」純一：今據補。今爲人子而離散其親戚，舊「人子」下衍「臣」字，從俞校删。俞云：「親戚，謂父母也。」孝乎哉，足以爲臣乎？本書文尚駢麗，上文子胥、孝己，忠、孝，既對舉矣。此文則以忠孝一也，折重人子當孝，今不得合葬其親戚，不孝甚矣，故云「孝乎哉，足以爲臣乎」，文又以相錯見義。若此而得袝，是生臣而安死母也。是使臣得不死，而死母得安也。若此而不得，則臣請輓尸車而寄之于國門外宇溜之下，孫云：「『輓』，説文：『引車也。』『溜』，説文：『霤，屋水流也。」『溜』通。」身不敢飲食，擁轅執輅，轅，駕車之木，施於輿底軸上，左右各一，外出向前者。古大車皆用轅。釋名釋車云：「轅，援也，車之大援也。」輅，轅縛，所以屬引。儀禮既夕「當前輅」注。木乾鳥栖，孫云：「『栖』，說文：『西，鳥在巢上。』『西，或從木、妻。』此作『栖』，後人俗字。」純一案：此喻如鳥栖木，任其乾枯而不移。袒肉暴骸，以望君愍之。愍，憐恤也。賤臣雖愚，竊意明君哀而不忍也。」

晏子入，復乎公。公忿然作色而怒曰：「子何必患若言而教寡人乎！」晏子對曰：「嬰聞之，忠不避危，忠君者不避危難。愛無惡言。愛君者無惡言。且嬰固以難之矣。以，同已。言嬰固已恐君之不許矣。今君營處爲游觀，「處」字疑衍。既奪人有，既奪人之墓地。又禁其葬，又不許合祔。非仁也。肆心傲聽，恣肆倨傲，不聽正諫。不恤民憂，非義也。若何勿聽？」如何不聽嬰言。因道盆成适之辭。公喟然太息曰：「悲乎哉，子勿復言。」迺使男子袒免，袒免以表哀意。露左臂曰袒，去冠括髮曰免。女子髽者，「髽」，舊作「髮笄」。盧云：「『髮』疑『髽』。」純一案：盧說是。男子袒免，女子當髽。髽本作髽，說文云：「喪結。禮，女子髽哀，弔則不髽。魯臧武仲與齊戰于狐鮐，魯人迎喪者始髽。」今本「髽」譌「髮」，後人又以意加「笄」字，遂失迎喪之旨。今從盧校，改「髮」爲「髽」，删「笄」字。以百數，爲開凶門，凶門，今喪家結絹爲旒，表之門外者是。沿古俗也。以迎盆成适。适脱衰絰，不敢以喪服見君。冠條纓，孫云：「『條』當爲『絛』，說文：『扁緒也。』玉篇：『纓飾也。』」墨緣，衣緣墨色。以見乎公。公曰：「吾聞之，五子不滿隅，盧云：「馬端臨文獻通考序有『三孱不足以滿隅』語，未知即出此否。」一子可滿朝，言人有可貴之實，雖少勝于多。非迺子耶？」盆成适于是臨事不敢哭，奉事以禮，畢，出門，然後舉聲焉。元刻注云：「此章與逢于何請合葬正同，而辭少異，故著于此篇。」純一案：逢于何請合葬，諫下二十章。

景公築長庲臺晏子舞而諫第十二

景公築長庲之臺，晏子侍坐。觴三行，晏子起舞，曰：「歲已暮矣而禾不穫，穫，刈穀也。忽忽矣若之何。蘇云：「『忽忽』與下『惙惙』同當訓憂，非如禮器祭義注訓爲勉勉者比。此與史記梁孝王世家云『意忽忽不樂』義同。又大戴禮『君子終身守此勿勿』，彼與上『悒悒』、『憚憚』，下『戰戰』，俱當訓爲憂懼，猶斯意也。『忽忽』即『勿勿』，字同，故義可互證矣。」歲已寒矣而役不罷，罷，止也。惙惙矣如之何。」孫云：「『惙惙』，爾雅釋訓：『憂也。』」純一案：方言十二：「惙、怞，中也。」錢繹箋疏引詩艸蟲篇「憂心惙惙」，毛傳：「惙惙，憂也。」又引此文作「歲云暮兮而役不罷，惙惙矣苦之何」。案「苦」當爲「若」之形誤，諫下五章兩言「若之何」可證。古音諧二月引此，「忽忽」、「惙惙」諧。舞三而涕下沾襟。景公慚焉，爲之罷長庲之役。元刻注云：「此章與『景公爲長庲欲美之』、『景公冬起大臺之役』辭旨同而小異，故著於此篇。」純一案：諫下第五章、第六章宜參觀。

景公使燭鄒主鳥而亡之公怒將加誅晏子諫第十三

景公好弋，孫云：「韓詩外傳作『齊景公出弋昭華之池』。」純一案：藝文類聚九十引作「齊景公」，無「好弋」三字。使燭鄒主鳥，而亡之。孫云：「『燭鄒』，説苑作『燭雛』，韓詩外傳作『顔斲聚』，藝文類聚作『顔涿聚』。此脱『顔』字。一本作『祝鄒』。呂氏春秋尊師篇：『顔涿聚，梁父之大盜也，學於孔子。』」盧云：「御盧四百五十五引説苑亦作『燭鄒』。」純一案：御覽九百十四引本書作「顔涿聚」。又八百三十二引韓詩外傳亦作「顔涿聚」。今本韓詩外傳「涿」譌「鄧」。類聚引無「之」字。公怒，召吏欲殺之。舊脱「欲」字。孫云：「藝文類聚作『公召欲殺之』。」純一案：御覽九百十四引本書作「公召吏殺之」，無「欲」字，非。又四百五十五引説苑、八百三十二引韓詩外傳並作「景公怒而欲殺之」，今據增「欲」字。晏子曰：「燭鄒有罪三，説苑無「三」字。御覽引彼同。韓詩外傳九作「夫鄧聚有死罪四」。御覽引彼作「夫涿聚有死罪三」。類聚作「涿聚有三罪」。請數之以其罪而殺之。」孫云：「御覽『而』作『乃』。」純一案：説苑同。韓詩外傳作「請數而誅之」。御覽引彼作「請以其罪數而誅之」。公曰：「可。」于是召而數之公前，曰：説苑作「於是乃召燭雛，數之景公前曰」，下無「燭雛」名。御覽引彼同，惟「雛」作

「鄒」。「燭鄒，汝爲吾君主鳥而亡之，孫云：「『汝』，藝文類聚作『爾』。」純一案：御覽引此亦作「爾」。是罪一也。孫云：「藝文類聚作『一罪也』。下作『二罪』、『三罪』。」純一案：御覽九百十四引此同類聚。說苑「一」、「二」、「三」均在「罪」上，有「是」字。御覽引彼同。使吾君以鳥之故殺人，是罪二也。類聚無「之故」二字。韓詩外傳「殺」上有「而」字。使諸侯聞之，以吾君重鳥以輕士，盧云：「『以』，韓詩外傳九、說苑正諫篇俱作『而』。」純一案：「以」同「而」。外傳「諸侯」上有「四國」二字。是罪三也。」韓詩外傳有：「天子聞之，必將貶絀吾君，危其社稷，絶其宗廟，是罪四也。此四罪者，故當殺無赦。臣請加誅焉。」數燭鄒罪已畢，黃云：「淩本無『已』字。」請殺之。公曰：「勿殺。說苑作「公曰：『止，勿殺，而謝之』」。韓詩外傳作「景公曰：『止。此亦吾之過也，願夫子爲寡人敬謝焉』」。劉云：「此下證以御覽四百五十五引及說苑辨物篇，當補『而謝之』三字。」寡人聞命矣。」孫云：「韓詩外傳、說苑正諫篇用此文。」元刻注云：「此章與『景公欲誅野人』、『景公欲殺圉人』章旨同而辭少異，故著于此篇。」純一案：「欲誅野人」，諫上二十四章。「欲誅圉人」，諫上二十五章。

景公問治國之患晏子對以佞人讒夫在君側第十四

景公問晏子曰：「治國之患亦有常乎？」對曰：「佞人讒夫之在君側者，蘇云：

「治要作『讒夫佞人』。」好惡良臣而行與小人，與猶黨也。後漢陳元傳注。此治國之常患也。」舊脱「治」字，「常」作「長」，從王校據羣書治要補正，與上下文同一例。公曰：「讒佞之人，則誠不善矣。雖然，則奚曾爲國常患乎？」兩「則」字均疑衍。晏子曰：「君以爲耳目而好謀事，「謀」舊譌「繆」，從蘇校據治要正。則是君之耳目繆也。繆，紕繆也。夫上亂君之耳目，下使羣臣皆失其職，蘇云：「治要『下』上有『而』字。」豈不誠足患哉。」公曰：「如是乎，寡人將去之。」晏子曰：「公不能去也。」公忿然作色不説，治要無「忿然作色」四字。曰：「夫子何少寡人之甚也。」舊「少」譌「小」，脱「之」字。王云：「『小』本作『少』，此後人不解『少』字之義而改之也。史記李斯傳『二世曰：「丞〔一〕相豈少我哉」』，曹相國世家『惠帝怪相國不治事，以爲豈少朕與』，索隱曰：『少者，不足之詞。』並與此『少』字同義。羣書治要正作『少』。」純一案：王説是。治要有「之」字，今據補正。「也」讀爲「耶」。對曰：「臣何敢撟也。」「撟」舊作「槁」，義不可通。盧云：「『槁』亦『撟』之譌。」俞云：「此『槁』字與問下篇『犒魯國』之『犒』同爲『撟』之誤字。荀子臣道篇曰：『率羣臣百吏而相與彊吾撟君。』又曰：『事暴君者，有補削，無撟拂。』晏子言『臣何敢撟』，言『臣何敢有所撟拂乎』，蓋因公忿然

〔一〕「丞」，原作「承」，據史記改。

作色故云然。」蘇云：「治要『何』作『非』，『槁』作『矯』。」純一案：撟、矯同。今並據正。**夫能自周於君者，**孫云：「『周』，杜預注左傳：『密也。』」蘇云：「治要『周』作『用』。」才能皆非常也。**夫藏大不誠于中者，必謹小誠于外，**大不誠，即大姦。誠，謂小忠小信。**以成其大不誠。**黄云：「元刻此下重衍『于中者』等十五字。」**入則求君之嗜欲能順之，**王云：「『能』與『而』同。」**君怨良臣，**「君」，舊作「公」。王云：「『公』本作『君』，此涉上文『公不能去』而誤。上文『公不能去』，是指景公而言，此文『君怨良臣』，則泛指爲君者而言，與上句『君』字同義。羣書治要正作『君怨良臣』。」純一：今據正。**則具其往失而益之，**言順君之嗜欲，舉良臣往日今君失意之事以益其怨。**出則行威以取富。**出則假借君威，肆行而貪得。**夫何密近不爲大利變，**蘇云：「治要『何』作『可』。」純一案：「何」讀若「可」，古通。夫猶彼也。變，易也。言彼能密邇於君，故意不爲大利易行，而務與君赴義，正所謂必謹小誠於外也。**而務與君至義者，**舊衍「也」字，從蘇校據治要删。孫云：「言取利於外間，而不營利於密近，僞以義結於君。」**此難見而且難知也。」**舊作「此難得其知也」。盧云：「『其』疑『具』。」蘇云：「治要作『此難得而其難知也』，義亦不可晰。」純一案：此文疑本作「此難見而且難知也」，言讒佞之人工於作僞之心，難見而且難知也。今本「見」作「得」者，古「得」作「㝵」，故古書「得」、「見」字恒互譌。下脱「而」字，「且」譌「其」，又脱「難」字，文不成義。治要字不脱而文有誤，故其義亦不可通。今仍依治要校訂之。**公曰：「然則先聖**

奈何？」對曰：「先聖之治也，審見賓客，聽治不留，患日不足，「患」字舊脱。王云：「元刻有『日不足』三字，孫本無。『審見賓客』二句皆四字爲句，『日不足』句獨少一字，且語意未明，當依羣書治要作『患日不足』。『聽治不留，患日不足』，言其敏且勤也。」純一案：今據補。羣臣皆得畢其誠，讒諛安得容其私。」君子道長，則小人道消。公曰：「然則夫子助寡人止之，「助」，元刻作「扐」。盧云：「孫本改『助』，而音義仍作『扐』，亦疑而未定也。」王云：「『扐』字義不可通，孫改爲『助』是也。治要正作『助』。」孫本『助』字係剜改，蓋音義先成，而剜改在後，未及追改音義耳。」寡人亦事勿用矣。」「矣」字舊脱，從蘇校據治要補。對曰：「讒夫佞人之在君側者，孫云：「文選注作『讒佞之人，隱在君側』。」若社之有鼠也，詳問上九章。諺言有之曰：『社鼠不可熏，去此乃治矣。』舊無「此乃治矣」四字，治要同。蘇云：「治要無『諺言』七字，『熏』作『燻』。」孫云：「文選注引有云『去此乃治矣』。今本『去』下疑脱四字。」黄云：「孫頤谷據文選恩倖論注作『去此乃治矣』。」純一案：沈休文奏彈王源注文與恩倖論同，今據補。讒佞之人，隱君之威以自守也，俞云：「古『依』、『隱』同聲。廣雅釋器曰：『衣，隱也。』釋名釋衣服曰：『衣，依也。』是『隱』與『依』聲近誼通。此『隱』字當讀爲『依』。依君之威以自守，正與上社鼠之喻相應。」純一案：俞説亦通。「隱」當如字讀，匿也，藏也。言讒佞之人匿藏於君之威權中，足以自保。是故難去焉。」「故」字舊脱，據治要補。蘇云：「治要『焉』作『也』，載此在問上篇。」元刻注云：「此章與『景公問佞人之事君何如』、『景公問治國何患』三〔一〕章大旨同而辭少異，故著于此篇。」純一案：「問佞人事君」，問上二十一章。「問治國何患」，問上九章。

景公問後世孰將踐有齊者晏子對以田氏第十五

景公與晏子立于曲潢之上，「于」字舊脱，太平御覽七十一引同，今據雜上五章補。望見齊國，問晏子曰：「後世孰將踐有齊國者乎？」御覽引無「國」字、「乎」字。晏子對曰：「非賤臣之所敢議也。」公曰：「胡必然也。得者無失，則虞、夏常存矣。」「常」，元刻作「當」。晏子對曰：「臣聞見足以知之者，智也；「見」下舊衍「不」字，從王校據下文「臣奚足以知之」刪。「見足以知之」，言見微知著也。先言而後當者，惠也。孫云：「惠與慧通。」夫智與惠，君子之事，臣奚足以知之乎。雖然，臣請陳其爲政。君彊臣弱，政之本也。君唱臣和，教之隆也。言君當才德邁衆。刑罰在君，民之紀也。今夫田無宇，二世有功于國，而利取分寡，「取」通「聚」。漢書五行志「内取茲爲禽」注。「寡」，説文：「少也。从宀从頒。頒，分賦也，故爲少。」

〔一〕「三」字疑當作「二」。下第十七章同。

言利聚則分諸孤寡貧乏之人。公室兼之，田氏兼有公室之利。國權專之，國權爲田氏所專。君臣易施，王云：「『施』讀爲『移』。『易移』猶『移易』也。荀子儒效篇『充虛之相施易也』，漢書衞綰傳『人之所施易』，『施』字並讀爲『移』。倒言之則曰『易施』，莊子人間世篇『哀樂不易施乎前』是也。陳氏專國，而君失其柄，故曰『君臣易施』。」純一案：王說亦通。但據下文「家施不及國」，是「施」當如字讀之證。「易」謂「變易」，易繫辭上「六爻之義易以貢」釋文。「君臣易施」，言大夫不得施及國人，今施及之與君同，君當施及國人，反不施及，與大夫同，是君臣易位，即其所施而知之。而無衰乎。「而」從元刻，孫本作「能」。王云：「『而』即『能』字也。『能』，古讀若『而』，故與『而』通。今本徑改爲『能』，而古字亡矣。」嬰聞之，臣富主亡。由是觀之，其無宇之後爲幾。「爲」舊誤「無」，從俞校據問上八章正。齊國，田氏之國也。嬰老，不能待公之事，公若即世，政不在公室。」公曰：「然則奈何？」晏子對曰：「維禮可以已之。其在禮也，家施不及國，昭二十六年左傳正義曰：「大夫稱家。」家之所施，不得施及國人，言國人是國君之所有，大夫不得妄施遺之，以樹己私惠。陳氏施及國人，是違禮也。民不懈，貨不移，盧云：「左傳作『民不遷，農不移』。」工賈不變，杜注：「守常業。」士不濫，杜注：「不失職。」官不謟，左傳作「滔」。杜注：「慢也。」大夫不收公利。」杜注：「不作福。」正義：「大夫不得聚收公利，自作福也。」公曰：「善。今知禮之可以爲國也。」對曰：「禮之可以爲國也久矣，「可」猶「所」也。與天地並立。杜注：「有天地則禮義興。」君令臣忠，令，善也。「忠」，左傳作「共」。下同。父慈子孝，兄愛弟敬，夫和妻柔，姑慈婦聽，禮之經也。君令而不違，黄云：「元刻衍『厲』字。」臣忠而不二，父慈而教，子孝而箴，杜注：「箴，諫也。」兄愛而友，弟敬而順，夫和而義，妻柔而貞，姑慈而從，杜注：「從，不自專。」婦聽而婉，杜注：「婉，順也。」禮之質也。」質，體也。左傳作「禮之善物也」。公曰：「善哉。寡人迺今知禮之尚也。」左傳作「寡人今而後聞此禮之上也」。晏子曰：「夫禮，先王之所以臨天下也，以爲其民，左傳作「先王所稟於天地，以爲其民也」。是故尚之。」正義曰：「先古聖王，以有上下之禮，乃可治其天下。又禮與天地同貴，是以先王上之。」元刻注云：「此章與『景公坐路寢問誰將有此』、『景公問魯、莒孰先亡因問後世孰有齊國』、『晉叔向問齊國之治若何』三章大[一]旨同而辭異，故著于此篇。」純一案：上文所舉，即本篇第十章、問上八章、問下十七章，而諫下十九章亦宜參觀。

〔一〕「大」，原作「答」，音近而誤。

晏子使吴吴王問君子之行晏子對以不與亂國俱滅第十六

晏子聘于吴，吴王問：「君子之行何如？」晏子對曰：「君順懷之，政治歸之。君順於道則懷之，政務圖治則歸之。問下十章云：「君子懷不逆之君，居治國之位。」不懷暴君之禄，不居亂國之位。二句已見問下十章。「居」，彼作「處」。君子見兆則退，兆，猶幾，事之先見者也。不與亂國俱滅，不與暴君偕亡。」元刻注云：「此章與『吴王問可處可去』事旨既同，但辭有詳略之異，故著于此篇。」純一案：文見問下十章。

吴王問齊君僈暴吾子何容焉晏子對以豈能以道食人第十七

晏子使吴，吴王曰：「寡人得寄僻陋蠻夷之鄉，希見教君子之行，孫云：「『希』，説文作『稀』，此省文。」請私而無爲罪。」晏子蹵然避位。吴王曰：「吾聞齊君蓋賊以僈，諫下二章曰：「刑殺不辜謂之賊。」孫云：「『僈』，當爲『嫚』。説文、玉篇無『僈』字。類篇：『僈，謨官切，健也。又蔓燕切，惰也。』」純一案：「僈」與「嫚」、「慢」聲義並同。類篇訓「惰」，義近。墨子經説上「敬」、「僈」連言，亦以「僈」爲「慢」。野以暴，兩「以」字並與「而」同義，又與「且」同義。前二章曰：「穿池沼則欲其深以廣也，爲臺榭則欲其高且大也。」「以」、「且」對言，是「以」猶「且」之證。吾子容焉，何甚也？」晏子遵循而對曰：「循」字舊脱。孫云：「當爲『遵循』，即『逡巡』。」今據補。「臣聞之，微事不通、鸁事不能者，必勞。問上十五章曰：「縵密不能、蔍苴不學者詘。」大事不得、小事不爲者，必貧。問上十五章曰：「大者不得、小者不爲者餧。」大者不能致人、小者不能至人之門者，必困。問上十五章曰：「身無以用人而又不爲人用者卑。」此臣之所以仕也。如臣者，豈能以道食人者哉。」食，養也。文十八年左傳「功以食民」注。此句後二十八章兩見。晏子出，王笑曰：「嗟乎！今日吾譏晏子，猶倮而訾高撅者也。」舊「訾」倒著「猶」上，「撅」譌「橛」。孫云：「繹史引或本作『猶倮而訾高橛者』。」俞云：「『訾』乃『譬』字之誤，『橛』乃『撅』字之誤。『高』讀爲『咎』。墨子公孟篇：『是猶倮謂撅者不恭也。』此即倮而咎撅之義。『倮』爲倮體。『撅』者，揭衣也。撅誠不恭，倮則更甚，故曰『譬猶倮而咎撅者也』。」純一案：俞説「橛」乃「撅」之誤是也。謂「訾」乃「譬」之誤，「高」讀爲「咎」，並非。本文「猶」字即具譬義，不必破「訾」爲「譬」。「高撅」，謂撅衣甚高，不必破「高」爲「咎」。「訾」即「咎」義甚明，不必曲爲之解。今「訾」從繹史引乙。「撅」從俞説正。元刻注云：「此章與『景公問天下之所以存亡』、『魯君問何事回曲之君』三章，或事異而辭同，或旨同而辭異，故著於此篇。」純一案：上文所舉，即問上十五章、問下十二章。

司馬子期問有不干君不恤民取名者乎晏子對以不仁也第十八

司馬子期孫云：「姓司馬，字子期。」問晏子曰：「士亦有不干君，干，求也。不恤民，恤，憂也。徒居無爲，無所事事。而取名者乎？」晏子對曰：「嬰聞之，能足以贍上益民而不爲者，謂之不仁。不仁而取名者，嬰未得聞之也。」元刻注云：「此章與『叔向問徒處之義』章旨同而有詳略之異，故著于此篇。」純一案：「徒處之義」即問下二十章。

高子問子事靈公莊公景公皆敬子晏子對以一心第十九

高子問晏子曰：「子事靈公、莊公、景公，皆敬子，三君之心一耶？」蘇云：「治要作『三君一心耶』。」夫子之心三也？」蘇云：「治要作『耶』。『也』、『耶』同。」晏子對曰：「善哉問。事君，「事君」二字疑涉上下文而衍，殊贅於辭，當刪。論語顏淵篇：「樊遲問崇德修慝辨惑，子曰：『善哉問。』」語氣與此同。嬰聞一心可以事百君，三心不可以事一君。故三君之心非一也，王云：「『非一也』本作『非一心也』，與『非三心也』對文，今本『一』下脱『心』字，羣書治要有。」純一案：「非一也」、「非三也」，各承上文「心」字言，「一」下、「三」下均不必有「心」字，蓋本文如此。今本「非三心也」，

「心」字乃衍文，治要「非一心也」、「非三心也」兩「心」字並嫌贅，當刪。而嬰之心非三心也。「三」下「心」字衍。蘇云：「治要載此在問下篇。下無。」且嬰之于靈公也，盡復而不能立之政，「復」，小爾雅廣言：「白也。」廣雅釋詁一：「語也。」「盡復而不能立之政」，謂盡言于君而不見用也。所謂僅全其四支以從其君者也。幸免於死。及莊公陳武夫，尚勇力，欲辟勝于邪，嗜欲偏僻逾常。而嬰不能禁，故退而野處。「野」從元刻，孫本作「埜」。孫云：「『埜』，説文：『壄，古文野。』此省字。」純一案：「野處」，謂東畊海濱。嬰聞之，言不用者不受其禄，不治其事者不與其難，吾于莊公行之矣。言所以不死崔杼之難。今之君，輕國而重樂，薄于民而厚于養，藉斂過量，掠民財而無節。使令過任，竭民力而不休。而嬰不能禁，嬰庸知其能全身以事君乎。」「嬰」字孫本無。言今能全身否不可知。元刻注云：「此章與『梁丘據問事三君不同心』、『孔子之齊不見晏子』旨同而辭少異，故著于此篇。」純一案：問下二十九章、外下三章、四章旨同。

晏子再治東阿上計景公迎賀晏子辭第二十

晏子治東阿，三年，景公召而數之曰：數，責也。漢書項籍傳集注。「吾以子爲可，而使子治東阿。今子治而亂，子退而自察也，寡人將加大誅于子。」誅，責也。襄三十一年左傳「誅求無時」注。晏子對曰：「臣請改道易[一]行而治東阿三年，不治，臣請死之。」景公許之。「之」字舊脱，從盧校據説苑補。于是明年上計，孫云：「漢書武帝紀『受計於甘泉』，顔師古注：『受郡國所上計簿也，若今之諸州計帳也。』」景公迎而賀之曰：「甚善矣，子之治東阿也。」晏子對曰：「前臣之治東阿也，屬託不行，一秉至公。貨賂不至，陂池之魚以利貧民。當此之時，民無飢者，「者」字舊脱，從盧、俞校據説苑補。君反以罪臣。説苑「君」上有「而」字。今臣後之治東阿也，「治」字舊脱，從盧校據説苑補。屬託行，貨賂至，並重賦斂，孫云：「『並重』，説苑作『並會』，是。」倉庫少内，「内」、「納」同。言賦斂于民者甚重，而納于倉庫者甚少。便事左右，左右，君所寵倖者。陂池之魚入于權家。「家」，舊譌「宗」，從王校據説苑改。案文選任彦昇爲蕭楊州作薦士表注引説苑：「晏子曰：『陂池之魚入於勢門。』」當此之時，飢者過半矣，君迺反迎而賀臣。臣愚不能復治東阿，舊少一「臣」字。王云：「『君迺反迎而賀臣』絶句，與上『君反以罪臣』對文，『臣』下當更有一『臣』字，屬下句讀。今本脱一『臣』字，則文義不明。説苑亦脱『臣』字。」純一案：王説是，今據補。願乞骸骨，乞賜骸骨以歸。避賢者之路。」再拜，便辟。「辟」舊譌「僻」，從盧校據説

[一]「易」，原作「而」，據四部叢刊本晏子春秋本改。

苑改。「辟」讀爲「避」，謂將避去。景公迺下席而謝之曰：「子彊復治東阿。强，勉也。東阿者，子之東阿也，寡人無復與焉。」孫云：「説苑政理篇用此文。」元刻注云：「此章與『晏子再治東阿而見信，景公任以國政』章旨同而述辭少異，故著于此篇。」純一案：説見雜上第四章。子華子北宫子仕篇載此事。

太卜紿景公能動地晏子知其妄使卜自曉公第二十一

景公問太卜曰：「汝之道何能？」對曰：「臣能動地。」孫云：「高誘注淮南子：『動，震也。』」公召晏子而告之，曰：淮南道應訓、論衡變虚篇均作「晏子往見公，公曰」。「寡人問太卜曰：『汝之道何能？』對曰：『能動地。』地可動乎？」黄云：「論衡引『可』上有『固』字。」晏子默然不對。出，見太卜曰：「昔吾見鉤星在四心之間，孫云：「淮南作『句星在房心之間』，高誘注：『句星，客星也。房，駟。句心守房心，則地動也。』『駟』字此作『四』，通。」黄云：「淮南及論衡並作『房心』，音義作『四星』，誤。」洪云：「史記天官書：『免，一名鉤星，出房心間，地動。房爲天駟。』『四』與『駟』通，即房星也。又房四星，而稱爲『四』，亦猶心三星，而詩稱爲『三』也，義亦得通。」地其動乎？」太卜曰：「然。」晏子曰：「吾言之，恐子之死也。「之死」舊倒，從盧校乙。默然不對，恐君之惶也。」王云：「此『惶』字與『惑』同義，言恐君爲子之所惑也。『惶』、『惑』語之轉，字亦作『遑』。後漢書光武紀曰『遑惑不知所之』，蜀志吕凱傳曰『遠人惶惑，不知所歸』，是『惶』與『惑』同義。淮南道應篇作『恐公之欺也』，『欺』與『惑』義亦相近。」子言，君臣俱得焉。謂子自言於君，則君不惶，臣不欺，亦可免子之死，故曰「君臣俱得」。忠于君者，豈必傷人哉。」晏子出，太史走入見公，曰：「臣非能動地，地固將動也。」陳子陽聞之，曰：孫云：「淮南作『田子陽』。」高注：『田子陽，齊臣也。』」「晏子默而不對者，不欲太卜之死也。往見太卜者，恐君之惶也。晏子，仁人也，可謂忠上而惠下也。」孫云：「淮南道應訓用此文。」元刻注云：「此章與『柏常騫禳梟死，將爲公請壽，晏子識其妄』章旨同而辭異，故著於此篇。」純一案：論衡變虚篇亦用此文。柏常騫請壽，即雜下四章。

有獻書譖晏子「晏子」二字當重。退耕而國不治復召晏子第二十二

晏子相景公，其論人也，見賢而進之，「而」同「則」。治要作「即」。不同君所欲；君所欲者，讒諛耳。見不善則廢之，不辟君所愛；「辟」讀若「避」。晉語八「趙武子事君，不援而進，不阿而退」，義略同。行己而無私，直言而無諱。治要引止此，載雜下。有納書者標題「有」字本此。

案：標題「有」字，義與「或」同。春秋穀梁隱三年傳曰：「有内辭也，或外辭也。」則「有」與「或」皆爲一分之義。毛詩商頌玄鳥「奄有九有」，文選册魏公九錫文李注引韓詩作「九域」。「有」、「域」一聲之轉。國語魯語「共工氏之伯九有也」，注：「有，域也。」「或」，古「域」字。吾友陳敦復云：「孟子萬章『有饋生魚於鄭子産』，禮檀弓『有愛而哭之，有畏而哭之』，三『有』字義並與『或』同。」曰：「廢置不周于君前謂之專，俞云：「『不周』當爲『不由』。廢置不由於君前，故爲專也。」純一案：「周」疑「問」之形誤。出言不諱于君前謂之易，「之」從孫本，元刻脱。易，猶違。吕氏春秋禁塞篇「古之道也不可易」注。專易之行存，則君臣之道廢矣。吾不知晏子之爲忠臣也。」公以爲然。晏子入朝，公色不説，故晏子歸，備載，孫云：「『備』同『犕』。犕載，言犕駕也。」使人辭曰：「嬰故老悖無能，毋敢服壯者事。」雜上五章云：「嬰故老耄無能也，請毋服壯之事。」毋，語助，同此。辭而不爲臣，退而窮處，二句已見問上二章。東耕海濱，雜上一章作「東耕于海濱」。堂下生藜藿，門外生荆棘。二句已見問上二章，彼作「蓼藿」，蘇云：「『藿』當爲『藋』。」七年，燕、魯分争，百姓惛亂，雜上五章作「百姓大亂」。而家無積。室如縣罄。公自治國，權輕諸侯，諸侯輕之。身弱高、國。身弱于齊之卿族高、國二氏。劉云：「此文錯簡，當作『七年而家無積。公自治國，權輕諸侯，身弱高、國，燕、魯分争，百姓惛亂』。」純一案：劉説是。公恐，復召晏子。此句雜上五章同。晏子至，公一歸七年之禄，一，皆也。而家無藏。盡以分貧。晏子立，諸侯忌其威，高、國服其政，二句已見雜上五章。燕、魯貢職，小國旹朝。「旹」，元刻作「時」。晏子没而後衰。元刻注云：「此章與『景公惡故人晏子退』章旨同，叙事少異，故著于此篇。」純一案：説見雜上五章。

晏子使高糾治家三年而未嘗弼過逐之第二十三

晏子使高糾「糾」從孫本，元刻作「糺」。孫云：「『糾』，今本作『糺』，即『糾』字壞也。説苑作『繚』，音之轉。」治家，三年而辭焉。説苑臣術篇作「高繚仕於晏子，晏子逐之」。儐者諫曰：「儐者」，説苑作「左右」。「高糾之事夫子三年，北堂書鈔三十二引作「高僚仕於晏子三年，無故，晏子逐之。左右陳曰：『高僚事子三年』」。曾無以爵位〔一〕而逐之，敢請其罪。」説苑作「其義可乎」。書鈔同。晏子曰：「若夫方立之人，易恒大象曰：「君子以立不易方。」正義曰：「君子立身，得其恒久之道，故不改易其方。方猶道也。」「若夫方立之人」，謂若彼以道立身之人。維聖人而已。説苑、書鈔均無此二句。如嬰者，仄陋之人也。「仄」，古「側」字。漢書賈誼傳集注：「側陋者，僻側淺陋也。」書堯典「明明

〔一〕「位」，原作「禄」，據四部叢刊本晏子春秋改。

揚側陋」疏。別雅五云：「温子昇舜廟碑『感夢長眉，明敭仄陋』，即用虞書『明揚側陋』語也。」並引説苑臣術篇晏子此語，以爲同證。若夫左嬰右嬰之人，左右云者，俌弼之謂。不舉四維，四維將不正。「四」從孫本，元刻譌「曰」。二本並脱「四維」二字，文義不完，今校增。管子牧民篇曰：「守國之度，在飾四維。四維不張，國乃滅亡。何謂四維？一曰禮，二曰義，三曰廉，四曰恥。」孫云：「説苑作『有四維之，然後能直』。」今此子事吾三年，未嘗弼吾過也，此知晏子在在繩墨自矯。吾是以辭之。」元刻注云：「此章與『景公欲見高糾』章旨同而辭少異，故著于此篇。」純一案：高糾事見雜上二十八章、二十九章。説苑臣術篇用此文。

景公稱桓公之封管仲益晏子邑辭不受第二十四

景公謂晏子曰：「昔吾先君桓公予管仲狐與穀，其縣十七。狐、穀皆地名。著之于帛，申之以策，策，簡書也。通之諸侯，以爲其子孫賞邑。寡人不足以辱而先君，而，女也。今爲夫子賞邑，通之子孫。」「通」涉上文而誤，疑當作「遺」。晏子辭曰：「昔聖王論功而賞賢，賢者得之，不肖者失之，墨子尚賢上篇曰：「以勞殿賞，量功而受禄，故官無常貴，而民無終〔一〕

〔一〕「無終」，原作「常」，據墨子改。

賤。有能則舉之，無能則下之。」義同。御德修禮，御，進也。無有荒怠。今事君而免于罪者，其子孫奚宜與焉？今嬰事君，無功可言，差幸免於罪耳，其子孫奚宜與受賞邑？蓋晏子之意，甚不以世禄爲然。若爲齊國大夫者必有賞邑，則齊君何以共其社稷與諸侯幣帛？若僅列爲大夫必有賞邑，則齊邑不足賞，君何以供社稷之祭用，與交四鄰諸侯幣帛之需？問下十二章「魯昭公謂晏子使齊外無諸侯之憂，内無國家之患，不伐功焉。歉然不滿」，可謂知言。嬰請辭。」遂不受。元刻注云：「此章與『景公致千金而晏子固不受』、『使田無宇致封邑晏子辭』章旨悉同而辭少異，故著于此篇。」純一案：雜下十八章、十九章、二十章大旨並同。

景公使梁丘據致千金之裘晏子固辭不受第二十五

景公賜晏子狐之白裘，「狐之白裘」，文不成義，疑本作「白狐之裘」，與「玄豹之冠」儷文。孫云：「墨子親士篇：『千鎰之裘，非一狐之白也。』」玄豹之茈，「玄」，各本避清諱作「元」，今改正。「玄豹之茈」不成文，「茈」疑「冠」之形誤。下章云：「晏子布衣鹿裘以朝。」禮檀弓下云：「晏子一狐裘三十年。」禮器云：「晏平仲澣衣濯冠以朝。」晁沖之閒居詩：「荒蕪蔣詡徑，破敝晏嬰冠。」足證其裘冠之惡。其貲千金，使梁丘據致之。晏子辭而不受，三反。孫云：「『反』，一本作『返』。」公曰：「寡人有此二，將欲服之，今夫子不受，寡人不敢服。雜下廿五章就車言「夫子不受，寡人亦不乘」。與其閉藏之，豈如弊之身乎？」與其閉藏而弊，何若服而弊之爲愈。晏子曰：「君就賜，就，成也。使嬰修百官之政，君服之上，而使嬰服之于下，不可以爲教。」蘇云：「此言君服此裘于上，臣服此裘于下，則是同君，恐奢侈之民皆從而效之，故云不可爲教。上篇『今輅車乘馬，君乘之上，而臣亦乘之下』云云，義正同此。」固辭而不受。元刻注云：「此章與『景公使梁丘據遺之車馬，三返不受』章旨同而事少異，故著於此篇。」純一案：雜下二十五章及下章旨並同。

晏子衣鹿裘以朝景公嗟其貧晏子稱有飾第二十六

晏子相景公，布衣鹿裘以朝。洪云：「呂氏春秋貴生篇：『顏闔守閭，鹿[一]布之衣。』『鹿』即『麤』字之省。莊子讓王篇作『苴布之衣』，『苴』即『麤』字。此鹿裘亦謂麤裘也。」公曰：「夫子之家，若此其貧也，北堂書鈔百二十九引此文同。是奚衣之惡也。兩「也」字俱讀「邪」。寡人不知，是寡人之罪也。」晏子對曰：「嬰聞之，蓋顧人而後衣食者，不以貪味爲非。蓋顧人而

〔一〕「鹿」，呂氏春秋作「麄」，即「麤」字。

後行者，不以邪僻爲累。「僻」，元刻作「辟」。晏子尚儉，惡衣服，菲飲食，遵禹教也。此文不以貪味爲非，不以邪僻爲累，紕繆顯然。貪味屬食言，不得屬衣言。「衣食」之間，又有脱句甚明。疑本作「嬰聞之，顧人而後衣者，不以麤布爲惡。顧人而後食者，必以貪味爲非。顧人而後行者，尤以邪僻爲累」。今本衍兩「蓋」字，「衣」下脱「者不以麤布爲惡顧人而後」十一字，「必」字，「尤」字，俱譌作「不」，則義不可通矣。「顧人而後衣」二句，承上「奚衣之惡」言，爲本章之主，食行二義皆賓也，故下文專以布衣鹿裘有飾作結。嬰不肖，嬰之族又不如嬰也，待嬰以祀其先人者五百家，此文已見問下十二章。嬰又得布衣鹿裘而朝，于嬰不有飾乎。」再拜而辭。四字衍，無謂，當删。元刻注云：「此章與『陳無宇請浮晏子』、『景公睹晏子之食而嗟其貧』章旨同而辭少異，故著于此篇。」純一案：文見雜下十二章、又二十六章。盧云：「此章吳本缺。」

仲尼稱晏子行補三君而不有果君子也第二十七

仲尼曰：「靈公汙，晏子事之以整齊。莊公壯，晏子事之以宣武。景公奢，晏子事之以恭儉。晏子，二字舊脱，從孫校據孔叢補。君子也。」孫云：「孔叢詰墨篇：『孔子曰：「靈公汙而晏子事之以潔，莊公怯而晏子事之以勇，景公侈而晏子事之以儉。晏子，君子也。」』此作『莊公壯』，與孔叢言『怯』者不合。莊公好勇，疑作『怯』之誤。」盧云：「左傳：『齊侯既伐晉而懼。』則『怯』字亦非誤。」純一案：此文「壯」，孔叢作「怯」。「怯」與「武勇」義正相反。以上下文例之，「怯」字近是。顧晏子不尚武，此云事之以「宣武」，孔叢云「事之以勇」，似均不合。然此云「宣武」者，謂宣明止戈爲武。孔叢作「勇」者，謂如君子之勇，（雜上三章：「晏子曰：『劫吾以刃而失其志，非勇也。』」太平御覽四百三十七引：「胡非子云：『夫曹劌，匹夫徒步之士，布衣柔履之人也，唯無怒，一怒而劫萬乘之師，存千乘之國。此謂君子之勇，勇之貴者也。』」）非匹夫之勇、敵一人者比，則與晏子非攻之旨符合矣。蓋莊公之「壯」，非君子之勇，正晏子欲行禮義之勇以止之者也。觀諫上一章「莊公奮乎勇力，不顧行義」可證。又十七章曰：「使勇者常守之，則莊公、靈公將常守之矣。」問下十五章曰：「莊公好兵作武。」前十九章曰：「莊公陳武夫，尚勇力。」皆此云「莊公壯」之明徵，然則本文「壯」字不誤。孔叢作「怯」，直是「壯」之誤字。相三君而善不通下。善教不通行於下。晏子，細人也。」細，小也。晏子聞之，見仲尼，曰：「嬰聞君子有譏于嬰，是以來見。如嬰者，豈能以道食人者哉。此句已見前十七章。嬰之宗族待嬰而祀其先人者數百家，與齊國之簡士「簡」，舊作「閒」，今校改。說見雜下十二章。待嬰而舉火者數百家，嬰爲此仕者也。「嬰」，舊作「臣」。晏子對孔子不得稱臣，即訓「臣」爲「僕」亦不諧，今校改。下同，與上文一律。如嬰者，豈能以道食人者哉。」前十九章云嬰於靈公「盡復而不能立之政」，及莊公「欲辟勝於邪，而嬰不能禁」，今君「輕國而重樂」，嬰又不能禁，是皆晏子對孔子難言之隱衷也。晏子出，仲尼送之以賓客之禮，再拜其辱。反，命門弟子曰：「救民之姓而不夸，黄云：「『姓』與『生』古通。」行補三君而不有，不有，不自有其功也。晏子果君子也。」孫云：「已上二章，黄之寀本、淩澄初本皆删去，今據沈啓南本補入。餘篇次弟亦多錯亂，皆訂正。」盧云：「吴本缺此章。」元刻注云：「此章與『仲尼之齊不見晏子』、『魯君問何事回曲之君』章旨同而述辭少異，故著於此篇。」純一案：外下三章、四章、問下十二章旨並同。

晏子春秋校注卷八

漢陽張純一仲如

外篇不合經術者第八

凡十八章。盧云：「吴本不分。」蘇云：「舊以此與上篇併合爲一卷，意在合七略之數。」

仲尼見景公景公欲封之晏子以爲不可第一

盧云：「吴本作『廿八』。」

仲尼之齊，見景公。景公説之，欲封之以爾稽，孫云：「『爾稽』，墨子作『尼谿』。『尼』、『爾』、『稽』、『谿』，聲皆相近。」以告晏子。晏子對曰：「不可。彼浩裾自順，孫云：「『浩裾』，墨子作『浩居』，史記作『倨傲』。」洪云：「『浩裾』即『傲倨』假借字。」不可以教下。好樂緩于民，「緩」從孫本，元刻作「綏」。孫云：「今本『緩』作『綏』，非。鹽鐵論作『繁於樂而舒於民』，因『舒』知爲『緩』字。」黄云：「墨子非儒篇作『好樂而淫人』。」不可使親治。恐廢於聽治。立命而怠事，「怠」，舊譌「建」。孫云：「墨子作『怠』，是。言恃命而怠于事也。」純一：今據正。案：「建」爲「逮」之形誤。「逮」古通「怠」。不可使守職。「使」字舊脱，從盧、黄校據墨子補。言恐不勤於職守。厚葬破民貧國，謂破民之財而使國貧。久喪循哀費日，「循」，舊譌「道」。孫云：「墨子作『宗喪循哀』，孔叢作『崇喪遂哀』。」王云：「『道』當作『遁』，『遁』與『循』同。墨子作『宗喪循哀，不可使慈民』，文義正與此同。問上十一章曰『不淫於樂，不遁於哀』，即循哀也。『循』之言遂也，『遂哀』謂哀而不止也。説見諫下廿一章『修哀』下。」純一：今從孫、王校正。不可使子民。孫云：「墨子作『慈民』，『子』當讀爲『慈』。」行之難者在内，平天下易，平自心難。管子有内業、心術、白心等篇，可爲行難在内之證。易繫辭上曰：「无思无爲，寂然不動，感而遂通天下之故。」墨子尚賢中曰：「聖人之德，總乎天地。」皆攝外於内，知行之難在内矣。黄初云：「王文成曰：『破山中賊易，破心中賊難。』」而儒者無其外，「儒」，舊譌「傳」，盧校作「儒」。黄云：「盧校是。下四章：『始吾望儒而貴之，今吾望儒而疑之。』『無其外』，『無』讀爲『嫵』。説文：『嫵，媚也。』嫵其外，即下所謂『異于服，勉于容』。」故異于服，勉于容，異其服制，勉飾外容。孫云：「墨子作『機服勉容』。」不可以道衆孫云：「『道』，墨子作『導』。」而馴百姓。「馴」，古「訓」字。史記孝文本紀「教訓其民」正義。自大賢之滅，周室之卑也，威儀加多而民行滋薄，重禮文，失禮意，故老子曰：「禮者，忠信之薄而亂之首。」聲樂繁充而世德滋衰。墨子三辯篇曰：「其樂逾繁者其治逾寡。」今孔丘盛聲樂以侈世，孫云：「墨子作『盛容修飾以蠱世』。」飾弦歌鼓舞以聚徒，繁登降之禮以示儀，「以示儀」三字舊脱，從孫校據墨子補。務趨翔之節以觀衆，「務」字舊脱，據墨子補。孫云：「墨子作『勸衆』。」博學不可以儀世，王云：「言孔子博學而不可爲法於世。」勞思不可以補民，言無裨益于民。元刻脱「以」字。兼壽不能殫其教，譏其博而寡要。孫云：「墨子作『絫壽不能盡其學』。」當年不能究其禮，言其禮繁而難遵。孫詒讓注墨子云：「當年，壯年也。」孫云：「『究』，墨子作『行』。」積財不能贍其樂，積財不足以供樂舞之費。繁飾邪術以營世君，孫云：「高誘注淮南：『營，惑也。』」盛爲聲樂以淫愚民，「民」上舊衍「其」字，據墨子删，與上句文同一例。「淫」，謂侈其性也。其道也不可以示世，元刻脱「其道」二字及「世」字。其教也不可以導民。墨子無兩「也」字。鹽鐵論論誹篇：「晏子有言，儒者華於言而寡於實，繁於樂而舒於民，久喪以害生，厚葬以傷業，禮煩而難行，道近而難遵。」大旨與此章同。今欲封之，以移齊國之俗，孫云：「『移』，墨子作『利』。」非所以導衆存民也。」孫云：「墨子作『導國先衆』。」公曰：「善。」于是厚其禮，留其封，「封」字舊脱，孫據墨子增。敬見而不問其道，各本「見」下「而」字倒著「留其封」上，句法不調，今據墨子乙。仲尼迺行。孫云：「墨子非儒篇此作『孔子乃恚怒於景公與晏子，乃樹鴟夷子皮於田常之門，告南郭惠子以所欲爲，歸於魯』云云，疑本晏子春秋。後人以其詆譏孔子，乃删去其文，改爲『仲尼迺行』四字。墨子非儒篇又載：

『齊景公問晏子曰：「孔子爲人何如？」晏子不對。公又復問〔一〕，不對。景公曰：「以孔丘語寡人者衆矣，俱以賢人也，今寡人問之，而子不對，何也？」晏子對曰：「嬰不肖，不足以知賢人。雖然，嬰聞所謂賢人者，入人之國，必務合其君臣之親，而弭其上下之怨。孔丘之荆，知白公之謀，而奉之以石乞，君身幾滅而白公僇。嬰聞賢人得上不虚，得下不危，言聽於君必利人，教行於下必利上〔二〕。是以言明而易知也，行明而易從〔三〕也，行義可明乎民，謀慮可通乎君臣。今孔丘深慮同謀以奉賊，勞思盡知以行邪，勸下亂上，教臣殺君，非賢人之行也。入人之國而與人之賊，非義之類也。知人不忠，趣之爲亂，非仁義之本也。逃人而後謀，避人而後言，行義不可明於民，謀慮不可通於君臣，嬰不知孔丘之有異於白公也。是以不對。」景公曰：「嗚呼，貺寡人者衆矣，非夫子則吾終身不知孔丘之與〔四〕白公同也。」』亦晏子春秋本文後人删去者，疑在此章之前，據墨子知之。」純一案：孫説未足據。何也？墨子非儒篇「孔子怒於景公與晏子，乃樹鴟夷子皮於田常之門」，蘇時學注云：「據史記，范蠡亡吴後，乃變易姓名適齊，爲鴟夷子皮。然亡吴之歲乃孔子卒後六年，景公卒後十七年，又安知蠡之適齊而樹之田氏之門乎？此真齊東野人之語也。」又知白公之謀云云，畢沅注云：

〔一〕「復問」，原作「問復」，據四部叢刊本晏子春秋乙。
〔二〕「於下必利上」，四部叢刊本晏子春秋作「下必於上」。
〔三〕「明而易從」，四部叢刊本晏子春秋作「易而從」。
〔四〕「與」，原作「於」，據四部叢刊本晏子春秋改。

「孔叢詰墨云：『白公亂在哀公十六年秋，孔子已卒十旬。』」蘇時學云：「此誣罔之辭，殊不足辨。唯據白公之亂在景公卒後十二年，而晏子卒更在景公之先，又安能預知後事，而先與景公言之？」案：蘇説是也。據史記齊世家，晏子先景公卒十年，亡吳之歲在晏子卒後二十七年，白公之亂在晏子卒後二十二年，其説不能見信於後人，故本書不取。專就儒家旨趣異於墨者而非之，此知晏子當歸墨家。墨子非儒之文，凡本書所無者，皆後人增成之。元刻注云：「此並下五章皆毁詆孔子，殊不合經術，故著於此篇。」

景公上路寢聞哭聲問梁丘據晏子對第二

盧云：「吳本作『廿九』。」

景公上路寢，聞哭聲，曰：「吾若聞哭聲，何爲者也？」梁丘據對曰：「魯孔丘之徒鞫語者也。「鞫」從元刻，孫本作「鞠」。孫云：「姓鞠名語，疑即皋魚。『皋魚』聲相近。」純一案：「鞫語」似非姓名，文有譌奪。明于禮樂，審于服喪。其母死，葬埋甚厚，孫云：「『埋』，當爲『薶』，俗从『土』。」服喪三年，哭泣甚疾。」疾，痛也。公曰：「豈不可哉？」而色説之。現喜悦之色。晏子曰：「古者聖人，非不知能繁登降之禮，「知」下「能」字疑衍。下並同。制規矩之節，周旋中規，折旋中矩。行表綴之數表，表敬也。綴，綴淫也。以教民，以爲煩人留日，留，滞也。故制禮不羡于便事。孫云：「言便事而已，不求餘也。」非不知能揚干戚鐘鼓竽瑟以勸衆也，

「勸衆」當作「觀衆」。以爲費財留工，留，稽遲也。故制樂不羨于和民。樂以和民而已，不淫樂以妨民事。非不知能累世殫國以奉死，哭泣處哀以持久也，而不爲者，知其無補死者而深害生者，既埋已成之財，又禁後生之財。故不以導民。今品人說文：「品，衆庶也。」飾禮煩事，徒飾禮文，不憚煩以從事。羨樂淫民，淫溢康樂，以侈民心。崇死以害生，三者，聖王之所禁也。賢人不用，德毀俗流，儉德毀滅，奢俗流行。故三邪得行于世。三邪者，飾禮、羨樂、崇死也。是非賢不肖雜，問上三十章曰：「爲政何患？患善惡之不分。」上妄說邪，上心多妄，樂與邪僻。故好惡不足以導衆。好惡失其正故。此三者，路世之政，單事之教也。「單」從元刻。黃云：「淩本同。孫本作『道』。」王引之曰：「作『單』者是也。『單』讀爲『癉』。爾雅：『癉，病也。』字或作『癉』。大雅板篇『下民卒癉』，毛傳曰：『癉，病也。』『路』與『單』義相近。方言：『露，敗也。』『路』、『露』古字通。言此三者，以之爲政則世必敗，以之爲教則事必病也。」洪云：「管子戒篇『握路家五十室』，周書皇門解『自露厥家』，『路』與『露』同，羸也。『路世』猶言『衰世』也。『單事』與『路世』對言之，俗本改作『道事之教』，非是。」蘇云：「荀子議兵篇：『路亶者也。』『亶』與『單』一聲之轉，義一而已。彼以『路亶』連文，此以『路』、『單』對文，乃古義。『道』字直是誤文。」公曷爲不察，聲受而色說之。」聞聲而色喜。

仲尼見景公景公曰先生奚不見寡人宰乎第三盧云：「吴本作『三十』。」

仲尼游齊，見景公。景公曰：「先生奚不見寡人宰乎？」孫云：「孔叢引墨子作『先生奚不見晏子乎』。」仲尼對曰：「臣聞晏子事三君而得順焉，是有三心，所以不見也。」仲尼出，景公以其言告晏子。晏子對曰：「不然。非嬰爲三心，三君爲一心故。「非」字舊脱，從王校補。三君皆欲其國家之安，一也。是以嬰得順也。嬰聞之，是而非之，當譽而誹。非而是之，當誹而譽。猶非也。均不是也。孔丘必據處此一心矣。」此文疑本作「孔丘必處一於此矣」。言以是爲非，或以非爲是，皆非真也。孔丘必處一於此矣。孟子公孫丑下：「前日之不受是，則今日之受非也。今日之受是，則前日之不受非也。夫子必居一於此矣。」義與此同。今本「此」上脱「于」字，衍「據」字、「心」字，「一」又倒著「此」下，義不可通。此與下章並問下二十九章、外上十九章旨同。

仲尼之齊見景公而不見晏子子貢致問第四盧云：「吴本作『三十一』。」

仲尼之齊，見景公而不見晏子。子貢曰：「見君不見其從政者，可乎？」仲尼曰：「吾聞晏子事三君而順焉，吾疑其爲人。」晏子聞之，曰：「嬰則齊之世民也，嬰世爲大夫，自稱世爲齊民，謙也。不維其行，不識其過，不維持其正行而常之，不自識其過失而改之。不能自立也。不能自立于齊而保其身家。嬰聞之，有幸見愛，無幸見惡，非可愛而愛，不當惡而惡。誹譽爲類，「譽」從元刻。孫本作「謗」，非。言誹明惡，譽明美，以類相從，非若愛惡之無憑。聲響相應，如響應聲。見行而從之者也。墨子脩身篇曰：「名譽不可虛假，反之身者也。」嬰聞之，以一心事三君者，所以順焉。君雖有三，而事之之心欲其國之安無二致，是其所以爲順也。以三心事一君者，不順焉。設嬰果有三心，不惟事三君不順，即事一君亦必不順。今未見嬰之行，而非其順也？「也」同「邪」。今未見嬰所以順之實，輒譏嬰以順之名邪？嬰聞之，君子獨立不慚于影，孫云：「『影』，當爲『景』。」獨寢不慚于魂。禮中庸曰：「君子內省不疚，無惡於志。」是其義。文選恨賦注引作「君子獨寢不慙於魂」。孔子拔樹削迹，史記孔子世家：「孔子與弟子習禮大樹下。宋司馬桓魋欲殺孔子，拔其樹。孔子去。」不自以爲辱，身窮陳、蔡，「身」字舊脱，據孔叢詰墨篇補。窮，指絶糧七日言。不自以爲約，以內無慚於衾影故。非人不得其故，今譏人不了知其所以然。是猶澤人之非斤斧，山人之非網罟也，是猶水濱之人，惟自善其網罟之用，而非山人之斤斧；山居之人，惟自善其斤斧之用，而非澤人之網罟，無當也。「斧」、「罟」爲韻。出之其口，率爾鼓舌。不知其困也。不知實行者之困難。始吾望儒而貴之，今吾望儒而疑之。」兩「儒」字舊譌「傳」，孫據孔叢改。仲尼聞之，曰：「語有之，言發于爾，孫云：「爾、邇同。」不可止于遠也，論〔一〕語顏淵篇曰：「駟不及舌。」行存于身不可掩于衆也。墨子脩身篇曰：「君子以身戴行者也。」禮大學曰：「十目所視，十手所指，其嚴乎。」吾竊議晏子而不中夫人之過，竊議，私議也。不中，不適當也。吾罪幾矣。吾不免於罪矣。丘聞君子過人以爲友，不及人以爲師。君子德過於人，則以其人爲友；德不及於人，則以其人爲師。今丘失言于夫子，夫子，指晏子。夫子譏之，是吾師也。」「夫子」舊不重。王云：「『譏之』上當更有『夫子』二字，而今本脱之，則文義不明。上文曰『君子不及人以爲師』，故此曰『夫子譏之，是吾師也』。」純一：今據補。荀子修身篇：「非我而當者，吾師也。」因宰我而謝焉，宰我，言語之科。謝，認過也。然仲尼見之。「然」下當有「後」字。孫云：「孔叢詰墨用此文。」

景公出田顧問晏子若人之衆有孔子乎第五

盧云：「吳本作『三十二』」。

景公出田，寒，故以爲渾，孫云：「此『温』字假音。」猶顧而問晏子曰：「若人之衆，則

〔一〕「論」，原作「輪」，形近而誤，今改。

有孔子焉乎？」晏子對曰：「有孔子焉。則無有若舜焉，此六字與上下文氣俱不貫，疑本作「若問有無舜焉」，言此衆人之中有孔子，若問有無舜則嬰不識。下句同。今本「問」譌「則」，「有無」倒，「若」著「有」下，義不可通。則嬰不識。」公曰：「孔子之不逮舜爲閒矣，閒，遠也。淮南子俶真訓「則醜美有閒矣」高誘注。曷爲『有孔子焉。則無有若舜焉，則嬰不識』？」晏子對曰：「是迺孔子之所以不逮舜。孔子，行一節者也，言孔子僅能行舜之一節。處民之中，其過之識，「其過之識」，疑本作「其識不能過之」，謂其知識不遠過於衆人。今本「識」字倒著「之」下，又脱「不能」二字，文不成義。況處君子之中乎。舊作「況乎處君之中乎」。王云：「『處君之中』本作『處君子之中』，下文曰：『舜者，處民之中，則自齊乎士；處君子之中，則齊乎君子。』是其證。今本脱『子』字，則義不可通。」純一案：王説是。惟謂脱「子」字未審，「況」下「乎」字即「子」之譌而誤倒者，今乙正。舜者，處民之中，則自齊乎士；處君子之中，則齊乎君子。上與聖人，增韻：「與，及也。」則固聖人之林也。孫云：「『林』，一本作『材』。」此迺孔子之所以不逮舜也。」

仲尼相魯景公患之晏子對以勿憂第六

盧云：「吳本作『三十三』。」

仲尼相魯，景公患之，謂晏子曰：末章「晏子没後十有七年，景公飲諸大夫酒」云云，是晏子先景公卒十七年，此似未足據。據史記齊世家，晏子先景公卒十年，當景公四十八年，即魯定公十年。據孔子世家，定公十四年孔子相魯，時晏子已卒。據十二諸侯年表，齊歸魯女樂，在定公十二年，亦晏子卒後事。此文不足信。「鄰國有聖人，敵國之憂也。今孔子相魯，若何？」北堂書鈔四十九引「若何」上有「爲之」二字，孔廣陶校云：「全椒吴氏倣宋本晏子無『爲之』二字。陳本、俞本同。」晏子對曰：「君其勿憂。彼魯君，弱主也。弱主，昏庸無能之謂。孔子，聖相也。君不如陰重孔子，設以相齊，孫云：「孔叢『設』作『欲』。」純一案：設者，虚假之詞。「設以相齊」，蓋陰謀也。孔子彊諫而不聽，必驕魯而有齊，孫云：「『有齊』，孔叢作『適齊』。疑『有』當爲『適』。」盧云：「『有』猶『恃』也。」君勿納也。夫絶于魯，無主于齊，孔子困矣。」居期年，孔子去魯之齊，景公不納，故困于陳、蔡之間。孫云：「孔叢詰墨用此文。」元刻注云：「此上五章皆毁詆孔子，而此章復稱爲『聖相』，設相齊以困孔子，似非平仲之所宜，故著於此篇。」

景公問有臣有兄弟而彊足恃乎晏子對不足恃第七盧云：「吴本作『三十四』。」

景公問晏子曰：「有臣而彊，足恃乎？」晏子對曰：「不足恃。」「有兄弟而彊，足恃乎？」晏子對曰：「不足恃。」公忿然作色曰：「吾今有恃乎？」晏子對曰：「有臣而彊，無甚如湯。湯有臣伊尹、仲虺、女鳩、女房、義伯、仲伯，（見史記殷本紀。）可謂强矣。有兄弟而彊，無甚如桀。無考。湯有弑其君，桀有亡其兄，二句義不可曉。豈以人爲足恃，舊衍「哉」字，蓋後人不知下文「也」與「邪」同，二句當連讀，妄增之。今校删。可以無亡也？」孫云：「强、湯、兄、亡爲韻。此章及下六章，俗本删去。」元刻注云：「此章景公問臣並兄弟之强，而晏子對以湯、桀，無以垂訓，故著於此篇。」此章下舊有「與」字。俞云：「此『與』字似不當有，寫者依他篇增之，而不知其非。」純一：今據删。盧云：「吴勉學本缺此與下六章。元刻本、沈啓南本、吴懷保本皆有。」

景公遊牛山少樂請晏子一願第八盧云：「吴本作『三十五』。」

景公遊于牛山，少樂。公曰：「請晏子一願。」晏子對曰：「不，孫云：「『不』讀如『否』。」嬰何願？」公曰：「晏子一願。」對曰：「臣願有君而見畏，願有君見之而生敬畏。

有妻而見歸，婦人謂嫁曰歸。有子而可遺。」燕翼詒謀。孫云：「畏、歸、遺爲韻。」純一案：古音諧五齊引此。公曰：「善乎，晏子之願也。「也」字舊脱，從蘇校補，與下文同一例。載一願。」「載」與「再」通。晏子對曰：「臣願有君而明，有妻而材，家不貧，有良鄰。有君而明，日順嬰之行。「嬰」字當在「日順」上，言嬰日順承明君之令以爲行。今似言明君日順嬰之意以爲行，非。有妻而材，則使嬰不忘。明、行、忘爲韻。古音諧十六庚引此。家不貧，則不愠朋友所識。似言家不貧，則可周濟朋友所識，使無愠怒。有良鄰，論語里仁篇曰：「里仁爲美。」則日見君子。相觀摩而善。嬰之願也。」公曰：「善乎，晏子之願也。載一願。」三字舊脱，從劉校補。晏子對曰：「臣願有君而可輔，「輔」當作「俌」。有妻而可去，去，藏也。前漢蘇武傳：「掘野鼠、去草實而食之。」注：「去，收藏也。」但「有妻而可藏」與「有妻而見歸」義鄰於複，「去」或當訓「離」、訓「棄」，謂有妻設不願相偕，即可自由離去。如雜上廿五章「晏子之御，其妻請去」，其例也。晏子思想平等，或對景公爲此戲言，亦不足怪。然雜下廿四章「景公欲納愛女，晏子不倍老妻之託而辭之」，後第十章「斥田無宇云：『去老者謂之亂，納少者謂之淫，見色而忘義，處富貴而失倫，謂之逆道』」。知晏子之平等，必不背正義也。有子而可怒。」墨子耕柱篇「子墨子怒耕柱子」，怒猶責也，即責備賢者之責。孫云：「輔、去、怒爲韻。」純一案：古音諧十一魚上聲引此。公曰：「善乎，晏子之願也。」元刻注云：「此章載晏子之願如此，無以垂訓，故著於此篇。」純一案：元刻「載」譌「裁」，從盧校改。盧云：「吴本缺此章。」

景公爲大鐘晏子與仲尼柏常騫知將毁第九

盧云：「吴本作『三十六』。」

景公爲大鐘，將縣之。晏子、仲尼、柏常騫初學記十六引「晏子」在「柏常騫」下。三人朝，俱曰：孫云：「初學記作『三人俱來朝，皆曰』。」「鐘將毁。」衝之，果毁。孫云：「『衝』讀如『撞』。初學記作『撞』。」純一案：太平御覽五百七十五引作「仲尼、柏常騫、晏子三人俱朝，曰：『鐘將毁之。』撞，果毁」。公召三子者而問之。「者」字疑衍。御覽作「公見三子，問之」，無「者」字可證。初學記無「而」字。晏子對曰：「鐘大，不祀先君而以燕，非禮，是以曰鐘將毁。」以此神道設教。仲尼曰：「鐘大而縣下，衝之，其氣下回而上薄，初學記作「其氣不得上薄」。是以曰鐘將毁。」此就物理言之。柏常騫曰：「今庚申，初學記「今」下有「日」字。雷日也，音莫勝於雷，「音」，御覽、初學記並作「陰」。是以曰鐘將毁也。」此陰陽家言，殊不足信。元刻注云：「此章與『景公爲泰呂成，將燕饗，晏子諫』章旨同而尤近怪，故著於此篇。」純一案：元刻「成」譌「臣」，據明本改。盧校同。「景公爲泰呂成」，即諫下十二章。盧云：「吴本缺此章。」

田無宇非晏子有老妻晏子對以去老謂之亂第十盧云：「吳本作『三十七』。」

田無宇見晏子獨立于閨內，有婦人出於室者，盧云：「韓詩外傳九非晏子之妻，乃其妻之使人，爲近理。」髮班白，衣緇布之衣而無裏裘。韓詩外傳作「晏子之妻使人，布衣紵表」。田無宇譏之曰：「出於室何爲者也？」「何爲」舊倒。王云：「當作『何爲者也』，言此出於室者何等人也。今本作『爲何者也』，則文不成義。韓詩外傳正作『何爲者也』。」純一：今據乙。晏子曰：「嬰之家也。」韓詩外傳作「家臣也」。無宇曰：「位爲中卿，食田七十萬，「食」字舊脱，據韓詩外傳補。何以老妻爲？」「妻爲」舊倒。王云：「當作『何以老妻爲』，言富貴如此，何用老妻爲也。今作『何以老爲妻』，則文不成義。韓詩外傳作『何用是人爲』，文義亦同。」純一：今據乙。對曰：「嬰聞之，去老者謂之亂，納少者謂之淫。且夫見色而忘義，處富貴而失倫，謂之逆道。嬰可以有淫亂之行，不顧于倫，逆古之道乎。」韓詩外傳作「棄老取少謂之瞽，貴而忘賤謂之亂，見色而悅謂之逆，吾豈以逆亂瞽之道哉」。元刻注云：「此章與『景公以晏子妻老，欲納愛女』旨同而事異。陳無宇雖至凡品，亦未應以是誚晏子。設非晏子者，將納其說，見棄妻乎。無以垂訓，故著于此篇。」純一案：景公欲納愛女，即雜下廿四章。盧云：「吳本缺此章。」

工女欲入身于晏子晏子辭不受第十一

盧云：「吴本作『三十八』。」

有工女託于晏子之家者「者」上舊衍「焉」字，據太平御覽四百二十六引删。曰：「婢妾，東郭之野人也，孫云：「『婢妾』，御覽作『婢子』。『東郭』，今本作『在廓』，據御覽作『東郭』。『廓』，俗字。」願得入身，比數于下陳焉。」晏子曰：「乃今而後自知吾不肖也。舊作「今日」。王云：「『日』字後人所加。凡書傳中言『乃今而後』者，加一『日』字則累於詞矣。太平御覽人事部六十七引此無『日』字。」盧校同。純一：今據删。古之爲政者，士農工商異居，男女有别而不通，故士無邪行，御覽無「不通故」三字。女無淫事。今僕託國主民，受全國之託而主民事。而女欲奔僕，僕必色見而行無廉也。」「色見」文義不順，當作「見色」。孫云：「『廉』，御覽作『清』。」盧云：「御覽無『色見而』三字。」遂不見。元刻注云：「此章與『犯傷槐之令者女求入晏子家』事同而辭略，且無因而至，故著於此篇。」純一案：犯槐者女事見諫下二章。盧云：「吴本缺此章。」

景公欲誅羽人晏子以爲法不宜殺第十二

盧云：「吴本作『三十九』。」

景公蓋姣，「姣」、「佼」同，美好也。有羽人視景公僭者。孫云：「周禮羽人『下士二人』，屬地官司徒。」純一案：下犯上謂之僭。隱五年穀梁傳「始僭樂矣」注。公謂左右曰：「問之，何視寡人之僭也？」羽人對曰：「言亦死，而不言亦死，竊姣公也。」公曰：「合色寡人也？俞云：「『合色』無義。下文『公曰：「色寡人，故將殺之。」晏子曰：「雖使色君，於法不宜殺也」』，『色』上並無『合』字。『合』疑『杏〔一〕』字之誤，『杏』字自爲一句。說文丶部：『杏，相與語唾而不受也，從丶、否聲。』公曰『杏』者，深怪其語，故先唾而不受耳。」孫詒讓云：「『合』疑『呰』之誤。說文口部云：『呰，苛也。』呂氏春秋權勳篇云：『豎陽穀操黍酒而進之，子反叱曰：「訾，退酒也。」』訾、呰聲義同。」殺之。」晏子不時而入見曰：「蓋聞君有所怒羽人。」公曰：「然。色寡人，故將殺之。」晏子對曰：「嬰聞拒欲不道，惡愛不祥，雖使色君，於法不宜殺也。」公曰：「惡然乎，若使沐浴，寡人將使抱背。」元刻注云：「此章不典，無以垂訓，故著于此篇。」純一案：此章當刪。盧云：「吴本缺此章。」

景公謂晏子東海之中有水而赤晏子詳對第十三盧云：「吴本作『四十』。」

景公謂晏子曰：「東海之中藝文類聚八十五引無「之」字，八十七引有，太平御覽八百二十引

〔一〕「杏」，原作「否」，據諸子平議及說文改。下同。

亦無「之」字。有水而赤，其中有棗，御覽八百二十引無「其」字，又九百六十五引「其」作「水」。類聚八十五無「其中」二字，八十七有。華而不實，何也？」晏子對曰：御覽兩引並無「對」字。「昔者，秦繆公御覽兩引，一無「者」字，一有「者」字，「繆」並作「穆」。類聚八十五無「者」字，八十七有。乘龍舟而理天下，黃云：「元刻無『舟』字。」孫云：「藝文類聚作『乘龍』，文選注作『乘舟』。」今訂定作「乘龍舟」。」純一案：御覽兩引並作「乘龍治天下」。類聚兩引「治」均作「理」。以黃布裹烝棗，類聚八十五作「黃帝布」，八十七及御覽兩引並同此。至東海而捐其布。孫云：「『捐』，藝文類聚作『投』。」黃云：「文選新刻漏銘注作『椓』。」純一案：御覽八百二十引作「至海而淬其布於波」，下無「彼」字。又九百六十五引作「至海而投其布，故水赤」。類聚同。惟八十五「布」上有「棗」字。彼黃布，故水赤。「彼」，孫據文選注、藝文類聚改作「破」。俞云：「孫改非也。『彼黃布』者，言彼所捐之布乃黃布也，若作『破』字，則『破黃布』三字文不成義矣。『烝棗』上亦當有『彼』字，蒙上而省。」烝棗，故華而不實。」公曰：「吾詳問子，何爲對？」孫云：「『詳問』，文選注作『佯問』。通俗文『陽』作『詳』，虛辭也。」盧云：「『何爲』二字疑衍。」黃云：「文選注無『何爲』二字。」蘇云：「『何爲』下當有『對』字，傳寫者緣下『對』字而脱耳。景公言吾乃佯問，何爲對，故晏子答以詳問詳對，義本昭晰，以爲衍文，語意不完矣。」純一案：御覽八百二十作「吾佯問」，九百六十五作「吾佯問子」，類聚兩引作「吾佯問子耳」，並無「何爲對」三字，然引文從略，不盡可據，蘇説義長。劉云「對」下捝「晏子對」三字是也，今據御覽八百二十引補於下。晏子對曰：「嬰聞之，文選注及御覽兩引並無「之」字。類聚八十五無，八十七有。繹史同。詳問者，亦詳對之也。」文選注作「佯問者，佯對也」。御覽九百六十五同文選注，惟「也」作「之」。又八百二十及類聚八十五均作「佯問者，亦佯對之」。類聚八十七及繹史同，惟並無「之」字。元刻注云：「此並下一章，語類俳而義無所取，故著於此篇。」孫云：「已上七章，據沈啓南本、吴懷保本增入。」盧云：「吴本缺此章。」

景公問天下有極大極細晏子對第十四

盧云：「吴本作『四十一』。」

景公問晏子曰：「問」，太平御覽九百二十七引作「謂」。「天下有極大物乎？」「物」字舊脱，據御覽補。晏子對曰：御覽無「晏子」二字。「有。句。北溟有鵬，足游浮雲，背淩蒼天，古音諧七真引此，雲、天諧。尾偃天間，説文：「偃，仆也。」躍啄北海，説文：「啄，鳥食也。」頸尾咳于天地，「咳」，御覽作「該」。然而漻漻乎不知六翮之所在。」舊脱「北溟有鵬」句，「乎」字倒著「然而」上。王云：「自『足游浮雲』以下六句，皆指鵬而言，今本脱去『鵬』字，則不知爲何物矣。太平御覽羽族部十四鵬下引此，作『鵬足游浮雲』云云，則有『鵬』字明矣。又案：『頸尾咳于天地乎』，『乎』字本在下句『漻漻』下，『漻漻』即『寥寥』，曠遠之貌也，故曰『漻漻乎不知六翮之所在』。今本『乎』字在上句『天地』下，則文義不順。御覽引此,『乎』字正在『漻漻』下。」純一案:王説是而義未盡。此文本作「北溟有鵬」,與「東海有蟲」對文。莊子逍遥遊篇:「窮髮之北有溟海者,天池也。有鳥焉,其名爲鵬,背若泰山,翼若垂天之雲。」列子湯問篇文同。列子並以焦螟與鵬對舉,大旨與此全同,則本文當作「北溟有鵬」,明矣。今本脱去。王僅補一「鵬」字,語意仍未完足,今並據以增訂。古音諧四之上聲引此,海、在諧。孫云:「『咳』與『閡』通。」**公曰:「天下有極細者乎?」**「者」字舊脱,據文選鷦鷯賦注補。孫云:「『細』,藝文類聚作『小』。」純一案:類聚見九十七。**晏子對曰:「有。**句。**東海有蟲,**孫云:「『蟲』,今本作『蠱』,據文選注、藝文類聚改。」純一案:元刻正作「蟲」。文選張景陽七命注「蟲」下有「名曰焦螟」四字。**巢于蟁睫,**孫云:「『蟁』,文選注作『蚊』,俗字。」純一案:御覽九百五十一作「生於蚊睫」。「睫」,説文作「䀹」,「目旁毛也」。**再乳再飛,而蟁不爲驚。**孫云:「藝文類聚作『飛乳去來,而蚊不覺』。」純一案:文選七命注同孫見類聚。明王元貞校類聚作「再乳而飛,蟁不爲驚」,御覽作「再乳而兆,蚊不爲驚」。**臣嬰不知其名,而東海漁者命曰焦冥。」**孫云:「列子湯問篇:『江浦之間生麽蟲,其名曰焦螟,羣飛而集於蚊睫,弗相觸也。栖宿去來,蚊弗覺也。』」純一案:類聚「冥」作「螟」。文選鷦鷯賦注作「臣不知其名,而東海有通者,命曰鷦螟」。御覽作「臣嬰不知名,東海耆老命曰蟭螟」。驚、名、冥爲韻。古音諧十青引此。

莊公圖莒國人擾給以晏子在迺止第十五盧云：「吴本作『四十二』。」

莊公闔門而圖莒，國人以爲有亂也，皆操長兵而立于衢閭。「衢」字舊脱，從王校據下文補。黄云：「元刻『操』作『摽』。下同。」王云：「衢閭，當衢之閭也。」公召睢休相孫云：「姓睢名休相。」而問曰：「寡人闔門而圖莒，國人以爲有亂，皆操長兵而立于衢閭，「操」，舊作「摽」。孫云：「『摽』當爲『標』。」純一案：操，持也。摽，擊也，又麾也，義不及「操」字妥適，今改，從上文一律。元刻並作「摽」，皆「操」之形誤。奈何？」休相對曰：「誠無亂而國人以爲有，「人」字舊脱，據上文增。則仁人不存。以無素孚民望之仁人在此，無以安其心故。問下十二章曰：「晏子，仁人也，使齊外無諸侯之憂，内無國家之患。」觀此益信。請令于國，言晏子之在也。」公曰：「諾。」以令于國：「孰謂國有亂者，晏子在焉。」然後皆散兵而歸。皆知晏子能安國故。君子曰：「夫行不可不務也。晏子存而民心安，此非一日之所爲也，黄云：「元刻脱『非』字。」有所以見于前信于後者。舊無「有」字，語意不完，今校增。是以晏子立人臣之位，而安萬民之心。」元刻注云：「此章特以晏子而紿國人，故著於此篇。」

晏子死景公馳往哭哀畢而去第十六

盧云：「吳本作『四十三』。」

景公游于菑，孫云：「太平御覽作『臨菑』，説苑作『蔞』。郡國志：『平昌有蔞鄉。』韓非作『游少海』。」蘇云：「治要無『于』字，『菑』作『淄』。」純一案：鮑刻御覽四百八十七作「游臨淄」。文选褚淵碑注作「菑」，齊安陸昭王碑注作「淄」。聞晏子死，孫云：「『死』，御覽作『卒』。」蘇云：「治要同。」純一案：説苑亦作「卒」。公乘侈輿服繁駔驅之，孫云：「説苑作『乘輿素服，驛而驅之』。文選注作『公擊驛而馳』。按韓非作『趨駕煩且之乘』。則繁駔，馬名。煩、繁，且、駔，聲相近。説文：『駔，壯馬也。一曰馬蹲駔也。』文選注作『擊驛』，形相近，字之誤耳。」蘇云：「治要作『公乘而驅』。」孫詒讓云：「考工記輿人云：『飾車欲侈。』此景公意欲急行，不在車之侈弇。竊疑晏子本文當作『公侈乘輿』。古从芻从多之字聲近通用。周禮樂師『趨以采齊』，鄭注云：『故書「趨」作「跢」。』鄭司農云：『「跢」當爲「趨」，書亦或爲「趨」。』『趨』，俗書亦或作『趍』，並其證也。此『侈』即韓子之『趨』，言催促令急駕乘輿也。繁駔、煩且義亦難通。説苑宋本作『乘馹』，文選注引亦作『驛』，疑『繁駔』之『駔』亦即『馹』之形誤。」純一案：胡刻倣宋文選兩引並作「繁駔」。海録軒本並作「擊馹」。此文「乘侈輿」當依孫校作「侈乘輿」爲是。「服繁駔」與「侈乘輿」對文，「繁駔」似不誤。言公意求速至，趨駕乘輿，用壯馬而驅之。自以爲遲，舊作「而因爲遲」。孫云：「説苑、文選注、太平御覽俱作『自以爲遲』。」蘇云：「治要同。」純一：今據改。下車而趨。知不若車之遬，孫云：「『遬』，文選注作『駃』，太平御覽作『速』。」純一案：説苑、治要並作「速」，胡刻倣宋文選兩引並作「知不如車之駃」。案古今注卷下：「曹真有駃馬，名爲驚帆，言其馳驟如烈風舉帆之疾也。」音義引作「駃」，誤。海録軒本文選並作「知不如車之駛」。案：「駛」，廣韻、玉篇並云「疾也」。增韻云：「馬行疾也。」駃、駛義並與速同。則又乘。文選兩引並有「之」字。比至于國者，説苑、治要並同。文選兩注並御覽均作「比至國」。四下而趨，行哭而往，至，伏尸而號，舊脱「至」字。孫云：「『尸』，説苑作『屍』。」王云：「案『伏尸而號』上有『至』字，而今本脱之，則叙事不備。『行哭而往』，尚未至也，則『至』字必不可少。説苑君道篇及羣書治要、太平御覽人事部百二十八並作『至，伏尸而號』。文選褚淵碑注、齊安陸昭王碑注並作『至，則伏尸而哭』。」純一：今據補。御覽五百四十九引「尸」作「屍」。曰：「子大夫日夜責寡人，不遺尺寸，言事無巨細皆見責。寡人猶且淫佚而不收，收，斂也。小爾雅廣言。怨罪重積于百姓。今天降禍于齊，蘇云：「治要有『國』字。」純一案：説苑並御覽四百八十七同。不加于寡人，説苑、治要、御覽兩引均無「于」字。而加于夫子，説苑無「于」字。治要「于」作「之」。御覽四百八十七無「而」字，五百四十九同説苑。齊國之社稷危矣，百姓將誰告夫。」孫云：「文選注作『百姓誰復告我惡邪』。韓非外儲説、説苑君道篇用此文。」盧云：「『夫』，説苑作『矣』，是。」純一案：

「夫」，治要作「乎」，「夫」猶「乎」也，均歎詞，詳見經傳釋詞。説苑作「矣」，非。御覽四百八十七作「社稷危矣，百姓誰告」，雖無「將」字、「夫」字，而義正同，謂晏子既没，百姓疾苦，將誰告而誰拯之。文選兩注均因省去上文「子大夫日夜責寡人不遺尺寸」云云，於此作「百姓誰復告我惡邪」，失其百姓無告之旨，不可從。韓非外儲説左上文與此異，録之以備參稽：「齊景公游少海，傳騎從中來謁曰：『嬰疾甚，且死，恐公後之。』景公遽起，傳騎又至。景公曰：『趨駕煩且之乘，使騶子韓樞御之。』行數百步，以騶爲不疾，奪轡代之御。可數百步，以馬爲不進，盡釋車而走。以煩且之良而騶子韓之巧，而以爲不如下走也。」元刻注云：「此並下一章皆晏子没後景公追懷之言，故著于此篇。」蘇云：「治要此下接『晏子没後十有七年』云云，載此在雜下篇。」

晏子死景公哭之稱莫復陳告吾過第十七

盧云：「吴本作『四十四』。」

晏子死，景公操玉加于晏子尸上舊脱「尸上」二字，從孫校據御覽五百四十九增。而哭之，涕沾襟。御覽作「涕下沾衿」。孫云：「爾雅釋器：『衣眥謂之襟。』」章子諫曰：「非禮也。」公曰：「安用禮乎？昔者吾與夫子遊于公阜之上，「阜」，舊作「邑」，從盧校改。一日而三不聽寡人，今其孰能然乎。諫上十八章云：「昔者從夫子而游公阜，夫子一日而三責我。今誰責寡人哉。」吾失夫子則亡，無以自存。何禮之有。」免而哭，免冠而哭。哀盡而去。孫云：「太平御覽作『盡哀』。」蘇云：「哀盡，哀畢也。上章標題云『哀畢而去』，是其證矣。御覽非。」純一案：哀盡、盡哀，其義一也。

晏子没左右諛弦章諫景公賜之魚第十八

盧云：「吴本作『四十五』。」

晏子没十有七年，黄云：「盧校『没』下有『後』字。」純一案：史記齊世家：「景公四十八年，晏子卒。後十年，景公薨。」此云晏子没十七年，景公飲諸大夫酒，未知孰是。「七」或「弌」之形誤。景公飲諸大夫酒。公射，出質，孫云：「質，射質也。」堂上唱善，若出一口。公作色太息，播弓矢。播，棄也。弦章入，公曰：「章，此下各本俱缺。元刻作『吾失晏子，未嘗聞吾不善。』章曰：『臣聞君好臣服，君嗜臣食。尺蠖食黄身黄，食蒼身蒼。君其食諂人言乎？』公曰：『善。』賜弦章魚五十乘。弦章歸，魚車塞途。章撫其僕曰：『曩之唱善者，皆欲此魚也。』固辭不受」。文止此。此由後人據御覽九百三十五引晏子補入。孫本作「自晏子没後，不復聞不善之事。弦章對曰：『君好之則臣服之，君嗜之則臣食之。尺蠖食黄則黄，食蒼則蒼是也。』公曰：『善。吾不食諂人以言也。』以魚五十乘賜弦章。章歸，魚車塞塗，撫其御之手曰：『昔者晏子辭賞以正君，故過失不掩之。今諸臣諛以干利，吾若受魚，是反晏子之義而順諂諛之欲。』固辭魚不受。君子曰：『弦章之廉，晏子之遺行也』」。音義云：「據御覽增。」王云：「孫所增文，乃雜取諸書補入者，不足爲據。」因録元刻，又以羣書治要及御覽四百二十六所引補之。俞云：「王補洵較孫刻爲備，惟此文實見於説苑君道篇，治要及御覽所引均不全。」因録説苑，補王引所未及。純一案：諸引莫備於説苑，今從俞校補此。自吾失晏子，于今十有七年，治要有「矣」字。未嘗聞吾不善。「吾」下舊衍「過」字，據治要及御覽九百三十五引删。今射出質，而唱善者若出一口。」治要無「而」字，「若」作「如」。弦章對曰：「此諸臣之不肖也，知不足以知君之不善，治要無「之」字。勇不足以犯君之顔色，治要無「色」字。然而有一焉，臣聞之，治要無「之」字。君好之則臣服之，君嗜之則臣食之。御覽九百三十五作「君好臣服，君嗜臣食」。服、食爲韻。古音諧一戠引此。夫尺蠖食黄則其身黄，食蒼則其身蒼。孫云：「藝文類聚作『食黄即身黄，食蒼即身蒼』。」純一案：類聚見卷九十七。御覽九百四十八同。治要無「夫」字及兩「則」字。黄、蒼爲韻。古音諧十六庚引此。君其猶有諂人言乎？」治要「諂」上有「食」字，「人」下有「之」字。公曰：「善。治要引止此，載雜下。今日之言，章爲君，我爲臣。」是時海人入魚，公以五十乘賜弦章。章歸，「歸」上「章」字舊脱，據御覽四百二十六補。魚乘塞途，撫其御之手曰：「曩之唱善者，皆欲若魚者也。昔者，晏子辭賞以正君，故過失不掩。御覽四百二十六作「故天下稱之」。今諸臣諂諛以干利，故出質而唱善，如出一口。今所輔于君，未見于衆而受若魚，若，此也。是反晏子之義而順詔諛之欲也。」固辭魚不受。君子曰：「弦章之廉，乃晏子之遺行也。」孫云：「說苑君道篇用此文。」盧云：「吴本缺此章。」

附録

銀雀山竹簡本晏子

景公飲酒，〔□〕，三日而后發。晏子見曰：「君病酒乎？」公曰：「然。□，三日而后發。」晏子合曰：「古之飲酒也，足以道□合好而已矣。故男不羣樂以□事，女不羣樂□……觴五獻，過者死。君身服之，故上无怨治，下〔□□□□〕。一日飲酒，三日寢之，國治怨□外，左右亂乎內。以刑罰自妨者勸乎爲非，以賞譽自勸者隋乎爲善。上離德……。」（見内篇諫上第三章）

翟王子羊臣於景公，以重駕。公弗説。嬰子欲觀之，公曰：「及晏子寢病也。」居☒中臺上以觀之。嬰子説之，因爲請。公許之。晏子見，公曰：「翟王子羊之駕也，寡人甚説之，吾欲禄之以萬，其足乎？」晏子進合曰：公言過矣。昔衛士東埜之駕也，……□□羊之駕也，公弗説。嬰子説之，公因说……□□□君子所□。今夫駕六駕八，固非先王之制也。今有重之，此其……城之

務，……善。遂……。（見内篇諫上第九章）

景公之□……□公曰：「異戋，□□……令所堵於□……毋言其名。出氣事者兼月，脊者□歲。」子曰：「晏子能明其所欲，景公能行其所善。」（見内篇諫上第二十章）

景公將伐宋，師過大山，公吾薨有二丈夫立而怒……□志其聲。公恐，學，痛瞋，辟門召占薨者曰：「今昔吾薨二丈夫立而怒，其怒甚盛。吾猶者其狀，志其聲。」占薨者曰：「師過大山不用事，故大山之神怒。趣……」「者之言曰：『師過大山而不用事，故大山之神怒。』今吾欲使人誅祝史。」晏子付，有間，卬而合曰：「占薨者弗識也。是非大山之神也，是宋之先也，湯與伊尹也。」公疑，猶以爲大山。晏子曰：「公疑之，則嬰請門。湯……逢下，居身而陽聲。」公曰：「（□、□）□」「伊尹黑以短，□□以逢，逢上而兑（□、□□）而下聲。」公……「唯宋耳，而公伐之，故湯、伊尹怒。請散師和平。」……子曰：「公伐无罪之國，以怒明神，不易行□□□，進師以戰，禍非嬰之所智也。師若果進，軍必有戋。」軍進再舍，將壹軍鼓毁。公恐，辭（□□□，□□），不果伐宋。（見内篇諫上第二十二章）

景公登洛帟之臺，不能冬上而息於陛。公曰：「孰爲高臺，其病人之甚也。」晏子……使民如（□□□□□）罪也。夫古之爲宮室臺榭者，節於身而調於民，不以爲奢侈。及夏（□□）也，其王桀伓行棄義，作爲頃宮、𡐨臺。殷之□也，其王紂作爲環室、玉門。廣大者有賞，埤小者有罪，是以身及焉。今君埤亦有罪，高亦有罪。吏悉從事，不免於罪，臣主俱困而无所辟患……。（見内篇諫下第十八章）

景公興兵將伐魯，問晏子。晏子曰：「不可。魯君好義而民戴（□，□）義者安，見戴者和，安和之禮存焉，未可攻也。攻義者不羊，危安者必困。且嬰聞之，伐人者德足以安其國，正足以和其民，國安民和，然後可以興兵而正暴。今君好酒而養辟，德无以安國，厚耤歛，急使令，正无以和民。德无以安之則危，正无（□）和之則亂。未免乎危亂之禮，而（□□□□）之國，不可，不若脩德而侍其亂也。其（□□□）怨上，然后伐之，則義厚而（□□。□□□）適寡，利多則民勸。」公曰：「善。」不果伐魯。（見内篇問上第三章）

景公問晏子曰：「寡人志氣甚㾓，身體甚病。今吾欲具圭璧犧生，令祝宗薦之上下，意者體可奸福乎？」晏子□曰：「嬰聞之，古者先君之□福也，正必合乎民，行必順乎神，故節宮室，毋敢大斬伐，毋以服山林。節飲食，毋敢多田魚，以毋伓川罫。祝宗用事，辭罪而〔□□□□□〕也。是以神民俱順，而山川入琭。今君之正反乎民，行孛乎神。大宮室而多斬伐，……□是以神民俱怨，而山川收琭，司過薦至，而祝宗斮福，意逆乎？」公曰：「寡人非夫子无〔□〕聞此，請革心易行。」於是□〔□□□□〕，止海食之獻，斬伐者〔□□，□□〕者有數，居處飲食，節□勿羨，祝宗用事，辭罪而不敢有斮求也，故鄰國患之，百生親之，晏子没而後衰。（見内篇問上第十章）

景公問晏子曰：「賢君之治國若何？」〔□□□□□：「□〕□賢君之治國也，其正任賢，其行愛民。其取下〔□〕，其自養斂。在上不犯下，在治不驁窮。從邪害民者〔□□，□□〕舉過者有賞。其正刻上而謊下，正衡而杌窮，不因喜以加賞，不因怒以加罰。……怒以危國。上無喬行，下无凷德。上毋私衆，下无私義。毋歹櫜之臧，毋湅餒之民。是以其士民藩兹而尚同，民安樂而尚親。賢君之治國若此。」（見内篇問上第十七章）

景公問於晏子曰：「明王之教民何若？」晏子合曰：「明……令，先之以行。養民不苛，而□之以刑。所求於下者，弗務於上。所禁於民者，弗行於身。守〔□□□□〕以利，立法義不犯之以邪。笱所求於民，不以……事以任民，中聽以禁邪，不窮之以勞，不害之以實。笱所求於民，不以事逆，故下不敢犯禁也。古者百里異名，千里異習，故明王脩道，……不相遺也，此明王之教民也。」

（見内篇問上第十八章）

景公問晏子曰：「忠臣之行何如？」合曰：「忠臣不合……□乎前，弗華於外。篡……位以爲忠，不刻……事大子，國危不交諸侯。順則進，不則退，不與君行邪。此忠臣之行也。」公有問曰：「佞人之事君何如？」合曰：「意難之不至也。明言行□飭其□，□□无欲也兑□，其交，觀上（□□）欲而微爲之，竊求君之比璽……爵而外輕之以誣行，□（□□□）而面公正以僞廉。誣行僞廉以夜上。工於取，蜚乎□。觀乎新，曼乎故。鄰於財，薄乎施。堵貧窮若弗式，騶富利若弗及。非譽不徵乎請而言不合乎行，身殷存所義而好論賢不胥。有之己不難非之人，无之己不難求之人。此佞人之行也。」（見内篇問上第二十與二十一兩章）

……「樂民。有問……民，行莫賤於害民。」有問曰：「鄰、嗇之於行何如？」合曰：「嗇者，君子之道也。粦、愛者，小人之行也。」叔鄉曰：「何謂也？」合曰：「□□□□而節用之，富无……貸之謂嗇。積財不能分人，獨自養之，謂粦。不能自養，有不能分人，之謂愛。故嗇者，君子（□□□□）。粦、愛者，小人之行也。」（見内篇問下第二十二與二十三兩章）

晏子爲壯公臣，言用，晦朝賜爵益邑。我而不用，晦朝致邑與爵。爵邑盡，退朝而乘，渭然嘆，嘆終而笑。其僕曰：「〔□〕嘆笑相從之數也？」晏子曰：「吾嘆也，哀吾君必不免於難也。吾笑……吾夕无死已。」崔杼果式壯公，晏子立於崔子之門。從者曰：「何不死乎？」晏子曰：「獨吾君與！吾死也！」「何不去乎？」曰：「吾罪與才，吾亡也？」「然則何不〔□□？」□：〕「君死焉歸？夫君人者，幾以泠民，社禝是主也。故君爲社禝死則死之，君爲社禝亡則亡之。若君爲己死，爲己〔□，□〕其私親，孰敢任之。人有君而殺之，吾焉得死？焉得亡？」門啓而入，崔子曰晏子□□□子曰：「過始弗智也，過衆弗智也，吾何爲死？且吾聞之，以亡爲行者不足以存君，以死爲義者不足以立功。嬰幾婢子才，縊而從之。」㳡但免，枕君〔□□〕哭，興，九甬而出。（見内篇雜上第二章）

景公令脩茖寡之臺，臺成，公不尚焉。柏常騫見曰：「□〔□〕□甚急，今成，何爲不尚焉？」公曰：「然。每〔□□□〕鳴焉，其聲无不爲也。吾是以不尚焉。」柏常騫曰：「臣請□而去之。」公曰：「若！」令官具柏常騫之求。柏常騫曰：「无求也，請築新室，以茅菽之。」室成，具白茅而已矣。柏常騫夜用事焉。旦，見於公曰：「今夜尚聞梟聲乎？」公曰：「吾壹聞〔□□□〕矣。」柏常騫曰：「□令人視之，梟〔□□〕矣。」公令人視之，梟布翼，伏地而死乎臺下。公喜曰：「子能請……」柏常騫曰：「能。」公曰：「益幾何？」合曰：「天子九，諸侯七，大夫五。」公曰：「□□益壽有徵兆乎？」柏常騫曰：「然。益壽，地將動。」公喜，令數爲之，令官具柏常騫之求，後者□不用令之罪。柏常騫出，曹晏子於涂，曰：「前日公令脩臺，成而公不尚焉，騫見而□問之，君曰：『有梟夜鳴焉，吾惡之，故不尚焉。』騫爲君□之，而梟已死矣。君請騫曰：『女能請鬼神殺梟，而不能益寡人之壽乎？』騫合曰：『能。』君曰：『若！爲之。』今騫將大祭，以爲君請壽，故將往，以聞。」晏子□：「誒！夕善矣，能爲君請壽。雖然，徒祭可以益壽□？」柏常騫曰：「可。」晏子曰：「嬰聞之，雖正川□□可以益壽而已矣。今徒祭，可以益壽，若謹爲之。然得壽則有見乎？」柏常騫曰：「得壽，□□□。」□□曰：「昔吾見維星絶，樞星散，地其幾動，女以是乎？」柏常騫付有間，合曰：「然。」晏子曰：「爲□□□，弗爲損年，數爲之而毋求財官。」（見内篇雜下第四章）

高子問晏……心壹與？夫子之心三與？」晏子曰：「善戋問。事君，嬰聞之，一心可以事百君，三心不可事……嬰心非三也。且嬰之事曐公也，……尚勇力，勝欲辟於邪，而嬰非能禁也，故退而鯉處。嬰聞之，言不用者不受其禄，不善其事不與難，吾於壯公行之矣。今之君，輕國重樂，薄民……君乎。」（見外篇重而異者第七第十九章）

中泥之齊，見景公。景公説之，將欲封之以亶稽，以告晏……下，好樂而□〔□□□□〕親治，立令而殆〔□〕，不可使守職。久喪而循哀，不可使子民。□□□〔□〕容，不可以道〔□□□□〕之威，周室之卑……民行兹薄，聲樂蘩充，而世兹衰。今孔丘盛爲容飭以盅世，絽歌……衆，博學不〔□□□〕，□思不可補民，纍𩟺不能亶其教，當年不能行其禮，積材不能譫其樂，蘩飭降登以營世君，盛爲聲樂以淫愚民，其道不可以視世，其教不可以道衆。今君封之移齊俗，非所以道國先民也。公曰：「善。」於是重其禮而留其奉，敬見之而不問其道，中泥□去。（見外篇不合經術者第八第一章）

晏子没十有七年，公飲諸大夫酒。公射，出質，堂上昌〔□□□〕□。公組色大息，蕃弓矢。紖章入，公曰：「章，自吾失〔□□〕，於今十有七年，未嘗聞吾不善。今射出質，昌善者若出一口。」紖章合曰：「此諸臣之不宵也，智不足以智君之不善，勇不足以犯君之雔，此諸臣之不宵也。然而有一焉，臣聞斥汙食黄其身黄，食青其身青。君其有食乎凷人之言輿？」公曰：「善。」紖章出。自海入魚，五十乘以賜紖章。章歸，魚塞〔□□□□〕之手曰：「裹之昌善者，皆欲若魚者也。昔者，晏子辭賞以正君，故過不弃。今諸臣凷臾以弋利，故出質而昌善，若出一口。今所以補君，未見於□□□□□□晏子之義而順凷臾之欲也。」固辭而不受。公曰：「紖章之廉，晏子之□……。」

（見外篇不合經術者第八第十八章）

史記管晏列傳

管仲夷吾者，潁上人也。少時常與鮑叔牙游，鮑叔知其賢。管仲貧困，常欺鮑叔，鮑叔終善遇之，不以爲言。已而鮑叔事齊公子小白，管仲事公子糾。及小白立爲桓公，公子糾死，管仲囚焉。鮑叔遂進管仲。管仲既用，任政於齊，齊桓公以霸，九合諸侯，一匡天下，管仲之謀也。

管仲曰：「吾始困時，嘗與鮑叔賈，分財利多自與，鮑叔不以我爲貪，知我貧也。吾嘗爲鮑叔謀事而更窮困，鮑叔不以我爲愚，知時有利不利也。吾嘗三仕三見逐於君，鮑叔不以我爲不肖，知我不遭時也。吾嘗三戰三走，鮑叔不以我爲怯，知我有老母也。公子糾敗，召忽死之，吾幽囚受辱，鮑叔不以我爲無恥，知我不羞小節而恥功名不顯于天下也。生我者父母，知我者鮑子也。」

鮑叔既進管仲，以身下之。子孫世禄於齊，有封邑者十餘世，常爲名大夫。天下不多管仲之賢，而多鮑叔能知人也。

管仲既任政相齊，以區區之齊在海濱，通貨積財，富國彊兵，與俗同好惡，故其稱曰：「倉廩實而知禮節，衣食足而知榮辱，上服度則六親固。四維不張，國乃滅亡。下令如流水之原，令順民心。」故論卑而易行。俗之所欲，因而予之；俗之所否，因而去之。

其爲政也，善因禍而爲福，轉敗而爲功。貴輕重，慎權衡。桓公實怒少姬，南襲蔡，管仲因而伐楚，責包茅不入貢於周室。桓公實北征山戎，而管仲因而令燕修召公之政。於柯之會，桓公欲背曹沫之約，管仲因而信之，諸侯由是歸齊。故曰：「知與之爲取，政之寶也。」

管仲富擬於公室，有三歸、反坫，齊人不以爲侈。管仲卒，齊國遵其政，常彊於諸侯。後百餘年而有晏子焉。

晏平仲嬰者，萊之夷維人也。事齊靈公、莊公、景公，以節儉力行重於齊。既相齊，食不重肉，妾不衣帛。其在朝，君語及之，即危言；語不及之，即危行。國有道，即順命；無道，即衡命。以此三世顯名於諸侯。

越石父賢，在縲紲中。晏子出，遭之塗，解左驂贖之，載歸。弗謝，入閨。久之，越石父請絶。晏子戄然，攝衣冠謝曰：「嬰雖不仁，免子於戹，何子求絶之速也？」石父曰：「不然。吾聞君子詘於不知己而信於知己者。方吾在縲紲中，彼不知我也。夫子既已感寤而贖我，是知己；知己而無禮，固不如在縲紲之中。」晏子於是延入爲上客。

晏子爲齊相，出，其御之妻從門間而闚其夫。其夫爲相御，擁大蓋，策駟馬，意氣揚揚，甚自得也。既而歸，其妻請去。夫問其故。妻曰：「晏子長不滿六尺，身相齊國，名顯諸侯。今者妾觀其出，志念深矣，常有以自下者。今子長八尺，乃爲人僕御，然子之意自以爲足，妾是以求去也。」其後夫自抑損。晏子怪而問之，御以實對。晏子薦以爲大夫。

太史公曰：吾讀管氏牧民、山高、乘馬、輕重、九府，及晏子春秋，詳哉其言之也。既見其著書，欲觀其行事，故次其傳。至其書，世多有之，是以不論，論其軼事。

管仲，世所謂賢臣，然孔子小之。豈以爲周道衰微，桓公既賢，而不勉之至王，乃稱霸哉？語曰：「將順其美，匡救其惡，故上下能相親也。」豈管仲之謂乎？

方晏子伏莊公尸哭之，成禮然後去，豈所謂「見義不爲無勇」者邪？至其諫説，犯君之顔，此所謂「進思盡忠，退思補過」者哉！假令晏子而在，余雖爲之執鞭，所忻慕焉。